실무에 바로 적용하는
웹 접근성 가이드북

실무에 바로 적용하는 웹 접근성 가이드북
ⓒ 2025. 김남경, 곽규현 All rights reserved.

1판 1쇄 발행 2025년 5월 8일

지은이 김남경, 곽규현
펴낸이 장성두
펴낸곳 주식회사 제이펍

출판신고 2009년 11월 10일 제406-2009-000087호
주소 경기도 파주시 회동길 159 3층 / **전화** 070-8201-9010 / **팩스** 02-6280-0405
홈페이지 www.jpub.kr / **투고** submit@jpub.kr / **독자문의** help@jpub.kr / **교재문의** textbook@jpub.kr

소통기획부 김정준, 이상복, 안수정, 박재인, 송영화, 김은미, 나준섭, 권유라
소통지원부 민지환, 이승환, 김정미, 서세원 / **디자인부** 이민숙, 최병찬

진행 권유라 / **교정·교열** 이정화 / **내지 디자인** 이민숙 / **내지 편집** 성은경 / **표지 디자인** nu:n
용지 타라유통 / **인쇄** 한길프린테크 / **제본** 일진제책사

ISBN 979-11-94587-06-4 (93000)
책값은 뒤표지에 있습니다.

※ 이 책은 저작권법에 따라 보호를 받는 저작물이므로 무단 전재와 무단 복제를 금지하며,
  이 책 내용의 전부 또는 일부를 이용하려면 반드시 저작권자와 제이펍의 서면 동의를 받아야 합니다.
※ 잘못된 책은 구입하신 서점에서 바꾸어드립니다.

제이펍은 여러분의 아이디어와 원고를 기다리고 있습니다. 책으로 펴내고자 하는 아이디어나 원고가 있는 분께서는
책의 간단한 개요와 차례, 구성과 지은이/옮긴이 약력 등을 메일(submit@jpub.kr)로 보내주세요.

접근성의 개념부터 태그 의미 있게 사용하기,
WAI-ARIA, 리액트 컴포넌트 만들기까지

실무에 바로 적용하는 웹 접근성 가이드북

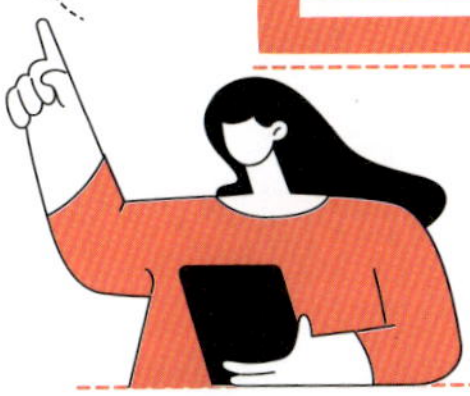

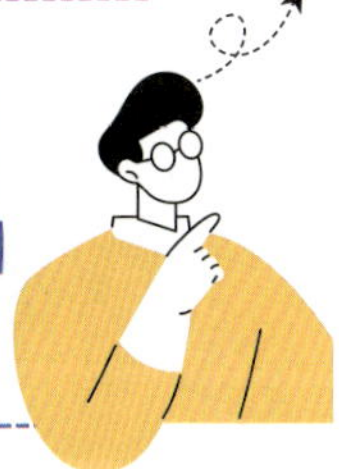

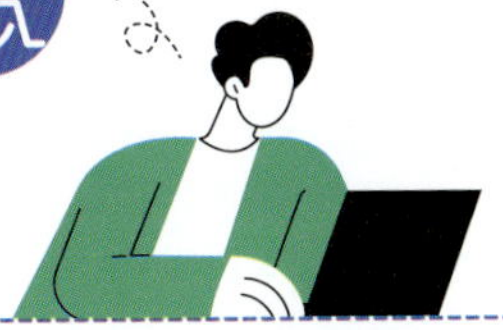

더 많은 사람과 더 나은 경험을 나누는 코드 작성법

김남경, 곽규현 지음

Jpub 제이펍

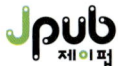

※ 드리는 말씀

- 이 책에 기재된 내용을 기반으로 한 운용 결과에 대해 지은이/옮긴이, 소프트웨어 개발자 및 제공자, 제이펍 출판사는 일체의 책임을 지지 않으므로 양해 바랍니다.
- 이 책에 등장하는 회사명, 제품명은 일반적으로 각 회사의 등록상표 또는 상표입니다. 본문 중에는 ™, ⓒ, ® 등의 기호를 생략했습니다.
- 이 책에서 소개한 URL 등은 시간이 지나면 변경될 수 있습니다.
- 책의 내용과 관련된 문의사항은 지은이/옮긴이나 출판사로 연락해주시기 바랍니다.
  - 지은이: ooooori.evie@gmail.com, kwak.billi@gmail.com
  - 출판사: help@jpub.kr

차 례

추천의 글 ———————————— viii
베타리더 후기 ———————————— x
시작하며 ———————————— xii
이 책에 대하여 ———————————— xiv

CHAPTER 1 쉽게 이해하는 접근성   1

1.1 개념으로 이해하는 접근성 ———————————— 2
　1.1.1 접근성의 이해 2 / 1.1.2 웹 접근성이란 3
1.2 장애 환경으로 이해하는 웹 접근성 ———————————— 4
　1.2.1 장애를 경험하는 사용자 이해하기 7 / 1.2.2 모두가 경험할 수 있는 장애 환경 15
1.3 웹 접근성, 준수하면 어떤 이점이 있을까? ———————————— 21
　1.3.1 공적 측면 22 / 1.3.2 비즈니스 측면 25 / 1.3.3 개발 측면 26

CHAPTER 2 웹 접근성의 기초   29

2.1 스크린 리더란? ———————————— 30
　2.1.1 스크린 리더 사용자 대상 설문 31 / 2.1.2 장애 유형 31
　2.1.3 주요 스크린 리더(데스크톱/노트북) 32 / 2.1.4 운영체제(데스크톱/노트북) 33
　2.1.5 브라우저(데스크톱/노트북) 34 / 2.1.6 모바일 스크린 리더 사용량 35
　2.1.7 주요 스크린 리더(모바일) 37 / 2.1.8 브라우저(모바일) 39
　2.1.9 스크린 리더를 통한 정보 탐색 39 / 2.1.10 랜드마크 탐색 41
2.2 접근성 트리 ———————————— 41
2.3 브라우저 개발자 도구로 접근성 트리 확인하기 ———————————— 42
2.4 접근성 트리 자세히 살펴보기 ———————————— 44
　2.4.1 역할 47 / 2.4.2 이름 49 / 2.4.3 설명 54

CHAPTER 3 HTML 태그, 의미 있게 사용하기   55

3.1 태그를 의미 있게 사용해야 하는 이유 ———————————— 55
　3.1.1 의미 있는 태그를 사용했을 때의 장점 55 / 3.1.2 제목 57
　3.1.3 레이아웃 58 / 3.1.4 텍스트 68 / 3.1.5 목록 76
　3.1.6 양식 82 / 3.1.7 표 108 / 3.1.8 대화형 요소 120

CHAPTER 4 웹 콘텐츠 접근성 지침 126

4.1 WCAG — 126
4.1.1 원칙 127 / 4.1.2 지침 127 / 4.1.3 성공 기준 127

4.2 KWCAG — 128
4.2.1 인식의 용이성 128 / 4.2.2 운용의 용이성 160
4.2.3 이해의 용이성 202 / 4.2.4 견고성 222

CHAPTER 5 WAI-ARIA 228

5.1 역할 — 230
5.2 상태 및 속성 — 232
5.3 자주 사용되는 ARIA 역할 — 235
5.3.1 alert 235 / 5.3.2 alertdialog 236 / 5.3.3 dialog 239 / 5.3.4 button 241
5.3.5 link 242 / 5.3.6 group 244 / 5.3.7 heading 244 / 5.3.8 img 245
5.3.9 combobox 246 / 5.3.10 listbox 250 / 5.3.11 option 253 / 5.3.12 menu 254
5.3.13 menubar 258 / 5.3.14 menuitem 263 / 5.3.15 menuitemcheckbox 263
5.3.16 menuitemradio 265 / 5.3.17 presentation 266 / 5.3.18 region 267
5.3.19 slider 268 / 5.3.20 spinbutton 271 / 5.3.21 switch 274 / 5.3.22 tab 276
5.3.23 tablist 278 / 5.3.24 tabpanel 279 / 5.3.25 timer 281

5.4 자주 사용하는 ARIA 상태 및 속성 — 282
5.4.1 aria-activedescendant 282 / 5.4.2 aria-atomic 283
5.4.3 aria-autocomplete 284 / 5.4.4 aria-checked 286 / 5.4.5 aria-controls 288
5.4.6 aria-current 289 / 5.4.7 aria-describedby 293 / 5.4.8 aria-disabled 294
5.4.9 aria-expanded 295 / 5.4.10 aria-haspopup 297 / 5.4.11 aria-hidden 298
5.4.12 aria-label 300 / 5.4.13 aria-labelledby 302 / 5.4.14 aria-level 303
5.4.15 aria-live 304 / 5.4.16 aria-modal 305 / 5.4.17 aria-multiselectable 306
5.4.18 aria-orientation 307 / 5.4.19 aria-pressed 308 / 5.4.20 aria-readonly 309
5.4.21 aria-required 310 / 5.4.22 aria-selected 311 / 5.4.23 aria-valuemax 312
5.4.24 aria-valuemin 312 / 5.4.25 aria-valuenow 312 / 5.4.26 aria-valuetext 313

CHAPTER 6 웹 접근성을 준수한 React 컴포넌트 만들기 part 1 315

6.1 Accordion — 317
6.1.1 Accordion이란? 318 / 6.1.2 구성 요소 318 / 6.1.3 접근성 대응 319

6.2 Loader — 328
6.2.1 Loader란? 328 / 6.2.2 접근성 대응 329

6.3 Notification — 335
6.3.1 Notification 종류 336

6.4 Tab — 346
6.4.1 Tab이란? 347 / 6.4.2 구성 요소 347 / 6.4.3 접근성 대응 348

6.5 Toggle — 359
6.5.1 Toggle란? 359 / **6.5.2** 접근성 대응 362

CHAPTER 7 웹 접근성을 준수한 React 컴포넌트 만들기 part 2 — 370

7.1 Carousel — 370
7.1.1 Carousel이란? 371 / **7.1.2** 구성 요소 371 / **7.1.3** 접근성 대응 371

7.2 Dialog(Modal) — 409
7.2.1 Dialog란? 409 / **7.2.2** 접근성 대응 411

7.3 MenuBar — 422
7.3.1 MenuBar란? 422 / **7.3.2** 구성 요소 423 / **7.3.3** 접근성 대응 423

7.4 SelectMenu — 454
7.4.1 SelectMenu란? 455 / **7.4.2** 구성 요소 455 / **7.4.3** 접근성 대응 456

7.5 Slider — 470
7.5.1 Slider란? 470 / **7.5.2** 구성 요소 470 / **7.5.3** 접근성 대응 471

7.6 SpinButton — 485
7.6.1 SpinButton이란? 486 / **7.6.2** 구성 요소 486 / **7.6.3** 접근성 대응 487

CHAPTER 8 놓치기 쉬운 사례들로 알아보는 접근성 — 502

8.1 놓치기 쉬운 접근성 사례 — 502
8.1.1 눌리면 다 똑같은 거 아니야? 🤔 502 / **8.1.2** 뭐가 틀린 거지? 🤯 505
8.1.3 목록인데 목록이 아니야? 😕 507 / **8.1.4** 안 보인다고 다 안 보이는 게 아니야! 🙆 510
8.1.5 내가 생각한 이모티콘은 이게 아닌데.. 😂 511
8.1.6 내가 만든 페이지는 검색 화면에 어떻게 노출될까? 👀 513

8.2 유용한 사이트 소개 — 514
8.2.1 웹 표준 514 / **8.2.2** 접근성 지침 및 체크리스트 515 / **8.2.3** 접근성 가이드 516

마치며 — 517
찾아보기 — 519

추천의 글

우리가 살고 있는 현대 사회는 시대를 대표하는 문화의 큰 흐름이 존재합니다. 이 흐름이 특별한 것은 그 가운데 서로 다른 특성을 가진 작은 흐름이 있고, 이 작은 흐름이 서로 부딪히면서 하나인 듯 함께하는 모습을 보이는 데 있습니다. 이들의 다양성은 서로에게 영향을 미치며 도전과 성장의 계기가 되고, 이 사회를 더욱 풍요롭게 하는 큰 흐름을 만들어냅니다.

디지털 접근성도 같은 흐름에서 생각할 수 있습니다. 우리의 삶은 수십 년간 IT로 대표되는 디지털의 흐름을 기반으로 발전해왔습니다. 이제 디지털은 생활에 깊숙이 스며들어 웹사이트, 애플리케이션, IoT, AI와 같은 디지털 서비스가 없는 세상을 상상할 수 없게 되었습니다. 하지만 특정한 환경에 있는 사람들은 거부할 수 없는 디지털의 큰 흐름에 쉽게 섞이지 못하는 다른 흐름으로 남아 있습니다. 장애라는 환경을 경험하고 있는 사람들이죠. 누구도 의도하지 않았지만, 이들은 '비장애 중심주의'라는 말이 나올 정도로 큰 어려움을 겪고 있습니다.

이 책은 디지털의 큰 흐름이 주는 풍요로움을 모두가 함께 누릴 수 있도록 하기 위한 노력의 출발점입니다.

디지털 접근성에 관심이 생기면 대부분 무엇을 어떻게 해야 할지 몰라 당황합니다. 접근성 향상을 위해 어떤 공부와 노력을 해야 하는지 상상하기 어려운 거죠. 이 책은 접근성의 영역과 방향을 안내하는 지도와 같은, 접근성 여행자 안내서입니다.

이 접근성 여행자 안내서는 접근성에 대한 이해를 높이는 데서 출발합니다. 1장은 접근성의 의미를 이해하고, 장애 환경에 대한 이해도를 높인 후 접근성을 준수했을 때 유익한 점을 안내합니다. 2장은 접근성과 사용자 환경에 큰 영향을 미치는 보조기술 assistive technology에 대해 이야기합니다. 특히 접근성 트리를 상세히 안내하여 개발자의 시선에서 웹 접근성의 구성 요소와 작동 원리를 이해할 수 있도록 안내합니다. 이후 4장은 국내외 접근성 가이드라인을 살펴보면서 앞으로 무엇을 어떻게 해야 할지 방향을 잡아갑니다. 3, 5, 6, 7장은 프런트엔드 개발자가 HTML, WAI-ARIA, React와 같은 기술로 접근성을 준수하는 구체적인 방법을 안내합니다. 마지막으로 8장은 앞에서 다루지 못한 사례와 고민의 결과물들을 담는 데까지 이르고, 접근성 여행자 안내서의 큰 지도가 완성됩니다.

직군이 다르고, 기술과 플랫폼이 다르다고 해서 이 책을 그냥 지나치려고 하시나요? 접근성은 특정 직군만 해당하는 영역이 아닙니다. 모든 직군이 함께 참여하고 협업해야 달성할 수 있는 목표입니다. 그리고 접근성 요구사항과 성공 기준은 기술과 플랫폼에 따라 크게 달라지지 않습니다. 접근성의 의미와 각 요구사항이 기대하는 결과와 성공 기준을 이해하게 되면 각 분야에서 그리고 각 기술에서 접근성을 적용할 수 있는 통찰과 식견을 가질 수 있게 됩니다.

모든 여행자 안내서가 그렇듯, 이 책에서도 다양한 영역을 다루고 있지만 모든 것을 상세하게 다루지는 않습니다. 여러분은 이제 접근성 여행자 안내서를 손에 쥐고, 각 영역으로 찾아가 더 깊은 접근성을 탐험할 수 있는 기회를 가졌습니다. 그 탐험의 끝에서 여러분도 각 영역의 접근성 상세 안내서를 새롭게 만들어 낼 수 있지 않을까요?

접근성 여행자 안내서가 다양해지고, 모두가 디지털의 큰 흐름이 주는 풍요로움에 함께 하는 그 날이 오기를 기대하면서···.

김혜일(카카오 디지털 접근성 책임자)

이 책은 웹 접근성의 개념부터 실무 적용까지 폭넓게 다루며, 다양한 예시를 통해 쉽게 이해할 수 있도록 구성된 실용적인 지침서입니다. 기획자, 디자이너, 개발자는 물론, 웹 접근성에 관심 있는 누구나 이를 통해 원칙을 깊이 이해하고 실무에 적용할 수 있습니다. 디지털 환경이 점점 더 확장되는 오늘날, 누구나 차별 없이 웹과 앱 서비스를 이용하고, 좀 더 포용적인 사용자 경험을 설계하는 데 이 책이 큰 도움이 될 것입니다.

이선주(네이버 널리 NTS 접근성팀 웹 접근성 담당자)

베타리더 후기

🎀 김진영

정말 사용자가 편리하게 이용할 수 있는 서비스를 개발하고 있는지, 아니면 자신의 편의성을 위한 개발을 선택하고 있는지 저자는 묻고 있습니다. 이 물음에 자신 있게 대답할 수 없다면 이 책은 그 해답을 보여주는 좋은 교과서가 될 것입니다. 단, 책을 수월하게 읽기 위해서는 HTML, 리액트에 대한 선행 학습이 필요합니다.

🎀 김효진(에스지코드랩)

웹 접근성이라는 복잡한 주제를 명확하고 체계적으로 다룬 책입니다. ARIA 관련 내용이 API 문서처럼 체계적으로 정리되어 있어, 실무에서 레퍼런스로 활용하기 좋습니다. 리액트를 활용한 실습 부분에서는 이론을 실제 코드로 구현하는 과정을 단계별로 상세히 설명합니다. 전체적으로 읽기 쉬운 문체로 구성되어 있어 웹 접근성이라는 키워드에 생소한 사람도 쉽게 시작할 수 있습니다.

🎀 문주영(웹 프런트엔드 개발자)

웹 접근성에 대해 체계적이고 상세하게 배울 수 있는 책입니다. 웹 접근성을 올바르게 구현해야 하는 이유부터 사용자에 대한 정의, 구현법까지 웹 접근성에 대한 모든 내용이 담겨 있습니다. 웹 접근성을 필요로 하는 사용자를 구체적으로 정리하고, 근거 자료까지 제시하기에 검증된 지식을 얻을 수 있습니다. 또한 사용자를 만족시킬 수 있는 웹 접근성 구현 방법을 체계적으로 제시하고, 제공된 예시를 통해 실무에서 적용할 수도 있습니다. 이처럼 매우 짜임새 있는 구성이 독자의 이해에 큰 도움이 될 것입니다. 최근 웹 접근성에 대한 도서가 없었는데 최신 정보를 반영한 도서가 나와 웹 접근성을 공부하려는 사람에게 유용한 도서가 될 것 같습니다. 최신 웹 접근성 정보를 통해 올바른 웹 접근성을 구현하는 방법을 알아가시길 바랍니다.

황시연(엘로스)

웹 개발에서 흔히 간과되는 접근성을 쉽고 실용적으로 다루는, 기대 이상의 책이었습니다. 국내 사례를 바탕으로 접근성의 잘못된 구현 방법과 올바른 구현 방법을 대조하여 보여줌으로써 낯선 개념도 쉽게 이해할 수 있게 합니다. 실무적인 측면에서는 기초적인 HTML부터 리액트까지 단계적으로 접근성을 설명하여 쉽게 따라 할 수 있습니다. 비단 개발자뿐 아니라 기획자, 디자이너 등 다른 직군도 웹 접근성에 대한 기초 소양을 쌓기 좋은 책입니다.

제이펍은 책에 대한 애정과 기술에 대한 열정이 뜨거운 베타리더의 도움으로
출간되는 모든 IT 전문서에 사전 검증을 시행하고 있습니다.

시작하며

새로운 서비스를 경험할 때, 사용하기 쉬웠거나 사용하기 어려웠던 순간이 있었나요? 우리는 이런 순간을 통해 같은 서비스라고 해도 쉽고 유연하게 사용이 가능하다면 서비스를 사용할 이유가 충분하다는 것을 알 수 있습니다. 이러한 긍정적인 사용자 경험을 만들어내는 것이 바로 서비스 제공자의 일이며, 이는 웹 접근성을 통해 더욱 쉽게 만들 수 있습니다.

하지만 기획자, 디자이너, 개발자와 같은 서비스 제공자들 중 일부는 웹 접근성에 대한 이해가 부족하거나 중요성을 간과하는 경우가 있습니다. 이로 인해 일부 사용자는 서비스를 이용하는 데 어려움을 겪거나 심지어는 이용하지 못하는 경우도 있습니다. 예를 들어 시각장애인은 스크린 리더를 통해 웹사이트나 애플리케이션을 탐색하는 데 어려움을 겪을 수 있고, 운동장애가 있는 사람들은 반복적인 동작이나 정교한 제어가 필요한 기능을 사용하는 데 어려움을 겪을 수 있습니다. 또한, 통일성이 없고 직관적이지 않은 UI는 인지 능력이 낮은 사용자나 언어장애가 있는 사람에게 혼란을 줄 수도 있습니다.

일부 사용자가 경험하는 이러한 어려움의 원인은 서비스 제공자들이 모든 사용자의 경험을 개선할 수 있는 웹 접근성의 중요성을 인식하지 못했기 때문입니다. 따라서 이 책에서는 먼저 사용자가 서비스를 이용할 때 직면할 수 있는 다양한 장애 환경을 이해할 수 있도록 설명했습니다. 이를 통해 서비스 제공자가 좀 더 깊게 사용자를 이해하는 마음으로 서비스를 설계하고 만들 때, 모든 사용자가 쉽고 편리하게 서비스를 이용할 수 있다는 것을 깨닫게 되기를 기대합니다.

웹 접근성에 대한 이해가 생겼다면 이를 기반으로 웹 접근성 가이드라인을 조금 더 쉽게 이해할 수 있을 것입니다. 웹 접근성 가이드라인은 웹 접근성 준수를 위한 수단으로 모든 사용자가 웹 콘텐츠 및 기능에 동등하게 접근할 수 있도록 보장할 수 있습니다. 웹 접근성 가이드라인에 따라 웹 접근성을 준수한 서비스를 만들기 위해서는 기획자, 디자이너, 개발자가 모두 협력해야 합니다. 하지만 그중에서도 사용자 인터페이스를 개발하는 프런트엔드 개발자의 역할은 특히 중요하다고 생각합니다.

따라서 이 책에서는 웹 접근성을 준수한 개발 방법과 웹 접근성을 준수한 기술에 대한 기본적인 개념을 다루었으며, 이 개념을 바탕으로 프런트엔드 개발자가 스스로 판단하고 응용할 수 있도록 하는 데 초점을 맞추었습니다. 이 책은 프런트엔드 개발자들이 웹 접근성을 준수하는 것이 어렵지 않으며, 추가적인 노력과 시간을 투자해야 한다는 부담감을 내려놓을 수 있도록 돕는, 이해하기 쉬운 안내서가 되기를 희망합니다.

더 나아가 이 책을 시작으로 많은 프런트엔드 개발자가 웹 접근성과 관련된 지식을 공유하여 웹 접근성을 더 이상 어려운 기술로 생각하지 않고 함께 만들어가고 발전시킬 수 있는 기술로 자리매김할 수 있기를 기대합니다. 웹 접근성을 이해하고 실천함으로써 모든 사용자가 인터넷을 자유롭게 이용할 수 있는 세상을 만들어가는 여정에 함께해주길 바랍니다.

마지막으로, 좀 더 나은 세상을 만들기 위한 여정에 함께하여 책이 성공적으로 완성될 수 있도록 도움을 주신 프런트엔드 개발자 김광선, 나유리, 박성오, 이영빈, 정시윤, 심리상담사 박혜선 님께 진심으로 감사드립니다.

이 책에 대하여

이 책은 웹 서비스 관련 종사자라면 누구나 한 번쯤은 들어봤을 웹 접근성의 개념과 중요성을 쉽고 정확하게 설명하면서 실제 코드에 적용하는 방법까지 다루고 있습니다. 웹 접근성에 대한 이해가 부족한 사람을 위해서는 실제 사례를 통해 웹 접근성의 개념을 설명하여 그 중요성을 정확하게 인식시키는 데 중점을 두고자 했으며, 웹 접근성에 대해 어느 정도 알고 있지만 실제 코드에 적용하는 것에 어려움을 겪는 프런트엔드 개발자를 위해서는 실무에서 자주 사용되는 컴포넌트의 접근성 준수 가이드를 제공했습니다. 이를 통해 상황에 따른 접근성 대응 방법을 익히고, 더 나아가 스스로 생각하고 대응할 수 있는 능력을 키우는 데 초점을 맞추었습니다.

대상 독자

프런트엔드 개발자

웹 접근성에 대해 어느 정도 관심이 있는 개발자라도 실제 문서를 찾아보면 어떻게 적용해야 할지 막막할 때가 많습니다. 접근성을 준수하기 위한 기술의 표준은 명확하지만, 실제 적용은 상황에 따라 달라서 정답을 찾기 어렵기 때문입니다. 이런 경우 기술에 대한 정의를 찾기보다는, 실제 접근성이 준수된 코드를 하나부터 열까지 설명해주는 가이드를 보는 게 도움이 됩니다. 이 책에서 제공하는 가이드를 통해 상황에 맞게 접근성을 준수하는 방법과 그 중요성에 대해 이해할 수 있습니다. 이러한 경험을 통해 어떤 상황에서도 스스로 생각하고 대응할 수 있는 능력을 기를 수 있습니다.

웹 서비스 개발에 관여하는 모든 직군

간혹 웹 접근성을 단순히 개발자의 영역으로만 보기도 하지만, 실제로는 웹 서비스 개발에 관여하는 모든 직군이 관련되어 있습니다. 기획과 디자인 단계부터 모든 사용자를 위한 접근성을 고려해야 하며, 이를 기술적으로만 해결하는 것에는 분명 한계가 있습니다. 또한 개발자가 테스트할 수 없는 환경에서의 테스트도 필요하며, 최근에는 법적으로도 웹 접근성을 요구사항으로 규제하고 있습니다. 이 책에서는 다양한 직군이 협력하여 웹 접근성을 고려할 수 있도록 기술적 측면뿐만 아니라 개념적인 측면도 누구나 이해하기 쉽게 다루었습니다.

책의 구성

1장에서는 웹 접근성의 개념과 그 중요성을 흥미로운 실제 사례를 통해 누구나 쉽게 이해할 수 있도록 설명합니다. 다양한 장애 환경에서 겪을 수 있는 어려움을 예시로 설명하여 독자들이 웹 접근성의 중요성을 새롭게 인식하고 깊이 생각해볼 수 있는 기회를 제공합니다.

2장에서는 시각장애인뿐만 아니라 저시력 사용자, 학습장애가 있는 사용자, 일시적으로 손을 사용할 수 없는 사용자 등 다양한 사용자층의 웹 접근성을 지원하는 보조기술인 스크린 리더에 대해 설명합니다. 또한 스크린 리더가 접근성 트리를 통해 웹페이지를 어떻게 이해하는지 자세히 살펴봅니다. 이를 통해 개발자가 웹 접근성을 쉽게 준수할 수 있도록 돕습니다.

3장부터 5장에서는 웹 접근성을 준수하기 위해 알아야 할 표준 기술을 설명합니다. 먼저 시맨틱 태그의 중요성과 사용 이유를 다루고, 다양한 ARIA 역할과 속성을 언제 어떤 상황에서 사용해야 하는지 구체적인 예시를 통해 살펴봅니다. 또한 국제 표준 웹 콘텐츠 접근성 지침Web Contents Accessibility Gudideline, WCAG을 기반으로 제정된 한국형 웹 콘텐츠 접근성 지침Korean Web Contents Accessibility Gudideline, KWCAG에 대해 자세히 설명하여 더 나은 웹 서비스 환경을 제공할 수 있도록 합니다.

6장과 7장에서는 앞서 설명한 내용을 바탕으로 웹 접근성을 고려한 UI 컴포넌트의 예제 코드를 소개합니다. 실무에서 자주 사용되는 UI 컴포넌트를 선택하여, 인기 있는 프런트엔드 프레임워크인 React 환경에서의 코드를 제공합니다. 이를 통해 웹 접근성을 준수하고자 하는 프런트엔드 개발자들이 실무에서 바로 적용할 수 있는 실용적인 가이드를 제공하는 것이 목표입니다.

8장에서는 기술적인 부분만 신경 쓰다 보면 놓치기 쉬운 접근성 사례들을 다루고, 스크린 리더 사용자의 입장에서 어떤 점을 고려해야 하는지 다양한 관점에서 웹 접근성 준수에 대해 생각해볼 수 있도록 합니다.

사용하는 기술

프런트엔드 개발을 위한 언어로 HTML, CSS, 자바스크립트JavaScript를 사용합니다. 특히 프런트엔드 개발 분야에서 널리 사용되는 라이브러리인 React 환경에서의 예시 코드를 제공하여, 대부분의 개발자가 이미 익숙한 환경에서 웹 접근성에 대한 기술 학습에만 집중할 수 있도록 설명합니다.

지원 범위

웹 서비스를 개발할 때 디바이스나 브라우저 지원 범위는 중요한 요소입니다. 특히 프런트엔드 개발에서는 좋은 기능이라도 일부 브라우저나 최신 버전에서만 지원된다면 실제로 사용하기 어렵습니다. 따라서 이 책에서는 주요 브라우저와 구 버전 디바이스에서도 정상적으로 동작하는 예시 코드를 제공합니다.

모바일

구분	iOS	안드로이드
버전 지원 범위	12.x ~ 최신 버전	7.x ~ 최신 버전
국내 점유율 기준	99% 이상 지원	99% 이상 지원

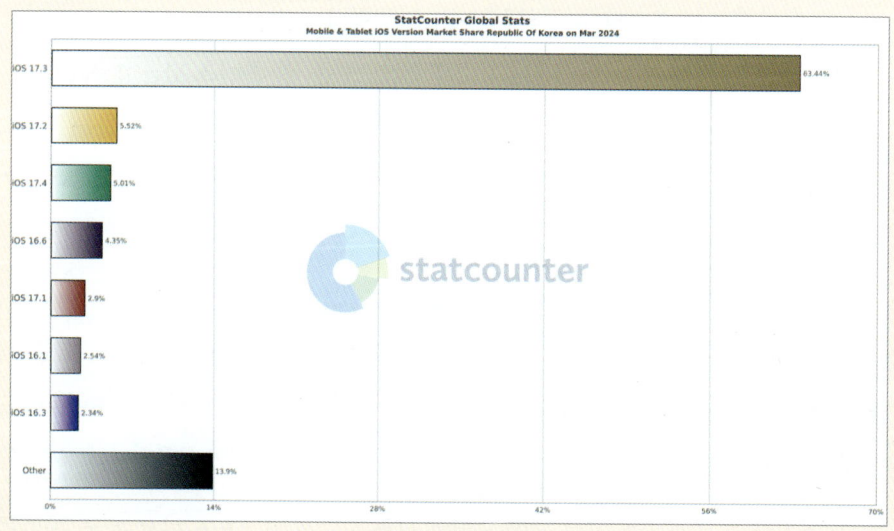

그림 0.1 국내 iOS 버전별 점유율(2024.03)[1]

---

1 https://gs.statcounter.com/ios-version-market-share/mobile-tablet/south-korea/#monthly-202403-202403-bar

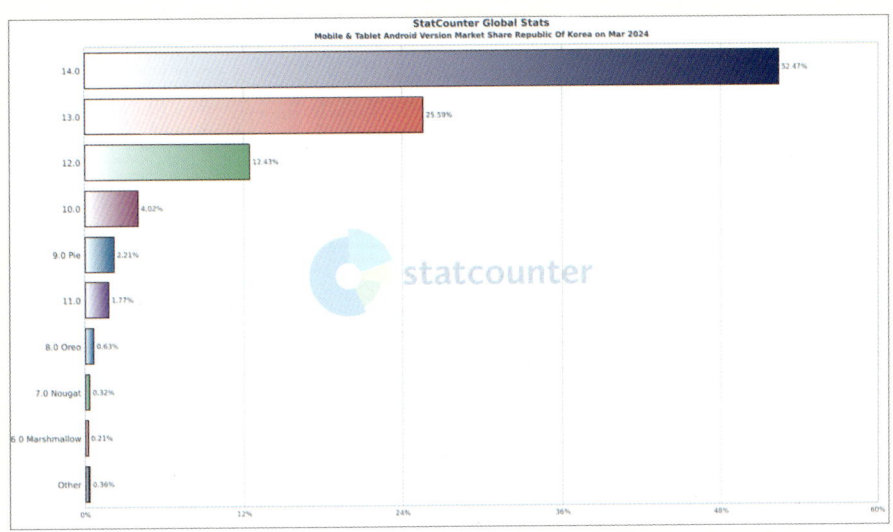

그림 0.2 국내 Android 버전별 점유율(2024.03)[2]

PC

구분	윈도우	MacOS
브라우저	Chrome, Edge, Firefox, Whale	Safari, Chrome, Firefox, Whale
국내 점유율 기준	99% 이상 지원	99% 이상 지원

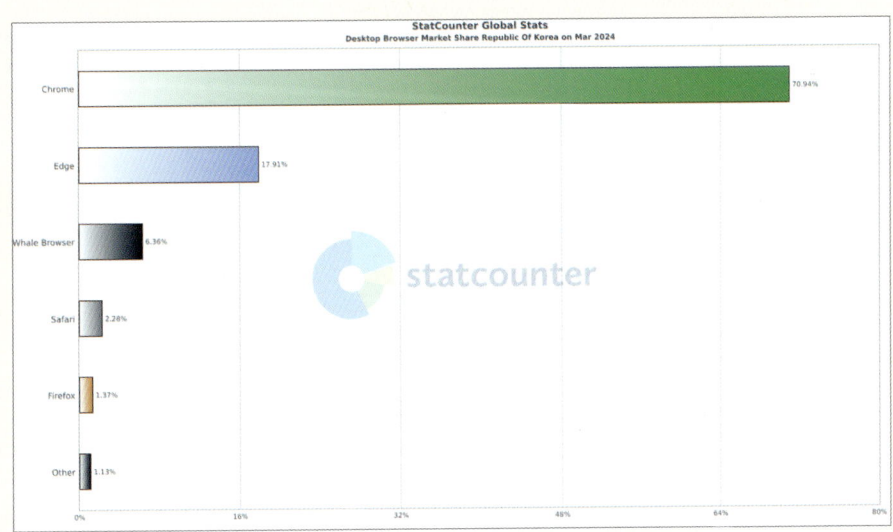

그림 0.3 국내 웹브라우저 이용률(2023.03~2024.03)[3]

---

2 https://gs.statcounter.com/android-version-market-share/mobile-tablet/south-korea/#monthly-202403-202403-bar
3 https://gs.statcounter.com/browser-market-share/desktop/south-korea/#monthly-202303-202403-bar

이 책에 대하여 XVII

예제 코드

이 책의 3장에서 다루는 예시 코드는 깃허브에 공유되어 있으며, 스토리북 형태로 실제 구현된 컴포넌트 확인도 가능합니다.

> **CAUTION**
> 이 책에서 소개하는 스크린 리더 음성 예시는 'MacOS + VoiceOver + Chrome 브라우저'를 기준으로 테스트한 결과입니다. 하지만 디바이스 환경과 스크린 리더 종류에 따라 동일한 코드도 다르게 들릴 수 있기 때문에 각 환경에 맞게 테스트해보는 것이 좋습니다.

깃허브 주소

- https://github.com/evie-ooooori/accessibility-guide-book-for-component
- 단축 URL: https://bit.ly/acc_book

스토리북 주소

- https://evie-ooooori.github.io/accessibility-guide-book-for-component
- 단축 URL: https://bit.ly/acc_story

CHAPTER 1

쉽게 이해하는 접근성

우리가 자주 이용하는 온라인 쇼핑몰을 떠올려봅시다. 해당 쇼핑몰을 이용하면서 상품에 대한 정보를 찾기가 어려워 고생했던 기억이 있나요? 아마도 그런 기억은 많지 않을 것입니다.

대부분의 온라인 쇼핑몰은 많은 상품 이미지를 제공하여 사용자가 원하는 상품에 대한 정보를 손쉽게 확인할 수 있도록 도와줍니다. 이는 오프라인에서 상품을 찾거나 구매하는 것보다 훨씬 간편하게 원하는 제품에 관한 정보를 얻을 수 있는 환경을 제공합니다.

그렇다면 상품 정보가 충분하지 않은 온라인 쇼핑몰을 이용한다고 가정해봅시다. 여러분이 적극적인 사용자라면 불편함을 참지 못하고 다음과 같이 항의글을 작성할지도 모릅니다.

"여기는 대체 뭘 보고 상품을 구매하라는 건가요? 다른 온라인 쇼핑몰을 이용해야겠네요.", "가격이 제일 저렴하고 새벽 배송도 가능해서 구매하고 싶은데, 상품의 정보가 부족해 선뜻 구매할 수가 없어요.", "상품 상세 정보도 없이 리뷰만 보고 고객이 어떤 상품인지 추측해야 하나요?"

이와 같은 부정적인 사용자 경험이 계속해서 누적된다면 '고객을 위한 서비스를 제공하는 쇼핑몰'로 인식되기가 어려워질 것입니다. 한 번이라도 불편함을 느낀 사용자라면 해당 쇼핑몰을 다시 찾아오지 않을 가능성이 큽니다. 설령 새벽 배송, 최저가 보장과 같은 훌륭한 혜택이 제공되더라도 말이죠.

주변에는 우리가 흔히 느끼기 어려운 불편함을 경험하는 사람들이 있습니다. 바로 장애를 갖고 있는 사용자입니다. 특히 시각장애를 경험하는 사용자가 필요한 정보에 접근할 수 없는 '접근성'이 부족한 서비스를 이용할 때, 위의 항의글과 같은 불편함을 더 크게 경험합니다.

우리는 왜 주변에서 흔히 일어나는 접근성의 문제를 모르고 있었을까요? 아니면 이미 알고 있지만 무시하고 외면하고 있었던 걸까요?

비장애인은 장애인이 겪는 불편을 경험할 일이 거의 없기 때문에 접근성이 무엇인지 잘 모를 수 있습니다. 알고 있다 하더라도 필요성을 느끼지 못할 수도 있습니다. 왜냐하면 직접 불편을 겪은 적이 없으며, 앞으로도 겪지 않을 것이라고 생각하기 때문입니다.

하지만 접근성에 대해 자세히 알고 있다면 누구나 상품에 대한 상세 정보를 제공하지 않는 온라인 쇼핑몰을 이용할 때 느끼는 불편함을 이해할 수 있습니다. 또한, 정확한 상품 상세 정보 제공은 장애인뿐만 아니라 모든 사용자가 편리하게 이용할 수 있는 온라인 쇼핑몰을 만드는 데 도움이 된다는 것을 알 수 있습니다.

접근성은 모두가 편리하게 이용할 수 있도록 다양한 환경을 이해하고 공감하는 배려에서 시작된다고 할 수 있습니다. 이제 접근성이 장애인만을 위한 것이 아니라 모든 사람을 위한 것임을 이해하는 시간을 가져보겠습니다.

1.1 개념으로 이해하는 접근성

접근성을 쉽게 이해하기 위해 먼저 일상에서 사용되는 접근성이란 단어의 의미에 대해 살펴본 후, 이 책에서 주로 다룰 내용인 웹 접근성에 대해서 알아봅시다.

1.1.1 접근성의 이해

사실 우리는 생각보다 일상생활에서 접근성이라는 단어를 자주 사용합니다. 예를 들어 'X 기업은 지하철, 버스 등 대중교통으로 접근성이 좋은 곳에 위치해 출퇴근이 꽤 편리해', 'X 카페는 맛과 분위기가 좋다고 하지만, 대중교통으로는 가기 힘들거나 주차장이 없어서 접근성이 좋지 않아', 'X 브랜드는 오프라인 매장 수가 많아 원하는 물건을 구매하기에 접근성이 좋아' 등과 같이 흔하게 이야기하곤 합니다. 여기서 주목해야 할 점은 **'대상'과 '목적'이 있는 상황에서 '접근한다'**는 것입니다. 곰곰이 생각해보면 과거에서부터 현재에 이르기까지 인류는 대상과 목적에 접근하기 위해 자연스럽게 변화하고 발전해왔습니다. 과거와 현재 상황의 예시로 자세히 살펴보겠습니다.

'한양에서 제물포까지 가기 위해 말을 타고 산을 넘어 이동했다.', '서울에서 인천까지 가기 위해 자동차를 타고 고속도로를 이용해 이동했다.'

말을 타던 시절에서 자동차를 타기까지 서울에서 인천(제물포)까지의 거리가 변하진 않았지만 좀 더 편리하게 이동하기 위한 수단들(자동차, 고속도로)을 발전시켰습니다. 여기서 변하지 않은 것은 '인천'이라는 대상과 '가기 위해'라는 목적입니다. 장소라는 대상과 가고자 한다는 목적은 달라지지 않았지만, 목적을 달성하기 위해 일상생활에서 우리는 항상 발전해왔다는 것을 알 수 있습니다.

더 나아가 기술, 환경의 발전과 함께 제품, 시스템, 서비스를 이용하는 특정 상황에서도 목적을 위해 접근하고자 하는 것이 선택이 아닌 필수인 시대가 되었습니다. 이와 같은 상황에서 대부분의 사람들이 어떤 목적을 가지고 접근하는지 고민해보면 우리가 이 책에서 다루고자 하는 접근성에 대해 이해하기가 더 쉽습니다. 물론 사람들은 다양한 목적을 갖고 있겠지만, 그 모든 목적을 만족시키기 위한 가장 기본적인 전제는 '불편함 없이 편리하게 이용하는 것'이 아닐까요? 인터넷으로 정보를 습득하고 이용하는 것이 생활의 일부분이 된 시대에서 불편함을 느낀다면 당연히 사용자는 정보에 접근하기 어려워져 점점 소외될 것입니다.

우리는 아날로그 시대에서 디지털 시대로 빠르게 발전해왔습니다. 통신망과 인터넷의 발전으로 정보에 접근할 수 있는 기회가 크게 확대되었고, 우리의 삶은 크게 변화되었습니다. 예를 들어 과거에는 필요한 정보를 얻기 위해 도서관을 방문하거나 책을 구매해야 했지만, 이제는 인터넷 검색을 통해 몇 초 만에 원하는 정보를 찾아볼 수 있게 되었습니다. 이러한 변화 속에서 개발자는 차별 없이 모든 사람이 정보에 접근할 수 있는 기회를 제공하는 데 큰 역할을 합니다. 모든 사람이 능력이나 상황에 관계없이 정보에 접근할 수 있는 디지털 시대를 만들어갈 능력과 책임이 있음을 웹 접근성의 의미를 통해 더 쉽게 이해할 수 있습니다.

1.1.2 웹 접근성이란

디지털 시대에서 웹은 정보에 접근하고 공유하는 데 중요한 역할을 합니다. 웹은 인터넷을 통해 접근할 수 있으며 시간과 장소, 기기 등의 제약 없이 사용자들이 언제 어디서나 필요한 정보를 찾을 수 있는 환경을 제공합니다. 이러한 웹을 통해 우리는 다양한 주제에 대한 정보를 찾아보고 소비하며 소통합니다. 외출이 어려운 사람들은 편하게 쇼핑을 하고, 실시간으로 업데이트되는 뉴스를 읽고 다른 사람들과 공유하고 의견을 나누며, 여행을 위한 정보를 검색하고 항공편과 숙박을 예약하는 등의 행동은 이제 너무나 일상적인 일이 되었습니다. 만약 웹에서 제공하는 정보나 서비스를 이용할 수 없다면 일상생활에서 큰 불편을 겪게 될 것입니다.

현재 웹은 우리 생활에서 너무 중요한 역할을 하고 있지만, 신체적·환경적 조건에 의해 웹에서 제공하는 정보에 접근조차 할 수 없는 사용자들도 존재합니다. '신체적·환경적 조건'이라는 단어에서 장애의 유무를 떠올릴 수도 있지만 일반 사용자도 시각적, 청각적, 운동 능력 등에 차이가 있을 수 있으며, 다양한 기기나 브라우저를 사용하는 사용자 또한 정보 검색 및 이용에 어려움을 겪을 수 있습니다. 이와 같은 다양한 신체적·환경적 조건과 관계없이, 웹 접근성은 모든 사용자가 웹에서 제공하는 콘텐츠(정보)에 어려움 없이 접근 가능하도록 함을 의미합니다.

웹의 창시자인 팀 버너스 리 Timothy John Berners Lee는 "장애 유무에 관계없이 누구나 동등하게 웹에 접근 가능하고 이용할 수 있어야 한다"라고 말했습니다. 특히 웹의 보편성에 대한 개념을 강조했는데, 이는 모든 사람과 모든 기기가 웹을 사용해 정보를 공유하고 상호작용할 수 있는 환경임을 뜻합니다. 이러한 환경을 만들기 위해서 웹 콘텐츠를 제작할 때 웹 표준과 국제 웹 접근성 지침 WCAG(4.1절 참고)과 같은 가이드라인을 준수해 호환성을 유지하여 다양한 사용자들이 동등한 웹 경험을 할 수 있도록 설계해야 합니다.

1.2 장애 환경으로 이해하는 웹 접근성

위에서 설명한 것처럼 웹 접근성은 모든 사용자가 어떤 환경에서든 어려움 없이 웹에서 제공하는 정보에 접근할 수 있도록 만드는 것을 의미합니다. 소수의 사용자가 아닌 모든 사용자에게 긍정적인 영향을 끼치기 때문에 '모두를 위한 접근성'이라고 표현할 수 있습니다. 웹 접근성은 '모두를 위한 설계'라고도 불리는 유니버설 디자인의 원리를 웹에 적용하여 모두가 쉽게 사용할 수 있도록 만드는 것을 의미합니다.

'모든 사용자'라는 단어에 초점을 맞춰 우리 일상을 살펴볼까요? 주변에서 흔히 볼 수 있는 레버형이나 수평 또는 수직 막대형의 손잡이나 자동문은 장애가 있는 사람뿐만 아니라 그렇지 않은 사람에게도 도움이 됩니다.

그림 1.1 원형 손잡이

그림 1.1의 원형 손잡이는 신체적·환경적 조건에 따라 모든 사람이 사용하기에 어려움이 있습니다. 원형 손잡이는 회전하는 동작을 필요로 하며 특히 무거운 문을 열 때 더 많은 힘이 필요할 수 있습니다. 가장 일반적인 상황으로는, 양손에 짐을 든 상태에서 문을 열어야 하는 사람은 손에 들고 있던 짐을 모두 내려놓고 문을 열어야 합니다. 더 극단적인 상황을 가정해보자면 갑작스럽게 부상을 당해 손에 깁스를 하거나 화상 또는 상처로 인해서 손가락 중 일부를 사용할 수 없게 된 사람은 아예 문을 열 수 없어 원하는 공간으로 이동할 수 없습니다. 아무런 불편함 없이 손잡이를 사용해 문을 열고 공간을 이동했던 일상적인 행동이 신체적·환경적 조건으로 인해 전혀 새로운 경험처럼 느껴질 수 있습니다.

그림 1.2 레버형 손잡이

원형 손잡이의 낮은 접근성을 보완하기 위한 레버형 손잡이는 더 많은 사람들이 다양한 환경에서 어려움 없이 문을 열고 닫을 수 있도록 디자인되었습니다. 회전이나 움직임 없이도 어떻게 동작해야 하는지 쉽게 이해할 수 있으며, 손뿐만 아니라 팔을 사용해 문을 열고 닫을 수 있어 운동 능력이 제한된 사람들에게 더욱 편리합니다.

이를 웹에도 확장시켜 적용해보면 이해가 쉽습니다. 시력이 저하되거나 색맹이 있는 사용자를 고려해 웹에서 제공하는 정보의 텍스트 크기를 크게 조정하고, 텍스트와 배경의 명도 차이를 설정하여 정보를 뚜렷하게 인식할 수 있도록 돕습니다. 이는 시력이 저하되거나 색상 구분이 어려운 사용자뿐만 아니라, 모든 사용자에게 정보를 더 쉽고 편리하게 이해할 수 있는 환경을 제공합니다. 상지장애(절단, 관절, 마비)가 있는 사용자를 위한 음성 입력 기능은 무거운 짐을 들거나 운전을 하고 있어 일시적으로 손을 사용하기 힘든 사용자에게도 도움이 됩니다.

따라서 우리 모두가 경험할 수 있는 다양한 상황에 대해 이해하고 공감하는 것부터 시작해본다면 모두에게 동등한 기회를 주는 것은 생각보다 쉬운 일입니다.

1.2.1 장애를 경험하는 사용자 이해하기

모두를 위한 웹 서비스를 만들기 위해서는 다양한 사용자를 이해하는 자세가 필요합니다. 웹을 이용할 때 불편을 느끼는 빈도는 신체적 장애가 있는 사람들에게서 높게 나타나기 때문에 이들이 주로 웹 접근성의 대상으로 언급됩니다. 장애 환경은 크게 시각, 청각, 인지적, 이동성 측면으로 나눌 수 있으며, 이러한 장애를 경험하는 사용자는 웹을 이용할 때 필요에 따라 보조기술[1](2.1절 참고)을 이용합니다.

사용자들이 경험할 수 있는 다양한 장애 환경을 이해하고, 그들이 웹 서비스를 어떻게 이용하며 어떤 어려움을 겪는지 살펴봅시다.

● **시각적 측면의 장애 환경**

보건복지부가 실시한 <장애인 등록 현황(2023.12월 말 기준)>에 따르면 국내에 등록된 시각장애인은 248,360명이며, 이 중 '전맹(심한 장애)'은 45,806명, '저시력(심하지 않은 장애)'은 202,554명입니다. 전맹보다는 빛을 인지할 수 있으며 최소한 사물의 윤곽 정도는 알아볼 수 있는 시각장애인이 훨씬 많다는 것을 알 수 있습니다. 또한 <2020년 장애인 실태조사>에 따르면 시각장애인의 장애 발생 원인은 후천적인 원인 중에서도 질환에 의한 시각장애가 41.1%, 사고에 의한 후천적 원인이 34.8%로 나타났습니다. 출생 전 또는 출생 시에 발생한 선천적 원인은 4.2%였습니다. 이를 통해 시각장애는 후천적 원인으로 발생하는 경우가 대부분이며, 질환 또는 사고 등에 의해 누구나 시각장애를 갖게 될 가능성이 있음을 알 수 있습니다.

> **NOTE 시각장애 발생 원인**
> - 선천적인 원인: 유전, 선천성 기형, 부모의 전염병 감염 등
> - 후천적인 원인: 교통사고, 산업재해, 전상 등의 외상과 감염, 약물중독, 퇴행성안질환, 기타 전신질환에 의한 합병증 등

• **저시력(시력이 일반적인 범위보다 낮아지거나 제한되는 상태)**

일반적으로 시각장애라고 하면 앞을 전혀 볼 수 없는 전맹을 가장 많이 생각합니다. 하지만 시각장애인 중 80~90%는 활용 시력을 가지고 있는 저시력자입니다. 저시력을 가진 사람은 겉으로 보

---

[1] 보조기술이란 장애인의 신체적, 인지적 기능을 증진, 보완, 향상하기 위하여 사용하는 기기, 장비의 일부분이나 시스템 또는 소프트웨어를 의미합니다.

기에는 큰 불편함이 없는 것처럼 보이지만 일상적인 활동에서 글자, 이미지, 물체 등을 명확하게 보기 어렵습니다. 저시력은 시력저하나 백내장, 녹내장, 당뇨병, 황반변성 및 기타 질병과 같은 안구 질환으로 인해 발생하며, 안경 또는 콘택트렌즈를 사용하거나 약물 치료 또는 수술적 처치로도 시력 교정이 되지 않습니다. 일반적으로 저시력자는 낮은 시력으로 인해 윤곽이 흐릿하게 보이거나, 중심 또는 주변만 보이는 협소한 시야를 가지고 있으며, 눈부심이나 비정상적인 색깔 인식 등의 어려움을 겪습니다. 색맹, 색약 등 색각 이상인 경우도 저시력에 해당합니다.

이러한 한계를 가진 저시력자는 웹을 이용할 때 텍스트나 이미지를 명확하게 인식하기 어렵거나, 색상 대비가 낮은 디자인으로 인해 정보를 구별하는 데 어려움을 겪습니다. 따라서 저시력자가 웹에서 정보에 접근할 수 있도록 글자 크기 조정, 명도 대비 강화, 색상 구분 등을 고려해야 합니다.

대비가 낮으며 작고 불명확한 텍스트 및 기호 인식의 어려움

저시력자는 작고 흐릿한 글자를 인식하기 어렵습니다. 따라서 작고 불명확한 텍스트나 기호를 사용하기보다는 글자 크기를 충분히 크게 하고 명확하게 구별되도록 하여 텍스트의 가독성을 높이는 것이 중요합니다. 더불어 텍스트를 자세히 볼 수 있는 문자 확대나 화면 확대 기능, 그리고 색을 구분할 수 있도록 고대비 기능을 기본적으로 제공해야 합니다.

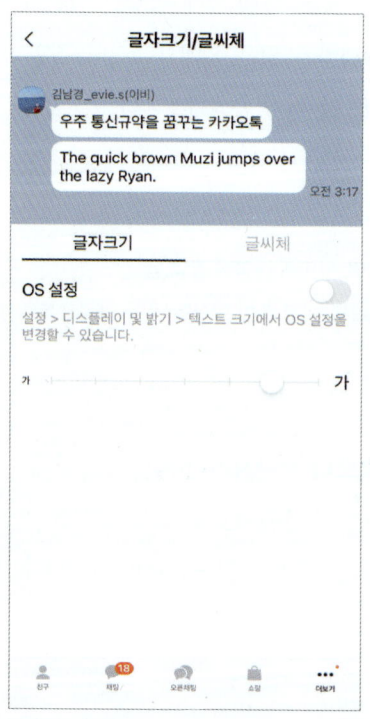

그림 1.3 문자 확대 기능을 제공하는 화면 예시

시각에만 의존해 콘텐츠를 보기 어려움

잔존 시력의 활용 여부에 따라 시력에만 의존하기 힘든 경우에는 보조기술인 스크린 리더[2](2.1절 참고)나 텍스트 읽기 기능을 필요로 합니다. 시각적 요소인 이미지에 대한 대체 텍스트를 제공하여 스크린 리더가 이미지에 대해 설명하도록 해야 합니다. 사용자는 스크린 리더를 통해 이미지에 대한 음성 설명을 들을 수 있습니다.

화면의 눈부심으로 인해 콘텐츠를 보기 어려움

저시력자의 경우 눈의 민감도가 높기 때문에 밝은 빛에 민감합니다. 화면의 눈부심이 경감되도록 대비를 높여 텍스트나 그림을 쉽게 읽을 수 있는 다크 모드를 필요로 합니다.

색 구분이 어려움

색맹, 색약 등 색각 이상의 경우 특정 색상을 구별하지 못할 수 있기 때문에 색상으로만 정보를 전달하지 않도록 해야 합니다. 적록색맹은 빨간색과 녹색의 구별 능력이 떨어지고, 전색맹은 색상을 전혀 인식하지 못합니다. 따라서 색상 외에도 텍스트, 아이콘, 패턴 등 다양한 방법으로 표현해 콘텐츠를 이해할 수 있도록 해야 합니다.

- **전맹(시력이 완전히 상실된 상태)**

전맹은 시력이 0인 상태로 앞을 전혀 보지 못합니다. 시각이 차단되어 청각에 의존해야 하기 때문에 청각과 촉각, 후각 등을 활용해 일상생활을 합니다. 다중감각을 활용해 정보를 접하는데 각각의 감각기관의 인식 속도가 다르고, 전체를 통합하여 연결해야 하기 때문에 이해하는 과정이 복잡합니다. 이러한 정보 통합과정은 일상생활에서 많은 에너지와 노력이 필요할 뿐만 아니라 많은 스트레스를 유발할 수도 있습니다.

이러한 한계를 가진 전맹이 웹을 이용할 때 어떤 어려움을 겪는지 알아보고, 정보에 접근하기 위해서는 어떠한 것들을 고려해야 하는지 알아봅니다.

시각적인 콘텐츠의 이해가 어려움

전맹은 시각을 전혀 활용할 수 없어 이미지와 같은 시각적인 콘텐츠를 인식할 수 없습니다. 시각적인 내용을 전달하는 이미지에 대체 텍스트를 제공하여 스크린 리더가 이미지에 대해 설명하도록

---

[2] 스크린 리더는 화면의 내용과 자신이 입력한 키보드 정보나 마우스 좌표 등을 음성으로 알려주어 컴퓨터를 사용할 수 있도록 도와주는 소프트웨어입니다.

해야 합니다. 사용자는 스크린 리더를 통해 이미지에 대한 음성 설명을 들을 수 있습니다.

시각에 의존 가능한 장치 사용의 어려움
전맹은 시각적인 요소를 보고 조작하는 것이 불가하기 때문에 마우스를 사용하여 웹을 탐색하거나 상호작용하는 것은 어려울 수 있습니다. 대신 키보드를 사용하여 웹페이지 내의 요소들과 상호작용이 가능하도록 해야 합니다. 모바일 환경에서는 스크린 리더를 통해 화면에서 터치한 항목이나 좌우 스와이프(swipe) 제스처로 설명을 듣는 방식으로 웹을 이용합니다.

자동 재생되는 배경음이나 영상 속 소리로 인해 정보 탐색의 어려움
전맹의 경우 시각이 차단된 대신 청각적인 정보를 더욱 민감하게 인식합니다. 자동 재생되는 배경음이나 영상의 소리가 재생되면 의도하지 않은 소리에 노출되고 이로 인해 혼란스럽거나 불편함을 느낄 수 있습니다. 또한 스크린 리더 등의 보조기술을 사용해 웹을 탐색하고 정보에 접근하는데, 자동 재생되는 소리는 보조기술의 동작과 상호작용을 방해할 수 있습니다.

● 청각적 측면의 장애 환경

청각장애는 듣는 능력에 장애가 있는 상태로 크게 완전한 청력 상실로 들리지 않는 **농**과 청각 전달 경로에 문제가 생겨 듣기 어렵게 된 **난청**으로 구분됩니다.

- **농(청력 상실)**

청력 상실이 심하여 보청기와 같은 보조기기를 사용해도 어떠한 소리도 들리지 않으며, 청각적인 정보에 의존할 수 없습니다.

- **난청(청력 저하)**

청각 전달 경로에 문제가 생겨 주변 소리를 듣거나 그 소리를 분별하기 어렵습니다. 난청이 있는 사람들은 보조기기를 사용하여 소리를 증폭시키거나 정확하게 들을 수 있습니다.

멀티미디어 콘텐츠를 이해하기 어려움
오디오나 영상 콘텐츠의 경우 청각장애를 경험하는 사람은 내용을 이해하기 어려울 수 있습니다. 자막, 대본 또는 수화 등의 대안 수단을 반드시 제공해야 합니다. 텍스트 형식으로 제공되는 자막, 대본은 저시력자들도 콘텐츠를 이해할 수 있도록 돕습니다.

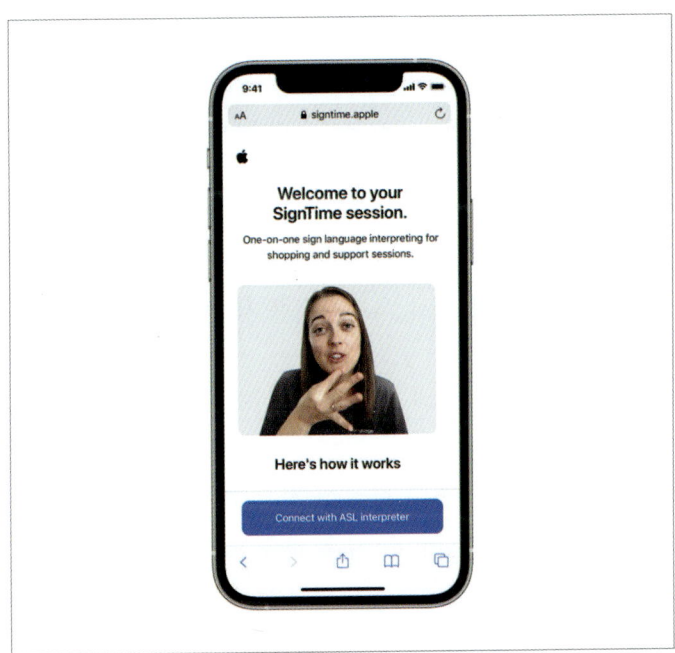

그림 1.4 애플의 사인타임[3]

● 인지적 측면의 장애 환경

인지적 장애의 종류는 광범위합니다. 인지능력이 제한되는 발달장애, 인지장애와 관련된 정신질환(우울증, 정신분열증 등), 난독증, 주의력 결핍 과잉행동 장애(ADHD)와 같은 학습장애가 존재합니다. 인지적 장애를 경험하는 사용자는 복잡하거나 어려운 것보다는 간결하고 명확한 정보를 선호합니다.

- **발달장애**

발달장애는 주로 어린 시기에 발달하는 과정에서 지능, 언어, 사회성, 운동, 감각 등의 발달이 늦거나 어려움을 겪어 나타나는 장애입니다.

- **학습장애**

학습장애는 평균적인 지능을 가지고 있지만 듣기, 말하기, 주의집중, 기억, 문제해결 등의 학습기능이나 읽기, 쓰기, 추론, 산수 계산 등 학업 성취 영역에서 현저하게 어려움이 있습니다.

---

[3] 청각장애가 있는 사용자는 애플 스토어 매장을 방문해 실시간 수화 통역 서비스인 사인타임을 이용해 제품 구매와 서비스 상담을 받을 수 있습니다.

콘텐츠 이해의 어려움

복잡한 문장이나 어려운 어휘를 사용하거나 정리되지 않은 레이아웃, 논리적이지 않은 순서로 나열된 콘텐츠는 인지장애가 있는 사용자가 이해하기 어렵습니다.

콘텐츠를 제공할 때는 문장을 짧고 이해하기 쉽게 구성하고, 사용하는 단어 또한 명확하고 쉬워야 합니다. 또한, 사용자가 쉽게 내용을 파악할 수 있도록 일관된 웹페이지 레이아웃을 제공해야 합니다. 간단한 콘텐츠라고 하더라도 목차, 제목, 부제목 등을 사용해 사용자가 내용을 이해하는 데 도움을 줄 수 있습니다.

지시 사항 이해의 어려움

인지장애를 경험하는 사용자는 입력, 버튼, 링크 등 사용자와 상호작용이 필요한 요소가 제공될 때 해당 요소의 지시 사항을 이해하는 데 어려움을 겪습니다. 사용자가 지시 사항을 이해하지 못한다면 원하는 작업을 수행하지 못하거나 작업을 반복해 시도하면서 많은 시간이 소요될 수 있습니다. 따라서 사용자가 어떤 조작을 해야 하는지 직관적이고 명확한 레이블과 지시 사항을 포함해야 합니다. 오류를 최소화하고 작업을 완료할 수 있도록 명확한 메시지를 보여주고, 간단하게 복구 가능한 요소를 제공해야 합니다.

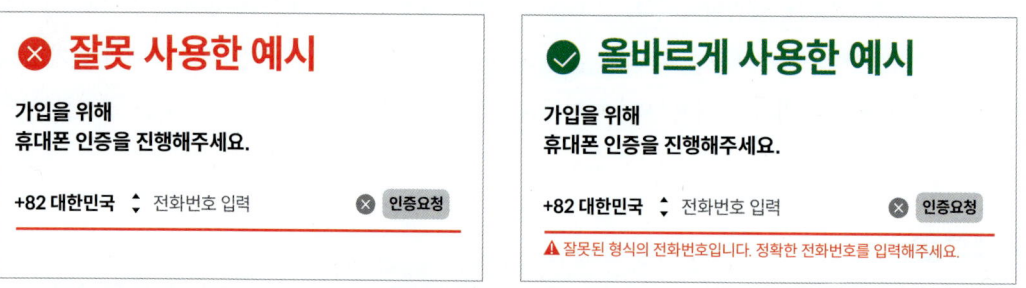

그림 1.5 휴대폰 번호 인증 시 지시 사항의 예

텍스트뿐만 아니라 이미지, 아이콘 등의 시각적인 요소를 활용해 주의를 끌어 원하는 방향으로 유도하거나 특정 작업을 할 수 있도록 해야 합니다. 새로운 아이콘은 이해하지 못할 가능성이 크기 때문에 친숙한 요소를 사용해야 합니다.

그림 1.6 선택한 옵션값의 구분을 위한 시각적 요소 활용 예

자동 재생 콘텐츠로 인한 주의력 집중 어려움

3초 이상 깜빡이거나 반짝이며 자동 재생되는 콘텐츠는 주의력 문제를 유발할 수 있으며(4.2.2절 참고), 이는 특히 인지장애가 있는 사용자가 콘텐츠를 이해하는 데 더 많은 시간이 걸리게 만듭니다. 자동 재생되는 콘텐츠는 콘텐츠를 이해할 수 있는 충분한 시간을 주지 않으며, 의도하지 않은 기능을 실행하기 때문에 혼란을 줍니다. 시간제한이 있는 콘텐츠는 최대한 지양하고 시간제한이 필요하다면 사용자가 재생, 일시정지할 수 있는 기능을 제공해야 합니다. 자동 재생되는 콘텐츠에 음성이 포함되어 있다면 음소거된 상태로 제공해야 합니다.

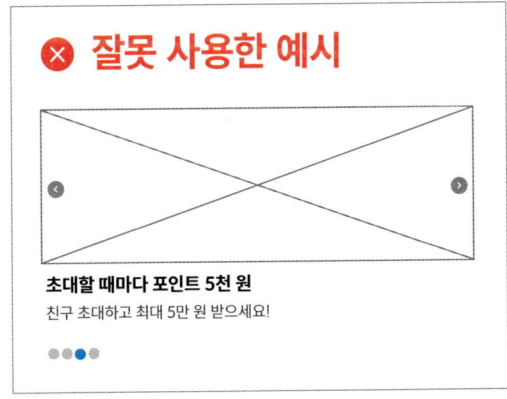 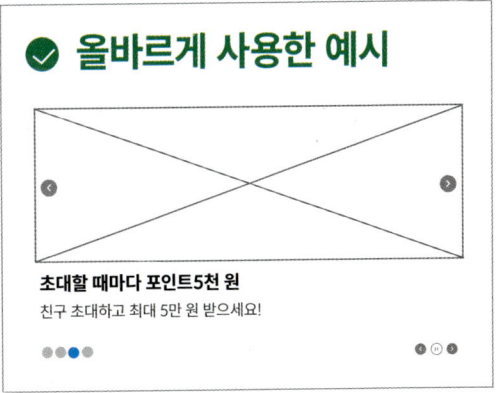

그림 1.7 Carousel의 자동 재생을 제어할 수 있는 요소의 제공 예

● 이동성 측면의 장애 환경

이동성 장애는 신체 운동 관련 기능이 제한되어 일상생활 활동에 어려움을 겪는 장애를 의미합니다. 이동성 장애의 종류는 매우 다양하지만, 그중에서도 특히 팔다리의 움직임이나 기능에 제한이 있는 지체장애를 중심으로 설명하고자 합니다.

• 상지장애(손 운동장애)

상지장애는 팔과 손에 손상이나 장애가 있는 상태를 의미합니다. 쥐는 힘이 약하기 때문에 물건을 잡거나 회전시키는 작업을 할 때 원하는 대로 움직이기 어렵습니다. 연속적인 움직임이 많아지면 쉽게 피로함을 느낄 수 있습니다.

• 중증 운동장애

중증 운동장애는 개인의 운동 능력이 심각하게 손상되거나 제한되어 신체 전반의 움직임이 크게 어려운 상태를 말합니다.

마우스 또는 키보드 사용의 어려움

지체장애의 경우 마우스나 키보드를 사용하는 데 어려움을 겪습니다. 마우스를 정교하게 조작하는 것이 어렵기 때문에 클릭 가능한 요소의 크기를 충분히 크게 만들어 쉽게 선택 가능하도록 해야 합니다. 마우스 사용이 어려운 사용자는 키보드나 다양한 보조기기를 사용해 탐색 및 조작합니다.[4] 이러한 기기를 사용해 탐색과 조작을 쉽게 할 수 있도록 초점은 사용자가 예측할 수 있는 논리적인 순서로 이동되어야 합니다. 또한, 시각적으로 구별 가능한 표시가 제공되면 키보드만으로도 선택된 항목을 쉽게 인식할 수 있습니다.

---

[4] 마우스 사용이 어려울 정도로 심각한 신체의 제한이 있는 중증 운동장애인의 경우 컴퓨터와의 상호작용을 위해 헤드 포인터와 자판이 큰 빅키 키보드를 사용합니다.

 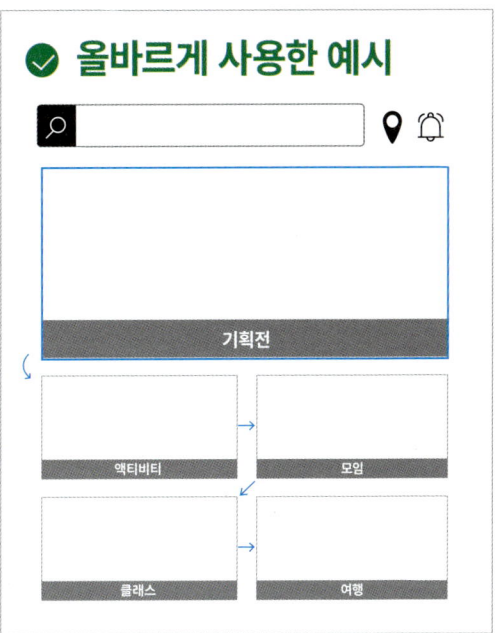

그림 1.8 초점이 순차적으로 일관성 있게 이동하며, 시각적으로 구별이 가능하도록 한 초점 이동의 예

1.2.2 모두가 경험할 수 있는 장애 환경

웹 접근성이라고 하면 많은 사람들이 장애인을 위한 것이라고 생각합니다. 웹을 이용할 때 신체 기능의 장애가 있는 사람이 불편함을 느끼는 빈도가 높기 때문에 이러한 인식은 자연스럽다고 생각합니다. 하지만 접근성은 장애가 있는 사람들만을 위한 것으로 한정할 수 없습니다. 디지털 기술의 발전으로 인해 일반인과 정보취약계층(장애인, 고령층, 저소득층, 농어민 등)의 디지털 정보 격차가 점점 심각해지고 있으며, 이를 해결하기 위해 접근성은 중요한 도구로 사용됩니다.

코로나19로 인해 전통 대면 서비스에서 비대면 서비스화로 급격하게 변화하면서 온라인화가 가속되었습니다. 한국전자통신연구원 기술정책연구본부의 <코로나 이후 글로벌 트렌드(2020)>에 따르면 사회적 거리 두기 상황에서 재택원격근무 및 원격교육, 온라인 판매, 비대면 공연 등 재택 활동이 우리나라에서 중요한 트렌드로 자리 잡았음을 빅데이터 분석을 통해 확인할 수 있었습니다. 이로 인해 사람들의 인터넷 의존도와 이용 시간이 크게 늘었으며, 인터넷이 일상생활의 중심 역할을 하게 되었습니다. 업무, 교육, 소비, 의료, 여가 등이 디지털 환경 중심으로 재편되면서 생활의 편리함과 효율성이 크게 향상되었습니다. 그러나 이러한 디지털 전환은 모든 계층에게 동등한 혜택을 제공하지 못했습니다.

특히 고령층의 경우 과학기술정보통신부의 <디지털 정보 격차 실태조사 결과(2023)>를 살펴보면 정보취약계층의 평균 정보화 수준(76.9%) 대비 고령층 디지털 정보화 수준이 가장 낮은 수준(70.7%)에 있으며, 정보취약계층 유형 중 유일하게 평균 이하라는 것을 알 수 있습니다.

표 1.1 부문별 디지털 정보화 수준(단위: %)

구분	2019년	2020년	2021년	2022년	2023년
접근	91.7	93.7	94.4	96.0	96.5
역량	60.2	60.3	63.8	64.5	65.1
활용	68.8	74.8	77.6	78.0	79.0
종합	69.9	72.7	75.4	76.2	76.9

표 1.2 계층별 디지털 정보화 수준(단위: %)

구분	2019년	2020년	2021년	2022년	2023년
장애인	75.2	81.3	81.7	82.2	82.8
고령층	64.3	68.6	69.1	69.9	70.7
저소득층	87.8	95.1	95.4	95.6	96.1
농어민	70.6	77.3	78.1	78.9	79.5
취약계층 평균	69.9	72.7	75.4	76.2	76.9

실제로 코로나19 유행이 한참이던 2020년에는 공적 마스크 판매 현황, 확진자의 동선을 알려주는 웹서비스가 등장했습니다. 대다수 사람들은 비대면 서비스를 통해 정보를 쉽게 얻어서 자신의 주변에서 공적 마스크의 재고가 남아 있는 가장 가까운 약국을 찾아 마스크를 구매했습니다. 하지만 디지털 기기 사용에 서툰 고령층을 포함한 정보취약계층은 약국을 돌아다니며 공적 마스크를 사기 위해 긴 줄을 서서 기다리거나 심지어 아예 구매하지 못하는 상황을 겪기도 했습니다.

접근성은 이러한 디지털 정보 격차를 해소하고 모든 사람이 디지털 정보와 서비스를 동등하게 이용할 수 있도록 지원합니다. 소수의 사람들을 위한 것이 아닌, 모두를 포용하는 접근성을 통해 모든 개인과 집단이 혜택을 받을 수 있는 가능성을 열 수 있습니다.

● **시각 제한이 되는 환경**

장애를 가지지 않은 사람도 특정한 상황이나 환경에서 일시적으로 시각 기능이 저하되거나 사용이 어려운 경험을 할 수 있습니다.

• **노화로 인한 시력 저하**

일반적으로 40대 후반부터 수정체의 탄력성이 떨어져 거리에 따라 사물의 초점을 적절하게 맞추는 능력이 저하됩니다. 가까운 거리의 글이나 물체를 선명하게 보는 것이 어려워질 수 있습니다. 노안을 가진 사용자가 웹을 이용할 때 콘텐츠를 쉽게 인식할 수 있도록 텍스트의 가독성을 높이는 것이 중요합니다. 선명하고 깔끔한 글자체를 사용하고, 텍스트와 배경 간의 명도 대비(4.5:1 이상)를 명확하게 준수해야 합니다. 또한 텍스트의 크기를 크게 설정할 수 있도록 글자 확대 기능을 제공해야 합니다. 저시력이나 시각 기능 이상이 없더라도 누구나 나이가 들어가기 때문에 크고 명확한 텍스트의 제공은 접근성 향상에 도움이 됩니다.

그림 1.9 **노안으로 돋보기를 사용하는 고령자**

- **밝기와 조명에 따라 달라 보이는 색상**

같은 색상이지만 밝기와 실내조명에 따라 색상이 변형되거나 왜곡되어 보일 수 있어 실제 색상과는 다른 착시 현상이 보일 때가 있습니다. 모바일 디바이스나 모니터에서 색상이 왜곡되거나 화면 밝기가 다른 경우에도 색상을 정확하게 판단하기 어려울 수 있습니다. 이러한 상황을 고려해 웹에서 콘텐츠를 제공할 때 색상으로만 정보나 상태에 대해 전달해서는 안 되고, 색상 외에도 텍스트, 아이콘, 패턴 등의 다른 시각적인 표시 방법을 제공해 구분할 수 있도록 해야 합니다. 텍스트, 아이콘, 패턴 등을 함께 사용하면 색맹, 색약을 가진 사용자뿐만 아니라 모든 사용자에게 정보나 상태를 좀 더 명확하게 전달할 수 있습니다. 다양한 디바이스, 조명 환경에서도 일관된 정보를 전달할 수 있어 어떤 환경에서든 사용자는 쉽게 콘텐츠를 이해할 수 있습니다.

● 청각 제한이 되는 환경

장애를 가지지 않은 사람도 특정한 상황이나 환경에서 일시적으로 청각이 제한되는 경험을 할 수 있습니다.

- **이어폰이 없는 상황에서의 동영상 콘텐츠 시청**

동영상을 보고 싶어도 이어폰이 없어서 소리를 들을 수 없는 상황이 생길 수 있습니다. 이때 청각장애인을 위해 제공되는 자막이나 원고는 장애가 없는 사람들에게도 동영상 내용을 이해하는 데 도움을 줍니다.

- **모국어가 아닌 언어의 동영상 콘텐츠 시청**

모국어가 아닌 다른 언어를 사용하는 동영상을 보고 싶지만 언어를 몰라 내용을 이해하는 데 어려움을 겪는 상황이 있을 수도 있습니다. 다양한 언어로 자막이나 원고를 제공하면 청각장애를 경험하는 사람뿐만 아니라 외국어에 능숙하지 않은 사용자도 동영상의 내용을 이해할 수 있습니다.

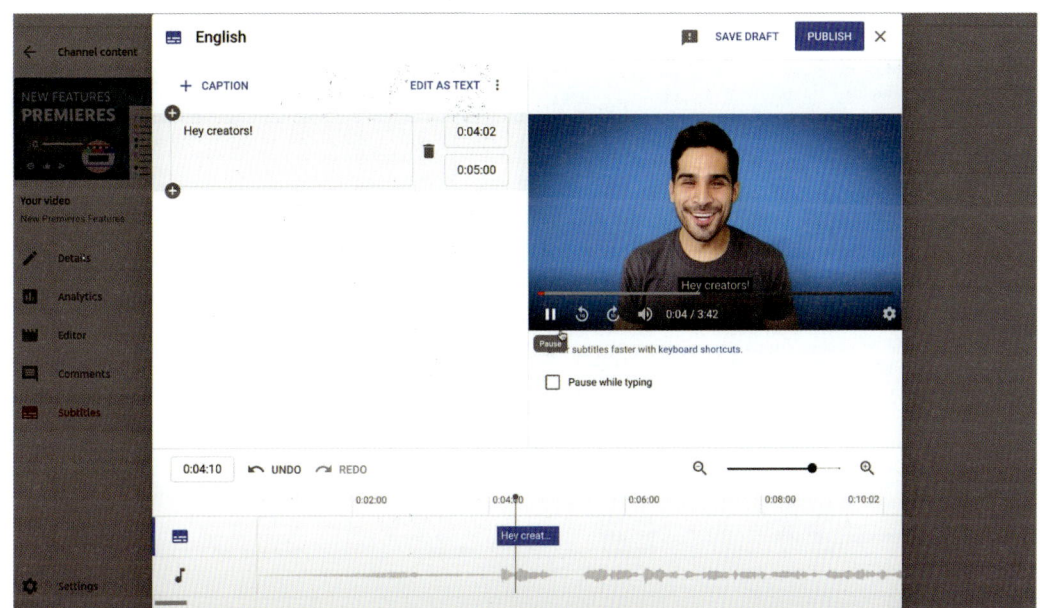

그림 1.10 유튜브 자막 만들기[5]

● **인지 제한이 되는 환경**

장애를 가지지 않은 사람도 특정한 상황이나 환경에서 일시적으로 인지나 학습장애를 경험할 수 있습니다.

• **해외여행 중 현지 정보를 얻기 위해 외국어 콘텐츠 사용**

해외여행을 간 경우 언어가 달라 웹 콘텐츠를 이해하는 데 어려움을 겪을 수도 있습니다. 모든 사용자가 웹 콘텐츠를 이해하고 상호작용할 수 있도록 HTML 문서에서 기본 언어를 정확하게 명시해야 합니다.[6] 스크린 리더와 같은 보조기술은 웹페이지에서 정의한 언어에 맞게 텍스트를 음성으로 읽어주며, 올바른 발음과 강세를 지원합니다.

---

[5] https://support.google.com/youtube/answer/2734796?hl=ko
[6] 주로 사용하는 기본 언어를 명시해야 하는 것은 KWCAG의 4가지 원칙 중 이해의 용이성에 해당합니다(4.2.3절 참고).

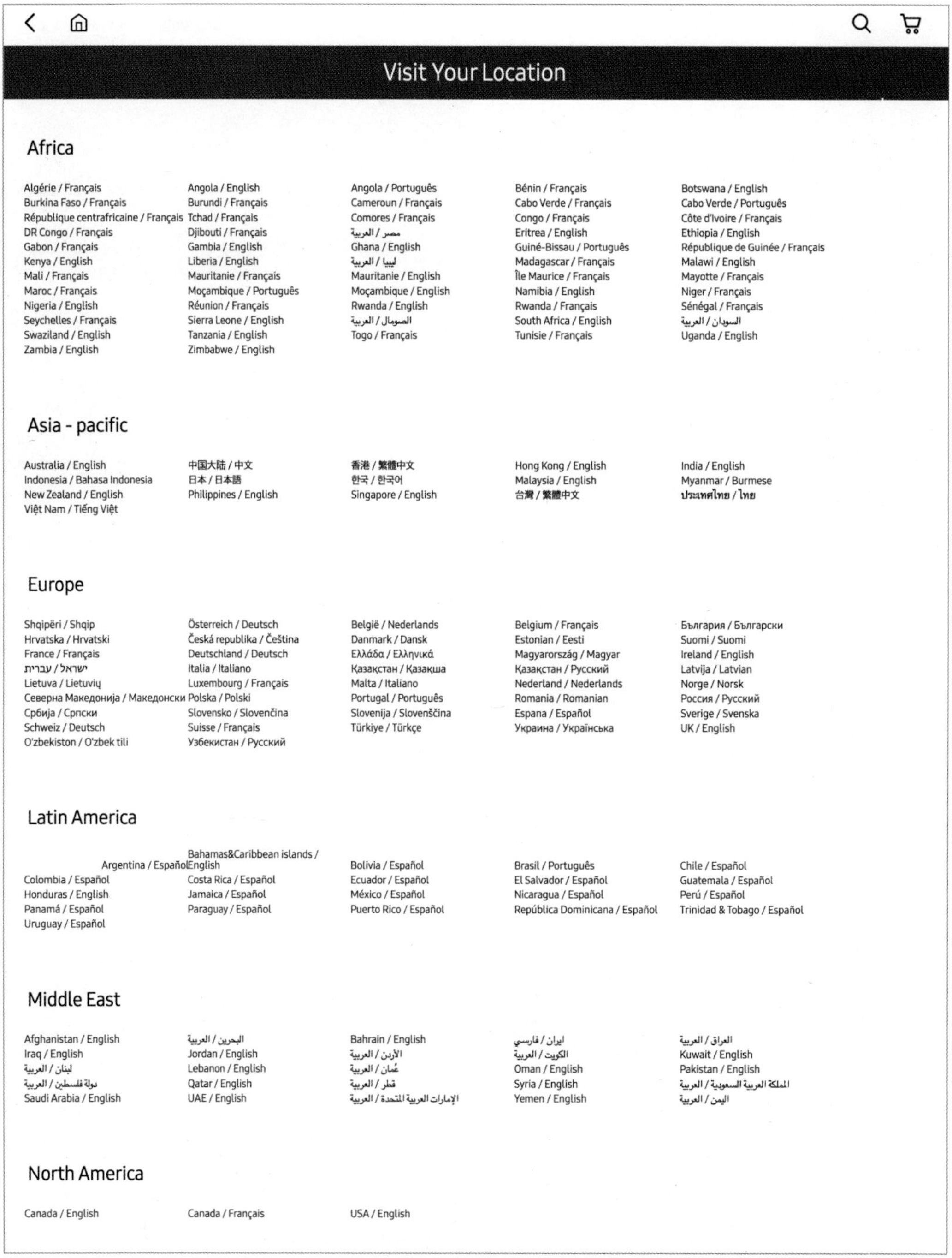

Visit Your Location

Africa

Algérie / Français
Burkina Faso / Français
République centrafricaine / Français
DR Congo / Français
Gabon / Français
Kenya / English
Mali / Français
Maroc / Français
Nigeria / English
Seychelles / Français
Swaziland / English
Zambia / English
Angola / English
Burundi / Français
Tchad / Français
Djibouti / Français
Gambia / English
Liberia / English
Mauritanie / Français
Moçambique / Português
Réunion / Français
Sierra Leone / English
Tanzania / English
Zimbabwe / English
Angola / Português
Cameroun / Français
Comores / Français
مصر / العربية
Ghana / English
ليبيا / العربية
Mauritanie / English
Moçambique / English
Rwanda / English
الصومال / العربية
Togo / Français
Bénin / Français
Cabo Verde / Français
Congo / Français
Eritrea / English
Guiné-Bissau / Português
Madagascar / Français
Île Maurice / Français
Namibia / English
Rwanda / Français
South Africa / English
Tunisie / Français
Botswana / English
Cabo Verde / Português
Côte d'Ivoire / Français
Ethiopia / English
République de Guinée / Français
Malawi / English
Mayotte / Français
Niger / Français
Sénégal / Français
السودان / العربية
Uganda / English

Asia - pacific

Australia / English
Indonesia / Bahasa Indonesia
New Zealand / English
Việt Nam / Tiếng Việt
中国大陆 / 中文
日本 / 日本語
Philippines / English
香港 / 繁體中文
한국 / 한국어
Singapore / English
Hong Kong / English
Malaysia / English
台灣 / 繁體中文
India / English
Myanmar / Burmese
ประเทศไทย / ไทย

Europe

Shqipëri / Shqip
Hrvatska / Hrvatski
France / Français
ישראל / עברית
Lietuva / Lietuvių
Северна Македонија / Македонски
Србија / Српски
Schweiz / Deutsch
O'zbekiston / O'zbek tili
Österreich / Deutsch
Česká republika / Čeština
Deutschland / Deutsch
Italia / Italiano
Luxembourg / Français
Polska / Polski
Slovensko / Slovenčina
Suisse / Français
Узбекистан / Русский
België / Nederlands
Danmark / Dansk
Ελλάδα / Ελληνικά
Қазақстан / Қазақша
Malta / Italiano
Portugal / Português
Slovenija / Slovenščina
Türkiye / Türkçe
Belgium / Français
Estonian / Eesti
Magyarország / Magyar
Қазақстан / Русский
Nederland / Nederlands
Romania / Romanian
España / Español
Україна / Українська
България / Български
Suomi / Suomi
Ireland / English
Latvija / Latvian
Norge / Norsk
Россия / Русский
Sverige / Svenska
UK / English

Latin America

Argentina / Español
Colombia / Español
Honduras / English
Panamá / Español
Uruguay / Español
Bahamas&Caribbean islands / English
Costa Rica / Español
Jamaica / Español
Paraguay / Español
Bolivia / Español
Ecuador / Español
México / Español
Puerto Rico / Español
Brasil / Português
El Salvador / Español
Nicaragua / Español
República Dominicana / Español
Chile / Español
Guatemala / Español
Perú / Español
Trinidad & Tobago / Español

Middle East

Afghanistan / English
Iraq / English
لبنان / العربية
دولة فلسطين / العربية
Saudi Arabia / English
البحرين / العربية
Jordan / English
Lebanon / English
Qatar / English
UAE / English
Bahrain / English
الأردن / العربية
عُمان / العربية
قطر / العربية
الإمارات العربية المتحدة / العربية
ایران / فارسی
الكويت / العربية
Oman / English
Syria / English
Yemen / English
العراق / العربية
Kuwait / English
Pakistan / English
المملكة العربية السعودية / العربية
اليمن / العربية

North America

Canada / English
Canada / Français
USA / English

그림 1.11 다국어를 지원하는 삼성전자 홈페이지

- **직관적이지 않은 웹 콘텐츠**

복잡하거나 비논리적인 순서로 웹 콘텐츠를 구성하는 경우, 사용자가 원하는 정보를 탐색하는 데 더 오랜 시간이 걸립니다. 직관적인 UI를 사용해 사용자가 웹 콘텐츠를 더 쉽게 이해하고 조작할 수 있도록 해야 합니다.

- **이동 제한이 되는 환경**

누구든지 하드웨어의 고장, 신체 사용이 제한되는 상황, 노화로 인한 신체 기능 제한 등으로 이동 제한이 되는 장애를 경험할 수 있습니다.

- **일시적인 이동성 부상**

웹페이지의 탐색이 마우스로만 조작 가능하게 구현된 경우 손이나 팔의 일시적인 부상이 있는 사용자는 원활하게 사용하기가 어렵습니다. 웹페이지에서 제공되는 모든 기능은 키보드만으로도 사용할 수 있어야 합니다. 그리고 시간제한이 있는 작업을 수행해야 하는 경우, 신체 기능의 제한으로 인해 작업 완료에 좀 더 많은 시간이 소요될 수 있습니다. 시간제한이 있는 경우에는 작업 시간을 연장할 수 있는 옵션을 제공해야 합니다.

- **하드웨어의 이상 및 부재**

마우스와 같은 하드웨어의 동작 이상이나 부재의 상황에서 웹을 이용하는 데 어려움을 겪을 수 있습니다. 따라서 앞에서 이야기했듯이 키보드를 이용해 모든 기능을 사용할 수 있어야 하며, 키보드로 초점을 이동할 때는 논리적으로 이동하고 시각적으로 구별되도록 노출되어야 합니다.

1.3 웹 접근성, 준수하면 어떤 이점이 있을까?

앞서 설명한 접근성의 정의를 통해 막연하게만 느껴졌던 웹 접근성이 무엇인지 완전히 이해가 되었음에도 이를 준수하기 위해 굳이 시간과 노력을 할애하지 않을 수 있습니다. 현재 서비스는 웹 접근성을 준수하지 않더라도 큰 문제가 없고, 업무적으로도 웹 접근성 개선 작업이 오히려 추가적인 업무로 느껴지기 때문입니다. 또한, 프로젝트에서 웹 접근성의 준수는 늘 후순위로 미뤄지거나 심지어 요구사항에서도 제외되어 전혀 고려 대상이 되지 않는 것을 쉽게 볼 수 있습니다. 하지만 누군가는 우리가 만든 서비스를 사용하면서 불편함을 느껴 서비스를 이용하지 않거나 심각한 경우에는 법적 소송을 진행할 수도 있다는 것을 인지해야 합니다. 웹 접근성을 최우선으로 고려하면 이러한 문제를 손쉽게 해결할 수 있으며, 개발 측면에서도 강력한 이점을 가지고 있습니다. 웹 접근성의 이점을 알게 되면 더 이상 웹 접근성의 준수가 선택이 아닌 필수라는 것을 깨닫게 될 것입니다.

1.3.1 공적 측면

웹 접근성의 준수는 정보와 서비스에 대한 장벽을 허물어 모든 사용자가 정보와 서비스에 자유롭게 접근할 수 있도록 합니다. 웹 접근성을 통해 사회적 포용성과 다양성, 평등을 증진할 수 있습니다.

● **모두에게 동등한 기회 제공**

웹 접근성은 웹사이트에서 제공하는 모든 정보에 모든 사람이 접근 가능하도록 동등한 기회를 제공합니다. 장애인뿐만 아니라 고령자, 어린이 등 비장애인을 포함하는 모든 사용자가 전문적인 능력이 없어도 다양한 웹브라우저와 운영체제, 신기술 등 어떤 환경에서도 정보에 접근할 수 있어야 합니다.

정보화 사회에서 인터넷을 통한 정보의 접근은 단순한 정보의 격차가 아닌 기본적인 인권, 삶의 질과 직결되는 문제라고 할 수 있습니다. 금융 분야에서는 인터넷·모바일뱅킹 등으로 비대면 거래가 활성화되면서 은행 점포에 방문하는 고객이 대폭 줄어들어 4대 은행의 국내 점포 수는 3천 개 밑으로 감소했습니다. 비대면 서비스를 이해하고 사용법을 알고 있는 사용자는 편리하게 은행의 금융 서비스를 이용할 수 있습니다. 하지만 장애인뿐만 아니라 고령자와 같이 비대면 서비스 이용의 어려움을 겪는 사용자는 송금, 결제, 대출 등의 금융 서비스를 이용할 수 없으며 이는 개인의 삶에 치명적인 영향을 줄 수 있습니다. 모든 사용자가 전문적인 능력 없이도 서비스를 쉽게 이해하고 사용할 수 있도록 웹 접근성을 준수해 모두에게 동등한 기회를 주어야 합니다.

금융앱을 보다 편리하게 이용할 수 있도록 소비자 친화적으로 화면을 구성한 간편(고령자)모드 출시를 완료하였습니다!

국내 18개 은행 (2023년 6월)

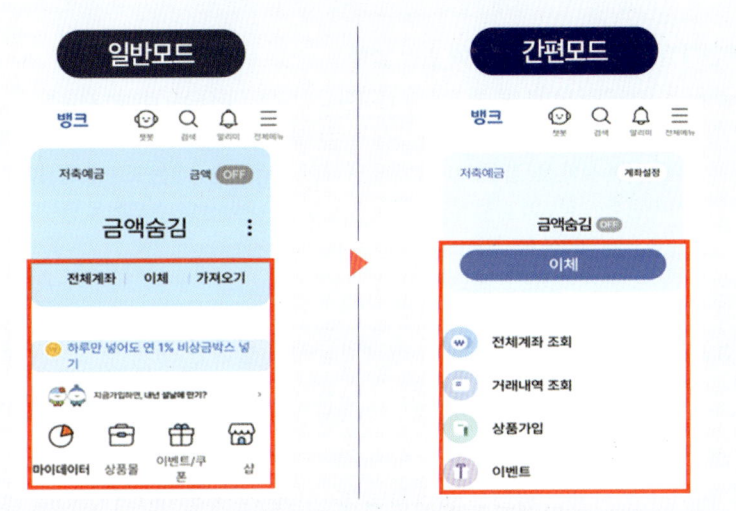

고령자모드에 대한 수요가 모든 연령층에서 발생하여 명칭을
기존 '고령자모드'에서 '간편모드'로 수정

6개 은행 간편모드 연령별 이용현황 : 60대 이상 27.4% · 40,50대 45.2% · 20,30대 25.6%

그림 1.12 은행 앱 고령자 모드

NOTE 은행 앱 '고령자 모드' 제공

금융위원회는 2023년 6월 말 기준으로 국내 18개 은행 앱에서 '고령자 모드' 출시가 완료되었다고 밝혔습니다. 금융 당국과 은행권이 고령층의 금융 소외 문제를 개선하기 위해 '고령자 친화적 모바일 금융앱'을 만들게 된 것입니다. 고령자 모드에서는 사용자가 자주 이용하는 업무를 쉽고 빠르게 조작할 수 있도록 화면이 재구성되어 제공됩니다. 고령자 모드에서는 이체와 전체 계좌 조회 등 자주 이용하는 기능만 화면에 나타나며, 글자 크기도 크게 확대하여 이용 편의성을 높였습니다. 직관적이지 않은 아이콘이나 전문용어의 배제와 앱 사용이 익숙하지 않은 사용자를 위한 설명 자료 제공 등으로 모두가 편리하게 비대면 금융 서비스를 이용할 수 있게 웹 접근성을 준수했습니다(금융위원회 공식 블로그: https://blog.naver.com/blogfsc/223166522325).

● **법적 요구사항 준수**

웹 접근성 준수는 장애인차별금지 및 권리구제 등에 관한 법률(이하 '장애인차별금지법')에서 명시한 웹 접근성 준수 의무를 이행하는 데 큰 역할을 하며, 법적 분쟁에 직면할 위험을 최소화합니다. 동시에 장애인에게 동등한 정보 접근 기회를 줄 수 있어 장애인의 사회적 참여와 경제적 참여의 가능성 높일 수 있습니다.

> NOTE **장애인차별금지 및 권리구제 등에 관한 법률**
>
> 장애인차별금지법은 장애인을 대상으로 한 차별을 금지하고 장애를 이유로 차별받는 사람들의 권리와 인권을 보호하기 위한 법률입니다. 법률 전체 관련 내용은 법제처 국가법령정보센터(https://www.law.go.kr)에서 확인할 수 있습니다. 해당 법령에서는 사회 전 영역에서의 장애인에 대한 차별을 금지하는 조항을 명시하고 있습니다. 내용 중 장애인이 웹에서 제공하는 정보에 동등하게 접근하지 못할 경우 처벌받을 수 있음을 명시하고 있어 웹 접근성 준수를 촉진하는 데 중요한 역할을 합니다.

우리나라의 경우 장애인차별금지법을 통해 장애인들에게 동등한 정보 접근 기회를 제공하기 위해 웹 접근성을 준수하도록 규정하고 있습니다. 이 법은 공공, 교육, 의료, 금융 기관 및 기업에 웹 접근성을 준수할 책임을 요구하고 있습니다. 특히, 장애인차별금지법 제49조에서는 금지된 차별 행위를 한 경우 법원이 악의적인 행위로 판단하면 최대 3년의 징역이나 3천만 원 이하의 벌금을 부과할 수 있도록 규정하고 있습니다.

실제로 2017년 시각장애인 963명이 온라인 쇼핑몰에서 상품 사진 설명이 제공되지 않아 이용에 차별을 겪고 있다며 온라인 쇼핑몰 3사를 상대로 손해배상 청구 소송을 낸 사례가 있습니다. 1심 판결에서 6개월 안에 시각장애인 화면낭독기를 통해 청취할 수 있도록 별도의 텍스트(대체 텍스트)를 제공하고, 시각장애인 원고에게 10만 원씩 배상하라고 명령했습니다. 2023년 2심 재판부는 위자료 지급을 명령한 1심 판결에 대해 "차별 행위를 하려는 고의나 과실이 없다"라는 이유로 취소했지만, 시각장애인 측에서는 "재판부가 장애인 차별 문제를 받아들이는 시각이 여전히 보수화돼 있으며, 해외 사례나 판례를 전혀 받아들이지 않았다"라고 비판했습니다.

개정된 장애인차별금지법에 따라 2024년부터 모바일앱 접근성 준수 의무화가 본격적으로 시행되어 기업들에게 더 많은 책임을 부여할 것으로 예상됩니다. 이러한 개정으로 인해 위와 같은 소송 사례가 증가할 가능성이 있기 때문에 웹 접근성 준수를 통해 선제적으로 법적 처벌의 위험을 방지하고 모든 사용자에게 더 나은 서비스와 정보를 제공할 수 있도록 노력이 필요합니다.

> **NOTE 모바일앱 접근성**
>
> 보건복지부는 장애인차별금지법 개정(2021년 7월 27일 개정, 2023년 1월 28일 시행)으로 키오스크 및 모바일앱에 대한 장애인 접근성을 위해 필요한 정당한 편의의 구체적 내용과 단계적 시행 범위를 대통령령으로 정하도록 했습니다. 해당 법령 개정으로 인해 모바일앱에는 장애인에 대한 접근성 지침의 준수 여부, 설치 및 이용에 필요한 설명 정보, 문제 발생 시 수어·문자·음성 등을 통해 의사소통할 수 있는 서비스 등이 제공되어야 합니다. (적용 시기는 3단계로 구분하여 공공기관부터 우선 시행하고 민간부문은 규모에 따라 순차적으로 시행될 예정으로 모바일앱 접근성이 의무화되었습니다.)
> - <1단계: 2023.7.28> 공공·교육·의료기관, 이동·교통시설 등
> - <2단계: 2024.1.28> 복지시설, 문화·예술사업자, 상시 100인 이상 사업주
> - <3단계: 2024.7.28> 관광사업자, 상시 100인 미만 사업주

1.3.2 비즈니스 측면

웹 접근성을 준수하는 기업은 다양한 이점을 얻을 수 있습니다. 사회 공헌 기업으로 긍정적인 이미지를 구축할 수 있으며, 더 많은 잠재 고객을 확보하여 시장을 확장할 기회도 얻을 수 있습니다.

● 사회 공헌 기업으로서의 기업 이미지 향상

웹 접근성을 준수하는 기업은 모든 사용자가 웹을 이용해 정보에 접근하는 데 동등한 기회를 가질 수 있도록 사회적 책임을 이행하는 기업으로 인식됩니다.

웹 접근성은 장애인과 정보취약계층이 웹에서 정보와 서비스에 차별 없이 접근 가능하도록 하여 다양한 분야에서 평등한 기회를 보장받을 수 있도록 돕습니다. 고용, 교육, 정치 등의 분야에 존재하는 차별의 벽을 허물게 하여 사회 참여 가능성을 높이고, 개인의 삶의 질을 향상시킬 수 있습니다.

우리의 일상생활이 점점 디지털 중심의 환경이 되어감에 따라 포용적이고 지속 가능한 사회를 만드는 데 웹 접근성의 준수는 필수입니다. 기업은 모두가 공존하며 상생하는 사회를 만들기 위해 사회적 책임을 갖고 웹 접근성 준수를 위해 노력해야 합니다. 이러한 노력을 통해 기업은 긍정적 이미지와 신뢰를 구축할 수 있으며, 장기적으로 볼 때 기업의 경쟁력을 강화하고 지속적인 성장을 이루는 데에도 기여할 수 있습니다.

● 잠재 고객 확보를 통한 시장 확장

웹 접근성을 준수하면 기업은 잠재 고객을 확보해 시장을 확장할 수 있습니다.

웹 이용과 직접적 영향이 있을 것으로 추정되는 장애 유형인 지체장애, 청각장애, 시각장애, 지적 장애를 겪고 있는 국내의 장애 등록 인구를 보면 잠재 고객의 규모를 가늠할 수 있습니다. 보건 복지부가 실시한 <장애인 등록 현황(2023.12 기준)>에 따르면 국내에 등록된 지체장애 117만 147 명, 청각장애 43만 870명, 시각장애인 25만 652명, 지적장애 22만 7,585명을 모두 합치면 207만 9,254명으로 전체 인구의 4.05%를 차지합니다. 약 208만 명으로 이는 결코 적지 않은 숫자이며 이들이 정보에 접근하기 쉬워진다면 이미 성숙 단계인 기존 시장을 대체할 수 있는 신규 시장의 잠재 고객이 될 수 있습니다.

웹 접근성을 필요로 하는 사용자 입장에서는 웹 접근성을 준수하는 서비스를 이용할 경우 '이 기업은 우리를 사용자로 인식하고 존중하고 있다'라고 느낄 수 있습니다. 이와 같은 사용자 경험은 사용자와 기업 간의 긍정적인 관계를 구축하고, 관계를 지속적으로 이어나갈 수 있는 데 중요한 역할을 합니다. 더 나아가 잠재 고객은 충성 고객으로 전환이 이루어질 수도 있습니다. 또한 장애인뿐만 아니라 정보취약계층, 고령자, 어린이 등 다양한 사용자도 웹을 통해 더 나은 정보와 서비스에 접근할 수 있게 되어 고객층이 더 넓어지게 됩니다.

1.3.3 개발 측면

웹 접근성 준수를 고려한 개발은 다양한 측면에서 이점을 제공합니다. 개발자는 기술적 역량을 향상시킬 수 있으며 브라우저, 디바이스, 운영체제, 보조기술 등 다양한 환경에서 사용자에게 더 나은 경험을 제공할 수 있습니다.

● 효율적인 코드 작성

모든 사용자가 다양한 기기와 환경에서 정보에 접근 가능하게 하기 위해서는 우선 기계가 쉽게 이해할 수 있도록 명확하고 구조화된 방식으로 코드를 작성해야 합니다. 이를 실현하는 방법 중 하나가 시맨틱 마크업입니다. 시맨틱 마크업은 HTML 요소에 의미를 부여해 웹페이지의 구조와 콘텐츠를 더 명확하게 표현합니다. 이를 통해 검색엔진, 스크린 리더, 보조기술 등 다양한 시스템이 웹 콘텐츠를 쉽게 이해하고 처리할 수 있습니다.[7]

이와 같은 시맨틱 태그의 사용은 개발자에게도 이점을 제공합니다. 예를 들어 테스트 코드 작성

---

7 이 외에도 시맨틱 마크업을 사용했을 때의 이점은 매우 많습니다. 특히 웹 접근성을 준수하는 데 시맨틱 마크업은 꼭 필요한 역할을 합니다(3.1절 참고).

시 명확한 태그 이름으로 요소를 식별할 수 있어 선택 과정이 간단해지고, 코드 작성과 수정도 직관적으로 이루어지기 때문에 개발 효율성이 높아집니다.

● **개선된 사용자 경험 제공**

웹 접근성을 준수하면 사용자는 서비스를 사용하면서 더 적은 노력으로 쉽게 원하는 목표를 달성할 수 있습니다.

개발자가 만든 서비스를 사용하는 주체는 일반적으로 사용자user라고 불립니다. 사용자는 서비스를 통해 자신의 목표를 달성하거나 문제를 해결하려는 사람입니다. 따라서 개발자는 사용자가 서비스를 사용할 때 겪을 수 있는 문제를 찾아 이를 해결하고, 원하는 목표를 쉽고 편리하게 달성할 수 있도록 도와야 합니다. 사용자 경험을 고려하지 않은 서비스라면 사용자는 지속적으로 어려움이나 불편함을 느끼고 서비스를 떠날 가능성이 높아지게 됩니다. 개발자는 개발을 잘해야 하는 것도 맞지만 본질적으로는 사용자가 서비스를 편안하게 사용할 수 있도록 노력해야 합니다. 아무리 뛰어난 기술로 만들어진 서비스라 해도 사용자의 문제나 요구사항을 충족하지 않는다면 그 서비스는 존재 가치가 없습니다.

웹 접근성은 모든 사용자에게 향상된 사용자 경험을 제공합니다. 웹 접근성의 원칙과 가이드라인[8]을 준수해 개발한다면 장애인, 고령자, 어린이, 일시적 장애를 경험하는 사용자뿐만 아니라 모든 사용자도 원하는 목표를 쉽게 달성할 수 있습니다.

● **검색엔진 최적화**

웹 접근성의 준수는 SEO(검색엔진 최적화)search engine optimization 성능을 크게 향상시킬 수 있습니다.

SEO는 검색엔진 최적화, 즉 검색엔진이 웹페이지를 찾기 쉽게 해 검색 결과 페이지에 더 높은 순위로 노출될 수 있도록 최적화하는 과정을 의미합니다. 쉽게 말하면 구글, 네이버, 다음과 같은 검색엔진이 쉽게 이해할 수 있는 형태로 웹페이지를 만드는 과정입니다.

검색엔진은 시맨틱 마크업을 통해 제작된 웹페이지의 콘텐츠를 더 정확하게 이해하며, 이를 검색 랭킹에 영향을 줄 수 있는 중요 키워드로 간주합니다. 또한 검색엔진은 의미 없는 `<div>` 등의 태그

---

[8] 웹 접근성의 원칙과 가이드라인은 웹 콘텐츠 접근성 가이드라인(WCAG)을 의미합니다. WCAG는 모든 사용자가 더 쉽게 웹 콘텐츠에 접근할 수 있도록 W3C에서 권장하는 표준 가이드라인입니다. 네 가지 주요 원칙에 기반해 구성되며 각 원칙은 성공 기준과 지침으로 세분화됩니다(4.1절 참고).

보다 `<h1>`, `<a>`, `<img>` 등 의미 있는 태그를 통해 웹페이지의 의미와 구조를 더 잘 이해할 수 있습니다. 검색엔진의 콘텐츠에 대한 이해도가 높아지면 검색 결과로 웹페이지가 지속적으로 노출되어 궁극적으로 방문자 수가 늘어날 수 있습니다.

예를 들어 검색엔진은 사람처럼 이미지를 보지 못하지만 HTML `img` 태그를 사용해 대체 텍스트에 이미지에 대한 설명을 추가하면 어떤 이미지인지 이해할 수 있고, 사용자가 찾고자 하는 키워드와 일치 여부를 판단해 검색 결과에 노출되는 확률을 높입니다.

> **NOTE** 온라인 쇼핑몰의 상품 이미지 대체 텍스트가 중요한 이유
>
> 온라인 쇼핑몰에서 판매되는 상품의 상세페이지를 보면 상품에 대한 정보를 주로 이미지로 노출하는 방법을 많이 사용합니다. 상품에 대한 정보를 이미지의 대체 텍스트로 작성해 제공한다면 검색엔진이 대체 텍스트가 포함된 데이터를 중요 키워드로 간주해 검색에 노출되는 확률을 높입니다. 그뿐만 아니라 스크린 리더도 대체 텍스트를 읽을 수 있어 사용자에게 쉽게 정보를 전달할 수 있습니다.

CHAPTER 2

웹 접근성의 기초

이전 장에서 웹 접근성의 개념을 이해하고, 웹 접근성을 준수하기 위해 고려해야 하는 다양한 사용자에 대해 이해했다면 이번에는 기기에 대한 이해가 필요합니다.

사용자는 다양한 기기를 통해 웹 콘텐츠에 접근합니다. 각각의 기기는 고유한 특성을 가지고 있으며 브라우저, 입력 방식 등이 기기마다 다를 수 있습니다. 따라서 사용자가 다양한 기기와 환경에서 웹 콘텐츠에 접근 가능하도록 웹 콘텐츠를 제공하는 것은 개발자 입장에서 어렵게 느껴질 수 있습니다. 하지만 기기에서 사용하는 보조기술이 웹 콘텐츠를 어떻게 해석해 사용자에게 전달하는지를 이해한다면 다양한 기기와 환경에서도 사용자가 웹 콘텐츠에 접근할 수 있도록 좀 더 쉽게 개발할 수 있습니다.

보조기술은 시각, 청각, 운동 능력 등에 제한이 있는 사용자가 웹을 효과적으로 이용할 수 있도록 도와주는 도구입니다. 웹페이지를 구성하는 `<button>`, `<input>`, `<a>`등과 같은 HTML 요소element는 각각 고유한 이름name, 역할role, 상태state를 가지고 있으며, 보조기술은 이를 해석해 사용자에게 전달합니다. 따라서 HTML을 작성할 때는 이러한 요소를 시맨틱하게 사용해야 합니다.

하지만 기본 HTML 요소만으로는 충분하지 않은 경우가 있습니다. 예를 들어, `<div>`나 `<span>`과 같은 비시맨틱한 요소를 사용해 버튼이나 탭 메뉴 같은 UI를 직접 구현하거나 자바스크립트로 동적인 상태 변화를 추가하는 경우에는 보조기술이 이를 자동으로 인식하지 못하기 때문에 역할과 상태(`aria-*`)를 명확히 정의해야 합니다.

이러한 추가적인 역할과 상태 정의 없이는 사용자(특히 보조기술을 활용하는 사용자)가 UI를 정확히 이해하고 사용할 수 없습니다. 즉, 접근성을 준수하기 위해서는 단순히 HTML을 작성하는 것뿐만 아니라 동적인 변화가 있을 때도 보조기술이 이를 올바르게 해석할 수 있도록 역할과 상태를 정의해야 합니다.

이번 장에서는 개발자가 제공하는 웹 콘텐츠를 보조기술이 어떻게 해석하는지 이해하는 과정을 통해 접근성을 준수하는 방법을 알아보도록 합니다.

2.1 스크린 리더란?

스크린 리더는 주로 시각 정보를 인식하기 어려운 사용자를 위한 보조기술로 화면의 내용을 음성으로 읽어주거나 점자로 출력하는 소프트웨어입니다.

웹 시장의 성장과 함께 장애가 있는 사용자들의 웹 서비스 이용도 점차 증가하고 있습니다. 시각, 청각, 지체장애 등의 장애를 경험하는 사용자들은 보통 스크린 리더와 같은 보조기술을 활용하여 다른 사용자와 동등하게 웹 서비스를 이용할 수 있습니다. 따라서 모든 사용자가 동등하게 이용할 수 있는 웹 서비스를 제공하기 위해 웹 접근성 준수를 위한 노력이 반드시 필요합니다.

그렇다면 웹 서비스를 개발하는 입장에서 접근성을 제대로 준수하기 위해서는 어떤 노력이 필요할까요? 보통 서비스 개발이 완료된 후에 접근성을 개선하려는 시도가 이루어집니다. 이런 경우 접근성을 고려하지 않은 기존 코드 구조를 변경해야 하는 비효율적인 상황이 생기곤 합니다. 따라서 효율적인 개발을 위해서는 서비스 개발 시작 단계에서부터 접근성을 고려하는 것이 좋습니다.

개발 시작 단계에서부터 접근성 준수를 고려하더라도 실수나 누락으로 인해 전반적으로 동일한 수준의 접근성을 제공하기 어려울 수 있습니다. 이때 자동 진단 도구 등을 활용하면 이와 같은 문제를 쉽게 파악하고 해결할 수 있습니다. 하지만 자동 진단 도구에서 높은 평가를 받는 것이 완전한 접근성 준수를 보장하지는 않습니다. 즉, 자동 진단 도구에서 높은 점수를 받는다고 반드시 스크린 리더 사용자의 만족스러운 사용자 경험으로 이어지지는 않습니다. 자동 진단 도구는 개발 단계에서 코드적으로 도움을 줄 수 있지만 분명 한계가 있습니다.

따라서 접근성이 제대로 준수되었는지 확인하는 가장 효과적인 방법은 직접 스크린 리더를 사용해서 테스트해보는 것입니다. 실제 스크린 리더 사용자들의 눈높이에 맞춰 경험해보고 원하는 기능에 쉽게 접근할 수 있는지, 더 편리하게 이용할 수 있는 방법이 있는지 고민해야 합니다.

스크린 리더는 데스크톱이나 모바일과 같은 디바이스 환경과 운영체제에 따라 여러 종류로 나뉘며, 종류별로 사용하는 방식과 지원하는 기능 등에 차이가 있습니다. 모든 스크린 리더를 테스트할 수 있다면 좋겠지만 이는 현실적으로 어렵기 때문에, 가능한 한 실제 스크린 리더 사용자들이 가장 많이 이용하는 환경과 기능을 위주로 테스트하는 것이 좋습니다.

2.1.1 스크린 리더 사용자 대상 설문

WebAIM_{Web Accessibility In Mind}에서 2009년 1월부터 2024년 1월까지 총 10차례에 걸쳐 스크린 리더 사용자들의 선호도에 대한 설문조사[1]를 진행했습니다. 이 설문은 주로 북아메리카와 유럽 지역에서 이루어졌기 때문에, 주로 사용하는 스크린 리더나 디바이스 환경이 국내와 다를 수 있습니다. 그러나 스크린 리더 사용자들이 선호하는 기능이나 장애 유형과 관련된 경향은 유사할 가능성이 높아 참고하기 좋은 자료입니다. 여기서는 가장 최근인 2023년 12월부터 2024년 1월 사이에 진행된 설문조사의 주요 결과를 소개합니다.

회사마다 차이가 있을 수 있지만 모든 환경에서 문제없이 서비스를 운영하기란 현실적으로 어렵고 비효율적이기 때문에, 운영 중인 서비스의 지원 범위를 어느 정도 제한하고 있습니다. 웹 접근성을 준수하기 위한 기술들도 여러 환경에 따라 지원 범위가 다릅니다. 따라서 아래 설문 결과들을 통해 스크린 리더 사용자들이 가장 많이 사용하는 환경과 기술 등을 고려할 수 있다면 더 효율적으로 웹 접근성을 향상시킬 수 있을 것입니다.

2.1.2 장애 유형

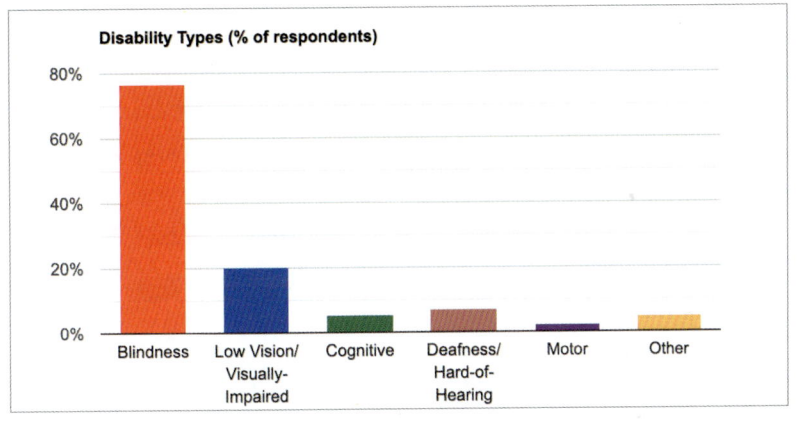

그림 2.1 스크린 리더 사용자 장애 유형

---

[1] https://webaim.org/projects/screenreadersurvey10

첫 번째로 살펴볼 결과는 스크린 리더 사용자들이 가지고 있는 장애 유형입니다. 보통 스크린 리더 사용자라고 하면 완전히 앞이 보이지 않는 시각장애인을 떠올리기 쉽습니다. 물론 설문 결과에서도 76.6%로 대부분이 시각장애인으로 나타나긴 했지만 저시력장애, 인지장애, 청각장애, 지체장애 등 스크린 리더의 음성뿐만 아니라 시각적 요소를 볼 수 있는 사용자들의 비율도 높다는 것을 알 수 있습니다.

전체 % 합이 100%가 넘는 이유는 여러 장애를 동시에 가진 사용자들이 있기 때문입니다. 실제 응답자의 16.7%가 여러 유형의 장애를 동시에 가지고 있다고 답했고, 5.3%는 시각과 청각 모두 장애가 있다고 답했습니다.

2.1.3 주요 스크린 리더(데스크톱/노트북)

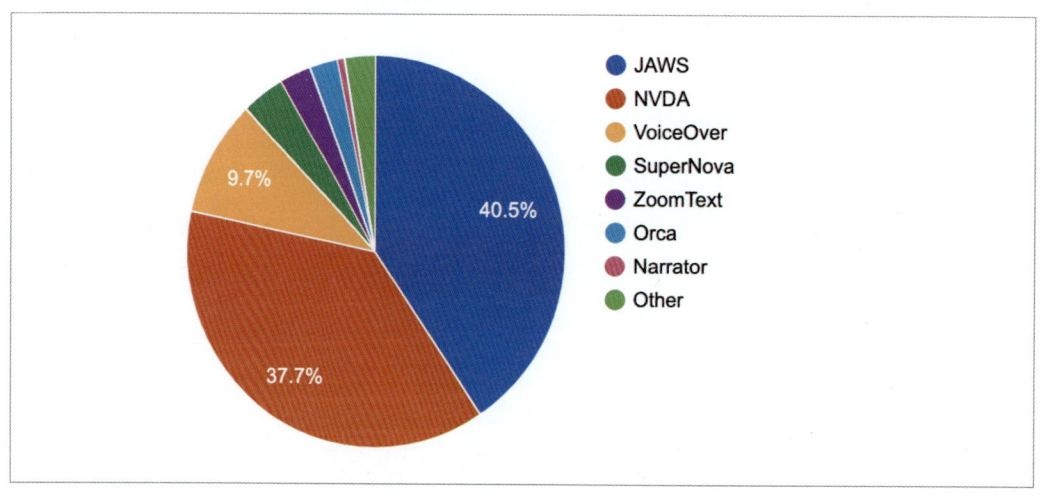

그림 2.2 주로 사용하는 스크린 리더(데스크톱/노트북)

데스크톱 또는 노트북에서 스크린 리더 사용자들이 주로 사용하는 스크린 리더 종류입니다. JAWS, NVDA, VoiceOver 순서로 가장 많이 사용되고 있다는 것을 확인할 수 있습니다.

설문 결과에 따르면 스크린 리더 사용자의 71.6%는 2종류 이상의 스크린 리더를 사용합니다. 이 수치는 2015년 53%부터 꾸준히 증가해왔습니다. 그림 2.3의 결과는 가장 자주 사용하는 스크린 리더뿐만 아니라, 여러 스크린 리더를 사용할 때 일반적으로 사용하는 스크린 리더 종류입니다. 눈여겨볼 점은 Narrator와 VoiceOver의 사용량이 크게 증가했다는 점입니다. 이는 여러 스크린 리더를 사용하는 경우 주요 스크린 리더 외에 일반적으로 Narrator와 VoiceOver를 추가로 사용한다고 해석할 수 있습니다.

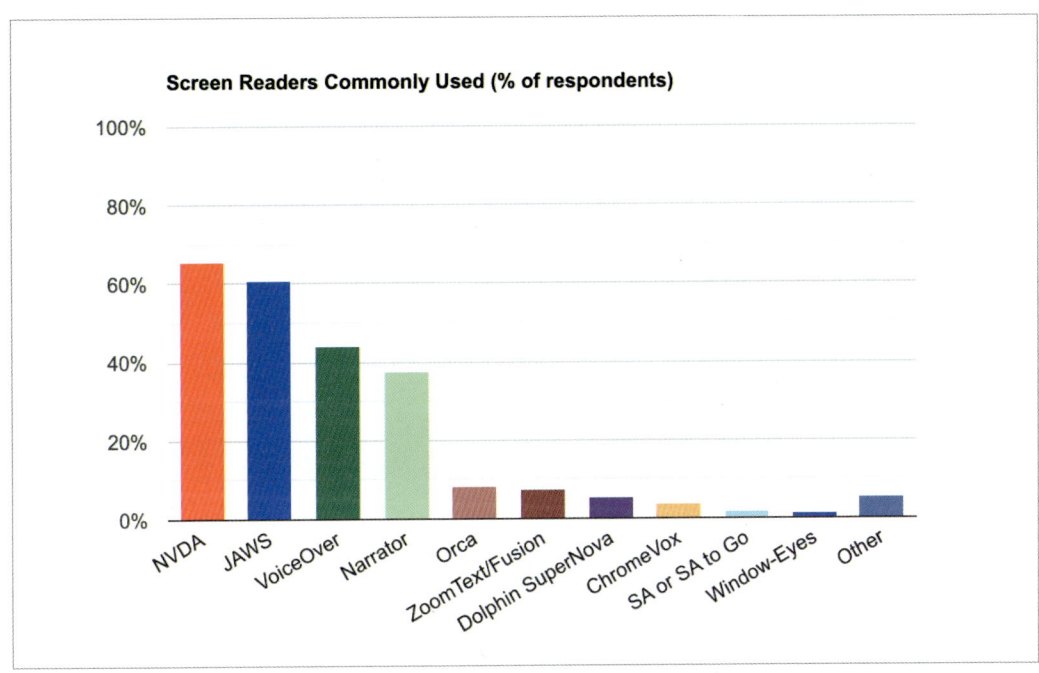

그림 2.3 일반적으로 사용하는 스크린 리더(데스크톱/노트북)

2.1.4 운영체제(데스크톱/노트북)

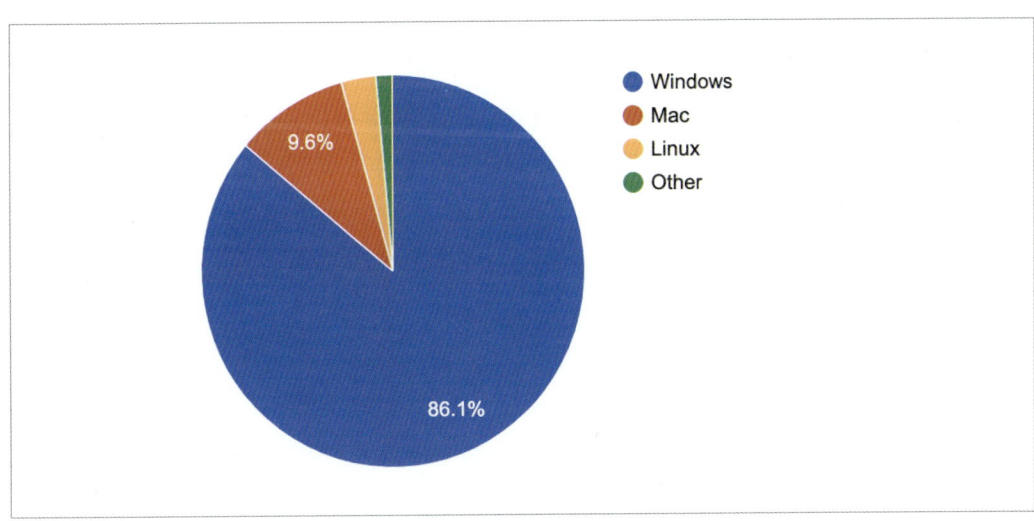

그림 2.4 스크린 리더 사용 운영체제(데스크톱/노트북)

데스크톱 또는 노트북에서 스크린 리더 사용자들이 주로 사용하는 운영체제입니다. 그림 2.4에서 주로 사용하는 스크린 리더의 종류만 봐도 윈도우Windows를 주로 사용하는 것을 알 수 있습니다. 실제 설문 결과에서도 대부분의 스크린 리더 사용자들이 윈도우를 사용하고 있는 것을 확인할 수 있습니다.

2.1.5 브라우저(데스크톱/노트북)

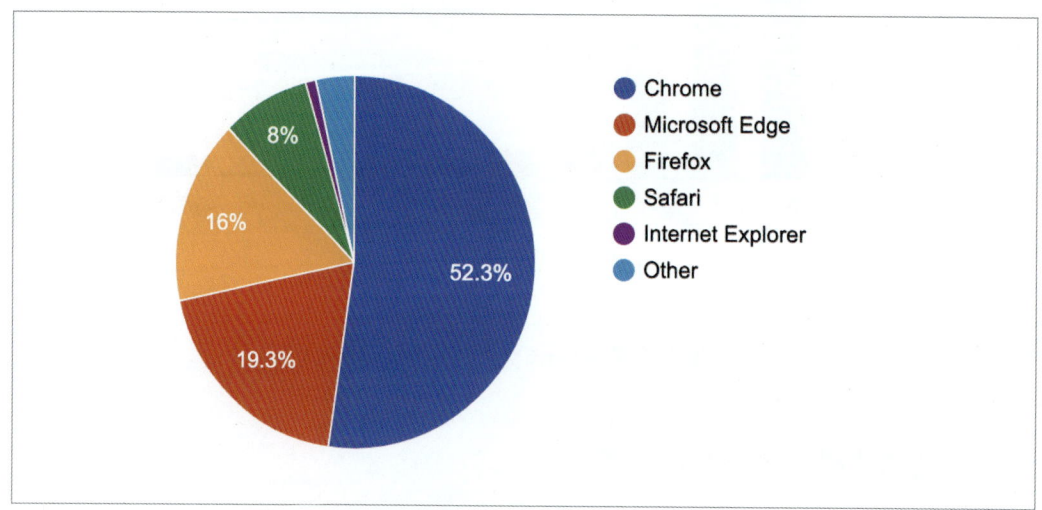

그림 2.5 스크린 리더 사용 브라우저(데스크톱/노트북)

데스크톱 또는 노트북에서 스크린 리더 사용자들이 주로 사용하는 브라우저입니다. 특히 그림 2.6을 보면 가장 많이 사용하는 스크린 리더 종류와 브라우저의 조합도 알 수 있습니다. 브라우저 중에서는 Chrome이 가장 널리 사용되며, 스크린 리더 중 사용 빈도가 높은 JAWS와 NVDA도 Chrome과 함께 주로 사용되는 것으로 나타났습니다. 반면 Mac 환경에서 사용되는 VoiceOver의 경우 Chrome보다는 Safari를 더 많이 사용하는 것을 알 수 있습니다.

Screen Reader & Browser	# of Respondents	% of Respondents
JAWS with Chrome	373	24.7%
NVDA with Chrome	323	21.3%
JAWS with Edge	173	11.4%
NVDA with Firefox	152	10.0%
VoiceOver with Safari	107	7.0%
NVDA with Edge	75	5.0%
JAWS with Firefox	39	2.6%
VoiceOver with Chrome	30	2.0%
Orca with Firefox	29	1.9%
Dolphin SuperNova with Chrome	24	1.6%
ZoomText/Fusion with Chrome	18	1.2%
ZoomText/Fusion with Edge	16	1.1%
Other combinations	154	10.2%

그림 2.6 스크린 리더 + 브라우저 조합(데스크톱/노트북)

2.1.6 모바일 스크린 리더 사용량

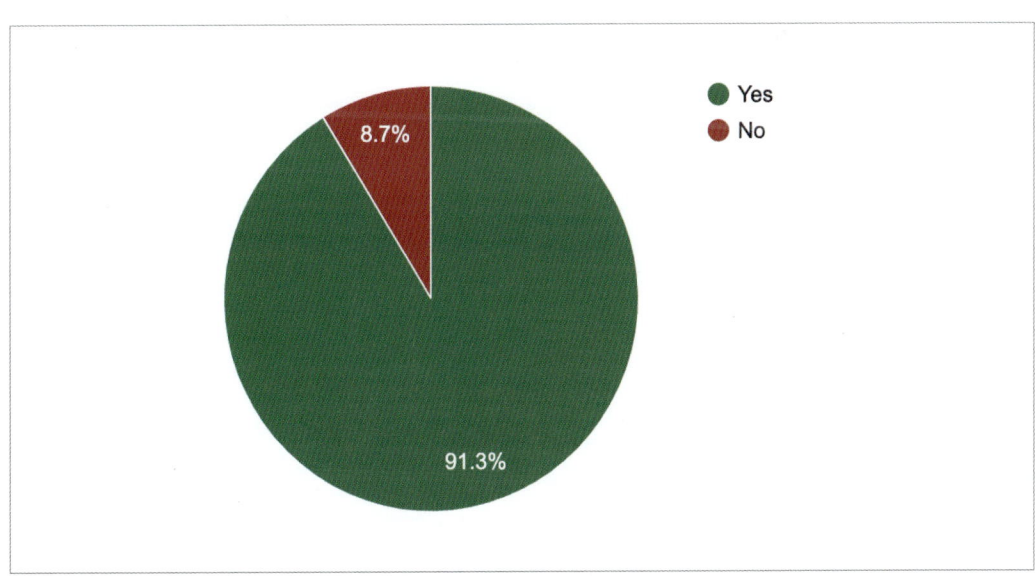

그림 2.7 모바일 스크린 리더 사용량

스마트폰의 발달로 요즘 대부분의 사용자들은 모바일을 통해 웹 서비스를 이용합니다. 마찬가지로 스크린 리더 사용자의 90% 이상이 모바일에서 스크린 리더를 사용한다고 답했습니다. 설문 대상자에는 장애를 가지지 않은 스크린 리더 사용자들도 포함되어 있는데, 장애가 있는 스크린 리더 사용자가 응답한 결과만 보면 93.6%로 더 높은 확률로 모바일 스크린 리더를 사용하고 있다는 것을 확인할 수 있습니다.

데스크톱 또는 모바일 중 주로 사용하는 환경에 대한 설문에서는 그림 2.8과 같이 데스크톱 환경에서 사용량이 더 높은 것을 알 수 있습니다. 이 수치는 2019년 설문 결과와 거의 동일하며, 스크린 리더 사용자가 모바일보다는 데스크톱 환경을 더 선호한다는 것을 보여줍니다.

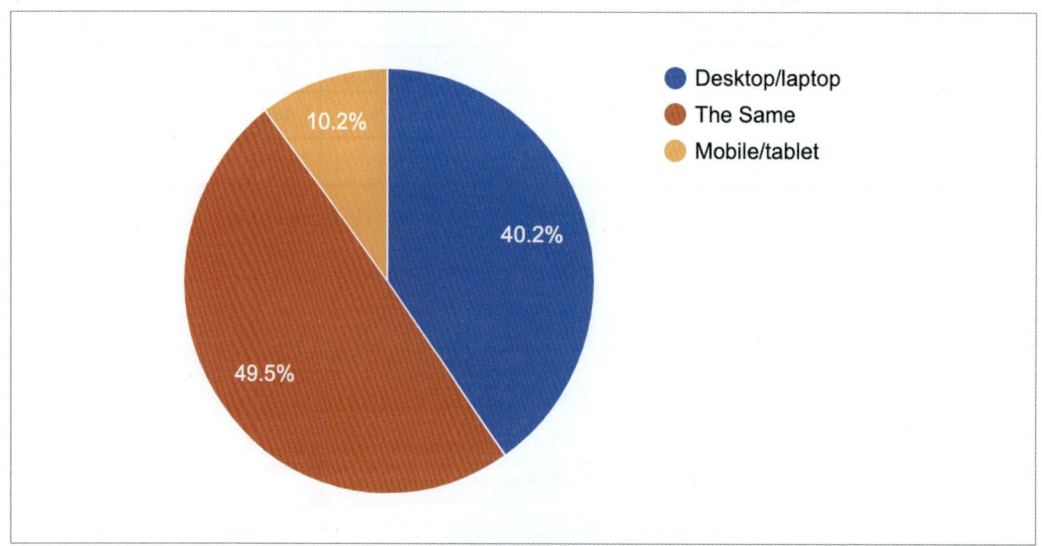

그림 2.8 스크린 리더 사용 디바이스

2.1.7 주요 스크린 리더(모바일)

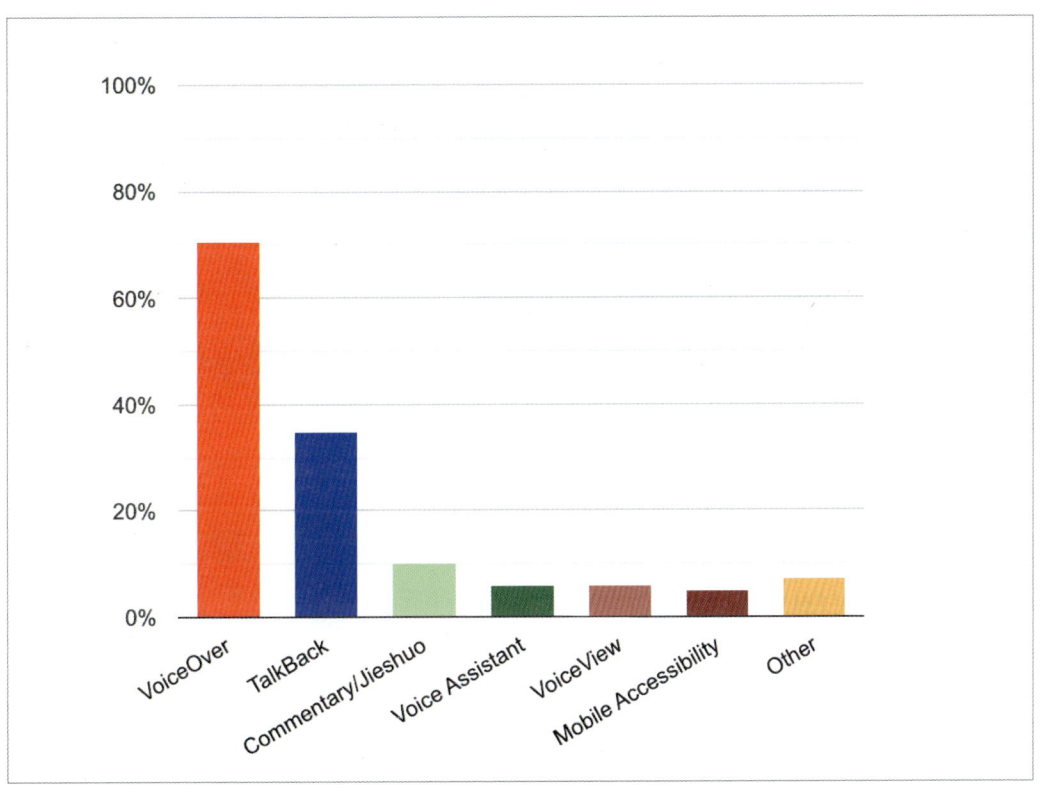

그림 2.9 주로 사용하는 모바일 스크린 리더

모바일에서 스크린 리더 사용자들이 주로 사용하는 스크린 리더 종류입니다. iOS의 VoiceOver와 Android의 TalkBack이 대부분을 차지하고 있습니다.

특히 iOS의 VoiceOver 사용률이 높은 것을 볼 수 있는데, 장애가 있는 사용자들은 대부분 그림 2.10과 같이 iOS 기기를 많이 사용한다는 것을 알 수 있습니다.

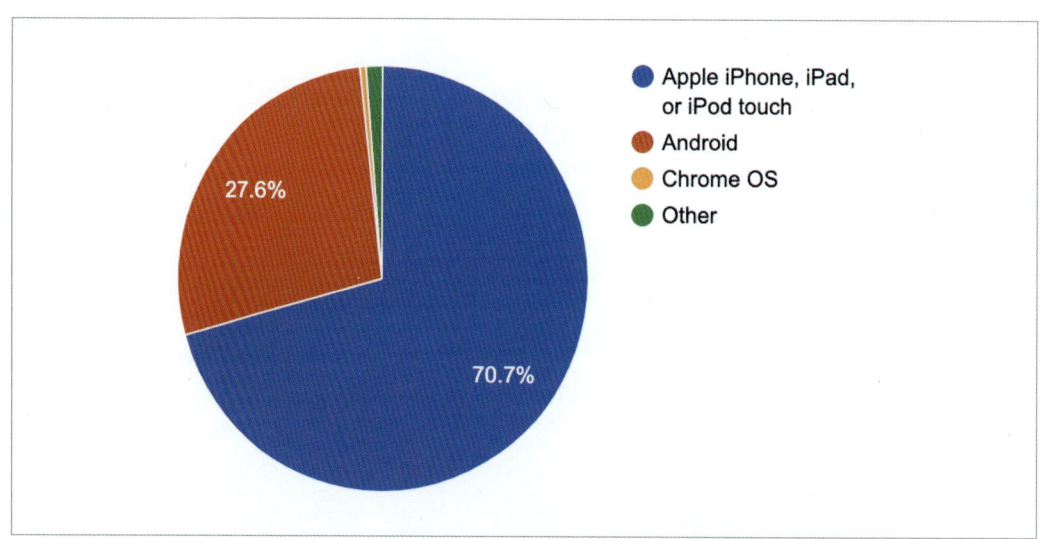

그림 2.10 주로 사용하는 모바일 기기

> **NOTE** 스크린 리더 사용자들이 iOS 기기를 주로 사용하는 이유
>
> VoiceOver는 2005년 MacOS를 시작으로 2009년 출시된 iPhone 3GS 부터 iOS에 추가되었습니다. 반면 TalkBack은 조금 뒤처진 2011년에 Android에 탑재되었습니다. 모바일 접근성 분야를 초기부터 이끌어온 애플의 제품을 자연스럽게 스크린 리더 사용자들이 선호하고 있습니다. 또한 애플은 이에 그치지 않고 매년 세계 접근성 인식의 날Global Accessibility Awareness Day에 새로운 기능을 소개하는 등 접근성을 향상시키기 위한 노력을 꾸준히 해오고 있습니다.

2.1.8 브라우저(모바일)

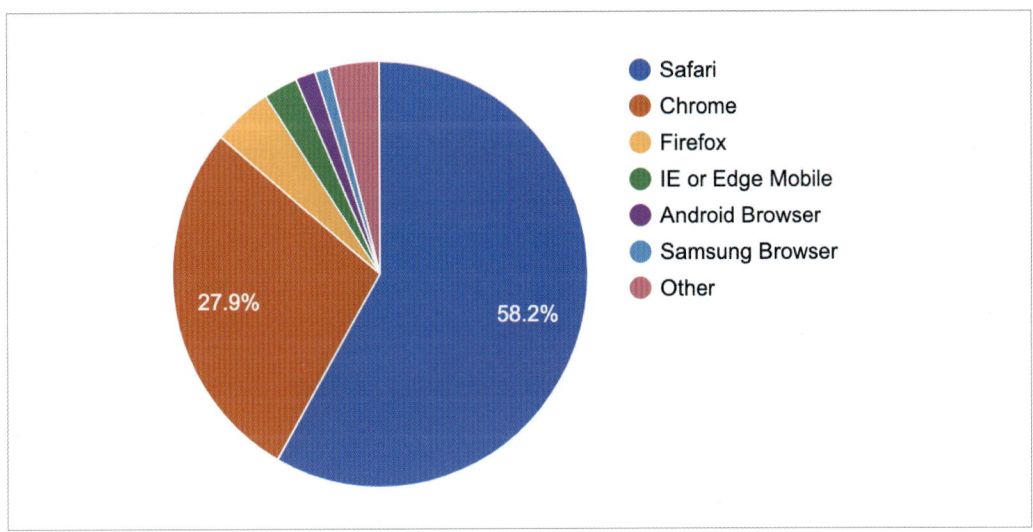

그림 2.11 스크린 리더 사용 브라우저(모바일)

데스크톱/노트북과는 다르게 모바일에서는 Safari를 가장 많이 사용하는 것으로 보여지는데, 이는 그림 2.10의 결과처럼 iOS 기기를 많이 사용하기 때문에 기본 브라우저인 Safari를 많이 사용한다고 볼 수 있습니다.

2.1.9 스크린 리더를 통한 정보 탐색

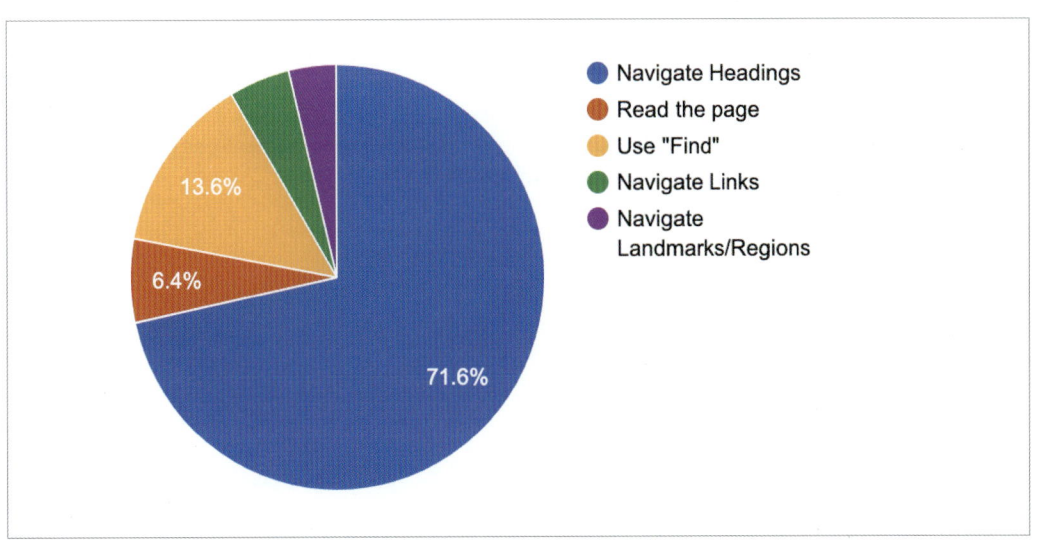

그림 2.12 정보 탐색 시 사용하는 기능

그림 2.12는 스크린 리더 사용자가 긴 웹페이지에서 정보를 찾을 때 가장 먼저 사용하는 기능에 대한 설문 결과입니다. 71.6%의 스크린 리더 사용자들이 제목을 나타내는 헤딩 태그를 통해 정보를 탐색하고 있는 것을 확인할 수 있습니다. 특히 스크린 리더에 능숙한 사용자일수록 더 높은 수치인 78%로 헤딩 태그 탐색을 사용하고 있다고 답했습니다(미숙한 사용자는 47%). 또한 그림 2.13에서처럼 헤딩 태그를 통해 웹페이지를 탐색할 때 헤딩의 단계(레벨)가 얼마나 유용한지에 대한 결과를 보면 90%에 가까운 사용자가 긍정적으로 응답한 것을 확인할 수 있습니다.

헤딩 태그를 제공하는 건 접근성을 향상시키기 위한 비교적 간단한 개발 기술 중 하나입니다. 접근성을 준수하기 위해 기술적으로 복잡하고 어려운 경우도 많지만, 헤딩 태그와 같이 조금만 더 신경 써도 제공할 수 있는 간단한 방법만으로도 스크린 리더 사용자는 문서의 구조를 좀 더 쉽게 파악할 수 있습니다.

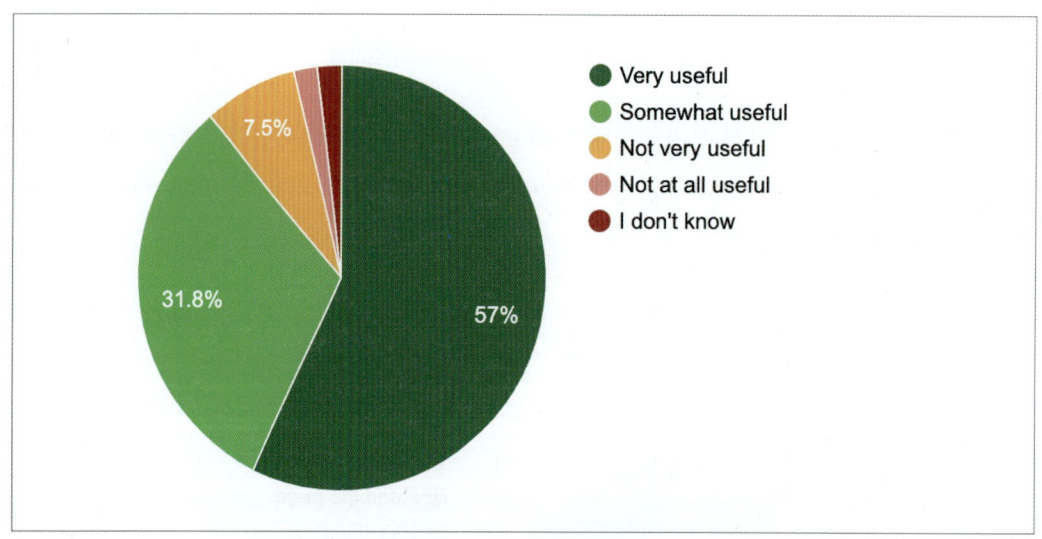

그림 2.13 헤딩 level의 유용성

2.1.10 랜드마크 탐색

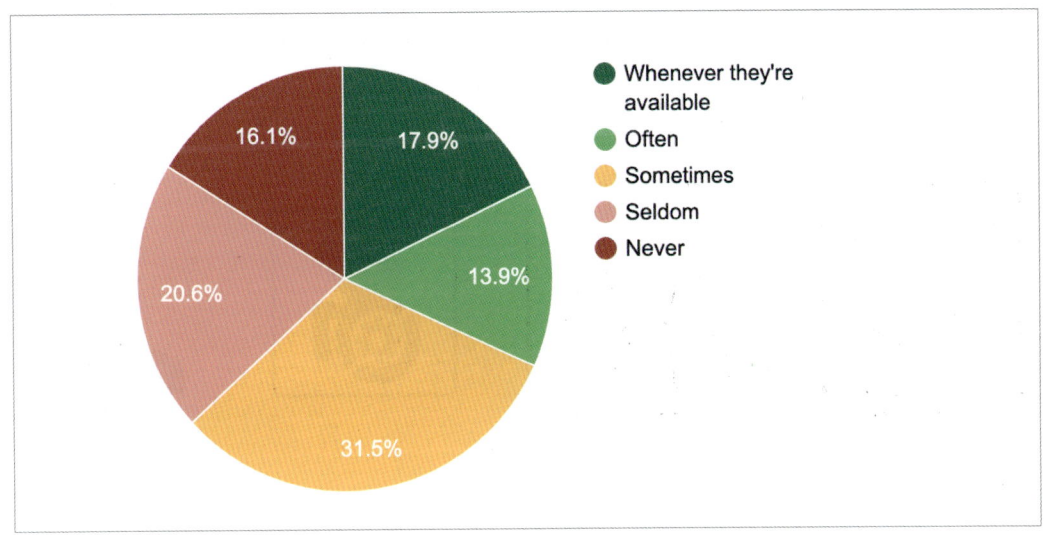

그림 2.14 랜드마크 탐색 사용 빈도

그림 2.14는 스크린 리더 사용자가 랜드마크 탐색 기능을 얼마나 자주 사용하는지에 대한 결과입니다. 수치상으로는 자주 사용하지 않는 그룹이 더 많아 보이지만, 31.8%의 사용자가 이 기능을 자주 사용한다고 응답했으므로 가능한 한 랜드마크 탐색을 위한 올바른 태그를 제공하는 것이 좋습니다.

2.2 접근성 트리

접근성 트리는 웹페이지의 콘텐츠를 보조기술이 접근하고 이해하는 데 중요한 역할을 합니다. 브라우저는 HTML 문서를 읽어 DOM 트리를 생성합니다. 이 DOM 트리를 기반으로 브라우저는 페이지가 시각적으로 사용자에게 어떻게 보일지를 결정합니다. 동시에 브라우저는 DOM 트리를 기반으로 접근성 트리를 병렬적으로 생성합니다. 접근성 트리는 DOM 트리에서 파생되어 계층 구조는 유사하지만, 의미 있거나 사용자가 상호작용할 수 있는 중요한 요소들만 포함합니다. 보조기술은 접근성 API를 사용해 웹페이지의 접근성 트리 정보를 요청하고, 트리에 포함된 각 요소의 이름, 역할, 상태 등의 정보를 해석해 사용자에게 전달합니다. 이를 통해 사용자는 웹페이지의 구조, 콘텐츠, 상호작용 가능한 요소들에 대한 정보를 이해할 수 있습니다.

따라서 웹 접근성을 준수하기 위해서 개발자는 보조기술이 이해할 수 있는 접근성 트리를 생성하는 데 주의를 기울여야 합니다. 적절한 시맨틱 HTML 태그를 사용하고 WAI-ARIA[web accessibility initiative - accessible rich internet applications] 속성을 올바르게 적용하면 보조기술이 웹페이지의 구조와 콘텐츠를 더 정확하게 이해하는 데 효과적입니다. 이는 보조기술을 사용하는 사용자가 웹 콘텐츠를 동등하게 이용할 수 있도록 도움을 줄 수 있습니다.

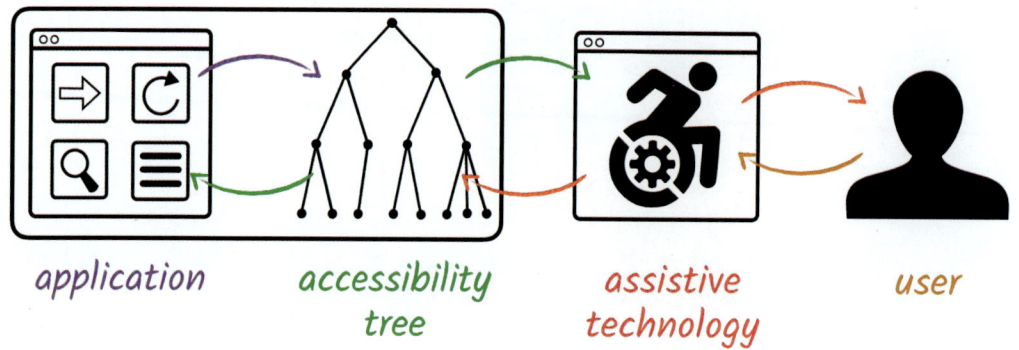

그림 2.15 접근성 객체 모델[2]

> **NOTE** 브라우저의 웹페이지 렌더링 과정: DOM 트리와 CSSOM 트리의 결합을 통한 렌더 트리 생성
>
> 브라우저는 웹페이지를 로드할 때 HTML 문서를 파싱하여 DOM[document object model]을 생성하고, CSS 문서를 파싱하여 CSSOM[CSS object model]을 생성합니다. 이 두 모델은 각각 HTML 요소의 구조, 이름, 속성, 텍스트 콘텐츠와 같은 정보를 나타내는 DOM 트리와 HTML 요소의 스타일 정보를 포함하는 CSS 트리를 생성합니다. 브라우저는 두 트리를 합쳐 렌더 트리를 생성하며, 렌더 트리는 화면에 실제로 표시되는 요소들을 나타냅니다. 브라우저는 렌더 트리를 바탕으로 화면에 어떻게 표시할 것인지 결정합니다.

2.3 브라우저 개발자 도구로 접근성 트리 확인하기

브라우저에는 개발자 도구가 내장되어 있으며, 이를 통해 개발자는 접근성 트리를 가장 쉽게 확인할 수 있습니다. 각 브라우저의 개발자 도구에서 접근성 또는 Accessibility 탭을 확인하면 접근성 트리를 살펴볼 수 있습니다. Chrome 브라우저 기준으로 자세히 살펴보도록 하겠습니다.

---

2 https://wicg.github.io/aom/explainer.html

1. **웹페이지 열기**: Chrome 브라우저에서 확인하고자 하는 웹페이지를 엽니다.
2. **개발자 도구 열기**: 웹페이지를 마우스 오른쪽 버튼으로 클릭한 다음 [검사]를 선택합니다. 혹은 `Ctrl` + `Shift` + `I` (Windows, Linux) 또는 `Command` + `Option` + `I` (macOS) 키를 누릅니다.
3. **접근성 탭 찾기**: 개발자 도구 상단의 탭 메뉴 중 접근성 또는 Accessibility 탭을 찾아 클릭합니다.
4. **접근성 트리 확인하기**: HTML 요소들과 각 요소(element)에 대한 접근성 정보가 나열된 접근성 트리를 확인할 수 있습니다.

그림 2.16 Chrome 브라우저 개발자 도구 > 접근성

이처럼 Chrome 브라우저의 개발자 도구에서는 보조기술이 웹 콘텐츠를 어떻게 해석하는지 이해할 수 있는 접근성 탭을 제공합니다. DOM 트리 뷰어에서 노드를 선택하면 해당하는 접근성 노드의 속성 정보가 상위 노드, 자식 노드와 함께 표시됩니다. 개발자는 이 탭을 통해 웹페이지의 접근성 트리를 시각적으로 쉽게 확인할 수 있습니다.

> **NOTE DOM 트리 뷰어**
>
> DOM 트리 뷰어는 브라우저의 개발자 도구에서 요소 또는 Elements 탭을 선택하여 확인할 수 있습니다. DOM 트리 뷰어를 통해 HTML 문서의 DOM 트리를 시각적으로 볼 수 있습니다. 각 HTML 요소는 트리의 노드로 표시되며, 하위 요소는 각 노드의 자식 노드로 나열됩니다.

2.4 접근성 트리 자세히 살펴보기

다음의 간단한 HTML 코드로 생성된 접근성 트리를 통해 요소의 접근성 정보와 계층 구조를 확인해봅시다.

```html
<!DOCTYPE html>
<html lang="ko">
  <head>
    <title>개발자 도구로 접근성 트리 확인하기</title>
  </head>
  <body>
    <section aria-labelledby="title-id">
      <h1 id="title-id">장바구니</h1>

      <label for="input-id">수량</label>
      <input
        type="text"
        id="input-id"
        aria-describedby="input-desc"
        value="5"
      />
      <p id="input-desc">원하는 수량을 5개 이상 입력하세요.</p>

      <button type="button">
        <img src="plus.png" alt=추가 />
      </button>

      <button type="button">
        <img src="delete.png" alt=삭제 />
      </button>

      <div class="button">
        <img src="plus.png" alt="" class="icon" />
      </div>

      <div class="button">
        <img src="delete.png" alt="" class="icon" />
      </div>
    </section>
  </body>
</html>
```

Chrome 브라우저의 접근성 탭을 통해 웹페이지의 구조와 각 요소의 접근성과 관련된 정보를 시각적으로 표현하고 있음을 그림 2.17처럼 확인할 수 있습니다.

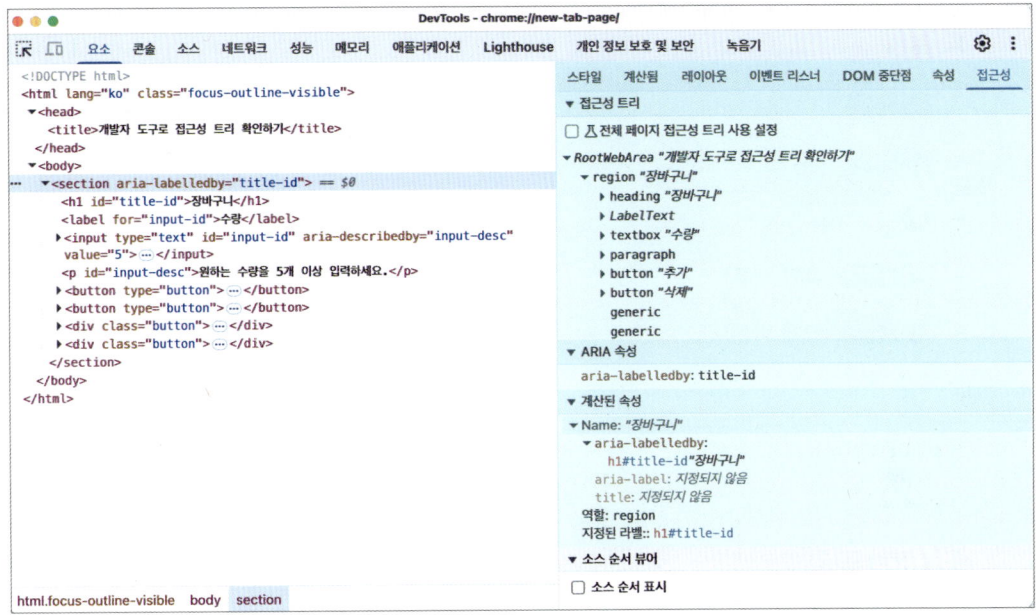

그림 2.17 Chrome 브라우저 개발자 도구로 DOM 트리와 접근성 트리 살펴보기

위의 HTML 코드를 통해 생성된 접근성 트리에서 각 요소의 주요한 접근성 정보를 나열해 보조 기술이 어떻게 이해할 수 있는지 알아봅시다.

1. `<title>`
   - 역할: rootWebArea
   - 이름: 개발자 도구로 접근성 트리 확인하기
   - 포커스 가능: true

2. `<body>`
   - 역할: generic
   - 자식 요소
     – `<section>` 요소

3. `<section>`
   - 역할: region

- 이름: 장바구니 (`<h1>`의 `id`를 참조)
- ARIA 속성: `aria-labelledby="title-id"`
- 자식 요소
  - `<h1>`
  - `<label>`
  - `<input>`
  - `<p>`
  - `<button>` (추가 버튼)
  - `<button>` (삭제 버튼)

4. `<h1>`
   - 역할: heading
   - 수준(level): 1
   - 내용: 장바구니

5. `<label>`
   - 역할: labelText
   - 내용: 수량

6. `<input>`
   - 역할: textbox
   - 이름: 수량 (`<label>`의 내용 참조)
   - ARIA 속성: `aria-describedby="input-desc"`
   - 설명: 원하는 수량을 5개 이상 입력하세요. (`<p>`의 `id`를 참조)
   - 값: 5
   - 포커스 가능: true
   - 값 설정 가능: true
   - 읽기 전용: false

7. `<p>`
   - 역할: paragraph

8. `<button>` (추가 버튼)
   - 역할: button
   - 이름: 추가
   - 포커스 가능: true
   - 자식 요소
     - `<img>` 요소
       - 역할: image
       - 이름: 추가

9. `<button>` (삭제 버튼)
   - 역할: button
   - 이름: 삭제
   - 포커스 가능: true
   - 자식 요소
     - `<img>` 요소
       - 역할: image
       - 이름: 삭제

위의 접근성 트리를 보면 각 요소의 역할과 이름, 설명 외에도 다양한 상태(포커스, 값 설정, 읽기 전용 등)에 대한 접근성 정보가 제공된다는 것을 알 수 있습니다. 보조기술은 이러한 접근성 정보를 활용하여 사용자에게 정보를 전달하므로, 개발자는 요소의 접근성 정보가 정확하게 제공되도록 코드를 작성해야 합니다.

2.4.1 역할

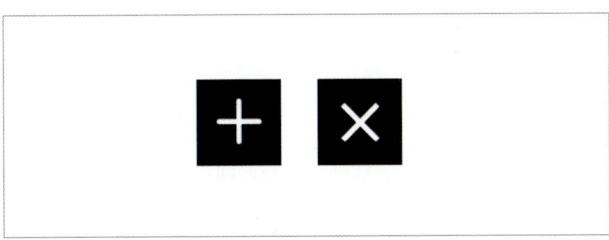

그림 2.18 **추가 버튼과 삭제 버튼**

```html
<div class="button">
  <img src="plus.png" alt="" class="icon" />
</div>

<div class="button">
  <img src="remove.png" alt="" class="icon" />
</div>
```

그림 2.18의 추가, 삭제 버튼이 앞의 코드로 만들어졌다고 가정해봅시다. 시각적으로는 버튼처럼 보일 수 있지만 의미 없이 `<div>` 태그로만 구성되고 단순히 이미지 요소만 포함하는 경우, 해당 요소는 접근성 트리에서 특별한 역할이 부여되지 않습니다.

브라우저는 이렇게 특별한 의미나 역할이 없는 요소를 접근성 트리에서 기본적으로 `generic` 역할로 처리합니다. 즉, 보조기술이 해당 요소를 해석할 때 특별한 기능을 가진 요소(예: 버튼, 링크)로 인식하지 않고, 단순 컨테이너로 취급하게 됩니다.

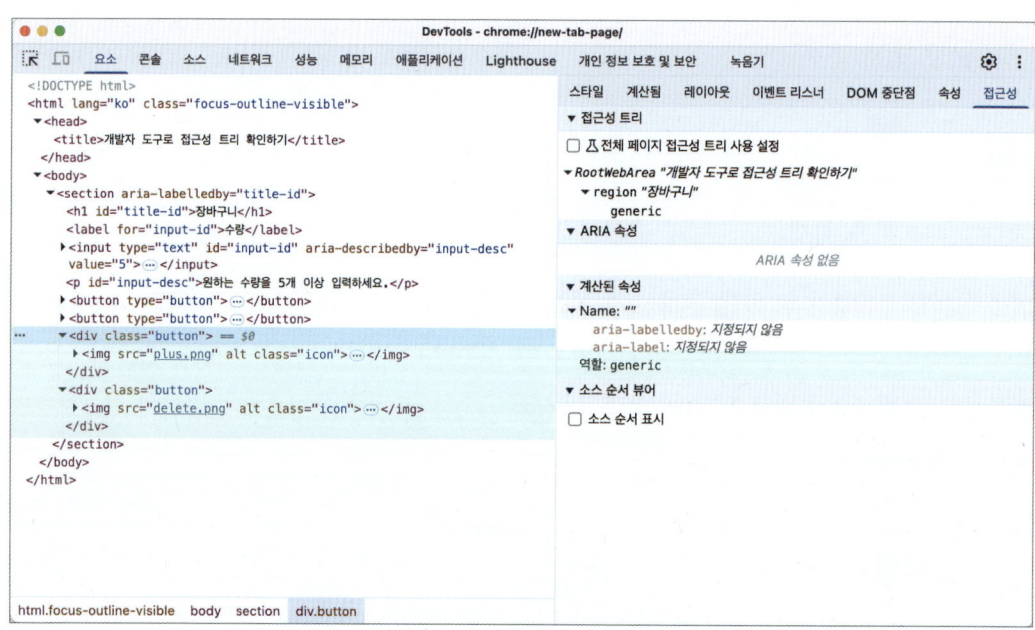

그림 2.19 역할이 generic인 `<div>`

접근성 트리에서는 `generic` 역할처럼 의미가 없거나 무시된 요소인 경우, 보기에 복잡하지 않도록 요소를 트리에 포함하지 않습니다. 접근성 탭에서 전체 페이지 접근성 트리 사용을 설정하면 그림 2.20처럼 페이지 전체 접근성 트리를 볼 수 있는데, 무시된 요소를 쉽게 확인할 수 있습니다. 즉, 접근성 트리는 시맨틱한 의미를 가진 요소들만 고려한다는 것을 알 수 있습니다.

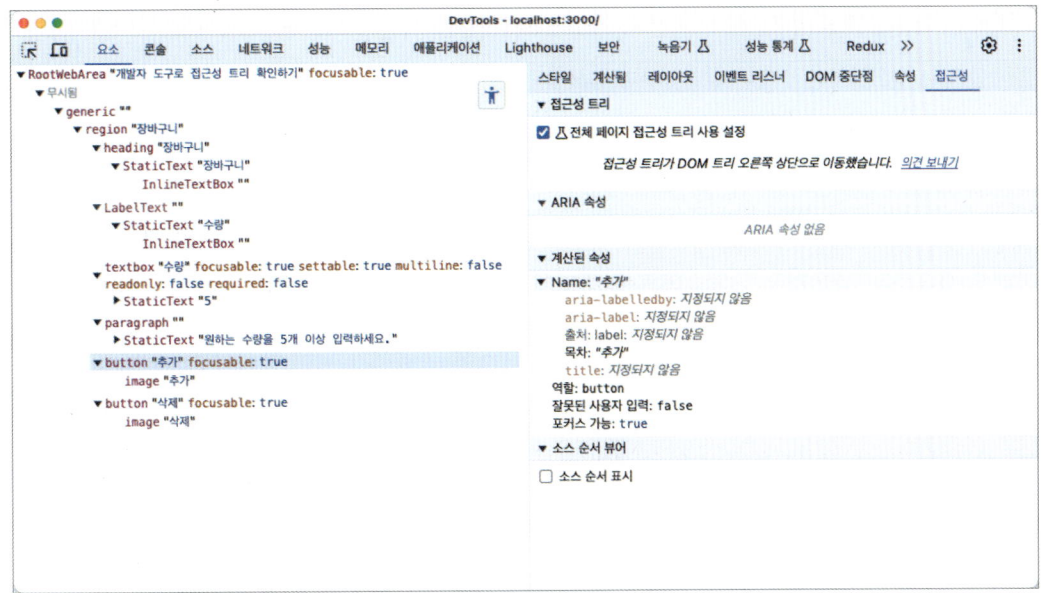

그림 2.20 모든 노드가 표시된 새로운 트리 보기

보조기술은 시맨틱 태그에 정의된 role 또는 WAI-ARIA_{web accessibility initiative - accessible rich internet applications}(5장 참고)의 `role` 속성을 활용하여 사용자에게 **의미 있는 요소의 역할** 정보를 전달합니다. 만약 요소의 역할이 정의되지 않았다면 보조기술 사용자는 해당 요소를 버튼으로 인식하지 못해 기능을 실행할 수 없습니다.

따라서 개발자는 자체적으로 기본 역할을 갖고 있는 `<button>`과 같은 시맨틱 요소를 활용해야 합니다. 만약 시맨틱 요소를 활용할 수 없는 특별한 경우(예: 역할이 alert인 HTML 태그는 존재하지 않음)라면 WAI-ARIA를 활용하여 각 요소에 의미 있는 역할을 정의해야 합니다. 역할은 요소가 하는 일을 명시적으로 정의하는 중요한 개념으로, 보조기술이 요소를 더 잘 이해하고 사용자에게 정보를 전달할 수 있도록 도와주어 접근성을 향상시키는 데 기여합니다.

2.4.2 이름

```
<button type="button">
  <img src="plus.png" alt="추가" />
</button>

<button type="button">
  <img src="delete.png" alt="삭제" />
</button>
```

이번에는 그림 2.18의 추가, 삭제 버튼이 `<button>`과 같은 시맨틱 요소를 사용해 만들어졌다고 가정해봅시다. 만약 사용자가 시각을 통해 정보를 얻을 수 있다면 '+' 기호는 추가, 'x' 기호는 제거로 이해할 수 있으며, 사각형 자체는 버튼임을 관습적으로 이해할 수 있습니다. 따라서 그림 2.18의 요소는 각각 추가와 제거라는 **고유한 이름**을 가지고 구분할 수 있으며, 버튼으로 상호작용이 가능하다는 것을 기대할 수 있습니다. 그렇다면 시각을 통해 정보를 얻을 수 없어 보조기술인 스크린 리더를 사용하는 사용자는 2개의 버튼에 대해 어떻게 구분할 수 있을까요?

스크린 리더와 같은 보조기술은 웹 콘텐츠 내의 요소를 구별하기 위해 해당 요소의 텍스트 정보를 활용합니다. 각 요소의 텍스트 정보를 이름이라고 합니다. 이름은 접근 가능한 이름이라고도 하며, 접근성 트리에 표시되는 요소의 이름입니다. 즉, 스크린 리더와 같은 보조기술이 읽는 요소의 이름으로 이는 고유하면서 요소의 목적을 나타낼 수 있도록 제공해야 합니다.

앞의 코드에서 `<button>` 요소의 접근 가능한 이름은 '추가'와 '삭제'입니다. 자세히 살펴보면 `<button>` 내부에 자식 요소로 `<img>` 태그를 사용해 버튼의 아이콘을 제공하고 있습니다. 이때 `<img>` 태그의 `alt` 속성은 이미지에 대한 대체 텍스트를 제공하며, 이 텍스트 정보가 `<button>`의 접근 가능한 이름이 됩니다. 초점이 추가 버튼으로 이동하면 스크린 리더는 사용자에게 버튼의 이름과 역할을 전달합니다. 이를 통해 사용자는 버튼을 구분하고 목적을 이해하여 버튼의 기능을 실행할 수 있습니다.

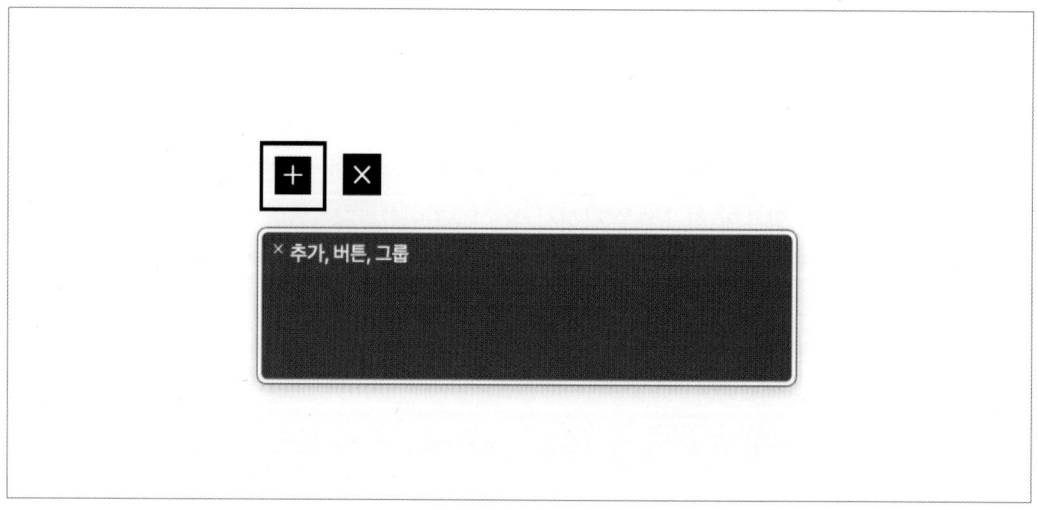

그림 2.21 추가 버튼 스크린 리더로 읽기(macOS Voice Over 화면 출력 결과)

접근 가능한 이름은 보조기술을 통해서만 노출되는 속성(`aria-label`, `aria-labelledby` 등)을 사용해 정의할 수 있습니다. 개발자는 숨겨진 콘텐츠나 시각적으로 노출되지 않는 요소에 대해서 보조기술이 요소를 이해할 수 있도록 접근 가능한 이름을 반드시 제공해야 합니다. 만약 버튼에 접근 가능한 이름(추가, 삭제)이 존재하지 않는다면 사용자는 버튼이 어떤 기능을 수행하는지 전혀 알 수 없습니다. 이때 접근 가능한 이름은 사용자에게 해당 요소의 목적이나 기능을 명확하게 전달하는 텍스트로 제공해야 합니다.

● 접근 가능한 이름

HTML 마크업이나 요소에 따라 접근 가능한 이름은 화면에 보이지 않는 콘텐츠(예: `aria-label` 사용)일 수도 있고, 보이는 텍스트(예: `content`)일 수도 있습니다.

```html
<button type="button" aria-label="상품 상세 정보 보기">
    자세히
</button>
```

```html
<button type="button">
    추가
    <img src="plus.png" alt="" />
</button>
```

경우에 따라 두 가지가 함께 사용되기도 합니다. 접근 가능한 이름은 요소별로 정의된 규칙이나 필요에 따라 WAI-ARIA 속성을 추가로 사용함으로써 결정됩니다. 따라서 개발자는 이러한 규칙과 WAI-ARIA의 특징을 정확히 이해하고 적절히 적용해야 합니다. 또한, 단순히 마크업을 작성하는 것을 넘어서 웹페이지의 구조를 고려하여 모든 사용자가 쉽게 이해할 수 있도록 적절한 접근 가능한 이름을 제공해야 합니다.

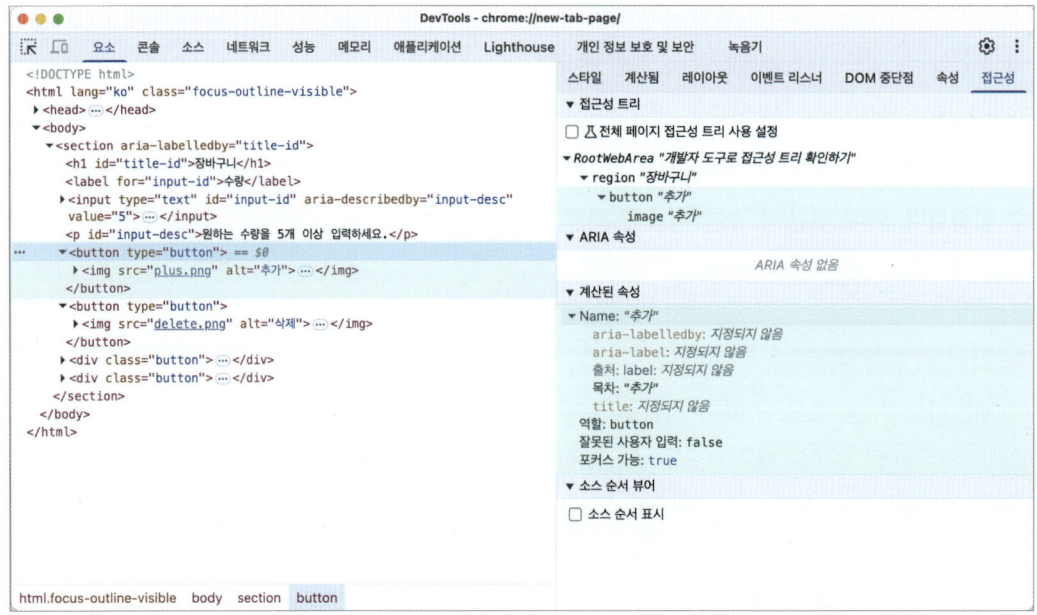

그림 2.22 button의 내용이 접근 가능한 이름이 되는 형태

● 요소의 접근 가능한 이름을 결정하는 author와 contents

요소의 접근 가능한 이름은 요소의 **author**와 **contents** 중 하나로 결정됩니다. **author**는 개발자가 `aria-label`, `aria-labelledby`, `alt`, `title` 등과 같은 특정 속성을 사용해서 직접 지정하는 값입니다. 반면에 **contents**는 요소 내부의 내용 자체를 기반으로 자동 결정되는 값입니다. 여기서 알아야 할 것은 **author**와 **contents**의 우선순위입니다. 만약 다음의 예시 코드처럼 `<button>` 요소에 `aria-label`이 정의되어 있다면 이 값이 **author**로 설정되어 해당 버튼의 접근 가능한 이름은 장바구니 추가하기가 됩니다. `<button>` 요소 내부에는 **contents**가 존재하지만 **author**의 우선순위가 더 높아 무시되는 것입니다. 만약 **contents**에 적절한 접근 가능한 이름이 정의되었다면 굳이 `aria-label`을 추가하여 코드의 복잡도를 높이지 않아도 됩니다. 하지만 `<button>` 요소의 접근 가능한 이름인 '+'만으로는 보조기술을 사용하는 사용자가 충분히 이해하기 어렵기 때문에 `aria-label`을 사용해 접근 가능한 이름을 명확하게 정의했습니다. 따라서 개발자는 **contents**만으로 충분히 접근 가능한 이름이 정의된 경우와 그렇지 않은 경우를 구분하여 적절히 코드를 작성할 수 있어야 합니다.[3]

---

[3] 참고: https://www.w3.org/WAI/ARIA/apg/practices/names-and-descriptions/#name_calculation

```
{/* 스크린 리더 🔊 : 장바구니 추가하기 버튼 */}
<button type="button" aria-label="장바구니 추가하기">
  +
</button>
```

● 요소의 접근 가능한 이름을 결정하는 Presentational Children

Presentational Children은 특정 role이 가진 특징입니다. 태그 내부에 있는 자식 요소들의 접근 가능한 이름을 모아서 요소의 **contents**로 사용하는 것을 의미합니다. 이와 같은 특징을 갖는 역할은 다음과 같습니다.

button	link	row
cell	menuitem	rowheader
checkbox	menuitemcheckbox	switch
columnheader	menuitemradio	tab
gridcell	option	tooltip
heading	radio	treeitem

이 중에서 일반적으로 많이 사용하는 button을 예시로 Presentational Children 특징을 좀 더 쉽게 이해해보도록 하겠습니다.

```
{/* 스크린 리더 🔊 : SNS 공유하기 버튼 */}
<button type="button">
  <img src="share.png" alt="SNS" />
  공유하기
</button>
```

위의 예시 코드를 보면 버튼 역할을 갖는 요소(`<button>`)에 별도의 author가 설정되지 않았고, 자식 요소로는 `<img>`와 텍스트(공유하기)가 포함되어 있습니다. 이때, `<img>`의 author는 `alt` 속성에 정의된 값이 설정되어 접근 가능한 이름은 'SNS'가 됩니다. 따라서 자식 요소의 접근 가능한 이름을 모아 요소의 contents로 사용하는 Presentational Children 특징 때문에 'SNS 공유하기'가 버튼의 접근 가능한 이름이 됩니다. 그리고 스크린 리더는 접근 가능한 이름과 해당 요소의 역할 정보를 함께 사용자에게 음성(🔊: SNS 공유하기 버튼)으로 전달하게 됩니다.

> **NOTE**
> Presentational Children 특징을 갖는 역할을 활용하면 스크린 리더가 콘텐츠를 끊어 읽지 않고 한 번에 묶어서 사용자에게 전달하는 데 매우 유용합니다.
> (참고: https://www.w3.org/TR/wai-aria-1.1/#childrenArePresentational)

2.4.3 설명

설명은 주로 일반 텍스트로 제공되며, 보조기술에서도 인식할 수 있도록 적절한 속성을 활용하는 것이 중요합니다. 예를 들어, `placeholder` 속성은 입력 필드에 힌트를 제공하지만 사용자가 입력을 시작하면 사라지기 때문에 레이블이나 설명을 대체하는 용도로 사용해서는 안 됩니다. 대신, `aria-describedby` 속성을 사용하면 특정 요소와 연결된 추가 정보를 보조기술이 읽어줄 수 있습니다. 가능한 경우 화면에 항상 표시되는 일반 텍스트로 설명을 제공하는 것이 접근성을 높이는 방법이며, `aria-describedby`를 활용하면 보조기술 사용자도 원활하게 내용을 인식할 수 있습니다.

CHAPTER 3

HTML 태그, 의미 있게 사용하기

태그는 HTML 문서를 구성하는 기본 단위로 요소의 시작과 끝을 구분합니다. 특히 태그 자체적으로 의미를 담고 있어 내부 요소를 짐작할 수 있는 태그를 시맨틱 태그 semantic tag라고 부릅니다. semantic은 '의미론적인'이라는 뜻으로, 시맨틱 태그는 곧 '의미가 있는 태그'를 뜻합니다.

3.1 태그를 의미 있게 사용해야 하는 이유

사실 어떤 태그를 사용하더라도 CSS Cascading Style Sheet를 사용해 디자인 시안과 동일하게 화면을 구성하는 것은 어렵지 않습니다. 그러나 눈으로 볼 수 있는 화면이 웹페이지의 전부는 아닙니다. 시각적인 요소를 넘어 다양한 관점에서 의미 있는 태그를 사용했을 때 갖는 강점이 많으므로, 우리는 항상 어떤 태그를 사용할지 고민해야 합니다.

3.1.1 의미 있는 태그를 사용했을 때의 장점

1. **검색엔진 최적화(SEO)**

    첫 번째로 1.3.3절에서도 설명했듯이 검색엔진은 시맨틱 태그를 사용할 때 콘텐츠의 구조와 의미를 더 잘 이해할 수 있으며, 태그가 가지는 의미를 통해 페이지 내 검색 순위에 영향을 줄 수 있는 중요 키워드를 판단합니다. 따라서 의미에 맞는 태그를 올바르게 사용해야 검색 결과에 노출될 확률이 높아집니다.

2. **웹 접근성**

   대부분의 사용자는 시각적인 정보를 통해 웹페이지의 구성 요소를 파악합니다. 반면 스크린 리더와 같은 보조기술 사용자의 경우엔 시맨틱 태그를 통해 웹페이지의 구성 요소를 파악하게 됩니다. 또한 시맨틱 태그를 사용하면 브라우저에서 해당 태그에 대한 기본 상호작용 기능을 제공하므로, 키보드 사용자의 웹페이지 탐색에도 도움을 줍니다.

3. **가독성, 유지 보수성**

   여러 개발자가 함께 작업하는 경우 코드의 구조를 쉽게 파악할 수 있습니다. 이는 코드의 가독성을 높이고 내부 데이터의 의미를 이해하기 쉽게 만들어, 결과적으로 코드의 유지 보수가 수월해집니다.

일반적으로 동일한 디자인이라면 동일한 의미를 갖지만, 어떤 시맨틱 태그를 사용할지는 디자인이 아닌 태그 내부 요소가 가지는 의미를 기준으로 결정해야 합니다. 예를 들어 그림 3.1과 같이 제목 요소와 목록 요소가 동일한 디자인이더라도, 페이지 내에서의 역할에 따라 서로 다른 태그를 사용해야 합니다.

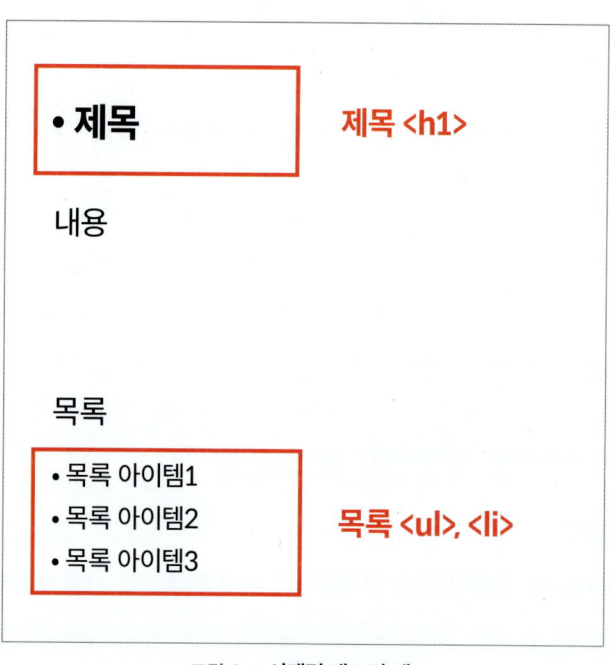

그림 3.1 시맨틱 태그의 예

지금까지 시맨틱 태그가 무엇이고 왜 사용해야 하는지 알아봤습니다. 그러나 그 필요성만큼 중요한 것은 이를 올바르게 사용하는 것입니다. 시맨틱 태그를 제대로 사용하기 위해선 그 용도에 대한 정확한 이해가 필요합니다. 이제 주요 시맨틱 태그와 그 용도에 대해 하나씩 살펴보겠습니다.

3.1.2 제목

웹페이지의 제목이나 웹페이지 내 콘텐츠 영역의 제목을 표시할 때는 헤딩 태그(`<h1>` - `<h6>`)를 사용합니다.

대부분의 사용자는 웹페이지를 탐색할 때 헤딩 태그 사용 여부를 알 수도, 알 필요도 없습니다. 하지만 스크린 리더와 같은 보조기술 사용자의 경우 원하는 정보를 빠르게 탐색하기 위해 주로 헤딩 태그 간 탐색 기능을 활용합니다. 따라서 웹페이지를 구성할 때 제목에 해당하는 내용에는 헤딩 태그를 적절히 사용하는 것이 중요합니다. 헤딩 태그를 사용하면 스크린 리더가 문서의 구조를 파악해 자동으로 목차를 구성하고, 이를 사용자에게 제공하기 때문에 헤딩 태그를 사용할 때는 단계를 뛰어넘지 않고 순서대로 사용해야 합니다.

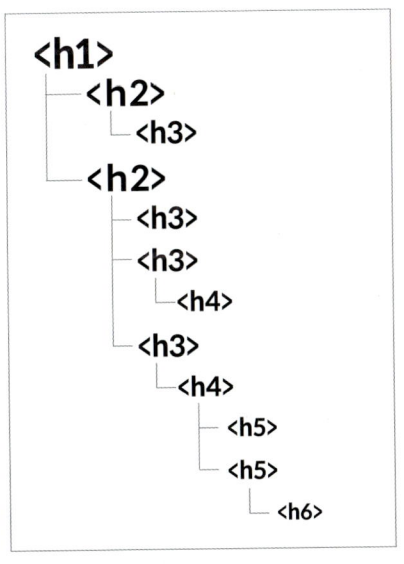

그림 3.2 ✅ 단계를 순서에 맞게 올바르게 사용한 헤딩 태그의 예

그림 3.3 ❌ 단계를 순서에 맞지 않게 잘못 사용한 헤딩 태그의 예

> **NOTE** 동일 페이지 두 개 이상의 `<h1>` 요소 사용
>
> 온라인 커뮤니티에서 두 개 이상의 `<h1>` 요소 사용에 관한 문제는 오랫동안 논의되어왔습니다. 이 문제는 검색엔진 최적화와 웹 접근성 측면에서의 문제점을 기준으로 논의되고 있는데, 구글의 검색 지원 담당자인 John Mueller는 유튜브를 통해 이와 관련된 답변을 하기도 했습니다.
>
> - 관련 유튜브: John Mueller, "Multiple H1 Headings: How to Handle Them for SEO & Accessibility?", Youtube, 2019.10.4. https://www.youtube.com/watch?v=zyqJJXWk0gk 이에 따르면 사용자 관점에서 적합하고 접근 가능한 콘텐츠로 구성되어 있다면 몇 개의 `<h1>` 요소를 사용하는지는 검색엔진 최적화에 영향을 미치지 않습니다. 따라서 해당 주제는 사용자의 접근성을 우선적으로 생각하여 논의되어야 합니다.
>
> 대부분의 웹페이지는 크게 보면 한 가지의 주제를 다루기 때문에, 한 개의 `<h1>` 태그와 이에 따른 여러 `<h2>` - `<h6>` 태그를 사용하여 구성됩니다. 그러나 웹페이지의 주제를 하나의 제목으로 나타낼 수 없고, 반드시 여러 `<h1>` 태그로 구성되어야 하는 경우라면 사용해도 무관하며, 이는 HTML 표준에도 위배되지 않습니다(단 중첩된 `<h1>` 요소 사용은 권장되지 않습니다). 주의할 점은 여러 `<h1>`이 사용되는 페이지라면 동일 수준의 주제들이 포함되는지를 확인해야 하며, 페이지 구조상으로도 사용자가 주제의 변화를 감지할 수 있어야 합니다. 대부분의 경우 서비스명과 같은 하나의 주제가 존재하므로, 두 개 이상의 `<h1>`이 필요한 경우에는 웹페이지의 주제와 콘텐츠 구조를 다시 한번 생각해보고 신중하게 사용하는 것이 좋습니다.

3.1.3 레이아웃

하나의 웹페이지는 다양한 용도에 의해 구분된 영역들로 구성됩니다. 각각의 영역들이 갖는 용도는 시맨틱 태그에 의해 알맞은 의미로 표현됩니다. 여기서는 HTML 레이아웃 구조에 사용되는 주요 시맨틱 태그들과 용도에 대해 자세히 살펴보겠습니다.

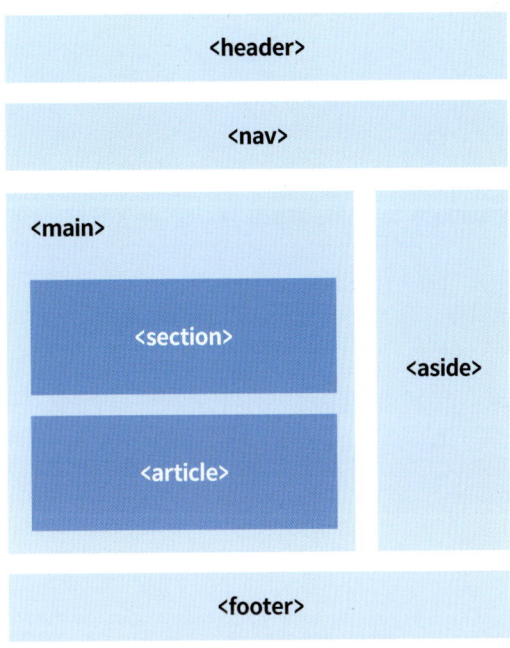

그림 3.4 HTML 레이아웃 구조

● **header**

일반적으로 웹페이지 상단에 배치되는 `<header>` 태그는 서론에 해당하는 콘텐츠나 네비게이션 링크를 포함합니다. `<header>` 태그는 보통 제목 요소(`<h1>` - `<h6>`)를 포함하지만 반드시 포함해야 하는 건 아닙니다. 제목 외에 로고, 검색창, 페이지 탐색을 위한 네비게이션 링크 등의 요소들을 포함할 수 있습니다.

- ✅ 올바르게 사용한 예시: `<header>` 또는 `<footer>`를 제외한 레이아웃 태그들의 자식 요소로 배치될 수 있음

```
<main>
  <header></header>
</main>
```

- ❌ 잘못 사용한 예시: `<header>` 또는 `<footer>` 태그의 자식으로 배치될 수 없음

```
<header>
  <header></header>
</header>
```

```
<footer>
  <header></header>
</footer>
```

- ✗ 잘못 사용한 예시: `<header>` 또는 `<footer>` 태그를 자식으로 가질 수 없음

```
<header>
  <header></header>
</header>

<header>
  <footer></footer>
</header>
```

- `<header>` 사용 예시

```
<header>
  <h1>시맨틱 태그</h1>
  <nav>
    <a href="/meaning">시맨틱 태그란?</a>
    <a href="/why">시맨틱 태그를 사용해야 하는 이유</a>
    <a href="/uses">시맨틱 태그의 종류와 용도</a>
  </nav>
</header>
```

● nav

`<nav>` 태그는 현재 페이지 내부 또는 외부 페이지로 이동하는 탐색 링크 목록을 제공하는 영역을 나타냅니다.

- 모든 링크 목록에 `<nav>` 태그를 사용할 필요는 없으며, 메인이 되는 링크 목록 영역을 나타내는 데 주로 사용됩니다.

```
<header>
  <h1>시맨틱 태그</h1>
  <nav>
    <ul>
      <li>
        <a href="/meaning">시맨틱 태그란?</a>
      </li>
      <li>
```

```
            <a href="/why">시맨틱 태그를 사용해야 하는 이유</a>
         </li>
         <li>
            <a href="/uses">시맨틱 태그의 종류와 용도</a>
         </li>
      </ul>
   </nav>
</header>
{/* 일반적으로 <footer>에 있는 링크 목록은 <nav>를 사용할 필요가 없습니다. */}
<footer>
   <a href="/terms">이용약관</a>
   <a href="/policy">개인정보처리방침</a>
   <a href="/help">고객센터</a>
</footer>
```

- 링크 목록이라고 하여 반드시 `<ul>`과 같은 목록 형태로 제공할 필요는 없으며, 링크 외 다른 콘텐츠도 포함할 수 있습니다.

```
<nav>
   <strong>메뉴</strong>
   <a href="/meaning">시맨틱 태그란?</a>
   <a href="/why">시맨틱 태그를 사용해야 하는 이유</a>
   <a href="/uses">시맨틱 태그의 종류와 용도</a>
</nav>
```

- 하나의 웹페이지 내에서 `<nav>` 태그가 반드시 한 번만 사용되어야 하는 것은 아닙니다. 사이트 링크 목록과 웹페이지 내부 링크 목록을 각각 `<nav>`로 나타낼 수 있습니다.

```
<h1>음식</h1>
<nav>
   <a href="/korean">한식</a>
   <a href="/chinese">중식</a>
   <a href="/western">양식</a>
</nav>
<header>
   <h2>한식</h2>
   <nav>
      <a href="#kimchi">김치</a>
      <a href="#bulgogi">불고기</a>
   </nav>
</header>
```

● main

`<main>` 태그는 웹페이지의 중심 주제와 직접적으로 관련된 주요 내용을 나타냅니다. `<main>` 태그를 사용하면 스크린 리더와 같은 보조기술 사용자들이 랜드마크 탐색을 통해 빠르게 접근할 수 있습니다.

> **NOTE 랜드마크 탐색**
>
> 랜드마크 탐색이란 스크린 리더를 통해 랜드마크 역할을 가진 태그 사이를 이동하는 탐색 기능입니다.
>
> 랜드마크 역할을 가질 수 있는 HTML 태그로는 `<header>`, `<nav>`, `<main>`, `<section>`, `<aside>`, `<footer>`, `<form>`이 있습니다.
>
> - `<header>`: `<header>` 태그가 `<main>` 태그 또는 다른 섹션 요소의 자식 요소로 사용되지 않을 때는 banner 랜드마크 역할이 할당됩니다(섹션 요소: `<nav>`, `<article>`, `<section>`, `<aside>`).
> - `<nav>`: `<nav>` 태그는 navigation 랜드마크 역할을 가집니다. 여러 개의 `<nav>` 태그가 존재하는 경우 각각의 랜드마크를 식별할 수 있도록 레이블을 지정해주는 것이 좋습니다.
> - `<main>`: `<main>` 태그는 main 랜드마크 역할을 가집니다.
> - `<section>`: `<section>` 태그는 레이블이 지정된 경우에만 region 랜드마크 역할을 가집니다.
> - `<aside>`: `<aside>` 태그는 complementary 랜드마크 역할을 가집니다. 여러 개의 `<aside>` 태그가 존재하는 경우 각각의 랜드마크를 식별할 수 있도록 레이블을 지정해주는 것이 좋습니다.
> - `<footer>`: `<footer>` 태그가 `<main>` 태그 또는 다른 섹션 요소의 자식 요소로 사용되지 않을 때는 contentinfo 랜드마크 역할이 할당됩니다.
> - `<form>`: `<form>` 태그는 레이블이 지정된 경우에만 form 랜드마크 역할을 가집니다.
>
> 랜드마크 관련 문서: https://www.w3.org/WAI/ARIA/apg/practices/landmark-regions/
>
> **HTML 태그**
>
> ```html
> <body>
>   <h1>랜드마크</h1>
>   <header>
>     header
>     <nav aria-label="메인">
>       <a href="/main-menu1">main-menu1</a>
>       <a href="/main-menu2">main-menu2</a>
>     </nav>
>   </header>
>   <main>
>     main
>     <nav aria-label="서브">
>       nav
>       <a href="/sub-menu1">sub-menu1</a>
>       <a href="/sub-menu2">sub-menu2</a>
>     </nav>
> ```

```html
    <section aria-labelledby="section-title-id">
      <h2 id="section-title-id">section</h2>
    </section>
    <aside>aside</aside>
    <form aria-label="회원가입">form</form>
  </main>
  <footer>footer</footer>
</body>
```

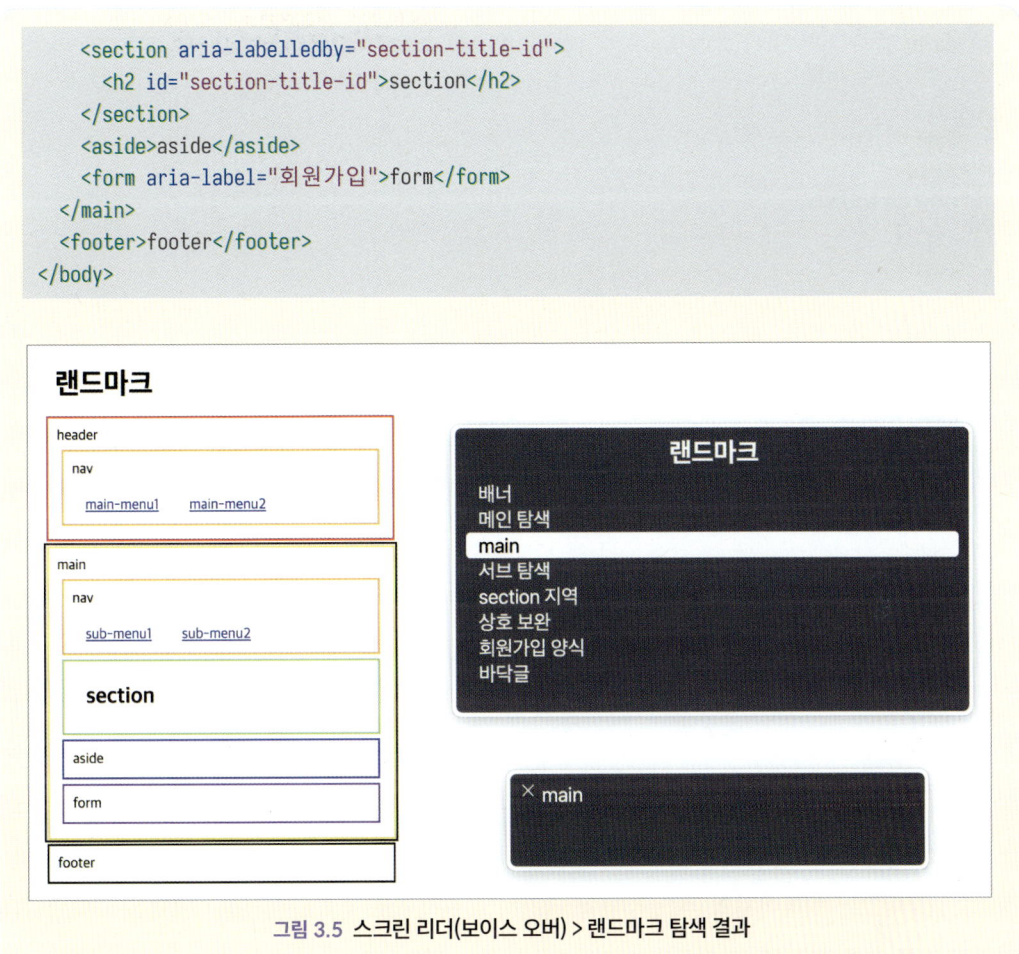

그림 3.5 스크린 리더(보이스 오버) > 랜드마크 탐색 결과

- 한 웹페이지 내에서 `<main>` 태그는 한 번만 사용되어야 합니다.

  ✅ 올바르게 사용한 예시: 하나의 `<main>` 태그만 사용

  ```html
  <main>
    <h1>한식</h1>
    {...}
  </main>
  ```

  ❌ 잘못 사용한 예시: 여러 `<main>` 태그 사용

  ```html
  <main>
    <h1>한식</h1>
    {...}
  ```

```
    </main>
    <main>
      <h1>중식</h1>
      {...}
    </main>
    <main>
      <h1>양식</h1>
      {...}
    </main>
```

- `<main>` 태그의 조상 요소로 가능한 요소는 접근 가능한 이름이 없는 `<html>`, `<body>`, `<div>`, `<form>` 태그로 제한됩니다.

```
<html lang="ko">
  {...}
  <body>
    <main>
      <h1>한식</h1>
      {...}
    </main>
  </body>
</html>
```

● **article**

`<article>` 태그는 웹페이지의 주요 주제와 완전히 독립적으로 분리될 수 있는 영역을 나타냅니다. 따라서 다른 페이지에서도 언제든지 재사용될 수 있는 영역을 나타냅니다.

> **NOTE** **재사용되는 공통 UI 컴포넌트와 `<article>` 태그**
> 재사용될 수 있는 영역이라고 해서 공통 UI 컴포넌트의 컨테이너로 `<article>` 태그를 사용해야 한다는 의미는 아닙니다. 공통 UI 컴포넌트는 데이터를 주입받아 사용처마다 다른 의도로 사용될 수 있기 때문입니다. 심지어 독립적인 주제를 가지는 고정된 콘텐츠라고 할지라도 사용처에 따라 의미가 달라질 수 있습니다.

- `<article>` 태그로 사용할 수 있는 영역으로는 게시판, 블로그, 잡지, 뉴스 기사, 사용자 댓글 등이 있습니다. 이러한 영역들은 하나의 웹페이지 내에서 여러 개가 사용될 수 있으므로 `<article>` 태그 또한 여러 번 사용될 수 있습니다.
- `<article>` 태그는 독립적인 주제를 가지는 영역이므로 보통 내부 콘텐츠로 헤딩 태그를 포함하여 주제를 식별합니다.

- `<article>` 태그가 중첩으로 사용되는 경우 내부 `<article>` 태그는 외부 `<article>` 요소와 관련된 영역을 나타냅니다.

```html
<article>
  <h2>우리집 앞에 있는 베이커리 내돈내산 후기</h2>
  {...}

  <section>
    <h3>댓글</h3>
    <article>
      <p>오 저도 한번 가보고 싶네요!</p>
    </article>
    <article>
      <p>여기 주차할 수 있는 공간도 있나요?</p>
    </article>
    <article>
      <p>
        저도 여기 가본적 있는데 사장님도 친절하시고 빵 종류도 많아서 좋았어요~
      </p>
    </article>
    {...}
  </section>
</article>
```

● section

`<section>` 태그는 웹페이지의 주요 주제 안에서 구분할 수 있는 주제별 콘텐츠 영역을 나타냅니다. 일반적으로 헤딩 요소에 따라 문서의 개요에 명시적으로 나열된 경우에 사용하는 것이 적절합니다. `<section>` 태그는 일반 컨테이너 요소가 아니기 때문에 단순 스타일 혹은 자바스크립트 코드 적용 편의성을 위한 컨테이너 요소로 사용하고자 할 때는 `<div>` 태그를 사용해야 합니다.

`<section>` 태그는 일반적으로 내부 콘텐츠 내용이 문서의 개요에 포함되는 경우에 적합합니다. 따라서 `<section>` 태그 내부에 제목(헤딩 태그)을 포함하는 구조를 권장하며, 제목 없이 `<section>` 태그를 사용하는 것은 실제로 영역을 구분하는 의미가 없습니다.

```html
<main>
  <h1>음식</h1>
  <section>
    <h2>한식</h2>
    {...}
```

```
      </section>
      <section>
        <h2>중식</h2>
        {...}
      </section>
      <section>
        <h2>양식</h2>
        {...}
      </section>
</main>
```

● **article vs section**

`<article>`과 `<section>` 태그는 특정 주제를 가지는 콘텐츠 영역을 구분하는 데 사용됩니다. 이 두 요소는 비슷한 의미로 사용되기 때문에 어떤 요소를 사용할지 혼란이 생길 수 있습니다. 이런 경우 해당 영역이 웹페이지에서 어떤 목적을 가지고 사용되는지를 생각해보는 것이 좋습니다. 같은 내용이라도 어떤 의도로 사용되는지에 따라 `<article>`과 `<section>` 태그 모두 선택할 수 있습니다. 두 요소를 구분하는 가장 큰 차이는 `<article>`은 그 자체로 완전히 독립적인 영역으로 사용할 수 있는 반면, `<section>`은 웹페이지 내 주요 주제의 일부 영역이라는 점입니다.

```
{/* '추천 게시물' 중에서 '한식'을 주제로 한 게시물 */}
<main>
    <h1>추천 게시물</h1>
    <article>
      <h2>한식</h2>
      {...}
    </article>
    {...}
</main>

{/* '음식'이라는 주요 주제 내에서 '한식'으로 구분되는 영역 */}
<main>
    <h1>음식</h1>
    <section>
      <h2>한식</h2>
      {...}
    </section>
    {...}
</main>
```

● **aside**

`<aside>` 태그는 웹페이지 내 주요 콘텐츠와 간접적으로 연관된 일부 영역을 나타냅니다. `<aside>` 태그를 제거하더라도 본문 콘텐츠에 영향을 미치지 않아야 합니다. `<aside>` 태그로 사용할 수 있는 영역으로는 인용문, 사이드바, 광고 영역 등이 있습니다.

```html
<article>
  <h2>불고기</h2>
  <p>
    불고기는 진간장, 꿀, 다진 파, 다진 마늘, 후춧가루로 만든 양념장에 고기를
    재웠다가 굽는데 달착지근한 맛이 일품이다. 외식 메뉴가 지금처럼 다양하지
    않았던 시절, 특별한 날이나 모임이 있을 때면 불고기를 많이 먹었다. 불고기 판에
    육수가 자작한 불고기가 지글지글 끓으면 어른들은 고기 안주에 소주를 마시고
    아이들은 달콤한 고기 국물에 밥을 비벼 먹었다.
  </p>
  <aside>
    불고기는 예전부터 손님에게 대접하는 음식이었다. 우리나라를 방문하는 외국인들
    역시 불고기를 좋아한다. 한식 마니아로 알려진 미국의 오바마 대통령은 불고기를
    가장 좋아하는 메뉴로 꼽았다.
  </aside>
</article>
```

※ 내용 출처: [네이버 지식백과] 불고기 [Bulgogi, 韩国烤肉] - 한국인이 가장 좋아하는 고기 요리 (맛있고 재미있는 한식이야기, 2013. 1. 2.)

일반적으로 괄호로 묶인 텍스트 영역은 문서의 주요 흐름의 일부로 간주되므로, 다음 코드와 같이 괄호로 묶인 텍스트 영역에 `<aside>` 태그를 사용하는 것은 적절하지 않습니다.

✕ 적절하지 않은 `<aside>` 태그 사용

```html
<p>괄호로 묶이지 않은 텍스트</p>
<aside>(괄호로 묶인 텍스트)</aside>
```

● **footer**

`<footer>` 태그는 섹션화된 콘텐츠[1] 영역 중 가장 가까운 조상 요소에 대한 바닥글을 나타냅니다. 섹션화된 콘텐츠가 없는 경우에는 웹페이지 본문의 바닥글을 나타냅니다. `<footer>` 태그는 일반적으로 작성자 정보, 부록, 저작권 정보, 연락처 등의 내용을 포함합니다.

```html
<footer>
  <ul>
    <li>
      <a href="/terms">이용약관</a>
    </li>
    <li>
      <a href="/policy">개인정보처리방침</a>
    </li>
    <li>
      <a href="/help">고객센터</a>
    </li>
  </ul>
  <small> Copyright © 2024 Billi & Evie </small>
</footer>
```

3.1.4 텍스트

HTML 태그 중에서는 텍스트 형식을 지정하는 태그들이 있습니다. 이러한 태그에는 단순히 텍스트의 스타일만을 지정하는 태그와 텍스트의 의미를 부여하는 시맨틱 태그가 있습니다. 여기서는 텍스트 형식을 지정하는 주요 태그들의 의미와 용도에 대해 자세히 살펴보겠습니다.

● **p, span, div**

• **p**

`<p>` 태그는 '단락'을 뜻하는 Paragraph의 앞 글자를 딴 것으로 글의 내용상 끊어서 구분하는 한 토막을 나타냅니다. `<p>` 태그는 'block-level' 요소로, 한 단락이 끝나면 줄바꿈이 이루어지는 것처럼 `<p>` 태그를 사용하면 앞뒤로 줄바꿈이 생기는 단락이 만들어집니다.

• 예시 코드

```html
<p>첫 번째 단락</p>
<p>두 번째 단락</p>
```

---

[1] 섹션화된 콘텐츠란 `<nav>`, `<article>`, `<section>`, `<aside>` 태그에 의해 구분된 영역을 의미합니다.

- 결과

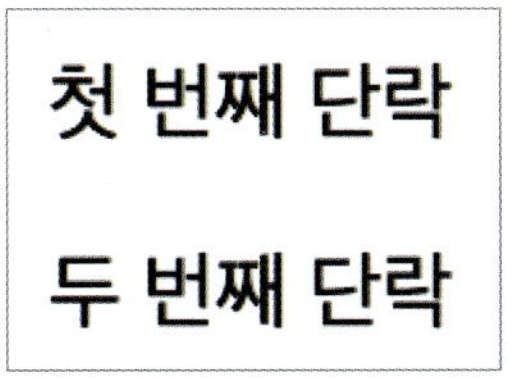

그림 3.6 p 태그 예시 코드 실행 결과

- **span**

`<span>` 태그는 본질적으로는 아무런 의미를 갖지 않는 'inline-level' 요소로, 스타일을 지정하고 싶은 텍스트를 묶어 CSS를 적용하는 용도로 사용합니다. 아무런 의미를 갖지 않기 때문에 다른 어떤 시맨틱 태그도 적절하지 않은 경우에만 사용해야 합니다.

- 예시 코드

```
<p>
  첫 번째 단락 시작
  <span className="highlight">단락 중간에 스타일을 지정한 텍스트</span>
  첫 번째 단락 끝
</p>
<p>
  두 번째 단락 시작
  <span className="highlight">단락 중간에 스타일을 지정한 텍스트</span>
  두 번째 단락 끝
</p>
```

```
.highlight {
  color: red;
  font-weight: 700;
}
```

- 결과

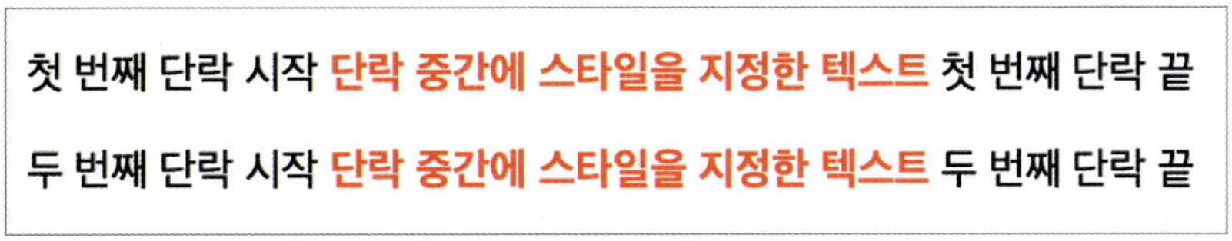

그림 3.7 span 태그 예시 코드 실행 결과

- **div**

`<div>` 태그는 '분할'을 뜻하는 Division의 앞 글자를 딴 것으로 여러 HTML 태그를 묶어서 영역을 구분해주는 컨테이너 역할로 사용합니다. 본질적으로는 아무런 의미를 갖지 않는 'block-level' 요소로, HTML 태그 그룹의 레이아웃 스타일을 지정하는 용도로 사용합니다.

- 예시 코드

```
<div className="box">
    <p>첫 번째 단락</p>
    <p>두 번째 단락</p>
</div>
```

```
.box {
  border: 1px solid black;
}
```

- 결과

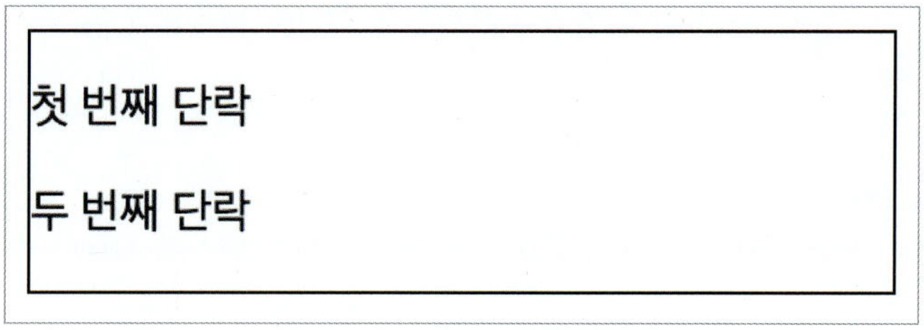

첫 번째 단락

두 번째 단락

그림 3.8 div 태그 예시 코드 실행 결과

● 정리

구분	용도	레이아웃
`<p>`	단락을 나타내는 글의 한 토막을 구분하는 용도로 사용	block-level
`<span>`	특정 텍스트 또는 문장에 스타일을 지정하는 용도로 사용	inline-level
`<div>`	여러 태그를 묶어 레이아웃 스타일을 지정하는 용도로 사용	block-level

block-level 요소	inline-level 요소
요소 내부 콘텐츠 길이와 상관없이 항상 화면 너비 100%를 차지하는 요소	요소 내부 콘텐츠 길이만큼의 너비만 차지하는 요소

● strong, b

• strong

`<strong>` 태그는 실제 페이지 내에서 중요한 의미를 갖는 콘텐츠를 나타내기 위해 사용합니다. `<strong>` 태그를 사용하면 CSS로 `font-weight: 700` 또는 `font-weight: bold` 속성을 추가한 것과 동일하게 내부 텍스트가 굵게 표시됩니다. 그렇다고 단순히 굵은 텍스트 스타일을 적용하기 위해 `<strong>` 태그를 사용해서는 안 됩니다.

> **NOTE** 스크린 리더와 `<strong>` 태그
>
> `<strong>` 태그를 사용하면 스타일적으로 중요하게 표시되는 텍스트를 인지할 수 없는 사용자들도 스크린 리더를 통해 의미를 전달받을 수 있기를 기대합니다. 하지만 대부분의 주요 스크린 리더가 `<strong>` 태그의 의미를 전달해주지 않고 있습니다.
>
> 하지만 앞서 '3.1절 태그를 의미 있게 사용해야 하는 이유'에서 설명했듯이 시맨틱 태그의 사용이 접근성만을 위한 것은 아니며, 스크린 리더가 지원하지 않는다고 사용하지 않을 이유는 없습니다.
>
> ```
> <p>
>     일반적인 텍스트
>     <strong>중요한 의미를 갖는 텍스트</strong>
> </p>
> ```

• b

`<b>` 태그는 글을 읽는 독자의 주의를 끌기 위한 용도로 사용되며, `<strong>` 태그와는 다르게 콘텐츠의 중요도를 부여하지는 않습니다. `<b>` 태그를 사용하면 CSS로 `font-weight: 700` 또는 `font-weight: bold` 속성을 추가한 것과 동일하게 내부 텍스트가 굵게 표시됩니다. HTML5 이전에는 단순히 굵은 스타일의 텍스트를 표현하기 위해 사용되었으나, HTML5부터는 용도가 재정의되어 단순히 스타일을 주기 위한 용도로 사용해서는 안 됩니다.

```
{/* <b> 태그는 주의를 끌기 위한 용도로 사용 */}
<p>
    일반적인 텍스트
    <b>주의를 끌기 위한 텍스트</b>
</p>

{/* 단순히 굵은 스타일의 텍스트를 표현할 때는 CSS 사용 */}
<p>
    일반적인 텍스트
```

```
  <span className="bold">단순히 굵은 스타일의 텍스트</span>
</p>
```

```
.bold {
  font-weight: 700;
}
```

- 정리

구분	용도	레이아웃
`<strong>`	**중요한 의미를 갖는 텍스트**를 나타내는 용도로 사용	inline-level
`<b>`	**주의를 끌기 위한 텍스트**를 나타내는 용도로 사용	inline-level

● em, i

- em

`<em>` 태그는 콘텐츠를 강조하기 위해 사용되며, 특별히 콘텐츠의 중요도를 부여하지는 않습니다. `<em>` 태그를 사용하면 CSS로 `font-style: italic` 속성을 추가한 것과 동일하게 내부 텍스트가 기울임꼴로 표시됩니다.

> **NOTE** 스크린 리더와 `<em>` 태그
>
> `<em>` 태그를 사용하면 스타일적으로 강조 표시되는 텍스트를 인지할 수 없는 사용자들도 스크린 리더를 통해 의미를 전달받을 수 있기를 기대합니다. 하지만 대부분의 주요 스크린 리더가 `<em>` 태그의 의미를 전달해주지 않고 있습니다.
>
> 하지만 앞서 '2.2.1 태그를 의미 있게 사용해야 하는 이유' 절에서 설명했듯이 시맨틱 태그의 사용이 접근성만을 위한 것은 아니며, 스크린 리더가 지원하지 않는다고 사용하지 않을 이유는 없습니다.
>
> ```
> <p>
>   일반적인 텍스트
>   <em>강조하는 텍스트</em>
> </p>
> ```

- i

`<i>` 태그는 일반적인 텍스트와 구분되는 관용적 또는 기술적 표현의 텍스트를 나타내기 위한 용도로 사용되며, `<em>` 태그와는 다르게 콘텐츠를 강조하는 의미를 부여하지는 않습니다. `<i>` 태그

를 사용하면 CSS로 `font-style: italic` 속성을 추가한 것과 동일하게 내부 텍스트가 기울임꼴로 표시됩니다. HTML5 이전에는 단순히 기울임꼴 스타일의 텍스트를 표현하기 위해 사용되었으나, HTML5부터는 용도가 재정의되어 단순히 스타일을 주기 위한 용도로 사용해서는 안 됩니다.

```
{/* <i> 태그는 관용적 또는 기술적 표현의 텍스트를 표현하는 용도로 사용 */}
<p>
  일반적인 텍스트
  <i>관용적 또는 기술적 표현의 텍스트</i>
</p>

{/* 단순히 기울임꼴 스타일의 텍스트를 표현할 때는 CSS 사용 */}
<p>
  일반적인 텍스트
  <span className="italic">단순히 기울임꼴 스타일의 텍스트</span>
</p>
```

```
.italic {
  font-style: italic;
}
```

- **정리**

구분	용도	레이아웃
`<em>`	**콘텐츠를 강조**하기 위한 용도로 사용	inline-level
`<i>`	**관용적 또는 기술적 표현**의 텍스트를 나타내는 용도로 사용	inline-level

- **time**

`<time>` 태그는 날짜, 시간, 기간을 의미하는 텍스트를 단순 숫자나 텍스트가 아닌 실제 의미 있는 날짜, 시간, 기간 정보라는 것을 나타내기 위해 사용합니다. 기계가 읽을 수 있는 형식으로 날짜를 변환하기 위해 반드시 알맞은 형식의 `datetime` 속성값을 추가해야 합니다.

```
{/* 스크린 리더 🔊 : '2023 다시 3 다시 23' */}
<span>2023-3-23</span>

{/* 스크린 리더 🔊 : '2023년 3월 23일' */}
<time dateTime="2023-03-23">2023-3-23</time>

{/* 스크린 리더 🔊 : '2023년 12주' */}
```

```
<span>2023년 12주</span>

{/* 스크린 리더 🔊 : '2023년 3월 19일' */}
<time dateTime="2023-W12">2023년 12주</time>

{/* 스크린 리더 🔊 : '30 15 남음' */}
<span>30:15</span>남음

{/* 스크린 리더 🔊 : '30분 15초 남음' */}
<time dateTime="PT0H30M15S">30:15</time>남음
```

- **가능한 datetime 형식**

형식	예시
날짜	2023 / 2023-03 / 2023-03-23 / 03-23
주	2023-W12
시간	10:30 / 10:30:15 / 10:30:15.123
날짜 및 시간	2023-03-23T10:30:15.123
기간	PT0H30M15S

> **NOTE** `<time>` 태그 사용 시 주의해야 할 점
>
> 아쉽게도 `<time>` 태그는 대부분의 스크린 리더에서 제대로 지원되지 않으며, 스크린 리더마다 다르게 읽힐 수 있습니다. 따라서 사용할 환경에서 원하는 형식으로 읽히는지 확인하는 것이 중요합니다.
>
> 예를 들어 VoiceOver의 경우 `<time>` 태그 내부 텍스트를 일반 형식으로 먼저 읽어준 후 `datetime` 형식의 날짜 정보를 추가로 읽어줍니다.

● br, hr

- **br**

`<br>` 태그는 '줄바꿈'을 뜻하는 Line Break의 약자로 텍스트를 줄바꿈할 때 사용합니다. 스크린 리더를 통해 웹페이지를 탐색 중에 `<br>` 태그를 만나면 음성이 중단되고 다음 탐색을 위해 사용자가 수동으로 조작을 해야 합니다. 또한 스크린 리더 종류에 따라 `<br>` 태그를 '줄바꿈' 또는 '비어 있음'으로 안내하는 경우도 있기 때문에 단순히 스타일적인 간격을 주기 위한 용도로 사용해서는 안 됩니다. 요소 간 간격이나 텍스트 간 줄간격을 조정하고 싶을 때는 CSS를 사용해야 합니다.

(참고: https://developer.mozilla.org/en-US/docs/Web/HTML/Element/br#accessibility_concerns)

- **스크린 리더 🔊**: 나만 알고 싶은 (중단) 그룹이 비어 있음 (중단) 꿀팁

```html
<p>
  나만 알고 싶은
  <br />
  꿀팁
</p>
```

- **스크린 리더 🔊**: 나만 알고 싶은 꿀팁

```html
<p className="pre-line">나만 알고 싶은{"\n"}꿀팁</p>
```

```css
.pre-line {
  white-space: pre-line;
}
```

- **스크린 리더 🔊**: 나만 알고 싶은 (중단) 꿀팁

```html
<p>
  나만 알고 싶은
  <br aria-hidden="true" />
  꿀팁
</p>
```

- **hr**

`<hr>` 태그는 주제가 전환되는 영역 사이의 구분을 나타내기 위해 사용합니다. 스크린 리더 사용자들은 `<hr>` 태그를 '수평 분할선' 또는 '구분선'과 같이 안내받기 때문에 단순 스타일적인 구분선을 나타내기 위해 사용해서는 안 됩니다. `<hr>` 태그가 가지는 기본 스타일과 다른 디자인의 구분선이라도 의미적으로 용도가 맞다면 `<hr>` 태그를 사용하고 CSS를 통해 스타일을 수정해야 합니다.

- 예시 코드

```html
<p>첫 번째 단락</p>
<hr />
<p>두 번째 단락</p>
```

• 결과

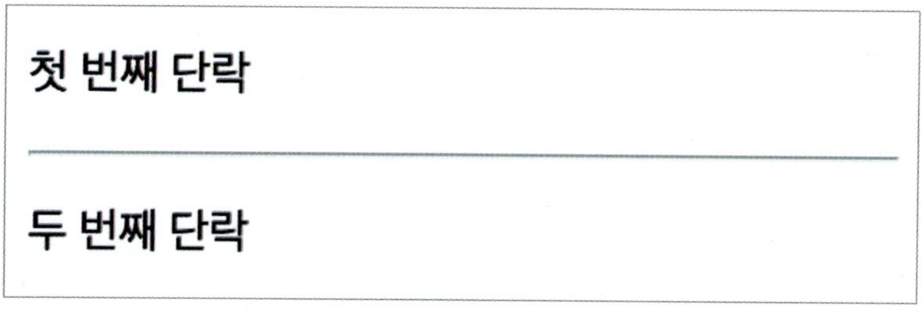

> 첫 번째 단락
> ─────────────
> 두 번째 단락

그림 3.9 hr 태그 예시 코드 실행 결과

> **NOTE** `<hr>` 태그 사용 시 주의해야 할 점
>
> `<hr>` 태그를 사용하면 스크린 리더 종류에 따라 '수평 분할선' 또는 '구분선'과 같은 음성으로 안내받기 때문에 `aria-hidden="true"` 속성을 추가해 해당 음성을 제거하는 경우가 있습니다. 하지만 `<hr>` 태그를 사용했다는 것은 실제로 구분선의 의미를 갖는 영역으로 판단해서 사용한 것이므로 음성을 제거할 필요는 없습니다.
> `<hr>` 태그의 음성을 제거하고자 한다면 과연 `<hr>` 태그가 알맞게 사용되었는지 먼저 고려해봐야 합니다. 알맞게 사용되지 않은 경우라면 `<hr>` 태그를 사용하는 대신 CSS 스타일로 구분선을 처리해야 합니다.

3.1.5 목록

HTML 태그 중에서는 목록을 나열할 때 사용할 수 있는 태그들이 있습니다. 이러한 태그들은 텍스트나 이미지 등의 콘텐츠를 목록화하여 나열하기 위해 사용합니다. 여기서는 목록 태그들의 종류와 용도에 대해 자세히 살펴보겠습니다.

● **ul**

`<ul>` 태그는 Unordered List의 약자로 항목의 순서가 지정되지 않은 목록을 나열할 때 사용합니다.

- `<ul>` 목록의 자식 태그로는 List Item의 약자로 목록 내 항목을 나타내는 `<li>` 태그를 사용합니다. `<ul>` 태그의 바로 하위 자식 요소로는 `<li>` 태그만 사용 가능하며 다른 요소는 모두 `<li>` 태그 내부에 사용해야 합니다.
- `<ul>` 태그를 사용하면 CSS로 `list-style-type: disc` 속성을 추가한 것과 동일하게 각 항목에 '점' 형태의 글머리 기호가 나타납니다. CSS를 사용하면 글머리 기호의 형태를 수정할 수 있으며, 기본값을 사용한다면 `<ul>` 태그가 중첩된 정도에 따라 다른 형태로 나타납니다.

- 예시 코드

```html
<ul>
  <li>
    한식
    <ul>
      <li>불고기</li>
      <li>된장찌개</li>
      <li>김치찌개</li>
    </ul>
  </li>
  <li>중식</li>
  <li>양식</li>
</ul>
```

- 결과

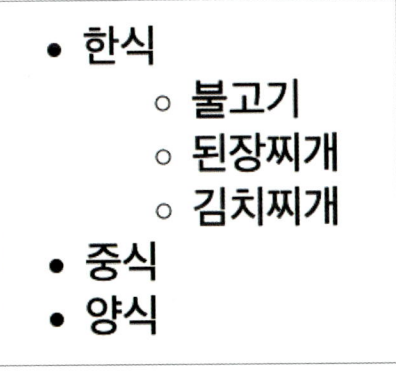

그림 3.10 ul 태그 예시 코드 실행 결과

● ol

`<ol>` 태그는 Ordered List의 약자로 항목의 순서가 지정된 목록을 나열할 때 사용합니다.

- `<ol>` 태그 목록의 자식 요소로는 List Item의 약자로 목록 내 항목을 나타내는 `<li>` 태그를 사용합니다. `<ol>` 태그의 바로 하위 자식 요소로는 `<li>` 태그만 사용 가능하며 다른 요소는 모두 `<li>` 태그 내부에 사용해야 합니다.

- `<ol>` 태그를 사용하면 CSS로 `list-style-type: decimal` 속성을 추가한 것과 동일하게 각 항목에 '숫자' 형태의 글머리 기호가 나타납니다. CSS 또는 `<ol>` 태그의 `type` 속성을 사용하면 글머리 기호의 형태를 수정할 수 있으며, `type` 속성과 CSS가 모두 지정된 경우 CSS 속성값이 우선 적용됩니다.

type값	글머리 기호 유형	예시
`<ol type="1">`	숫자(기본값)	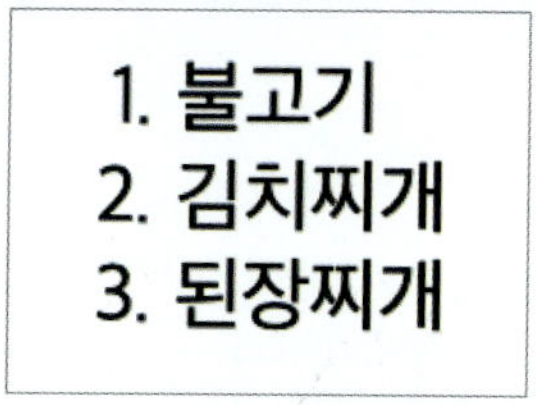 1. 불고기 2. 김치찌개 3. 된장찌개 그림 3.11 글머리 기호 - 숫자 예시 코드 실행 결과
`<ol type="a">`	알파벳(소문자)	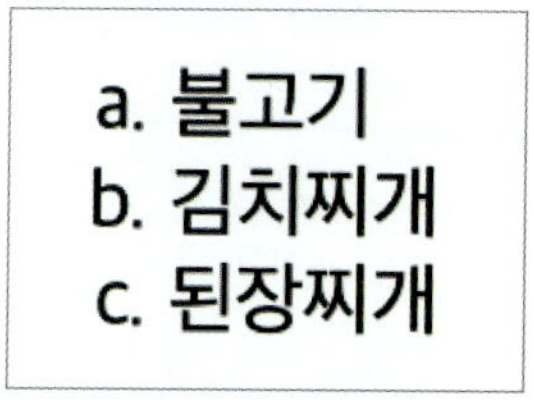 a. 불고기 b. 김치찌개 c. 된장찌개 그림 3.12 글머리 기호 - 알파벳(소문자) 예시 코드 실행 결과
`<ol type="A">`	알파벳(대문자)	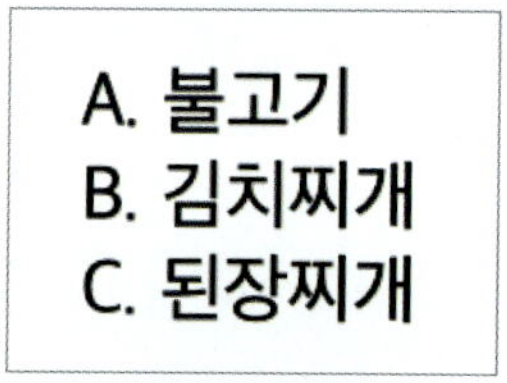 A. 불고기 B. 김치찌개 C. 된장찌개 그림 3.13 글머리 기호 - 알파벳(대문자) 예시 코드 실행 결과
`<ol type="i">`	로마 숫자(소문자)	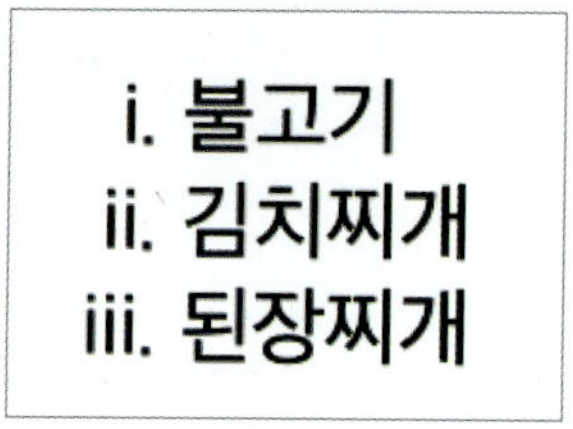 i. 불고기 ii. 김치찌개 iii. 된장찌개 그림 3.14 글머리 기호 - 로마 숫자(소문자) 예시 코드 실행 결과
`<ol type="I">`	로마 숫자(대문자)	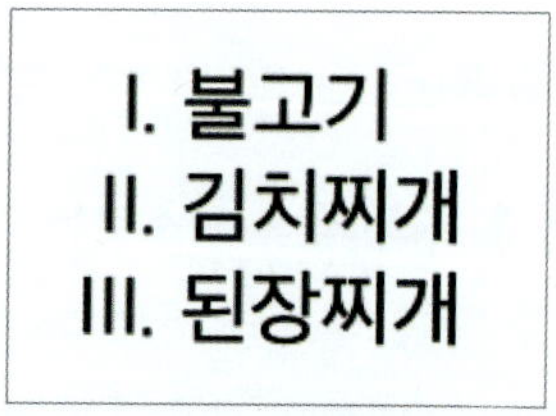 I. 불고기 II. 김치찌개 III. 된장찌개 그림 3.15 글머리 기호 - 로마 숫자(대문자) 예시 코드 실행 결과

- `<ol>` 태그 항목의 글머리 기호는(숫자의 경우) 1, 2, 3… 순서대로 번호가 부여되는데 시작하는 글머리 기호의 순서를 `start` 속성을 통해 지정할 수 있습니다. `start` 속성은 `<ol>` 태그의 `type` 과 상관없이 숫자값을 지정해야 합니다.

```
<h2>인기 있는 한식 순위</h2>
<ol start="3">
    <li>불고기</li>
    <li>김치찌개</li>
    <li>된장찌개</li>
</ol>
```

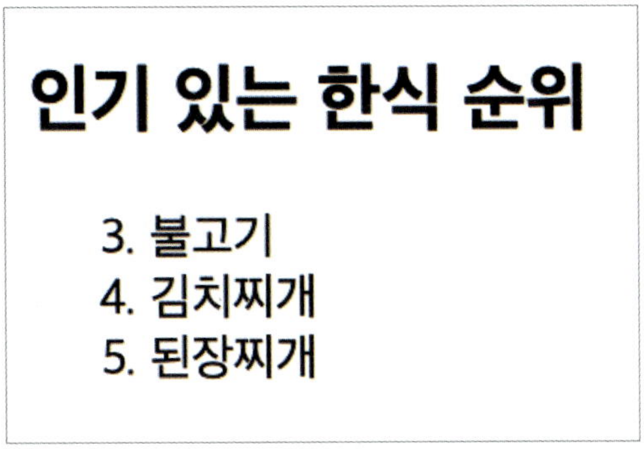

그림 3.16 ol 태그 start 속성 사용 코드 실행 결과

- `<ol>` 태그는 `reversed` 속성을 통해 글머리 기호의 순서를 역순으로 지정할 수 있습니다.

```
<h2>인기 있는 한식 순위</h2>
<ol reversed>
    <li>불고기</li>
    <li>김치찌개</li>
    <li>된장찌개</li>
</ol>
```

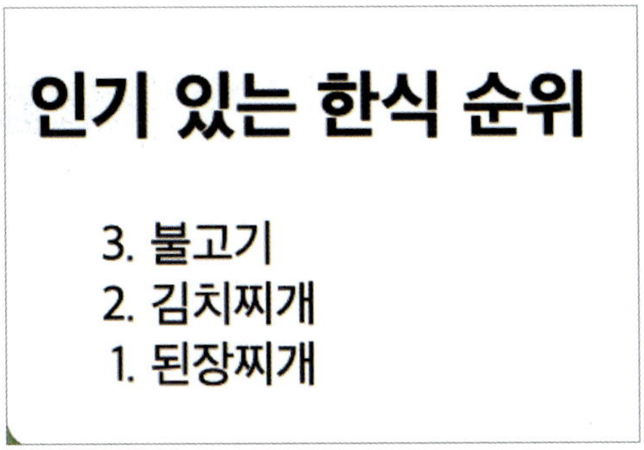

그림 3.17 ol 태그 reversed 속성 사용 코드 실행 결과

- reversed 속성과 start 속성이 같이 사용될 경우 start부터 역순으로 숫자가 지정됩니다.

```html
<h2>인기 있는 한식 순위</h2>
<ol reversed start="5">
    <li>불고기</li>
    <li>김치찌개</li>
    <li>된장찌개</li>
</ol>
```

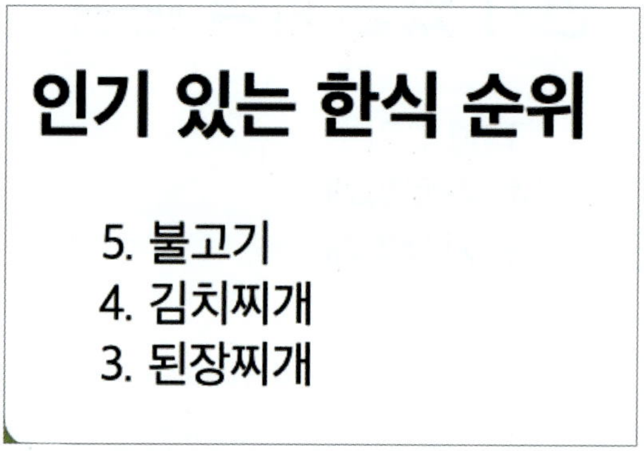

그림 3.18 ol 태그 reversed, start 속성 사용 코드 실행 결과

> **NOTE** **<ul> 또는 <ol> 태그를 사용하면 좋은 점**
>
> 스크린 리더 사용자들이 <ul> 또는 <ol> 태그로 접근하는 경우 안내 음성을 통해 목록의 전체적인 구조 및 현재 위치한 항목 등을 파악할 수 있습니다(8.1.3절 참고).
> - 목록에 처음 접근한 경우 총 몇 개의 항목이 있는 목록인지 알 수 있습니다.
> - 중첩된 목록에 접근한 경우 단계로 구분되어 얼마나 중첩되어 있는지 알 수 있습니다.
> - 목록 내 항목에 접근한 경우 총 몇 개 중 몇 번째 항목인지 알 수 있습니다.
> - 마지막 항목 이후 다음 콘텐츠로 접근하는 경우 목록의 끝에 도달했음을 알 수 있습니다.

● **ul vs ol**

<ul> 태그와 <ol> 태그 중에 어떤 태그를 사용할지 결정하기 어려울 때는, 항목의 순서를 변경했을 때 의미가 변경되는지를 통해 쉽게 결정할 수 있습니다. 의미가 변경되지 않는다면 <ul> 태그, 의미가 변경된다면 <ol> 태그 사용을 고려해볼 수 있습니다.

구분	용도
`<ul>`	순서가 의미 없는 항목들을 그룹화하기 위한 용도로 사용
`<ol>`	**순서가 지정된 항목**들을 그룹화하기 위한 용도로 사용

● dl

`<dl>` 태그는 Description List의 약자로 용어를 정의하거나 key-value 형태의 항목을 나열할 때 사용합니다.

- `<dl>` 태그 목록의 자식 요소로는 Description Term의 약자로, 정의할 용어 또는 key-value 형태에서 key를 나타내기 위해 `<dt>` 태그를 사용합니다.
- 또한 `<dt>` 태그를 정의하거나 key-value 형태에서 value를 나타내기 위해 Description Details의 의미로 `<dd>` 태그를 사용합니다.
- `<dt>` 태그 없이 `<dd>`만 사용해서는 안 되며 하나의 `<dt>` 태그를 설명하기 위한 여러 `<dd>` 태그를 사용할 수 있습니다.
- `<dl>` 태그의 자식 요소로는 `<dt>` 또는 `<dd>` 태그만 가능하며, 연관된 `<dt>`, `<dd>` 그룹을 묶는 용도의 `<div>` 태그는 허용되고 있습니다.

```html
<dl>
    <dt>후라이드</dt>
    <dd>18,000원</dd>
    <dt>양념</dt>
    <dd>20,000원</dd>
</dl>

<dl>
    <div>
        <dt>후라이드</dt>
        <dd>18,000원</dd>
        <dd>순살 2,000원 추가</dd>
    </div>
    <div>
        <dt>양념</dt>
        <dd>20,000원</dd>
        <dd>순살 2,000원 추가</dd>
    </div>
</dl>
```

> **NOTE** `<dl>` 태그 사용 시 주의해야 할 점
>
> `<dl>`은 브라우저 및 스크린 리더 종류에 따라 총 목록의 개수, `<dt>`(용어), `<dd>`(설명) 태그를 안내하는 방식이 실제 의도한 것과 다를 수 있으므로 테스트를 통해 확인 후 적용하는 것이 좋습니다.
> 예를 들어 스크린 리더에 따라 다음과 같이 안내할 수 있습니다.
> - 목록 내 사용된 `<dt>`, `<dd>` 개수의 총합을 목록 항목의 개수로 안내합니다.
> - 모든 `<dt>` 및 `<dd>`마다 용어, 설명 문구를 안내합니다.

3.1.6 양식

웹 양식은 사용자와 웹페이지 간 상호작용할 수 있는 주요 기술 중 하나입니다. 양식은 사용자로부터 입력받은 데이터를 서버로 전송하거나 클라이언트 단에서 UI를 즉각적으로 업데이트하는 데 사용합니다. 입력받는 데이터의 유형에 따라 사용자가 쉽게 입력할 수 있도록 텍스트 필드, 체크박스, 라디오박스 등의 다양한 요소를 제공할 수 있습니다. 여기서는 이러한 요소들의 종류와 용도에 대해 자세히 살펴보겠습니다.

● **form**

`<form>` 태그는 전송할 데이터를 입력받는 컨트롤 요소들을 감싸는 컨테이너 요소입니다. `<form>` 태그는 내부 컨트롤 요소들을 통해 사용자로부터 입력받은 데이터를 서버로 전송하여 처리하고, 처리된 결과에 따른 새로운 페이지로 이동하는 동작을 수행합니다. `<form>` 태그는 다양한 속성값을 통해 이러한 동작의 방식을 결정합니다.

속성	설명
name	다른 양식들과 구별할 수 있는 양식의 고유한 이름을 지정합니다.
method	사용자로부터 입력받은 양식 데이터를 전송할 방식을 지정합니다.
action	제출된 양식 데이터를 처리할 URL을 지정합니다.
target	양식 데이터 처리 후 응답을 표시할 위치를 지정합니다.
autocomplete	이전에 입력했던 값들을 브라우저가 자동 완성으로 제공할지 여부를 지정합니다.

- **스크린 리더** 🔊 : 회원가입 양식

```
<form method="post" action="/join" aria-labelledby="form-title">
  <fieldset>
    <legend id="form-title">회원가입</legend>
```

```
    <label>
      아이디
      <input type="text" />
    </label>
    {...}
    <input type="submit" value="제출" />
  </fieldset>
</form>
```

> **NOTE** **`<form>` 태그를 사용하면 좋은 점**
>
> React와 같은 SPA_{single page application}에서는 비동기 통신을 통해 페이지 이동 없이 서버에 데이터를 요청하여 필요한 부분만 리렌더링할 수 있습니다. 이러한 경우에는 기술적으로 `<form>` 태그를 반드시 사용할 필요는 없습니다.
>
> 하지만 레이블이 지정된 `<form>` 태그를 사용하면 스크린 리더 사용자들에게 어떠한 목적의 양식 영역인지 전달할 수 있고, 랜드마크 탐색을 통한 빠른 접근이 가능하므로 여전히 유용하게 사용할 수 있습니다.

● input

`<input>` 태그는 사용자로부터 데이터를 입력받기 위한 입력 필드를 만들기 위해 사용합니다. `<input>` 태그에 `type` 속성을 지정하여 입력받고자 하는 데이터의 형식에 따라 다양한 형태로 제공할 수 있습니다. 또한 `<input>` 태그를 사용하면 기본적으로 필요한 상호작용 기능을 브라우저에서 제공해주기 때문에 다른 태그를 통해 커스텀하기보다는 가능하다면 `<input>` 태그를 그대로 사용하는 것이 좋습니다.

● type

- **`<input type="text" />`**

한 줄짜리 텍스트를 입력할 수 있는 입력 필드를 제공합니다(기본값).

- **스크린 리더** 🔊 (input에 값이 없을 때) 텍스트 편집, 공백

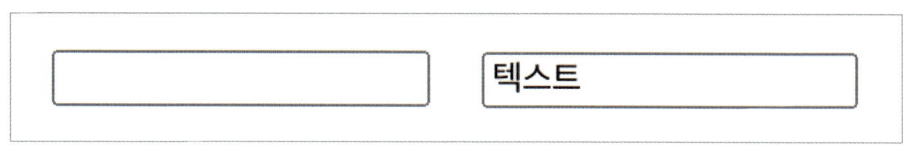

그림 3.19 `<input type="text" />` 예시 이미지

- **<input type="number" />**

숫자를 입력할 수 있는 입력 필드를 제공합니다. 숫자가 아닌 값이 제출되지 않도록 자동으로 유효성 검사를 진행합니다.

- **스크린 리더** 🔊 (input에 값이 없을 때) 증감자

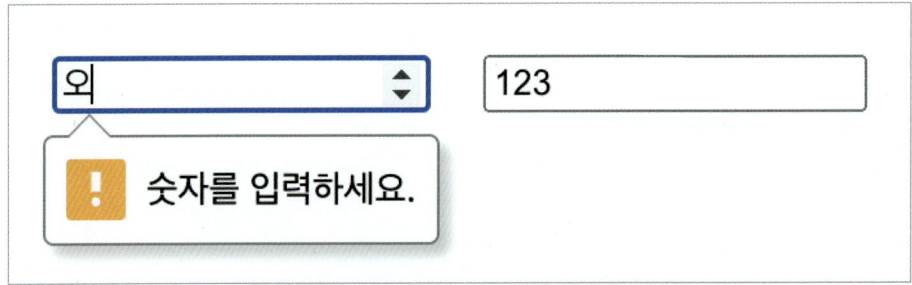

그림 3.20 <input type="number" /> 예시 이미지

- **<input type="tel" />**

전화번호를 입력할 수 있는 입력 필드를 제공합니다. 전 세계적으로 전화번호 형식이 다를 수 있으므로 자동으로 유효성 검사를 진행하지는 않습니다.

- **스크린 리더** 🔊 (input에 값이 없을 때) 텍스트 편집 전화번호, 공백

그림 3.21 <input type="tel" /> 예시 이미지

- **<input type="password" />**

비밀번호를 입력할 수 있는 입력 필드를 제공합니다. 텍스트를 읽을 수 없도록 기호로 대체하여 비밀번호를 안전하게 입력할 수 있게 합니다.

- **스크린 리더** 🔊 (input에 값이 없을 때) 텍스트 편집 보안

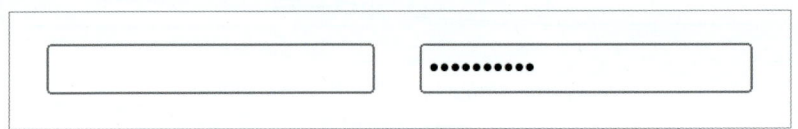

그림 3.22 <input type="password" /> 예시 이미지

- `<input type="email" />`

이메일 주소를 입력할 수 있는 입력 필드를 제공합니다. 유효하지 않은 이메일 형식이 제출되지 않도록 자동으로 유효성 검사를 진행합니다.

- **스크린 리더** 🔊 (input에 값이 없을 때) 텍스트 편집 이메일, 공백

그림 3.23 `<input type="email" />` 예시 이미지

- `<input type="checkbox" />`

여러 옵션 중 하나 이상의 옵션값을 선택할 수 있도록 하는 체크박스를 제공합니다. 동일한 그룹에 속한 체크박스인지 식별하기 위해 각각의 체크박스에 동일한 `name` 속성을 사용합니다.

- **스크린 리더** 🔊 선택 해제됨, 체크박스/선택됨, 체크박스

그림 3.24 `<input type="checkbox" />` 예시 이미지

- `<input type="radio" />`

여러 옵션 중 하나의 옵션값을 선택할 수 있도록 하는 라디오 버튼을 제공합니다. 동일한 그룹에 속한 라디오 버튼인지 식별하기 위해 각각의 라디오 버튼에 동일한 `name` 속성을 사용합니다.

- **스크린 리더** 🔊 라디오 버튼, 1/2/선택됨, 라디오 버튼, 2/2

그림 3.25 `<input type="radio" />` 예시 이미지

- **`<input type="range" />`**

슬라이드바를 통해 범위 내의 숫자를 지정할 수 있는 컨트롤 필드를 제공합니다. 일반적으로 볼륨 크기와 같이 정확한 값이 중요하지 않은 경우에 사용합니다.

- 스크린 리더 🔊 50, 슬라이더

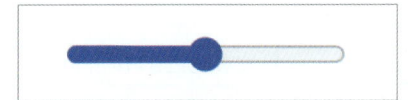

그림 3.26 `<input type="range" />` 예시 이미지

- **`<input type="button" value="버튼명" />`**

클릭 가능한 버튼 요소를 제공합니다. HTML `<button type="button">` 태그와 동일하게 동작하지만 `<button>` 태그는 내부 콘텐츠를 더 자유롭게 사용할 수 있으므로 `<button type="button">` 태그 사용을 더 권장합니다.

- 스크린 리더 🔊 버튼명, 버튼

그림 3.27 `<input type="button" />` 예시 이미지

- **`<input type="submit" />`**

입력받은 양식 데이터를 제출할 수 있는 버튼을 제공합니다. `<input type="button">`과 마찬가지로 HTML `<button type="submit">` 태그 사용을 더 권장합니다.

- 스크린 리더 🔊 제출, 버튼

그림 3.28 `<input type="submit" />` 예시 이미지

- **<input type="color" />**

색상을 지정할 수 있는 UI 요소를 제공합니다. `#000000`과 같은 16진수 RGB 색상을 나타내는 7자리 문자열값만 허용되며 투명도를 나타낼 수 있는 알파값은 지원되지 않습니다.

- **스크린 리더** 🔊 검정색, 색상 저장소

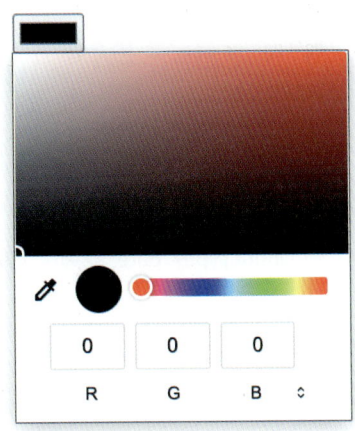

그림 3.29 <input type="color" /> 예시 이미지

- **<input type="date" />**

날짜를 선택할 수 있는 UI 요소를 제공합니다. 연, 월, 일 값을 선택할 수 있지만 시간은 지원되지 않습니다. `value` 속성에 `yyyy-mm-dd(예: 2023-10-27)` 형식의 값을 사용해야 합니다.

- **스크린 리더** 🔊
  - 각각의 입력 필드(연도, 월, 일) 🔊 증감자
  - 팝업 버튼(캘린더 아이콘) 🔊 날짜 선택 도구 표시, 메뉴 팝업, 버튼

그림 3.30 <input type="date" /> 예시 이미지

- **<input type="datetime-local" />**

날짜와 시간을 선택할 수 있는 UI 요소를 제공합니다. 연, 월, 일 값뿐만 아니라 시, 분 값을 포함할 수 있습니다. `value` 속성에 `yyyy-mm-ddThh:mm(예: 2023-10-27T23:34)` 형식의 값을 사용해야 합니다.

- 스크린 리더 🔊
- 각각의 입력 필드(연도, 월, 일, 오전/오후, HH:MM) 🔊 증감자
- 팝업 버튼(캘린더 아이콘) 🔊 현지 날짜 및 시간 선택 도구 표시, 메뉴 팝업, 버튼

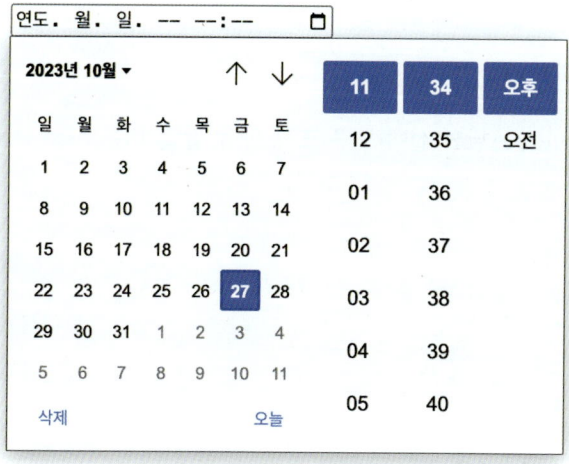

그림 3.31 <input type="datetime-local" /> 예시 이미지

- **<input type="month" />**

연도와 월을 선택할 수 있는 UI 요소를 제공합니다. `value` 속성에 `yyyy-mm`(예: `2023-10`) 형식의 값을 사용해야 합니다.

- **스크린 리더** 🔊
- 각각의 입력 필드(연도, 월) 🔊 증감자
- 팝업 버튼(캘린더 아이콘) 🔊 월 선택 도구 표시, 메뉴 팝업, 버튼

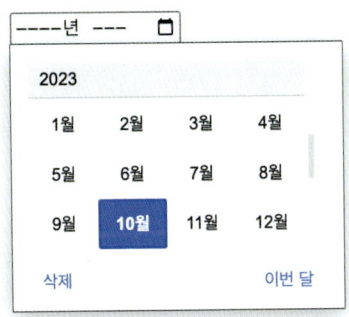

그림 3.32 <input type="month" /> 예시 이미지

- **<input type="week" />**

해당 연도의 몇 번째 주인지를 선택할 수 있는 UI 요소를 제공합니다. `value` 속성에 `yyyy-Www`(예: `2023-W13`) 형식의 값을 사용해야 합니다.

- **스크린 리더** 🔊
- 각각의 입력 필드(연도, 주) 🔊 증감자
- 팝업 버튼(캘린더 아이콘) 🔊 주 선택 도구 표시, 메뉴 팝업, 버튼

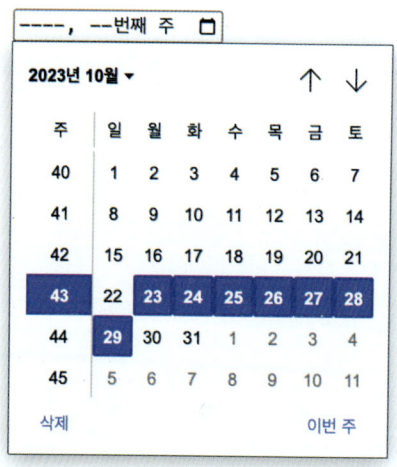

그림 3.33 <input type="week" /> 예시 이미지

- **<input type="time" />**

시, 분, 초를 입력할 수 있는 UI 요소를 제공합니다. `value` 속성에 `hh:mm:ss(예: 10:30:15)` 형식의 값을 사용해야 합니다.

- 스크린 리더 🔊
- 각각의 입력 필드(오전/오후, HH:MM) 🔊 증감자
- 팝업 버튼(시계 아이콘) 🔊 시간 선택 도구 표시, 메뉴 팝업, 버튼

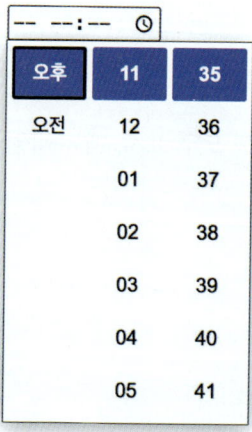

그림 3.34 <input type="time" /> 예시 이미지

- **`<input type="image" />`**

입력받은 양식 데이터를 제출할 수 있는 버튼을 이미지 형태로 제공합니다. `<input>` 태그 내부에 이미지 태그를 넣을 수 없기 때문에 제공됩니다. 하지만 `<button>` 태그를 사용하면 내부 콘텐츠를 자유롭게 사용할 수 있으므로 `<button type="submit">` 태그 사용을 더 권장합니다.

- **스크린 리더** 🔊 제출, 버튼

그림 3.35 `<input type="image" src="" />` 예시 이미지

- **`<input type="url" />`**

URL값을 입력할 수 있는 입력 필드를 제공합니다. 유효하지 않은 URL 형식이 제출되지 않도록 자동으로 유효성 검사를 진행합니다.

- **스크린 리더** 🔊 (input에 값이 없을 때) 텍스트 편집 URL, 공백

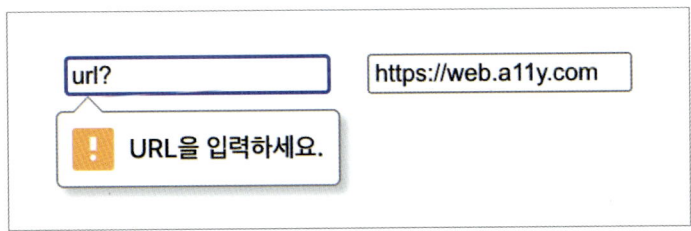

그림 3.36 `<input type="url"/>` 예시 이미지

- **`<input type="file" />`**

현재 사용자가 사용하는 기기의 저장소에 있는 파일을 선택할 수 있도록 하는 UI를 제공합니다.

- **스크린 리더** 🔊 파일 선택: 선택된 파일 없음, 버튼

그림 3.37 `<input type="file" />` 예시 이미지

- **<input type="search" />**

검색어를 입력할 수 있는 입력 필드를 제공합니다. 기능적으로는 `type="text"`와 동일하지만 스크린 리더 사용자들도 검색어를 입력하도록 안내받을 수 있습니다.

- **스크린 리더** 🔊 (input에 값이 없을 때) 검색어 입력란, 공백

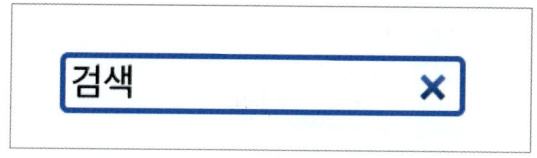

그림 3.38 <input type="search" /> 예시 이미지

- **<input type="reset" />**

입력받은 모든 양식 데이터를 초깃값으로 설정합니다.

- **스크린 리더** 🔊 초기화, 버튼

그림 3.39 <input type="reset" /> 예시 이미지

- **<input type="hidden" />**

양식 데이터 제출 시 사용자가 볼 수도 수정할 수도 없는 숨겨진 데이터를 포함하기 위해 사용합니다. 사용자 입력과 무관한 숨겨진 데이터이므로 양식 데이터 제출 시 별도의 유효성 검사를 진행해서는 안 됩니다.

`type` 속성을 사용하면 사용자가 입력해야 할 데이터의 형식은 유도할 수 있지만, 명확하게 어떤 데이터를 입력해야 하는지에 대한 설명은 부족합니다. 예를 들어 `<input type="tel" />`의 경우 전화번호를 입력해야 한다는 것은 인지할 수 있지만 집 전화번호인지 핸드폰 번호인지, 일반적인 번호 형식인지(010-1234-5678) 국제전화번호 형식인지(+82 10-1234-5678)에 대한 설명은 알 수 없습니다. 따라서 `<input>` 태그를 사용할 때는 항상 `<label>` 태그를 같이 제공하여 어떤 값을 입력해야 하는지 안내하는 것이 좋습니다. `<label>`만으로 충분히 안내하기 어려운 경우 `placeholder` 속성을 사용할 수도 있습니다. `placeholder` 속성은 입력 필드에 입력된 값이 없을 때 표시되는 텍

스트로, 입력해야 할 데이터 유형에 대한 간략한 힌트를 제공하는 데 사용합니다. 따라서 `type`, `<label>`, `placeholder`와 같이 다양한 방식을 적극적으로 활용하여 일반 사용자 및 스크린 리더 사용자들 모두 입력 오류를 줄일 수 있도록 해야 합니다.

> **NOTE** **`placeholder` 속성 사용 시 주의해야 할 점**
>
> `placeholder` 속성을 `<label>` 태그의 대체 용도로 사용해서는 안 됩니다. `placeholder`는 입력된 값이 없을 때만 노출되는 텍스트이며 스크린 리더 종류에 따라 안내하지 않는 경우가 있습니다. 또한 실제 입력값과 구분하기 위해 `placeholder`는 색상 대비가 낮게 표시됩니다. 이는 저시력 사용자들이 파악하기 어려울 수 있으므로 `<label>` 태그는 `placeholder` 여부와 관계없이 제공하는 것이 좋습니다.

● autocomplete

다양한 웹 서비스를 이용하다 보면 동일한 양식을 반복하여 입력하는 경우가 많은데, 누구나 한 번쯤은 귀찮다고 생각한 적이 있을 것입니다. 항상 동일한 정보를 입력하는 번거로움을 해소하는 방법으로 자동 완성 기능이 있습니다. `autocomplete` 속성값이 off가 아니라면 브라우저는 이전에 `<input>` 태그를 통해 제출한 양식 데이터를 저장하여 추후 동일한 양식을 입력할 때 자동으로 이전 데이터를 제공합니다. 이때 브라우저는 사용자가 이전에 입력한 정보를 자동 완성하기 위해 `name` 속성을 활용합니다. 예를 들어 여러 웹페이지에서 이메일을 입력하는 양식 요소가 있는 경우, `<input>` 태그의 `name` 속성은 이전과 동일한 `name` 속성값을 가지는 `<input>` 태그를 통해 제출한 적이 있는 데이터들을 자동 완성 목록으로 제공합니다. 따라서 여러 웹사이트에서 동일한 양식에 대한 자동 완성을 제공하고 싶다면 데이터 종류에 따른 규격화된 `name` 속성을 제공해주는 것이 좋습니다. 이는 사용자가 웹 양식을 빠르게 작성할 수 있게 도울 수 있어 사용자 경험을 개선하는 데 도움이 됩니다.

- 자동 완성 예시

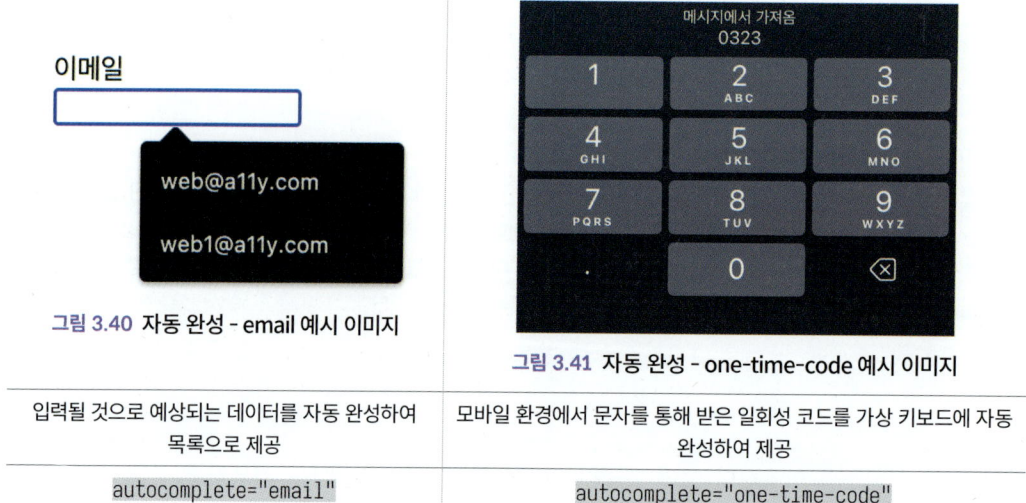

그림 3.40 자동 완성 - email 예시 이미지	그림 3.41 자동 완성 - one-time-code 예시 이미지
입력될 것으로 예상되는 데이터를 자동 완성하여 목록으로 제공	모바일 환경에서 문자를 통해 받은 일회성 코드를 가상 키보드에 자동 완성하여 제공
autocomplete="email"	autocomplete="one-time-code"

> **NOTE** autocomplete 속성 사용 시 주의해야 할 점
>
> autocomplete 속성에 대한 공식 문서를 보면 name값이 아닌 autocomplete 속성값에 따라 자동 완성을 제공해 주는 것처럼 표현되기도 하는데 디바이스, 브라우저 등 환경에 따라 autocomplete 속성값과 무관하게 name값에 의해 자동 완성이 제공되기도 합니다. 따라서 다른 사이트에서 제출한 양식을 자동 완성으로 제공하고 싶은 경우, 가능하다면 name과 autocomplete 속성값을 동일하게 규격화된 값으로 제공하는 것이 좋습니다.
>
> 추가로 name 속성이 없다면 id값을 통해 브라우저가 판단할 수도 있지만 id는 고유한 값을 가져야 하므로 name 속성으로 제공해주는 것이 좋습니다.

- 속성값[2]

종류	설명
off	보안 등의 문제로 입력 필드가 자동 완성 기능을 제공하지 않도록 지정합니다.
on	자동 완성 기능을 허용합니다. 브라우저가 name 또는 id 속성을 참고하여 자동 완성 가능한 데이터 목록을 표시합니다.
name	전체 이름에 대한 데이터값을 나타냅니다.
given-name	성을 제외한 이름에 대한 데이터값을 나타냅니다.
family-name	성에 대한 데이터값을 나타냅니다.
nickname	별명에 대한 데이터값을 나타냅니다.

---

2 https://developer.mozilla.org/en-US/docs/Web/HTML/Attributes/autocomplete

email	이메일 주소에 대한 데이터값을 나타냅니다.
username	사용자 이름에 대한 데이터값을 나타냅니다.
current-password	현재 비밀번호에 대한 데이터값을 나타냅니다.
one-time-code	인증을 위한 일회성 코드에 대한 데이터값을 나타냅니다.
country	국가 또는 지역 코드에 대한 데이터값을 나타냅니다.
bday	생년월일에 대한 데이터값을 나타냅니다.
bday-day	생년월일 중 일에 대한 데이터값을 나타냅니다.
bday-month	생년월일 중 월에 대한 데이터값을 나타냅니다.
bday-year	생년월일 중 년에 대한 데이터값을 나타냅니다.
tel	전화번호에 대한 데이터값을 나타냅니다.

● **inputmode**

모바일 환경에서 `<input>` 태그를 사용하는 경우 입력을 위해 브라우저별로 가상 키보드를 제공합니다. 모바일에서 우리가 사용하는 가상 키보드는 텍스트, 숫자, 이메일, 검색 등 각각에 최적화된 형식이 존재하는데, `<input>` 태그의 `inputmode` 속성을 통해 이를 제어할 수 있습니다. 앞에서 소개한 `type` 속성을 사용하면 알맞은 형식의 키보드가 자동으로 노출되지만 상황에 따라 입력받고자 하는 데이터와 `type` 속성이 일치하지 않는 경우에는 `inputmode` 속성을 제공해주는 것이 좋습니다.

- 사용자로부터는 숫자만 입력받지만 값에 숫자가 아닌 텍스트가 자동으로 포함되는 경우
  - 3자리마다 콤마(,) 추가
  - 끝에 단위(원) 추가

```html
<label>
  금액
  <input
    type="text"
    inputMode="numeric"
    placeholder="숫자만 입력해주세요."
    value="1,000,000원"
  />
</label>
```

> **NOTE** inputmode 속성을 사용하면 좋은 점
>
> `inputmode` 속성을 사용하면 사용자가 입력해야 하는 데이터 형식에 맞는 가상 키보드가 제공되기 때문에 사용자가 키보드 탭을 수동으로 전환할 필요가 없으므로 긍정적인 사용자 경험을 제공합니다.

종류	설명	예시 이미지(iOS 기준)
inputmode="text"	사용자의 locale 환경에 따른 텍스트 키보드를 제공합니다.	 그림 3.42 inputmode="text" 예시 이미지
inputmode="decimal"	숫자 입력에 최적화된 키보드를 제공합니다. 사용자의 locale 환경에 따른 소수 구분 기호(. 또는 ,)를 포함합니다. 디바이스 환경에 따라 (-) 키가 포함되는 경우도 있습니다.	 그림 3.43 inputmode="decimal" 예시 이미지
inputmode="numeric"	숫자 입력에 최적화된 키보드를 제공합니다. 0~9의 숫자만 제공되며 디바이스 환경에 따라 (-) 키가 포함되는 경우도 있습니다.	 그림 3.44 inputmode="numeric" 예시 이미지

종류	설명	예시 이미지(iOS 기준)
inputmode="tel"	전화번호 입력에 최적화된 키보드를 제공합니다. 0~9의 숫자를 포함해 * 및 # 키를 포함합니다.	 그림 3.45 inputmode="tel" 예시 이미지
inputmode="search"	검색에 최적화된 키보드를 제공합니다. 디바이스 환경에 따라 검색 레이블의 제출 버튼을 제공하는 경우도 있습니다.	 그림 3.46 inputmode="search" 예시 이미지
inputmode="email"	이메일 주소 입력에 최적화된 키보드를 제공합니다. 일반적으로 @ 키를 포함합니다.	 그림 3.47 inputmode="email" 예시 이미지

종류	설명	예시 이미지(iOS 기준)
inputmode="url"	URL 입력에 최적화된 키보드를 제공합니다. 일반적으로 / 키를 포함합니다.	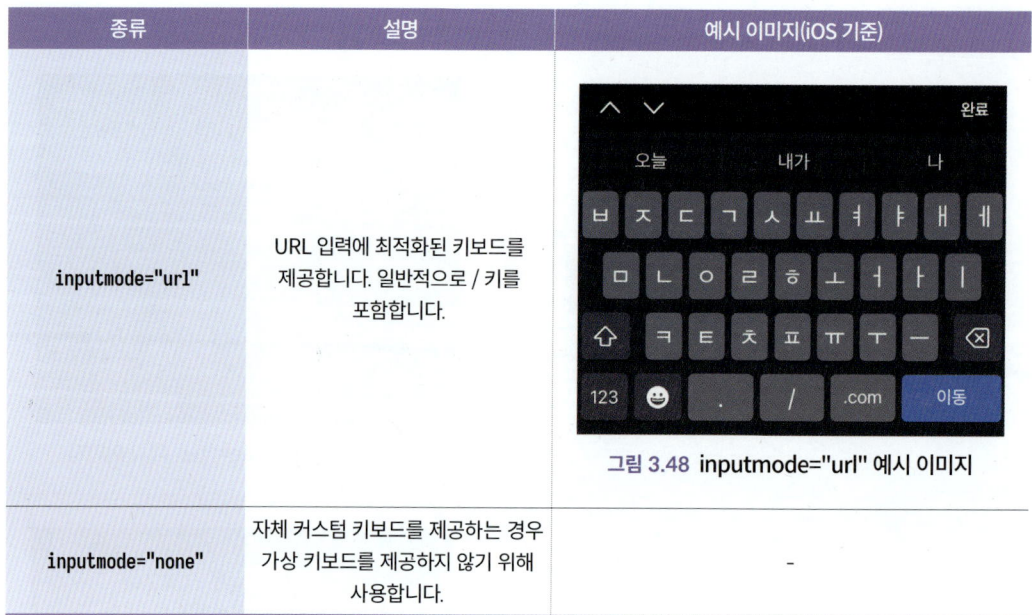 그림 3.48 inputmode="url" 예시 이미지
inputmode="none"	자체 커스텀 키보드를 제공하는 경우 가상 키보드를 제공하지 않기 위해 사용합니다.	-

● label

`<label>` 태그는 UI 요소에 대한 캡션(제목 또는 설명)을 제공하기 위해 사용합니다. 특히 `<input>`, `<select>`, `<textarea>`와 같은 양식 입력 필드와 연결하여 사용하면 다음과 같은 기능을 제공합니다.

- `<label>` 태그를 통해 텍스트를 제공하면 입력 필드에 어떤 값을 입력해야 하는지 시각적으로 인지하기 쉽습니다. 또한 스크린 리더 사용자들도 입력 필드에 초점을 이동한 경우 입력 필드와 레이블 텍스트를 함께 안내받아 입력해야 하는 값을 더 쉽게 인지할 수 있습니다.
- 사용자가 레이블을 클릭했을 때 연결된 입력 필드로 포커스가 이동됩니다. 이는 기능적인 편의성을 제공함과 동시에 입력 필드의 터치 영역을 크게 하는 효과를 통해 입력 필드를 활성화하려는 모든 사용자에게 긍정적인 사용자 경험을 제공합니다.

양식 입력 필드를 제공할 때 레이블 제공은 접근성 권장사항입니다. 대부분의 경우 `<label>` 태그를 통해 레이블을 제공하지만 불가피한 경우 `aria-label`과 같은 `aria` 속성을 통해서라도 레이블을 제공해주어야 합니다.

(참고: 레이블 제공 관련 w3c 문서 - https://www.w3.org/WAI/tutorials/forms/labels/)

> **NOTE** **레이블을 제공하면 좋은 점**
>
> 레이블을 제공하면 입력 필드의 터치영역을 크게 하는 효과를 볼 수 있습니다. WCAG 2.2에서는 몇 가지 예외사항을 제외하고는 포인터 입력(마우스, 펜, 터치 등) 대상의 크기를 최소 24px×24px 로 제공할 것을 권장하고 있습니다.
>
> **참고**
> 포인터 입력 대상 사이즈 관련 w3c 문서: https://www.w3.org/WAI/WCAG22/Understanding/target-size-minimum.html

`<label>` 태그를 양식 컨트롤 태그와 연결하는 방법에는 암묵적 레이블링implicit labeling과 명시적 레이블링explicit labeling의 2가지 방법이 있습니다.

- 암묵적 레이블링: `<label>` 태그 내부에 양식 컨트롤 태그를 중첩하여 사용합니다.

```html
<label>
  아이디 입력
  <input type="text" />
</label>
```

- 명시적 레이블링: `<label>` 태그의 `for`(react의 경우 `htmlFor`) 속성값으로 연결하고자 하는 컨트롤 태그의 `id`값을 참조합니다.

```html
<label htmlFor="user-id">
  아이디 입력
</label>
<input type="text" id="user-id" />
```

> **NOTE** **암묵적 레이블링 vs 명시적 레이블링**
>
> `<label>`을 `<input>`과 명시적으로 연결하면 브라우저와 보조기술이 안정적으로 레이블을 인식할 수 있습니다. 반면, 암묵적 레이블링은 일부 스크린 리더에서 일관되게 인식되지 않을 수 있습니다. 하지만 이 구조가 필요한 경우, `<input>`에 `id`를 지정하고 `<label for="id값">`을 사용하면 안정적으로 인식되도록 보완할 수 있습니다.
>
> 따라서 명시적 레이블링을 우선적으로 사용하되, 코드 구조상 암묵적 레이블링이 필요한 경우에는 id-for 연결을 활용해 접근성을 보완하는 것이 좋습니다(참고: https://www.tpgi.com/should-form-labels-be-wrapped-or-separate/).

> **NOTE** **`<label>` 태그 사용 시 주의해야 할 점**
>
> `<label>` 태그와 연결된 태그를 제외한 `<button>`이나 `<a>`와 같은 대화형 콘텐츠를 `<label>` 태그 내부에 사용해서는 안 됩니다. `<label>` 태그 클릭 시 연결된 태그가 활성화되는 동작을 수행하는데, 이외의 동작이 수행되면 사용자는 혼란을 겪을 수 있습니다.

● select

`<select>` 태그는 옵션값을 선택하기 위한 옵션 메뉴를 제공하는 목적으로 사용합니다. 옵션 메뉴 내에서 선택 가능한 각 옵션 항목은 `<option>` 태그를 사용하여 정의합니다. 사용자가 선택한 옵션을 시각적으로 나타내기 위해서 `<option>` 태그의 `selected` 속성을 추가할 수 있습니다. 이를 통해 선택된 옵션은 시각적으로 강조 표시될 뿐만 아니라 스크린 리더 사용자에게도 선택 여부가 음성으로 전달됩니다.

`<select>` 태그는 기본적으로 하나의 옵션을 선택할 수 있는 드롭다운 메뉴를 제공합니다. 만약 여러 옵션을 선택해야 하는 경우 `multiple` 속성을 추가하면 스크롤 가능한 목록 상자 형태로도 제공할 수 있습니다. `<select>` 태그를 사용하면 브라우저가 옵션 선택과 같은 기본적인 상호작용 기능을 제공하기 때문에 별도의 처리 없이도 스크린 리더나 키보드 사용자들에게 편리한 사용자 경험을 제공할 수 있습니다.

속성	설명
name	다른 `<select>` 태그와 구별할 수 있는 고유한 이름을 지정합니다.
required	빈 문자열이 아닌 옵션값을 필수로 선택해야 하는지 여부를 지정합니다.
multiple	여러 옵션값을 선택할 수 있는지 여부를 지정합니다. 속성값이 `false`이거나 지정되지 않은 경우 드롭다운 메뉴로 노출되며, `true`인 경우 스크롤 가능한 목록 상자로 노출됩니다. 여러 옵션값이 선택된 경우 선택된 모든 `<option>` 태그에 `selected` 속성을 추가해야 합니다.
size	한 번에 표시될 옵션 항목의 개수를 지정합니다. `multiple="false"`인 경우 기본값은 1이며, `multiple="true"`인 경우 기본값은 4입니다. `multiple` 속성이 지정되지 않은 경우라도 `size`값이 1보다 큰 경우에는 드롭다운 메뉴가 아닌 스크롤 가능한 목록 상자로 노출됩니다.

각 종류에 해당하는 예시 이미지와 스크린 리더 음성은 맥북의 Chrome 환경에서 보이스 오버를 실행하여 테스트를 진행한 결과입니다. `size` 속성의 경우 브라우저 환경에 따라 4 이상의 값만 동작하는 경우가 있습니다. 실제 운영하는 서비스에 적용하는 경우 별도의 테스트를 거칠 것을 권장합니다.

- **<select>**

multiple 속성이 없거나 false이면 드롭다운 메뉴 팝업 버튼이 노출됩니다.

```
<label htmlFor="select-color">좋아하는 색상을 선택하세요</label>
<select id="select-color" name="color">
  <option value="red" selected>빨간색</option>
  <option value="orange">주황색</option>
  <option value="yellow">노란색</option>
  <option value="green">초록색</option>
  <option value="blue">파란색</option>
  <option value="navy">남색</option>
  <option value="purple">보라색</option>
</select>
```

- **스크린 리더** 빨간색, 좋아하는 색상을 선택하세요, 메뉴 팝업 축소됨, 버튼

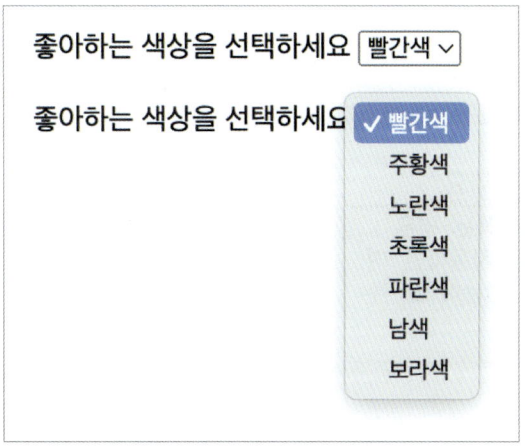

그림 3.49 <select> 예시 이미지

- **<select multiple>**

multiple 속성값이 true이면 스크롤 목록 상자가 노출됩니다.

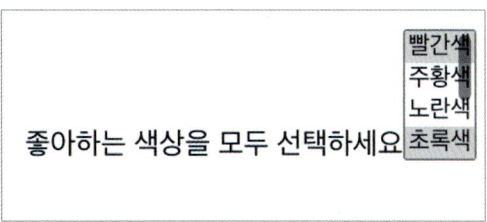

그림 3.50 <select multiple> 예시 이미지

```html
<label htmlFor="select-multiple-color">좋아하는 색상을 모두 선택하세요</label>
<select id="select-multiple-color" name="multiple-color" multiple>
  <option value="red" selected>빨간색</option>
  <option value="orange">주황색</option>
  <option value="yellow">노란색</option>
  <option value="green" selected>초록색</option>
  <option value="blue">파란색</option>
  <option value="navy">남색</option>
  <option value="purple">보라색</option>
</select>
```

● **textarea**

`<textarea>` 태그는 사용자로부터 데이터를 입력받기 위한 입력 필드를 만들기 위해 사용합니다. 기능적으로 `<input type="text" />`와 유사하지만, `<input>` 태그와 달리 여러 줄로 편집이 가능하여 자유로운 형식의 긴 피드백이나 리뷰를 받을 때 사용자가 입력한 내용을 한번에 볼 수 있어 긍정적인 사용자 경험을 제공할 수 있습니다.

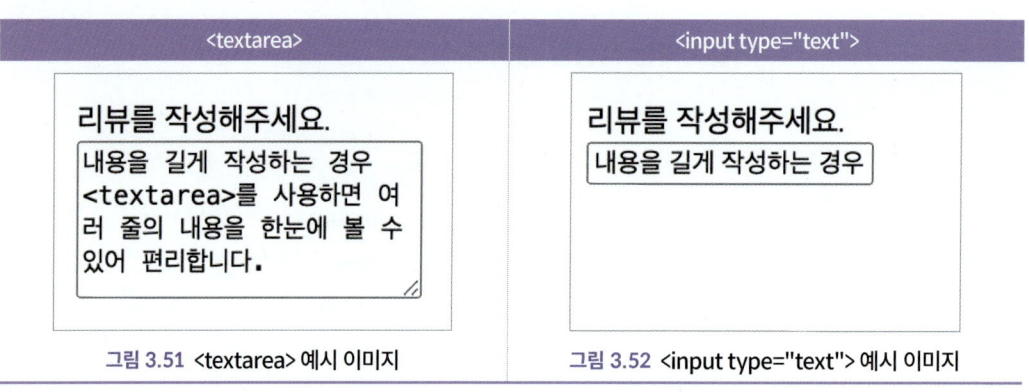

그림 3.51 `<textarea>` 예시 이미지   그림 3.52 `<input type="text">` 예시 이미지

- `<input>` 태그와 동일하게 `<textarea>` 태그도 사용자에게 어떤 값을 입력해야 하는지 안내하기 위해 `<label>` 태그를 제공하는 것이 좋습니다. 또한 `<label>`만으로 충분한 설명을 제공하기 어려운 경우 `placeholder` 속성을 사용할 수 있습니다. `placeholder`는 입력 필드에 입력된 값이 없을 때 표시되며, 사용자가 입력해야 할 데이터에 대한 간략한 힌트를 제공할 수 있습니다.
- `<textarea>` 태그는 보통 여러 줄의 텍스트를 입력해야 하는 경우에 사용합니다. 따라서 입력 필드의 크기를 예상되는 입력 데이터 양에 따라 적절히 조절하는 것이 좋습니다. 입력 필드가 처음 화면에 나타날 때 차지하는 크기는 `rows`와 `cols` 속성을 통해 지정할 수 있습니다.
  - `rows` 속성은 양의 정수 형태로 지정할 수 있으며, 입력 필드는 지정된 값만큼의 텍스트 줄

을 채울 수 있는 높이를 차지합니다. 예를 들어 `rows="3"`을 지정하면 입력 필드는 텍스트 3 줄을 노출할 만큼의 초기 높이값을 가지며, 3줄을 넘어가는 경우 자동으로 스크롤을 제공합니다.

- `cols` 속성은 양의 정수 형태로 지정할 수 있으며, 입력 필드는 지정된 값만큼의 텍스트를 채울 수 있는 너비를 차지합니다. 예를 들어 `cols="15"`을 지정하면 입력 필드는 텍스트 15 글자를 줄바꿈 없이 노출할 수 있을 만큼의 초기 너비값을 가집니다.

- `rows`, `cols` 속성을 통해 표시되는 입력 필드의 크기는 폰트의 종류와 크기에 따라 달라집니다. 또한 입력한 글자의 종류에 따라 정확히 입력한 숫자만큼 노출되는 것은 아닙니다. 보통 `<textarea>` 태그에 지정된 폰트 종류와 크기에 맞는 영어 알파벳들의 평균치로 크기가 표시됩니다. 폰트에 관계없이 항상 동일한 크기로 노출시키고 싶은 경우에는 CSS를 통해 스타일로 크기를 조절해야 합니다.

- `minlength`, `maxlength` 속성을 통해 사용자가 입력할 수 있는 최소/최대 입력 길이(UTF-16 코드 단위 기준)를 제한할 수 있습니다. `maxlength` 속성이 지정되면 입력 자체가 속성값보다 길게 입력되지 않으며, `minlength`보다 짧게 입력하면 제출 시 유효성 검사를 통해 `minlength`보다 길게 입력할 것을 안내합니다. 주의할 점은 `minlength` 속성이 지정되어 있더라도 아무 입력도 없는 빈 값으로 양식을 제출할 때는 유효성 검사를 진행하지 않습니다. 따라서 `<textarea>` 태그에 빈 값이 아닌 값을 반드시 입력해야 하는 경우라면 `required` 속성을 제공해야 합니다.

> **NOTE** **required 속성 자세히 알아보기**
>
> `required` 속성은 `<textarea>` 태그뿐만 아니라 대부분의 양식 컨트롤 요소에서 지원하는 속성입니다. 필수로 값을 입력해야 하는 요소에 사용하며 양식 제출 시 `required` 속성이 지정된 요소에 값이 비어 있다면 브라우저가 자동으로 오류메시지를 제공함과 동시에 해당 영역으로 초점이 이동합니다. 이는 사용자가 어떤 필드를 누락한 것인지 즉시 파악하고 수정할 수 있도록 돕습니다. 또한 스크린 리더 사용자들도 초점이 이동하며 오류메시지를 바로 안내받을 수 있기 때문에 양식 제출에 실패했음을 인지할 수 있으며, 바로 재입력을 진행할 수 있어 모든 사용자에게 긍정적인 사용자 경험을 제공합니다.
>
> **required 속성을 지원하지 않는 양식 요소**
> - `<input>` 태그의 `type="range|color"`와 같이 이미 기본값을 가지는 유형
> - `<input>` 태그의 `type="submit|button|image|reset|hidden"`과 같이 사용자 입력과 무관한 유형

- `<textarea>` 태그에 지정된 크기를 넘겨서 텍스트를 입력하는 경우 스크롤이 자동으로 생성됩니다. 이때 사용자가 스크롤 없이 전체 내용을 볼 수 있도록 오른쪽 하단 모서리에 `<textarea>` 태그의 크기를 변경할 수 있는 드래그 핸들이 제공됩니다. 그러나 `<textarea>` 태그의 크기에

따라 주변 UI가 영향을 받을 수 있는 경우에는 CSS `resize: none` 속성을 통해 사용자가 크기를 변경할 수 없도록 할 수 있습니다.

● **fieldset, legend**

하나의 `<form>` 태그 내부에서는 입력할 데이터의 성격에 따라 입력 필드를 구분하여 나타내고 싶은 경우가 있습니다. 예를 들어 상품을 구매할 때 그림 3.53과 같은 양식을 자주 볼 수 있는데, '이름'과 '전화번호'를 입력하는 필드가 동일하게 반복된다면 성격에 따라 각 영역을 나누어놓는 것이 가독성을 높이고 사용자가 더 쉽게 입력할 수 있도록 도와줍니다.

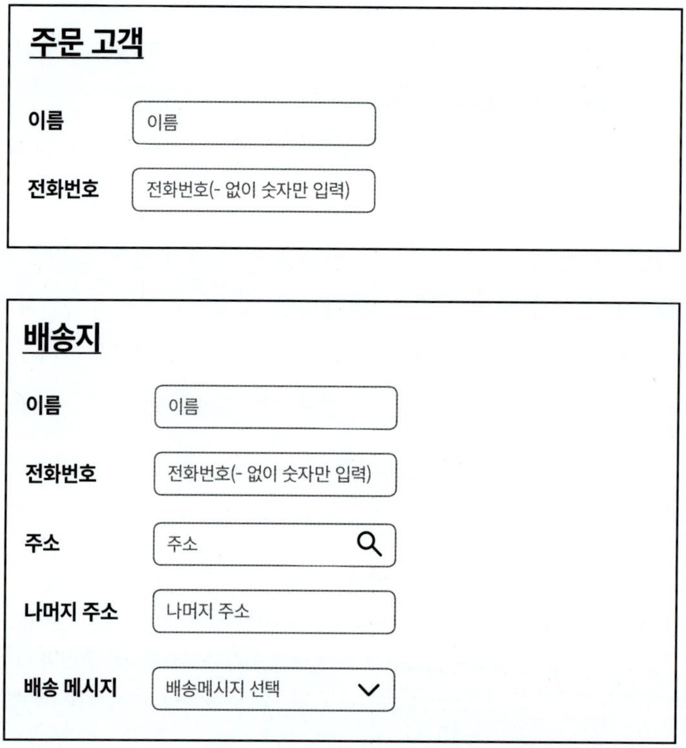

그림 3.53 `<fieldset>`, `<legend>` 예시 이미지

```
<form>
  <fieldset>
    <legend>주문 고객</legend>
    <label htmlFor="orderer-name">이름</label>
    <input id="orderer-name" type="text" placeholder="이름" />
    <label htmlFor="orderer-tel">전화번호</label>
    <input id="orderer-tel" type="tel" placeholder="전화번호(-없이 숫자만 입력)" />
```

```html
    </fieldset>
    <fieldset>
      <legend>배송지</legend>
      <label htmlFor="receiver-name">이름</label>
      <input id="receiver-name" type="text" placeholder="이름" />
      <label htmlFor="receiver-tel">전화번호</label>
      <input id="receiver-tel" type="tel" placeholder="전화번호(-없이 숫자만 입력)" />
      <label htmlFor="receiver-address">주소</label>
      <input id="receiver-address" type="text" placeholder="주소" readOnly />
      <button type="button" aria-label="주소 찾기">
        <img src="search.png" alt="" />
      </button>
      <label htmlFor="delivery-message">배송 메시지</label>
      <select id="delivery-message">
        <option value="">배송 메시지 선택</option>
        <option value="부재 시 문 앞에 놓아주세요.">
          부재 시 문 앞에 놓아주세요.
        </option>
        <option value="부재 시 경비실에 맡겨주세요.">
          부재 시 경비실에 맡겨주세요.
        </option>
        <option value="직접 입력">직접 입력</option>
      </select>
    </fieldset>
</form>
```

- 그림 3.54와 같이 `<form>` 태그 내부에서 영역을 구분해주는 역할을 하는 태그로 `<fieldset>`을 사용합니다. `<fieldset>` 태그로 구분된 영역의 캡션(제목 또는 설명)을 제공하기 위한 태그로는 `<legend>`를 사용합니다. `<fieldset>` 태그 내부에서 사용된 첫 번째 `<legend>` 태그만 캡션으로 제공되기 때문에 하나의 `<fieldset>` 태그 내부에는 하나의 `<legend>` 태그만 사용하는 것이 좋습니다. `<fieldset>` 태그를 사용하면 기본적으로 그림 3.54와 같이 테두리를 제공합니다. 추가로 `<legend>` 태그를 사용하면 그림 3.55와 같이 `<fieldset>` 태그에 의해 그려진 테두리 위에 `<legend>` 태그가 노출됩니다. `<fieldset>` 태그 내부 콘텐츠로 `<legend>` 태그가 필수 요소는 아니지만, `<legend>` 태그를 제공하면 시각적으로 레이블을 인식할 수 없는 스크린 리더 사용자들이 `<fieldset>` 영역에 접근 시 레이블과 함께 그룹화된 영역임을 안내받을 수 있습니다. 따라서 `<fieldset>` 태그에 의해 그룹화된 영역을 설명하는 레이블 요소는 `<legend>` 태그로 제공하는 것이 좋습니다.

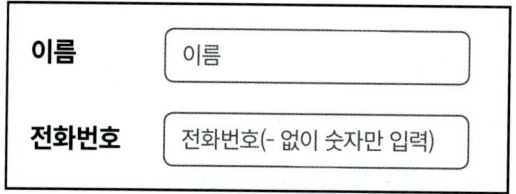

그림 3.54 <legend> 태그 미사용 예시 이미지

그림 3.55 <legend> 태그 사용 예시 이미지

- `<fieldset>` 태그에서도 다른 양식 컨트롤 요소들과 동일하게 `disabled` 속성을 제공하는데, 이를 통해 `<fieldset>` 태그에 의해 그룹화된 내부 컨트롤 요소들을 한 번에 `disabled`시킬 수 있습니다. 그러나 의미적인 그룹화가 아닌 `disabled` 기능을 사용하기 위한 `<fieldset>` 태그 사용은 지양해야 합니다. 이는 코드의 가독성을 떨어뜨릴 뿐만 아니라 스크린 리더 사용자들의 탐색에 방해가 될 수 있으므로, 의미적으로 그룹화가 필요한 영역에서만 `<fieldset>` 태그를 사용하는 것이 좋습니다.

✅ 올바르게 사용한 예시

```html
<form>
  <fieldset disabled>
    <legend>주문 고객</legend>
    <label htmlFor="orderer-name">이름</label>
    <input id="orderer-name" type="text" placeholder="이름" />
    <label htmlFor="orderer-tel">전화번호</label>
    <input id="orderer-tel" type="tel" placeholder="전화번호(-없이 숫자만 입력)" />
  </fieldset>
</form>
```

❌ 잘못 사용한 예시

```html
<form>
  <legend>배송지<legend>
    <fieldset disabled>
```

```html
      <label htmlFor="receiver-name">이름</label>
      <input id="receiver-name" type="text" placeholder="이름" />
      <label htmlFor="receiver-tel">전화번호</label>
      <input id="receiver-tel" type="tel" placeholder="전화번호(-없이 숫자만 입력)" />
    </fieldset>
    <label htmlFor="receiver-address">주소</label>
    <input id="receiver-address" type="text" placeholder="주소" readOnly />
    <button type="button" aria-label="주소 찾기">
      <img src="search.png" alt="" />
    </button>
    <label htmlFor="delivery-message">배송 메시지</label>
    <select id="delivery-message">
      <option value="">배송 메시지 선택</option>
      <option value="부재 시 문 앞에 놓아주세요.">
        부재 시 문 앞에 놓아주세요.
      </option>
      <option value="부재 시 경비실에 맡겨주세요.">
        부재 시 경비실에 맡겨주세.요
      </option>
      <option value="직접 입력">직접 입력</option>
    </select>
  </fieldset>
</form>
```

- 상황에 따라 `<fieldset>` 태그는 다음과 같이 중첩하여 사용할 수도 있습니다.

```html
<form>
  <fieldset>
    <legend>주문서 작성</legend>
    <fieldset>
      <legend>주문 고객</legend>
      <label htmlFor="orderer-name">이름</label>
      <input id="orderer-name" type="text" placeholder="이름" />
      <label htmlFor="orderer-tel">전화번호</label>
      <input id="orderer-tel" type="tel" placeholder="전화번호(-없이 숫자만 입력)" />
    </fieldset>
    <fieldset>
      <legend>배송지</legend>
      <label htmlFor="receiver-name">이름</label>
      <input for="receiver-name" type="text" placeholder="이름" />
       <label htmlFor="receiver-tel">전화번호</label>
      <input id="receiver-tel" type="tel" placeholder="전화번호(-없이 숫자만 입력)" />
      <label htmlFor="receiver-address">주소</label>
      <input id="receiver-address" type="text" placeholder="주소" readOnly />
      <button type="button" aria-label="주소 찾기">
        <img src="search.png" alt="" />
```

```
      </button>
      <label htmlFor="delivery-message">배송 메시지</label>
      <select id="delivery-message">
        <option value="">배송 메시지 선택</option>
        <option value="부재 시 문 앞에 놓아주세요.">
          부재 시 문 앞에 놓아주세요.
        </option>
        <option value="부재 시 경비실에 맡겨주세요.">
          부재 시 경비실에 맡겨주세요.
        </option>
        <option value="직접 입력">직접 입력</option>
      </select>
    </fieldset>
  </fieldset>
</form>
```

3.1.7 표

테이블은 행과 열로 구성할 수 있는 표 형식의 데이터 그룹을 나타냅니다. 테이블을 사용하면 방대한 양의 데이터를 요약하여 시각적으로 한눈에 표시할 수 있습니다. 장애가 없는 사용자들은 테이블을 통해 데이터 간 연관성을 쉽게 파악할 수 있어 데이터 분석에 큰 어려움을 느끼지 않습니다. 기본적으로 테이블의 특정 데이터를 해석할 때는 해당 데이터가 속한 행과 열, 그리고 해당 행과 열이 속해 있는 제목 셀을 통해 해석할 수 있습니다. 그렇다면 시각적으로 테이블의 구성을 인지할 수 없는 사용자들은 어떨까요?

우리가 표를 보는 것과 동일하게 테이블의 특정 데이터에 접근했을 때 해당 데이터가 속한 행과 열, 제목 셀을 스크린 리더를 통해 안내받을 수 있어야 합니다. 여기서는 테이블을 구성하는 시맨틱 태그를 이용하여 스크린 리더 사용자를 위해 제공해야 하는 접근성에 대해 자세히 살펴보겠습니다.

● **table**

테이블을 구성하는 여러 요소를 감싸는 컨테이너 역할의 HTML 요소를 나타내기 위해 `<table>` 태그를 사용합니다.

```
<table>
  {/* 행과 열로 구성된 테이블 데이터 */}
</table>
```

표의 내용과 구조에 대한 정보를 제공하기 위해서는 어떤 종류의 표인지를 구분할 수 있어야 합니다. 표에는 크게 데이터의 상관관계를 표현하는 데이터 테이블과 디자인적인 목적으로 사용하는 레이아웃 테이블이 있습니다. 개발자는 각 테이블의 특성을 이해하고, 적절한 마크업과 접근성 준수 방법을 사용하여 사용자에게 표의 내용과 구조에 대한 정보를 전달해야 합니다.

- **데이터 테이블**

데이터 테이블은 실제 데이터의 상관관계를 표 형태로 나타내기 위한 테이블입니다. 각 제목 셀이 여러 데이터 셀과 대응하면서 데이터의 구조를 명확하게 표현합니다. 보조기술이 여러 데이터 셀에 대응되는 제목 셀을 짝지어서 읽어줄 수 있도록 HTML의 `<th>`와 `<td>` 태그를 사용합니다.

제목	작성일	조회
시스템 점검 안내 (09/08(금) 00:30~05:00)	09/01	94
시스템 점검 안내 (11/02(목) 00:30~05:00)	10/26	51
시스템 점검 안내 (12/06(수) 00:30~05:00)	11/29	25

```html
<table>
  <thead>
    <tr>
      <th>제목</th>
      <th>작성일</th>
      <th>조회</th>
    </tr>
  </thead>
  <tbody>
    <tr>
      <th>시스템 점검 안내 (09/08(금) 00:30~05:00)</th>
      <td>09/01</td>
      <td>94</td>
    </tr>
    <tr>
      <th>시스템 점검 안내 (11/02(목) 00:30~05:00)</th>
      <td>10/26</td>
      <td>51</td>
    </tr>
    <tr>
      <th>시스템 점검 안내 (12/06(수) 00:30~05:00)</th>
      <td>11/29</td>
      <td>25</td>
    </tr>
  </tbody>
</table>
```

- **레이아웃 테이블**

레이아웃 테이블은 주로 표 형태의 레이아웃 배치를 위한 용도로 사용되며, 논리적인 정보를 전달하지 않습니다. 레이아웃 테이블은 시각적으로만 표 형태로 보이는 단순 디자인적인 배치에 사용되기 때문에, CSS를 사용하여 레이아웃을 구성하는 것이 바람직합니다. 만약 레이아웃 배치를 위한 용도에 `<table>` 태그를 사용한다면 스크린 리더와 같은 보조기술이 구조를 인식하기 어렵기 때문에 레이아웃 테이블을 시맨틱 태그로 제공하는 것은 최대한 지양해야 합니다.

만약 불가피하게 `<table>` 태그를 사용해 레이아웃 테이블을 제공해야 한다면 논리적인 정보의 구조를 전달하는 것은 목적에 부합하지 않으므로 `<caption>`, `<thead>`, `<th>`, `scope` 속성 등과 같은 요소를 사용하면 안 됩니다. 가능하면 이러한 상황을 피하고 CSS를 사용하여 레이아웃을 구성하는 것이 좋습니다.

사업자등록번호	123-12-1234
사업자명	궁금한 게 많은 오리
신청자명	김남경
전화번호	010-0000-0000

```html
<table>
  <tr>
    <td><strong>사업자등록번호</strong></td>
    <td>123-12-1234</td>
  </tr>
  <tr>
    <td><strong>사업자명</strong></td>
    <td>궁금한 게 많은 오리</td>
  </tr>
  <tr>
    <td><strong>신청자명</strong></td>
    <td>김남경</td>
  </tr>
  <tr>
    <td><strong>전화번호</strong></td>
    <td>010-0000-0000</td>
  </tr>
</table>
```

> **NOTE** 레이아웃 테이블 사용을 지양해야 하는 이유
>
> 테이블을 사용하면 행과 열을 가지는 격자 구조를 만들 수 있기 때문에 웹페이지에서 콘텐츠를 배치하기 위한 레이아웃 용도로 사용하는 경우가 있습니다. 이러한 방법은 시각적으로 격자 레이아웃을 만드는 데 효과가 있을 수 있지만, 의미 있는 마크업은 아닙니다. 레이아웃 용도로 테이블을 사용하면 불필요한 코드양이 많아지고 복잡한 레이아웃의 경우 유지 보수가 어려워집니다. 테이블을 레이아웃 용도로 사용하던 방식은 과거 CSS가 브라우저에서 널리 지원되지 않던 시절에 유용했던 방법이며, 현재는 HTML 표준에서도 레이아웃을 위한 테이블은 사용하지 말 것을 명시하고 있습니다. 따라서 테이블 구조는 표 형식의 데이터 그룹에만 사용해야 하며, 레이아웃 구조용으로는 '3.1.3 레이아웃' 절에서 소개한 시맨틱 태그를 사용해야 합니다.

그림 3.56 예시와 같은 표를 구성하기 위해 `<table>` 태그 내부에 필요한 태그들을 차례대로 살펴보겠습니다.

2025년 기말고사 성적

구분	이름	언어	수리	외국어	사회탐구	과학탐구
이과	민준	90	100	80	50	70
	서윤	80	50	100	40	90
	서준	100	100	70	30	80
문과	서연	100	70	90	80	50
	도윤	80	90	90	70	40
	지우	70	80	100	90	60

그림 3.56 2025년 기말고사 성적 표 예시

● **caption**

테이블의 캡션(제목 또는 설명)을 제공하기 위해 `<caption>` 태그를 사용합니다. 캡션의 위치는 기본적으로 위쪽에 배치되는데, CSS `caption-side` 속성을 통해 표를 기준으로 위쪽(`caption-side: top`) 또는 아래쪽(`caption-side: bottom`)에 배치할 수 있습니다.

```
<table>
  <caption>2025 기말고사 성적</caption>
  {/* 행과 열로 구성된 테이블 데이터 */}
</table>
```

● **thead, tbody, tfoot**

`<thead>`, `<tbody>`, `<tfoot>` 태그는 테이블의 구조를 정의하기 위해 사용합니다. 3가지 태그는 테

이블의 구조를 정의하여 코드의 가독성을 향상시켜주므로 개발 측면에서 유지 보수를 용이하게 도와줍니다. 또한 각 영역별로 서로 다른 스타일을 적용하고 싶은 경우 해당 태그를 통해 CSS 스타일을 적용할 수도 있습니다. 그러나 단순히 코드적인 구조화를 제외하고는 사용자에게 직접적인 도움을 주는 태그는 아닙니다. 브라우저마다 기본적으로 제공하는 스타일이 존재하거나, 스크린 리더 사용자에게 특별한 정보를 제공하지는 않습니다.

- `<thead>` 태그는 일반적으로 테이블의 첫 번째 행에 표시되는 머리글 영역을 감싸는 컨테이너로 사용합니다. 상황에 따라 선택적으로 사용 가능한 태그이며 테이블 내에서 한 번만 사용할 수 있습니다.
- `<tbody>` 태그는 `<thead>`와 `<tfoot>` 영역에 들어가지 않는 테이블 데이터 영역을 감싸는 컨테이너로 사용합니다. 상황에 따라 선택적으로 사용 가능한 태그이며, 서로 성격이 다른 행 영역을 그룹화하는 역할로 테이블 내에서 여러 번 사용할 수 있습니다.
- `<tfoot>` 태그는 일반적으로 테이블의 마지막 행에 표시되는 바닥글 영역을 감싸는 컨테이너로 사용합니다. 상황에 따라 선택적으로 사용 가능한 태그이며 테이블 내에서 한 번만 사용할 수 있습니다.

> **NOTE** `<tbody>` 태그 사용 시 주의해야 할 점
>
> `<tbody>` 태그는 HTML 문서에서 코드로 작성하지 않아도 브라우저에 의해 자동으로 추가됩니다.
>
> 그러나 react의 경우 `<tbody>` 태그를 코드로 직접 작성해주는 것이 좋습니다. react의 경우 렌더링 이전 가상의 화면 구조와 업데이트 이후 화면 구조를 비교하여 차이가 발생하는 부분을 실제 DOM에 적용합니다. 이때 렌더링 이전의 내용에는 `<tbody>` 태그가 없는데, 업데이트 이후 화면에는 브라우저가 자동으로 추가한 `<tbody>` 태그가 생겨 react가 예상한 결과와 다르게 동작하여 오류가 생길 가능성이 있습니다.

```
<table>
  <caption>2023 기말고사 성적</caption>
  <thead>
    {/* 테이블의 첫 번째 행에 표시되는 제목 셀 영역 */}
  </thead>
  <tbody>
    {/* 행과 열로 구성된 테이블 데이터 */}
  </tbody>
</table>
```

● tr

`<tr>` 태그는 테이블의 행을 나타내는 데 사용합니다. 하나의 `<tr>` 태그에 포함되는 요소들이 테이블에서 하나의 행으로 동작하며, 테이블의 모든 셀은 `<tr>` 태그의 자식 요소로 배치되어야 합니다. `<tr>` 태그로 각 행을 구분해주면 코드적으로도 가독성이 좋아져 테이블 구조 파악에 도움이 되고, 스크린 리더 사용자들은 `<tr>` 태그를 통해 현재 탐색하고 있는 셀이 몇 번째 행에 속해 있는 셀인지 안내받을 수 있습니다.

```
<table>
  <caption>2023 기말고사 성적</caption>
  <thead>
    <tr>{/* 1번째 행 */}</tr>
  </thead>
  <tbody>
    <tr>{/* 2번째 행 */}</tr>
    <tr>{/* 3번째 행 */}</tr>
    <tr>{/* 4번째 행 */}</tr>
    <tr>{/* 5번째 행 */}</tr>
    <tr>{/* 6번째 행 */}</tr>
    <tr>{/* 7번째 행 */}</tr>
  </tbody>
</table>
```

● th, td

테이블에서 일반적인 하나의 셀을 나타낼 때는 `<td>` 태그를 사용합니다. 셀 중에서도 행이나 열의 시작 부분에서 해당 행이나 열에 포함된 데이터들을 정의하는 제목 셀을 나타낼 때는 `<th>` 태그를 사용해야 합니다.

- `<th>` 태그를 사용하면 우선 시각적으로 굵은 텍스트로 표시되며, 일반적인 데이터 셀을 나타내는 `<td>` 태그와 구분되어 `<th>` 태그에 별도의 CSS로 스타일을 추가하기 용이해집니다. 또한 스크린 리더는 `<th>` 태그를 통해 제목 셀을 식별하여 스크린 리더 사용자에게 특정 데이터 셀의 행과 열에 명시된 제목 셀을 안내할 수 있습니다.

- `<th>` 태그가 행에 대한 제목인지 열에 대한 제목인지를 명확히 이해하기 위해서는 `scope` 속성을 사용합니다. 기본적으로 `<th>` 태그는 `scope="auto"`로 속성이 설정되어 있어 브라우저에 의해 자동으로 행 또는 열 중 어떤 것에 대한 제목인지 판단합니다. 하지만 복잡한 표의 경우 개발자가 명시적으로 `scope` 속성을 명시하여 스크린 리더에 정확한 정보를 제공하는 것이 좋습니다.

- **scope="row"**: `<th>` 태그가 행에 대한 제목 셀임을 명시합니다.
- **scope="col"**: `<th>` 태그가 열에 대한 제목 셀임을 명시합니다.
- **scope="rowgroup"**: `<th>` 태그가 여러 행에 걸친 제목 셀임을 명시합니다.
- **scope="colgroup"**: `<th>` 태그가 여러 열에 걸친 제목 셀임을 명시합니다.

테이블의 특정 셀이 여러 행 또는 여러 열과 병합되어 표시되어야 하는 경우도 있습니다. 이러한 경우 `rowspan`, `colspan` 속성을 통해 병합된 셀의 개수를 숫자로 명시합니다. 이 속성을 사용하면 명시된 값만큼의 셀이 시각적으로 병합되어 화면에 표시됩니다. 스크린 리더 사용자들도 몇 행 또는 몇 열에 걸친 셀인지 알 수 있어 표의 구조를 명확하게 이해하는 데 유용합니다. 이는 `<td>`, `<th>` 태그에서 모두 사용할 수 있습니다.

- `rowspan`: 해당 셀을 기준으로 숫자값만큼의 행을 병합합니다.
- `colspan`: 해당 셀을 기준으로 숫자값만큼의 열을 병합합니다.

```html
<table>
  <caption>2025 기말고사 성적</caption>
  <thead>
    <tr>
      <th scope="col">구분</th>
      <th scope="col">이름</th>
      <th scope="col">언어</th>
      <th scope="col">수리</th>
      <th scope="col">외국어</th>
      <th scope="col">사회탐구</th>
      <th scope="col">과학탐구</th>
    </tr>
  </thead>
  <tbody>
    <tr>
      <th rowSpan="3" scope="rowgroup">
        이과
      </th>
      <th scope="row">민준</th>
      <td>90</td>
      <td>100</td>
      <td>80</td>
      <td>50</td>
      <td>70</td>
    </tr>
    <tr>
      <th scope="row">서윤</th>
```

```html
            <td>80</td>
            <td>50</td>
            <td>100</td>
            <td>40</td>
            <td>90</td>
        </tr>
        <tr>
            <th scope="row">서준</th>
            <td>100</td>
            <td>100</td>
            <td>70</td>
            <td>30</td>
            <td>80</td>
        </tr>
        <tr>
            <th rowSpan="3" scope="rowgroup">
                문과
            </th>
            <th scope="row">서연</th>
            <td>100</td>
            <td>70</td>
            <td>90</td>
            <td>80</td>
            <td>50</td>
        </tr>
        <tr>
            <th scope="row">도윤</th>
            <td>80</td>
            <td>90</td>
            <td>90</td>
            <td>70</td>
            <td>40</td>
        </tr>
        <tr>
            <th scope="row">지우</th>
            <td>70</td>
            <td>80</td>
            <td>100</td>
            <td>90</td>
            <td>60</td>
        </tr>
    </tbody>
</table>
```

scope 속성을 사용하는 대신 id와 headers 속성을 사용하여 제목 셀과 데이터 셀 사이의 관계를 나타낼 수도 있습니다.

- 제목 셀을 나타내는 요소에 고유한 `id`를 부여하고 해당 제목 셀과 연관된 데이터 셀에 `headers` 속성으로 제목 셀의 `id`값을 참조합니다. 여러 제목 셀을 참조해야 하는 경우 공백으로 구분하여 `id`값을 나열합니다.

> **NOTE** 표의 접근성을 높이는 속성 선택: id, headers vs scope
>
> `id`와 `headers` 속성을 사용하면 제목 셀과 데이터 셀 사이의 연관성을 직접 명시해주기 때문에 아주 정확한 연관성을 제공할 수 있습니다. 그러나 `scope` 속성을 사용하는 방식에 비해 작성해야 하는 코드양이 많아지며, 개발자가 직접 하나씩 명시해주다 보면 잘못 연결할 가능성도 존재합니다. 일반적으로 표가 단순하고 구조가 간단한 경우에는 `scope` 속성만으로도 충분하게 정보를 전달할 수 있습니다.

```html
<table>
  <caption>2023 기말고사 성적</caption>
  <thead>
    <tr>
      <th id="type">구분</th>
      <th id="name">이름</th>
      <th id="korean">언어</th>
      <th id="math">수리</th>
      <th id="english">외국어</th>
      <th id="society">사회탐구</th>
      <th id="science">과학탐구</th>
    </tr>
  </thead>
  <tbody>
    <tr>
      <th id="type-science" rowSpan="3" headers="type">
        이과
      </th>
      <th id="minjun" headers="type-science name">
        민준
      </th>
      <td headers="type-science minjun korean">90</td>
      <td headers="type-science minjun math">100</td>
      <td headers="type-science minjun english">80</td>
      <td headers="type-science minjun society">50</td>
      <td headers="type-science minjun science">70</td>
    </tr>
    <tr>
      <th id="seoyun" headers="type-science name">
        서윤
      </th>
      <td headers="type-science seoyun korean">80</td>
      <td headers="type-science seoyun math">50</td>
      <td headers="type-science seoyun english">100</td>
```

```html
      <td headers="type-science seoyun society">40</td>
      <td headers="type-science seoyun science">90</td>
    </tr>
    <tr>
      <th id="seojun" headers="type-science name">
        서준
      </th>
      <td headers="type-science seojun korean">100</td>
      <td headers="type-science seojun math">100</td>
      <td headers="type-science seojun english">70</td>
      <td headers="type-science seojun society">30</td>
      <td headers="type-science seojun science">80</td>
    </tr>
    <tr>
      <th id="type-society" rowSpan="3" headers="type">
        문과
      </th>
      <th id="seoyeon" headers="type-society name">
        서연
      </th>
      <td headers="type-society seoyeon korean">100</td>
      <td headers="type-society seoyeon math">70</td>
      <td headers="type-society seoyeon english">90</td>
      <td headers="type-society seoyeon society">80</td>
      <td headers="type-society seoyeon science">50</td>
    </tr>
    <tr>
      <th id="doeyun" headers="type-society name">
        도윤
      </th>
      <td headers="type-society doeyun korean">80</td>
      <td headers="type-society doeyun math">90</td>
      <td headers="type-society doeyun english">90</td>
      <td headers="type-society doeyun society">70</td>
      <td headers="type-society doeyun science">40</td>
    </tr>
    <tr>
      <th id="ziwu" headers="type-society name">
        지우
      </th>
      <td headers="type-society ziwu korean">70</td>
      <td headers="type-society ziwu math">80</td>
      <td headers="type-society ziwu english">100</td>
      <td headers="type-society ziwu society">90</td>
      <td headers="type-society ziwu science">60</td>
    </tr>
  </tbody>
</table>
```

● col, colgroup

`<tr>` 태그를 이용하면 테이블에서 특정 행에 대한 스타일을 쉽게 적용할 수 있지만, 특정 열에 대한 스타일을 적용하려면 해당 열에 속한 셀인 `<td>`나 `<th>` 태그를 찾아 스타일을 적용해야 합니다. `<tr>` 태그처럼 특정 열에 대한 스타일을 한 번에 적용하는 데 사용할 수 있는 태그가 바로 `<col>` 태그입니다. `<col>` 태그를 사용하면 특정 열 또는 열 그룹에 대한 스타일을 한 번에 적용할 수 있습니다. `<col>` 태그는 반드시 `<colgroup>` 태그 내부 요소로 사용해야 하며, `<colgroup>` 태그는 테이블의 `<caption>` 태그와 테이블 데이터 사이에 위치해야 합니다.

2025년 기말고사 성적

구분	이름	언어	수리	외국어	사회탐구	과학탐구
이과	민준	90	100	80	50	70
	서윤	80	50	100	40	90
	서준	100	100	70	30	80
문과	서연	100	70	90	80	50
	도윤	80	90	90	70	40
	지우	70	80	100	90	60

그림 3.57 2025년 기말고사 성적 표 예시

그림 3.57과 같은 테이블에서 4번째 열에는 노란 배경색을, 6-7번째 열에는 빨간 배경색의 스타일을 적용해야 하는 경우 `<col>` 태그를 이용하면 쉽게 스타일을 적용할 수 있습니다. 그림 3.57 테이블에는 총 7개의 열이 존재하므로 `<col>` 태그를 7번 사용할 수도 있지만, `span` 속성을 활용하여 한 번에 여러 열을 정의하면 불필요한 코드 작성을 줄일 수 있습니다. `<col>` 태그에 적용되는 스타일은 해당 열에 아무 스타일도 없는 경우에만 적용되기 때문에 다른 스타일 규칙보다 항상 낮은 우선순위를 갖습니다. 따라서 해당 열에 포함되는 특정 셀에 별도의 스타일이 적용되어 있다면, 그 스타일이 항상 우선순위를 가집니다.

```
<table>
  <caption>2025 기말고사 성적</caption>
  <colgroup>
    <col span="3" />
    {/* 4번째 열 */}
    <col className="background-yellow" />
    <col />
    {/* 6~7번째 열 */}
```

```html
      <col span="2" className="background-red" />
    </colgroup>
    <thead>
      <tr>
        <th scope="col">구분</th>
        <th scope="col">이름</th>
        <th scope="col">언어</th>
        <th scope="col">수리</th>
        <th scope="col">외국어</th>
        <th scope="col">사회탐구</th>
        <th scope="col">과학탐구</th>
      </tr>
    </thead>
    <tbody>
      <tr>
        <th rowSpan="3" scope="rowgroup">
          이과
        </th>
        <th scope="row">민준</th>
        <td>90</td>
        <td>100</td>
        <td>80</td>
        <td>50</td>
        <td>70</td>
      </tr>
      <tr>
        <th scope="row">서윤</th>
        <td>80</td>
        <td>50</td>
        <td>100</td>
        <td>40</td>
        <td>90</td>
      </tr>
      <tr>
        <th scope="row">서준</th>
        <td>100</td>
        <td>100</td>
        <td>70</td>
        <td>30</td>
        <td>80</td>
      </tr>
      <tr>
        <th rowSpan="3” scope="rowgroup">
          문과
        </th>
        <th scope="row">서연</th>
        <td>100</td>
        <td>70</td>
```

```
        <td>90</td>
        <td>80</td>
        <td>50</td>
      </tr>
      <tr>
        <th scope="row">도윤</th>
        <td>80</td>
        <td>90</td>
        <td>90</td>
        <td>70</td>
        <td>40</td>
      </tr>
      <tr>
        <th scope="row">지우</th>
        <td>70</td>
        <td>80</td>
        <td>100</td>
        <td>90</td>
        <td>60</td>
      </tr>
    </tbody>
</table>
```

```
.background-yellow {
  background-color: #fbe6a2;
}

.background-red {
  background-color: #de9d9b;
}
```

3.1.8 대화형 요소

대화형 요소는 사용자와 상호작용을 하기 위해 설계된 요소입니다. 대표적으로 사용자 입력을 받을 수 있는 양식 컨트롤 요소, 클릭 가능한 링크나 버튼 등이 있습니다. 양식 컨트롤 요소에 대해서는 '3.1.6 양식' 절에서 이미 설명했으므로 여기서는 나머지 요소들에 대해 살펴보겠습니다.

● a

`<a>` 태그는 `href` 속성값을 기준으로 링크를 만드는 태그로, 기준이 되는 `href` 속성값이 있는 경우에만 대화형 요소로 동작합니다. `href` 속성이 없으면 `<a>` 태그는 초점도 받을 수 없고 클릭도 불가능한 의미 없는 태그로 변하게 됩니다. 스크린 리더 사용자들도 `href` 속성이 없으면 `<a>` 태그에

접근했을 때 '링크'라는 안내를 받을 수 없으므로 반드시 `href` 속성을 제공해야 합니다. `<a>` 태그는 `href` 속성값에 따라 페이지 이동, 전화 걸기, 이메일 보내기 등 다양한 기능으로 사용할 수 있습니다. 페이지 URL, 전화번호, 이메일 주소 등을 단순히 텍스트로 제공하기보다 `<a>` 태그를 통해 알맞은 기능까지 제공한다면 사용자의 수고를 덜어 사용자 경험을 개선하는 데 큰 도움이 될 수 있습니다.

> **NOTE** `<a>` 태그 사용 시 주의해야 할 점
>
> `<a>` 태그 내부 콘텐츠에는 링크 목적지에 대한 설명이 포함된 적절한 텍스트를 제공해야 합니다. 스크린 리더는 `<a>` 태그에 접근하면 링크로 읽어주기 때문에 '링크', '이동하기', '방문하기' 등의 대체 텍스트를 추가로 제공할 필요가 없습니다.

- **href 속성**

`href` 속성값으로 특정 웹페이지의 URL을 지정하면 해당 URL이 가리키는 웹페이지로 이동하는 링크 역할을 수행합니다.

- `href` 속성값으로 동일 페이지 내에 있는 특정 요소의 `id`값을 참조하면 해당 요소로 스크롤을 이동할 수 있습니다.

```html
<main>
  <nav>
    <a href="#korean">한식</a>
    <a href="#chinese">중식</a>
    <a href="#western">양식</a>
  </nav>
  <section>
    <h2 id="korean">한식</h2>
    {...}
  </section>
  <section>
    <h2 id="chinese">중식</h2>
    {...}
  </section>
  <section>
    <h2 id="western">양식</h2>
    {...}
  </section>
</main>
```

- **target**
  - `target` 속성을 추가하여 `<a>` 태그를 통해 이동하는 페이지를 표시할 위치를 지정할 수 있습니다.
    - `_self`: 현재 창에서 새로운 페이지를 표시합니다. `target` 속성이 생략되면 기본값인 `_self`로 지정됩니다.
    - `_blank`: 새 창(새 탭)에서 새로운 페이지를 표시합니다.

    ```
    <a href="https://www.w3.org/" target="_blank">
      W3C 홈페이지
    </a>
    ```

    - `_parent`: 현재 창의 부모 browsing context에 새로운 페이지를 표시합니다.
    - `_top`: 가장 최상위의 browsing context에 새로운 페이지를 표시합니다.

> **NOTE** **browsing context란**
> 브라우저가 Document(웹페이지)를 표시하는 환경을 뜻합니다. 예를 들어 `iframe`을 통해 웹페이지 내의 새로운 웹페이지를 띄웠을 때를 가정해봅시다. `iframe` 내에 있는 `<a>` 태그에 `target` 속성이 `_self`라면 `iframe`으로 띄워진 창 내에서 페이지가 이동되고, `target` 속성이 `parent`라면 `iframe`이 띄워진 현재 창에서 페이지가 이동됩니다.

- **tel**

전화번호와 같은 형식으로 전화번호를 입력하면 해당 번호로 전화를 걸 수 있습니다. 전화를 거는 동작은 디바이스에 따라 다르게 동작할 수 있습니다. 모바일의 경우 해당 번호로 바로 전화를 걸 수 있는 창이 노출되고, PC의 경우 운영체제에 맞는 전화를 걸 수 있는 프로그램(Mac의 경우 FaceTime)을 통해 전화를 걸 수 있는 창이 노출됩니다.

```
<a href="tel:1234-1234">고객센터 문의전화: 1234-1234</a>
```

- **mailto**

`href` 속성값에 `mailto:이메일주소`와 같은 형식으로 이메일 주소를 입력하면 사용자의 환경에 맞는 이메일 프로그램을 통해 해당 주소로 이메일을 보낼 수 있습니다.

```
<a href="mailto:web@a11y.com">이메일로 문의하기: web@a11y.com</a>
```

- **download 속성**

`href` 속성값에 다운받을 파일 경로를 지정하고 `download` 속성을 추가로 사용하면 지정된 파일을 다운로드하는 기능을 제공할 수 있습니다.

```
{/* 브라우저가 자동으로 다운로드되는 파일명을 지정 */}
<a href="/terms/policy.pdf" download>약관 내용 다운받기</a>
{/* 브라우저가 자동으로 다운로드되는 파일명을 지정 */}
<a href="/terms/policy.pdf" download="rename">약관 내용 다운받기</a>
```

● **button**

`<button>` 태그는 사용자가 마우스, 키보드, 터치 등을 이용해 활성화할 수 있으며, 활성화되었을 때 특정 기능을 수행하도록 하기 위해 사용합니다. `<button>` 태그를 사용하면 키보드 `Tab` 키로 초점을 받을 수 있으며, 초점이 있는 상태에서 `Space` 또는 `Enter` 키로 활성화할 수 있습니다. 또한 `<button>` 태그는 스크린 리더에 의해 '버튼'이라고 인식되기 때문에 스크린 리더 사용자는 해당 요소가 클릭 가능한 버튼이라는 것을 인지할 수 있습니다. 버튼은 사용자에게 특정 동작을 유도하거나 기능을 활성화할 수 있는 요소로 사용됩니다.

`<button>` 태그 내부 콘텐츠에는 버튼이 어떠한 기능을 하는지에 대한 설명이 포함된 적절한 텍스트를 제공해야 합니다. 종종 `<button>` 내부 콘텐츠를 이미지만으로 사용하는 경우가 있습니다. 이러한 경우 대체 텍스트를 제공하지 않는다면 시각적으로는 문제가 없지만 스크린 리더 사용자들은 그냥 버튼이라고만 안내받기 때문에 어떤 기능을 하는 버튼인지 인지할 수 없습니다. 스크린 리더가 `<button>` 태그에 접근하면 자동으로 버튼으로 읽어주기 때문에 대체 텍스트를 제공할 때는 '버튼'과 같은 텍스트를 중복으로 제공해서는 안 됩니다.

```
<button type="button">
  {/* img 태그의 alt값으로 대체 텍스트 제공 */}
  <img src="close.png" alt="닫기" />
</button>

<button type="button">
  <img src="close.png" alt="" />
  {/* 별도의 대체 텍스트 제공 */}
  <span className="visually-hidden">닫기</span>
</button>
```

```css
.visually-hidden {
  overflow: hidden;
  position: absolute;
  width: 1px;
  height: 1px;
  margin: -1px;
  padding: 0;
  border: 0;
  white-space: nowrap;
  clip-path: inset(50%);
}
```

위의 예시 외에 `aria` 속성을 통해서도 버튼의 기능에 대한 레이블을 제공할 수 있습니다. 자세한 내용은 '5.4.12 aria-label' 절에서 알아보도록 합니다.

> **NOTE** `<button>` 태그 사용 시 주의해야 할 점
>
> 손가락이 굵거나 손 떨림과 같은 장애가 있어 미세한 컨트롤에 어려움을 겪는 사용자들을 위해 버튼을 제공할 때는 터치 영역의 크기를 적당하게 제공하는 것이 좋습니다. WCAG 2.2에서는 몇 가지 예외사항을 제외하고는 포인터 입력(마우스, 펜, 터치 등) 대상의 크기를 최소 24px×24px로 제공할 것을 권장하고 있습니다.
>
>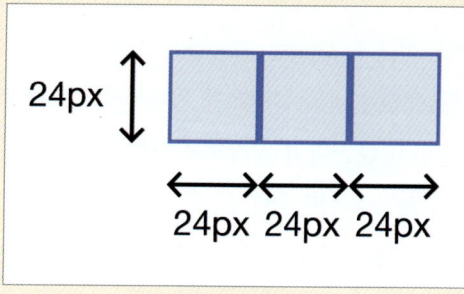
>
> 그림 3.58
>
> 참고: https://www.w3.org/WAI/WCAG22/Understanding/target-size-minimum.html

- **type**

`<button>` 태그는 `type` 속성을 통해 기본 동작 유형을 지정할 수 있습니다.

- `type="submit"`: 클릭 시 사용자로부터 입력받은 양식 데이터를 제출할 수 있는 기능을 제공합니다. 버튼에 `type` 속성이 생략되면 기본값인 `type="submit"`으로 동작합니다.

- `type="reset"`: 클릭 시 사용자로부터 입력받은 양식 데이터를 초깃값으로 설정하는 기능을 제공합니다.
- `type="button"`: 기본 동작이 없는 일반적인 버튼으로 `onclick`과 같은 자바스크립트 이벤트를 통해 기능을 제어할 수 있습니다.

> **NOTE** **type 속성 사용 시 주의해야 할 점**
>
> `type` 속성을 생략하면 기본값인 submit으로 동작하므로 일반적인 버튼을 사용하고자 할 때는 반드시 `<button type="button">`처럼 `type` 속성을 지정해주는 것이 좋습니다. 특히 양식(`<form>`) 내부에서 사용되는 버튼이라면 의도하지 않은 양식 제출 동작이 일어날 수 있습니다. 따라서 버튼이 어떤 동작을 수행하는지에 따라 의미를 고려하여 `type` 속성을 명시하는 습관을 들이는 것이 좋습니다.
>
> 참고: https://www.w3.org/WAI/WCAG22/Understanding/target-size-minimum.html

CHAPTER 4

웹 콘텐츠 접근성 지침

웹 접근성을 준수하려면 모든 사용자가 웹 콘텐츠에 쉽게 접근하고 활용할 수 있도록 하는 지침을 이해하고 실제로 구현해야 합니다. 대표적인 지침으로는 웹 콘텐츠 접근성 지침Web Contents Accessibility Guidelines, WCAG과 한국형 웹 콘텐츠 접근성 지침Korean Web Contents Accessibility Guidelines, KWCAG이 있습니다.

> **NOTE 웹 콘텐츠란**
> 웹을 통해 디지털 형식으로 제공되는 모든 종류의 정보를 의미합니다. 텍스트, 이미지, 오디오, 비디오, 링크, 양식 등이 웹 콘텐츠에 해당하며, 웹페이지의 전반적인 내용을 구성하는 모든 정보를 의미합니다.

4.1 WCAG

WCAG는 웹 표준을 개발하는 W3CWorld Wide Web Consortium의 WAIWeb Accessibility Initiative에 의해 제정된 국제 표준 웹 콘텐츠 접근성 지침입니다.[1] 현재(2024년 기준) 표준인 WCAG 2.2 기준으로 웹 콘텐츠의 접근성을 보장하기 위한 네 가지 원칙과 이를 기반으로 분류한 지침, 그리고 각 지침에 대해 테스트 가능한 성공 기준을 제공합니다.

---

1 https://www.w3.org/WAI/standards-guidelines/

4.1.1 원칙

WCAG의 원칙은 인식의 용이성perceivable, 운용의 용이성operable, 이해의 용이성understandable, 견고성robust으로 구성됩니다. 이 네 가지 원칙은 웹 접근성을 향상시키기 위한 핵심 원칙으로 장애인을 포함한 다양한 사용자가 웹 콘텐츠를 원활하게 이용할 수 있도록 보장하는 기본 규칙을 제시합니다.

4.1.2 지침

각 원칙에는 다양한 장애가 있는 사용자를 위한 접근성을 보장하기 위해 따라야 할 지침이 포함됩니다. 이 지침은 기획자, 디자이너, 개발자가 웹 콘텐츠를 설계하고 개발할 때 참고해야 할 기본 목표를 제시합니다. 각 지침은 원칙을 좀 더 구체적으로 설명하여 이해를 돕고, 실질적인 가이드라인을 제시하여 목표를 효과적으로 달성할 수 있도록 안내합니다.

4.1.3 성공 기준

각 지침에는 접근성 준수 여부를 평가할 수 있는 성공 기준[2]이 있으며, 성공 기준은 지침의 충족 수준에 따라 A, AA, AAA 세 가지 레벨로 구분됩니다.

레벨	설명
A	기본적인 최소 접근성 수준
AA	가장 일반적으로 권장되는 접근성 수준(* 법률 및 규정 요구사항을 준수하기 위해 달성 필요)
AAA	가장 높고 엄격한 접근성 수준(* Level AAA 성공 기준을 모두 충족하기에는 어려움이 있는 특정 유형의 콘텐츠가 존재할 수 있기 때문에 이를 일반적인 정책으로 설정하지 않는 것이 좋음)

성공 기준은 레벨이 높아질수록 요구사항이 더 엄격해집니다. 각 레벨은 부분적으로 충족하는 것이 아닙니다. Level A는 Level AA의 하위 집합이며 Level AA를 준수해야 한다는 것은 Level A와 Level AA의 지침 모두를 충족해야 함을 의미합니다.

---

[2] https://www.w3.org/WAI/WCAG22/Understanding/conformance#conformance-requirements

4.2 KWCAG

KWCAG은 WCAG를 기반으로 국내 웹 환경에 맞게 제정된 한국형 웹 콘텐츠 접근성 지침입니다. 2022년에 개정된 KWCAG 2.2는 현재 국가 표준으로 채택되었습니다. KWCAG 2.2에서는 4개의 원칙과 이를 준수하기 위한 14개의 지침, 그리고 지침 준수 여부를 확인하는 33개의 검사 항목을 규정하고 있습니다.

KWCAG는 지능정보화기본법, 장애인 차별금지 및 권리구제 등에 관한 법률에 의거해 웹 접근성을 의무적으로 준수하도록 하는 표준으로 활용됩니다. 이에 따라, 현재(2024년 기준) 국내에서는 KWCAG 2.1을 기준으로 웹사이트의 접근성 준수 여부를 평가하고 있습니다. 실제로 2023년 한국지능정보사회진흥원(KISA)에서 발표한 웹 접근성 실태조사[3]에서는 웹사이트 이용 빈도가 높은 8개 업종(도매·소매업, 숙박·음식점업, 정보통신업, 금융·보험업, 부동산업, 교육서비스업, 보건업·사회복지서비스업, 예술·스포츠·여가서비스업) 웹사이트 1,000개를 대상으로 웹 접근성을 조사하고 평가한 바 있습니다. 해당 보고서에 의하면 4개 원칙 중 인식의 용이성 준수율이 56.5%로 가장 낮게 평가되었으며, 해당 원칙의 지침 중 하나인 적절한 대체 텍스트 제공의 준수율은 21.3%로 절반 이하로 나타났습니다.

이러한 결과는 일부 개발자들이 KWCAG를 알지 못하거나 기술적인 어려움으로 인해 웹 접근성을 준수하지 못하는 경향이 있음을 예상할 수 있습니다. 따라서 KWCAG 원칙이 왜 중요한지 살펴보고, 각 원칙이 접근성을 준수하는 데 어떤 역할을 하는지 이해하는 것이 필요합니다. 이를 통해 개발자는 웹 접근성 기준을 좀 더 명확하게 파악하고, 실무에서 효과적으로 적용할 수 있습니다. 이제 KWCAG의 주요 내용을 살펴보고, 이를 바탕으로 웹 접근성을 쉽게 준수하는 방법을 알아보겠습니다.

4.2.1 인식의 용이성

인식의 용이성은 장애 유무 등에 상관없이 모든 사용자가 웹에서 제공하는 모든 콘텐츠를 동등하게 인식할 수 있도록 보장하는 것을 의미합니다. 이를 위해 대체 텍스트, 멀티미디어 대체 수단, 적응성, 명료성의 4가지 지침을 준수해야 합니다.

---

[3] https://www.nia.or.kr/site/nia_kor/ex/bbs/List.do?cbIdx=99873

● 인식의 용이성 검사 항목

지침(4개)	검사 항목(9개)
대체 텍스트	• **(적절한 대체 텍스트 제공)** 텍스트 아닌 콘텐츠는 그 의미나 용도를 인식할 수 있도록 대체 텍스트를 제공해야 한다.
멀티미디어 대체 수단	• **(자막 제공)** 멀티미디어 콘텐츠에는 자막, 대본 또는 수어를 제공해야 한다.
적응성	• **(표의 구성)** 표는 이해하기 쉽게 구성해야 한다. • **(콘텐츠의 선형 구조)** 콘텐츠는 논리적인 순서로 제공해야 한다. • **(명확한 지시 사항 제공)** 지시 사항은 모양, 크기, 위치, 방향, 색, 소리 등에 관계없이 인식할 수 있어야 한다.
명료성	• **(색에 무관한 콘텐츠 인식)** 콘텐츠는 색에 관계없이 인식할 수 있어야 한다. • **(자동 재생 금지)** 자동으로 소리가 재생되지 않아야 한다. • **(텍스트 콘텐츠의 명도 대비)** 텍스트 콘텐츠와 배경 간의 명도 대비는 4.5 대 1 이상이어야 한다. • **(콘텐츠 간의 구분)** 이웃한 콘텐츠는 구별할 수 있어야 한다.

● 대체 텍스트

• **[검사 항목 1. 적절한 대체 텍스트 제공]**

텍스트 아닌 콘텐츠는 그 의미나 용도를 인식할 수 있도록 대체 텍스트를 제공해야 한다.

이미지, 오디오, 비디오 등 텍스트 아닌 콘텐츠를 제공할 때, 해당 콘텐츠의 의미나 용도를 설명하는 적절한 대체 텍스트를 제공해야 합니다. 대체 텍스트를 제공할 때는 콘텐츠를 충분히 설명할 수 있는 주요 단어를 포함해 간결하고 명확하게 작성해야 합니다. 또한, 비장애인이 콘텐츠를 보면서 얻는 정보와 동일한 수준으로 제공해 정보의 차별이 없도록 해야 합니다.

▶ 기대 효과

• 시각장애인을 위한 웹 접근성 향상

대체 텍스트는 이미지나 동영상과 같은 시각적 콘텐츠를 이해하는 데 어려움을 겪는 사용자에게 큰 도움을 줍니다. 시각장애를 경험하는 사용자는 주로 스크린 리더를 활용해 웹페이지를 탐색합니다. 이때 이미지나 그래픽과 같은 시각적 콘텐츠에 적절한 대체 텍스트가 제공되면, 스크린 리더가 이를 음성으로 읽어줘 내용을 이해하는 데 도움을 줄 수 있습니다. 만약 대체 텍스트가 없다면 시각장애가 있는 사용자는 잘못된 정보를 얻거나 전혀 정보를 얻을 수 없습니다. 따라서 웹페이지에서 텍스트 아닌 콘텐츠를 사용할 때는 반드시 적절한 대체 텍스트를 제공하여 시각장애를 경험하는 사용자도 동등하게 정보에 접근할 수 있도록 해야 합니다.

- 시청각 중복 장애인을 위한 웹 접근성 향상

    청각장애를 동반한 시각장애가 있는 사용자는 시각적으로 콘텐츠를 볼 수 없을 뿐만 아니라 청각적으로도 소리를 들을 수 없습니다. 이들은 대체 텍스트를 점자로 변환하는 보조기술을 이용하여 콘텐츠를 이해합니다.

- 텍스트 아닌 콘텐츠의 검색 가능

    시각적 콘텐츠를 이해하기 어려운 사용자도 검색엔진을 이용하면 필요한 정보를 쉽게 찾을 수 있습니다. 검색엔진은 웹페이지를 탐색하면서 대체 텍스트를 수집한 후, 이를 바탕으로 사용자가 입력한 검색어와 관련된 정보를 검색 결과로 제공합니다. 따라서 텍스트 아닌 콘텐츠를 제공할 때는 검색엔진이 콘텐츠를 더 잘 이해할 수 있도록 간결하고 명확한 대체 텍스트를 제공해야 합니다. 이는 사용자가 원하는 정보를 빠르게 찾을 수 있도록 도와주며, 웹페이지가 검색 결과에서 상위에 노출될 가능성을 높여 더 많은 사용자가 웹페이지에 유입될 수 있습니다.

- 사용자 혼동 방지

    적절한 대체 텍스트는 사용자에게 충분한 정보를 제공하여 콘텐츠의 핵심 내용을 이해할 수 있도록 돕습니다. 이를 통해 사용자가 의도치 않게 잘못된 정보를 받아들이거나 콘텐츠를 오해하는 상황을 최소화할 수 있습니다.

▶ 유형

1. 구체적인 정보 제공하기

    이미지 링크, 이미지 버튼 등과 같이 용도가 명확한 요소에 대해서는 시각적으로 전달되는 핵심 정보를 포함해 사용자가 의미나 기능을 이해할 수 있는 수준으로 작성하는 것이 좋습니다. 이때, 대체 텍스트를 간결하게 제공하기 위해 핵심적인 정보를 생략하지 않도록 주의해야 합니다. 핵심적인 정보를 생략해버리면 정보의 부족으로 차별이 발생할 수 있어 주의해야 합니다.

> **NOTE** 만약 시각적으로 전달되는 핵심 정보 외에 부가적인 설명까지 포함해 대체 텍스트를 작성하면 어떻게 될까요?
>
> 사용자의 이해를 돕기 위해 대체 텍스트를 상세하게 작성하는 경우, 텍스트가 길어질 수 있으며 불필요한 내용이 포함될 가능성이 높습니다.
>
> 불필요하게 긴 대체 텍스트를 제공하면 시각장애가 있는 사용자는 정보를 이해하고 찾는 데 오랜 시간이 걸려 오히려 어려움을 겪을 수 있습니다. 시각적으로 정보를 처리하는 비장애인은 시각을 이용해 원하는 정보만 빠르게 확인할 수 있지만, 시각장애가 있는 사용자는 주로 스크린 리더의 음성을 통해 정보를 순차적으로 전달받습니다. 반면에 시각장애가 있는 사용자는 핵심 정보가 언제 들릴지 알 수 없어 대체 텍스트를 생략 없이 전부 들어야 합니다. 따라서 대체 텍스트를 작성할 때는 시각적으로 전달되는 핵심 정보를 중심으로 간결하고 명확하게 작성하는 것이 중요합니다.

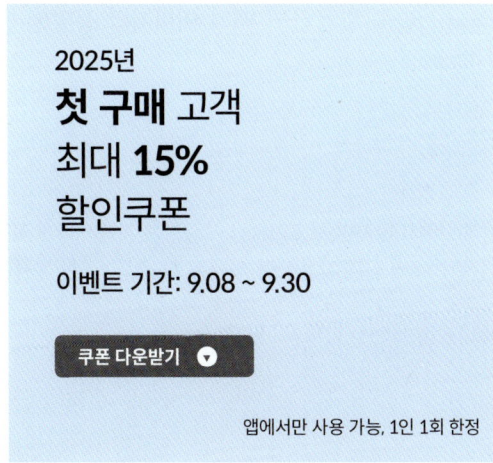

그림 4.1 이벤트 배너 이미지 예시

❌ 잘못 사용한 예시

```
<a target="_blank" href="/event">
  <img src="event.png" alt="첫 구매 고객 할인 쿠폰 배너" />
</a>
```

✅ 올바르게 사용한 예시

```
<a target="_blank" href="/event">
  <img
    src="event.png"
```

```
    alt="2025년 첫 구매 고객 최대 15% 할인쿠폰 이벤트 기간: 9월 08일~9월 30일
앱에서만 사용 가능, 1인 1회 한정 쿠폰 다운받기"
  />
</a>
```

2. 의미 있는 배경 이미지

의미가 있는 이미지는 `<img>` 태그의 `alt` 속성을 사용해 대체 텍스트를 제공하는 것이 좋습니다. 이렇게 하면 보조기술을 통해 이미지에 대한 설명을 사용자에게 전달할 수 있습니다. 하지만 불가피한 상황에 따라 의미 있는 이미지를 배경 이미지로 사용해야 하는 경우가 있습니다.

의미가 있는 배경 이미지를 제공할 때는 주로 CSS `background-image` 속성을 사용합니다. 이때, 보조기술이 의미 있는 배경 이미지에 해당하는 정보를 읽을 수 있도록 주의해야 합니다. 이를 위해 IR_{image replacement} 기법을 활용하여 배경 이미지와 동일한 의미를 갖는 대체 텍스트를 제공할 수 있습니다.

> **NOTE** **IR 기법이란**
>
> IR 기법이란 시각적으로 화면에 보이지 않지만 보조기술을 사용하는 사용자에게 적절한 대체 텍스트를 제공하기 위해 사용합니다. IR 기법은 주로 CSS와 함께 사용하며, 다음은 일반적인 구현 예시입니다.
>
> ```
> <span className="visually-hidden">이미지 설명</span>
> ```
>
> ```css
> .visually-hidden {
>   overflow: hidden;
>   position: absolute;
>   width: 1px;
>   height: 1px;
>   margin: -1px;
>   padding: 0;
>   border: 0;
>   white-space: nowrap;
>   clip-path: inset(50%);
> }
> ```

이와 같이 CSS 규칙을 정의한 후 요소에 `.visually-hidden` 클래스를 적용하면 해당 요소는 시각적으로 화면에 보이지 않지만 보조기술을 사용하는 사용자에게는 대체 텍스트로 제공됩니다. 이때 주의해야 할 점은 `display: none` 또는 `visibility: hidden`과 같은 속성을 사용해 요소를 시각적으로 숨기지 않아야 한다는 것입니다. 이런 속성을 사용하면 접근성 트리에서 요소가 완전히 제거되어 보조기술이 해당 요소를 인식할 수 없게 됩니다.

그림 4.2 의미가 있는 이미지 예시

❌ 잘못 사용한 예시

```
<button type="button"></button>
```

✅ 올바르게 사용한 예시

```
<button type="button">
  {/* 배경 이미지에 대한 설명 */}
  <span className="visually-hidden">다음 페이지</span>
</button>
```

3. 충분한 정보가 필요한 경우

   차트, 그래프, 지도는 복잡한 데이터를 시각적으로 표현한 콘텐츠 요소입니다. 이러한 콘텐츠는 시각적인 형식으로 표현되어 있어 스크린 리더와 같은 보조기술 사용자에게는 이해가 어렵습니다. 시각적으로 전달되는 정보를 텍스트로 변환해 제공하여 보조기술 사용자가 해당 콘텐츠를 이해할 수 있도록 도울 수 있습니다.

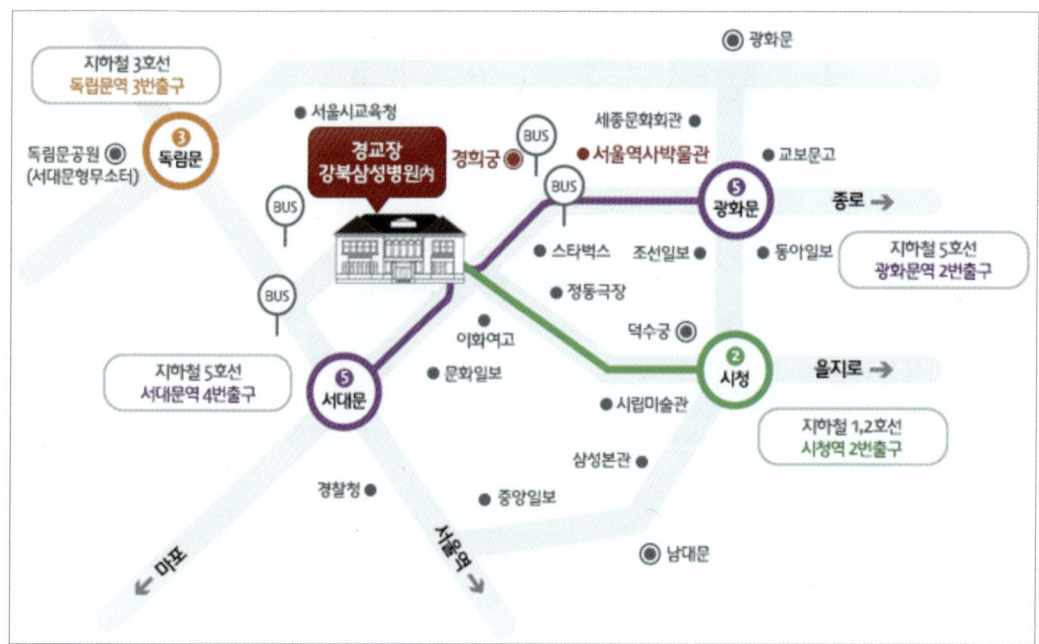

그림 4.3 경교장 오시는 길

❌ 잘못 사용한 예시

```
<img src="comeway.png" alt="" />
```

✅ 올바르게 사용한 예시

```
<img
  src="comeway.png"
  alt="경교장 오시는길 1. 3호선 독립문역 3번 출구로 나와 서대문 로터리에서 광화문 방향으로 직진 후 강북삼성병원 내에 있음 2. 5호선 서대문역 4번 출구로 나와 광화문 방향으로 직진하면 강북삼성병원 내에 있음. 3. 5호선 광화문역 2번 출구로 나와 서대문 방향으로 직진하면 강북삼성병원 내에 있음 4. 2호선 시청역 2번 출구로 나와 덕수궁길을 지나 정동사거리 방향으로 직진하면 강북삼성병원내에 있음" />
```

> **NOTE** 복잡한 이미지의 설명이 본문에 포함되어 있다면 대체 텍스트를 간결하게 작성해도 될까요?

가능합니다. 다음과 같이 이미지와 관련된 자세한 설명이 본문에 있고, `<img>` 태그의 `alt` 속성에는 이미지의 제목과 본문에서 자세하게 설명된다는 내용이 포함되어 있다면 대체 텍스트를 제공한 것으로 간주됩니다.

```
<img
  src="comeway.png"
  alt="경교장 오시는 길입니다. 이미지 하단에 자세한 경로 안내가 있습니다." />

<ol>
  <li>1. 3호선 독립문역 3번 출구로 나와 서대문 로터리에서 광화문 방향으로 직진 후 강북삼성병원 내에 있음</li>
  <li>2. 5호선 서대문역 4번 출구로 나와 광화문 방향으로 직진하면 강북삼성병원 내에 있음</li>
  <li>3. 5호선 광화문역 2번 출구로 나와 서대문 방향으로 직진하면 강북삼성병원 내에 있음</li>
  <li>4. 2호선 시청역 2번 출구로 나와 덕수궁길을 지나 정동사거리 방향으로 직진하면 강북삼성병원내에 있음</li>
</ol>
```

★ 대체 텍스트를 제공하지 않거나 제한적으로 제공하는 유형

다음과 같은 경우 대체 텍스트를 제공하지 않거나 제한적으로 제공할 수 있습니다.

1. 대체 콘텐츠[4]를 활용할 경우

    대체 콘텐츠에는 항상 대체 텍스트를 제공할 필요는 없습니다. 예를 들어 텍스트와 동일한 정보를 담은 수어 동영상을 제공하는 경우, 해당 동영상에는 대체 텍스트를 따로 제공하지 않아도 됩니다. 수어 동영상은 이미 텍스트의 내용을 시각적으로 전달하고 있어 사용자가 정보를 이해할 수 있기 때문입니다.

2. 콘텐츠의 내용을 설명하는 대체 텍스트를 제공할 수 없는 경우

    실시간으로 콘텐츠의 내용이 변화하여 설명하기 어려운 경우, 해당 콘텐츠에 대한 간략한 용도를 알려주는 대체 텍스트를 제공하는 것으로 충분합니다. 예를 들어 라이브 쇼핑 방송 중인 경우에는 '현재 라이브로 진행 중인 상품 소개 중'과 같은 간략한 설명을 대체 텍스트로 제공하여 시청자에게 방송의 주요 내용을 전달할 수 있습니다.

---

4   대체 콘텐츠는 텍스트 정보를 음성, 영상, 또는 음성-영상 등으로 변환하여 제공하는 콘텐츠를 의미합니다. 예를 들어 화면에 표시된 글을 음성으로 읽어주는 오디오 콘텐츠, 글 내용을 수어로 번역한 영상 등과 같이 텍스트를 이해하기 어려운 사용자를 위해 다양한 형식으로 변환하여 제공하는 보조 콘텐츠입니다.

3. 특정 감각으로만 제공되는 콘텐츠인 경우

주로 특정 감각에 기반한 경험(시각적 예술 작품 감상, 오케스트라 연주 감상 등)이 필요한 콘텐츠의 경우, 해당 콘텐츠에 대한 간략한 용도를 알려주는 대체 텍스트만으로 충분합니다. 예를 들어 시각적 예술 작품(그림, 조각·설치 등)을 웹사이트에 노출할 경우, 그림 4.4의 이미지를 예로 들어 대체 텍스트에 작품의 특징을 간략하게 나타낼 수 있습니다.

그림 4.4 예술 작품 이미지 예시

```
<img
  src="woman_with_a_water_jug.png"
  alt="생각에 잠겨 물주전자를 들고 방에 서 있는 젊은 여성을 묘사한 풀컬러 유화"
/>
```

4. 불필요한 설명을 제공하는 경우

단순히 장식 목적이거나 시각적인 형태를 위해 사용되는 콘텐츠의 경우 보조기술이 읽을 수 없게 제공해야 합니다. 해당 요소에 대한 설명을 제공하는 것이 오히려 보조기술 사용자에게 혼란을 일으킬 가능성이 있습니다.

예를 들어 글머리 기호bullet point[5] 이미지는 주로 목록 콘텐츠에서 많이 활용됩니다. 목록의 각 항목 앞에 이미지를 사용하여 시각적으로 목록의 구조를 쉽게 구분할 수 있습니다. 이때 사용

---

[5] 주로 텍스트의 맨 앞에 사용하여 주의를 끌기 위해 사용하는 기호로. 일반적으로 사용되는 기호(·, ◆, ▶, ★ 등)를 사용합니다.

된 글머리 이미지는 단순히 시각적으로 항목을 구분하기 위한 디자인 요소로 별다른 의미가 없습니다. 따라서 해당 이미지에 대한 대체 텍스트를 제공할 필요가 없습니다.

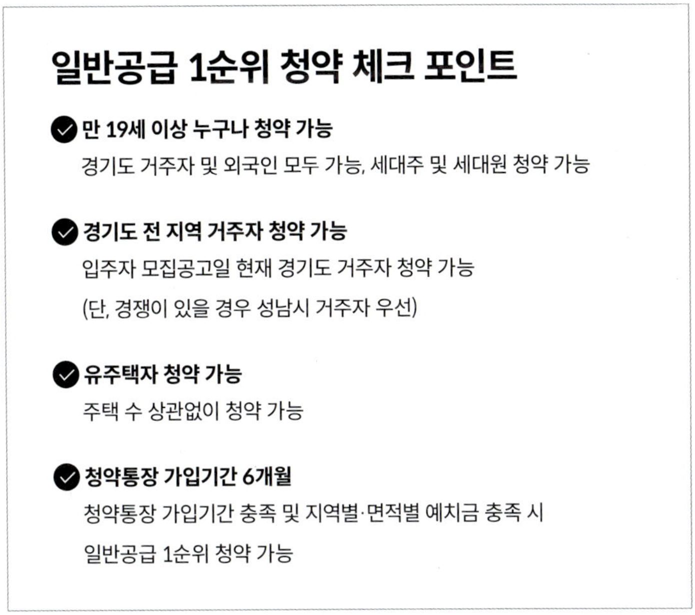

일반공급 1순위 청약 체크 포인트

✓ **만 19세 이상 누구나 청약 가능**
경기도 거주자 및 외국인 모두 가능, 세대주 및 세대원 청약 가능

✓ **경기도 전 지역 거주자 청약 가능**
입주자 모집공고일 현재 경기도 거주자 청약 가능
(단, 경쟁이 있을 경우 성남시 거주자 우선)

✓ **유주택자 청약 가능**
주택 수 상관없이 청약 가능

✓ **청약통장 가입기간 6개월**
청약통장 가입기간 충족 및 지역별·면적별 예치금 충족 시
일반공급 1순위 청약 가능

그림 4.5 글머리 기호를 사용한 설명 목록 예시

✗ 잘못 사용한 예시

```html
<ul>
  <li>
    <img src="list_bullet_check.png" alt="체크" />
    <p>
      <strong>만 19세 이상 누구나 청약 가능</strong>
      경기도 거주자 및 외국인 모두 가능, 세대주 및 세대원 청약 가능
    </p>
  </li>
  <li>
    <img src="list_bullet_check.png" alt="체크" />
    <p>
      <strong>경기도 전 지역 거주자 청약 가능</strong>
      입주자 모집공고일 현재 경기도 거주자 청약 가능
      (단, 경쟁이 있을 경우 성남시 거주자 우선)
    </p>
  </li>
  <li>
    <img src="list_bullet_check.png" alt="체크" />
    <p>
```

```html
      <strong>유주택자 청약 가능</strong>
      주택 수 상관없이 청약 가능
    </p>
  </li>
  <li>
    <img src="list_bullet_check.png" alt="체크" />
    <p>
      <strong>청약통장 가입기간 6개월</strong>
      청약통장 가입기간 충족 및 지역별·면적별 예치금 충족 시 일반공급 1순위 청약 가능
    </p>
  </li>
</ul>
```

✅ 올바르게 사용한 예시

```html
<ul>
  <li>
    <img src="list_bullet_check.png" alt="" />
    <p>
      <strong>만 19세 이상 누구나 청약 가능</strong>
      경기도 거주자 및 외국인 모두 가능, 세대주 및 세대원 청약 가능
    </p>
  </li>
  <li>
    <img src="list_bullet_check.png" alt="" />
    <p>
      <strong>경기도 전 지역 거주자 청약 가능</strong>
      입주자 모집공고일 현재 경기도 거주자 청약 가능
      (단, 경쟁이 있을 경우 성남시 거주자 우선)
    </p>
  </li>
  <li>
    <img src="list_bullet_check.png" alt="" />
    <p>
      <strong>유주택자 청약 가능</strong>
      주택 수 상관없이 청약 가능
    </p>
  </li>
  <li>
    <img src="list_bullet_check.png" alt="" />
    <p>
      <strong>청약통장 가입기간 6개월</strong>
      청약통장 가입기간 충족 및 지역별·면적별 예치금 충족 시 일반공급 1순위 청약 가능
    </p>
  </li>
</ul>
```

앞의 오류 예시처럼 의미 없는 이미지에 대한 정보를 보조기술이 사용자에게 반복해서 전달하게 되면 사용자는 정보를 이해하는 데 오히려 어려움을 겪을 수 있습니다. 따라서 적합 예시와 같이 빈 값(alt="")의 대체 텍스트 제공하여 보조기술이 의미 없는 정보로 간주해 무시하도록 해야 합니다. 이를 통해 보조기술 사용자는 의미 없는 정보를 전달받지 않음으로써 불필요한 시간을 빼앗기지 않을 수 있으며, 필요한 정보를 더 명확하게 이해할 수 있습니다.

> **NOTE** **CSS 가상 요소를 사용해 글머리 기호를 지정하는 경우도 보조기술이 읽지 못하도록 할 수 있나요?**
> 가능합니다. 보조기술은 `content` 속성에 정의된 값을 읽어 사용자에게 전달합니다. 따라서 `alt` 속성과 마찬가지로 `content` 속성에 빈 값을 설정하면 됩니다. 가상 요소를 이용해 글머리 기호를 지정하는 방법은 '8.1.3 목록인데 목록이 아니야?' 절에서 자세히 알아봅니다.

5. **동일한 정보를 중복해서 제공하는 경우**

   보조기술로 동일한 정보가 반복해서 전달되지 않도록 구현하는 것이 바람직합니다.

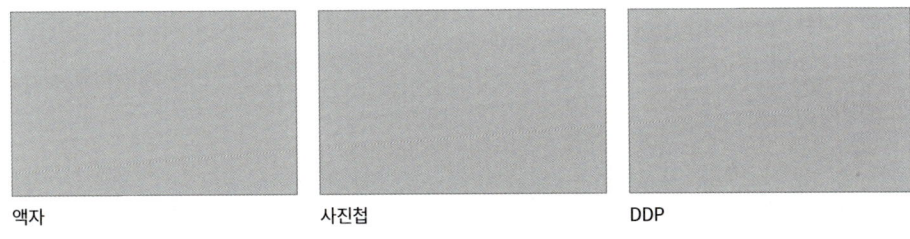

그림 4.6 **이미지 목록 예시**

❌ **잘못 사용한 예시**

```html
<a href="detail">
  <img src="thumb01.png" alt="액자" />
  <span>액자</span>
</a>

<a href="detail">
  <img src="thumb02.png" alt="사진첩" />
  <span>사진첩</span>
</a>

<a href="detail">
  <img src="thumb03.png" alt="DDP" />
  <span>DDP</span>
</a>
```

✅ 올바르게 사용한 예시

```
<a href="detail">
  <img src="thumb01.png" alt="" />
  <span>액자</span>
</a>

<a href="detail">
  <img src="thumb02.png" alt="" />
  <span>사진첩</span>
</a>

<a href="detail">
  <img src="thumb03.png" alt="" />
  <span>DDP</span>
</a>
```

이미지와 링크가 함께 사용되는 경우, 이미지의 대체 텍스트와 제목이 종종 동일한 내용을 가지는 경우가 있습니다. 이미지의 대체 텍스트와 링크 텍스트가 동일하면 보조기술 사용자는 불필요한 정보를 반복해 전달받게 됩니다. 동일한 정보가 중복되어 전달되지 않도록 이미지의 대체 텍스트를 생략해야 합니다.

> **NOTE** 👩‍💻 (개발자): 그렇다면 그냥 alt 속성을 제거해 대체 텍스트를 제공하지 않게 하자!
>
> `<img src="thumb03.png" />`
>
> ■ (스크린 리더): 슬래시썸삼점피엔지, 이미지
>
> 대체 텍스트를 제공하지 않게 하기 위해 `<img>`의 `alt` 속성 자체를 제거하게 되면 스크린 리더는 이미지 파일명을 그대로 읽어 사용자에게 음성으로 전달합니다. 이를 활용해 파일의 이름으로 콘텐츠를 설명하는 것도 방법이 될 수 있습니다. 하지만 이미지가 정상적으로 노출되지 않는 다양한 상황(네트워크 오류 등)을 고려한다면 해당 이미지의 의미와 용도를 인식할 수 있도록 대체 텍스트를 제공하는 것이 좋습니다.

● 멀티미디어 대체 수단

- **[검사 항목 1. 자막 제공] 멀티미디어 콘텐츠에는 자막, 대본 또는 수어를 제공해야 한다.**

멀티미디어 콘텐츠는 음성, 문자, 그림, 동영상 등의 다양한 매체와 형식을 조합하여 정보를 제공하는 디지털 콘텐츠를 의미합니다. 주로 오디오 및 비디오 형태로 제공되며, 여기에는 음성 정보가 포함됩니다. 음성 정보가 포함된 멀티미디어 콘텐츠를 제공할 때는 시각적으로 정보를 전달할 수 있는 대체 수단을 제공해야 합니다. 대체 수단으로는 자막, 대본, 수어 등이 활용되며, 이러한 대체 수단은 음성으로 제공되는 정보와 동일한 내용을 포함해 사용자가 제공되는 멀티미디어 콘텐츠를 시각적으로 이해할 수 있도록 도와야 합니다. 또한 멀티미디어 콘텐츠와 대체 수단은 한 화면에 배치되어 사용자가 시각적으로 편리하게 인식할 수 있도록 구성되어야 합니다.

▶ 기대 효과

- **청각장애인을 위한 웹 접근성 향상**

  청각장애인은 소리를 들을 수 없기 때문에 시각적 정보를 활용하여 정보를 받아들입니다. 멀티미디어 콘텐츠를 이해하는 데 시각적 대체 수단의 제공은 청각장애가 있는 사용자가 비장애인과 동등하게 콘텐츠를 이해할 수 있도록 도움을 줄 수 있습니다.

- **비장애인을 위한 웹 접근성 향상**

  시각적 대체 수단은 일시적으로 소리를 듣기 어려운 상황에 있는 비장애인이 멀티미디어 콘텐츠를 이해할 수 있도록 도움을 줄 수 있습니다. 예를 들어 큰 음악소리, 공사 소음 등과 같이 소리를 듣기 어려운 상황에서 텍스트로 제공되는 자막은 사용자가 주변 소음에 방해받지 않고 멀티미디어 콘텐츠를 이해할 수 있도록 도와줍니다. 또한 외국어에 능숙하지 않은 사용자도 텍스트 형태로 제공되는 정보를 통해 언어의 장벽을 극복하고 콘텐츠를 이해하고 활용할 수 있도록 도와줍니다.

▶ 유형

1. **자막 제공**

   자막은 음성을 텍스트로 변환하여 제공하는 대체 수단 중 하나입니다. 주로 오디오나 비디오 콘텐츠에 활용되며, 사용자가 시각적으로 정보를 이해할 수 있도록 도와줍니다. 자막을 제공할 때는 멀티미디어 콘텐츠에 포함된 음성 내용을 그대로 정확하게 전달해야 합니다. 만약 동영상 콘텐츠에서 대화를 요약하여 제공하거나 내용 이해에 필수적인 비음성 정보(텍스트, 이미지, 표 등)를 누락하게 되면 청각장애를 경험하는 사용자에게는 정보의 차별이 발생할 수 있습니다. 또한 닫힌 자막closed caption, CC을 음성과 동기화해 제공하는 것을 권장합니다.

그림 4.7 자막 제공 예시[6]

> **NOTE 닫힌 자막 vs 열린 자막**
>
> 닫힌 자막은 사용자의 필요에 따라 멀티미디어 콘텐츠의 자막을 자유롭게 켜거나 끌 수 있어 사용자가 편리하게 이용할 수 있습니다. 또한 닫힌 자막은 텍스트 형태로 검색엔진이 콘텐츠를 이해하고 인덱싱하는 데 도움을 줘 사용자가 특정 키워드로 검색할 때 콘텐츠의 노출 가능성이 높아집니다. 일부 경우에는 콘텐츠 제작과 함께 미리 자막을 제작해 제공하기도 하지만, 스포츠 중계와 같이 실시간으로 제공되는 콘텐츠의 자막도 실시간으로 제공됩니다.
>
> 반면에 열린 자막open caption, OC은 멀티미디어 콘텐츠 자체에 기본적으로 포함되어 사용자의 의사와 무관하게 항상 표시됩니다. 열린 자막은 주로 TV 프로그램에서 사용되며, 콘텐츠를 시청할 때 항상 표시되어야 하는 경우에 적합합니다.

2. **대본 제공**

대본은 오디오나 비디오 콘텐츠에 포함된 음성 내용을 텍스트 형태로 대체하여 제공합니다. 단순히 대화나 대사뿐만 아니라 음향 효과, 배경 소음, 음악 등 음성 이외의 소리를 포함하는 것을 의미합니다. 자막은 보통 음성 정보와 동시에 제공되기 때문에 읽는 속도가 느리거나 이해의 속도가 느린 사용자의 경우 콘텐츠를 이해하기 어려울 수 있습니다. 하지만 대본을 제공하게 되면 사용자가 자신의 속도에 맞게 텍스트를 읽는 속도를 조절할 수 있으며, 필요한 부분을 여러 번 읽어 콘텐츠를 좀 더 쉽게 이해할 수 있습니다. 대본을 제공하는 방법에는 오디오나 비디오 콘텐츠 바로 옆에 대본을 텍스트로 제공하거나 해당 콘텐츠 주위에 대본으로 이동하는 링크를 제공하는 방법이 있습니다.

---

[6] https://www.tving.com/onboarding

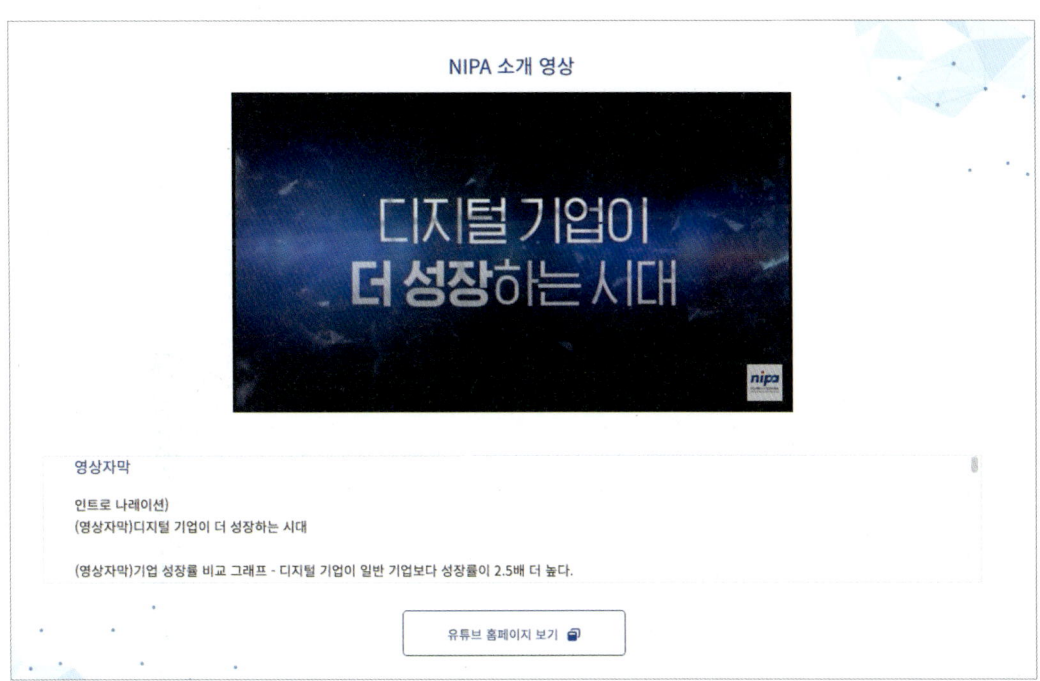

그림 4.8 대본 제공 예시[7]

3. 수어 제공

청각장애인은 청각에 제한이 있기 때문에 소리로 의사소통하기 어려워 보이는 언어인 수어를 사용하여 소통합니다. 동영상 콘텐츠에 포함된 음성과 동일한 내용을 수어로 함께 제공하면 청각장애인은 시각적으로 내용을 이해할 수 있습니다.

> **NOTE 청각장애인을 위해 자막과 수어를 동시에 제공하는 것이 좋아요!**
>
> 청각장애인의 경우 다른 사람의 말을 듣는 기회가 제한적이므로 언어 습득이 어렵습니다. 어휘력이나 문법적인 지식이 부족한 경우가 많기 때문에 자막만으로 내용을 이해하는 데 어려움을 겪을 수 있어 수어를 함께 제공하는 것이 바람직합니다. 단, 주의할 점은 자막이 수어에 가리지 않게 제공되어야 하며, 사용자가 원하면 자막을 화면에서 숨길 수 있도록 닫힌 자막을 활용해야 합니다. 이를 통해 청각장애를 경험하는 사용자는 원하는 방식으로 멀티미디어 콘텐츠에 접근하고 이해할 수 있습니다.

---

[7] https://www.nipa.kr/home/4-4-4

● 적응성

- **[검사 항목 1. 표의 구성] 표는 이해하기 쉽게 구성해야 한다.**

표는 데이터 간의 상관관계를 시각적으로 요약하여 사용자가 빠르게 정보를 파악할 수 있는 효과적인 방법 중 하나입니다. 시각적으로 정보를 이해할 수 있는 사용자는 표를 보고 내용을 쉽게 이해할 수 있지만, 보조기술을 사용하는 사용자는 표를 이해하기 어려울 수 있습니다. 따라서 사용자가 이해할 수 있도록 보조기술이 표의 내용과 구조에 대한 정보를 제공해야 합니다.

▶ 기대 효과

- 시각장애인을 위한 웹 접근성 향상

  시각적 정보를 이해할 수 있는 사용자는 표를 보고 그 내용을 이해할 수 있지만, 그렇지 않은 사용자들은 스크린 리더를 통해 시각적 정보를 청각적 정보로 변환하여 내용을 이해합니다. 이를 위해 제목 셀과 데이터 셀을 명확하게 구분하고, 제목 셀과 해당 데이터 셀 간의 관계를 정의함으로써 스크린 리더를 통한 내용 파악을 도울 수 있습니다.

▶ 유형

1. 표 정보 제공

   표를 작성할 때는 사용자가 표의 내용과 구조를 손쉽게 이해할 수 있도록 정보를 제공해야 합니다. 그중에서도 표에 명확한 제목을 제공하는 것은 사용자에게 표가 어떤 주제와 내용을 갖는지 빠르게 파악할 수 있도록 도움을 주어 표를 쉽게 이해하는 데 효과적입니다. 특히 정보를 순차적으로 읽는 스크린 리더 사용자는 표의 제목을 통해 해당 표의 내용에 대한 탐색 여부를 결정할 수 있어 원하는 정보를 빠르게 찾을 수 있습니다.

   ✗ 잘못 사용한 예시

   ```html
   <table>
     <thead>
       <tr>
         <th>제목</th>
         <th>작성일</th>
         <th>조회</th>
       </tr>
     </thead>
   </table>
   ```

✅ **올바르게 사용한 예시**

```html
<table>
  <caption>
  시스템 점검 안내로 제목, 작성일, 조회수의 정보 제공
  </caption>
  <thead>
    <tr>
      <th scope="col">제목</th>
      <th scope="col">작성일</th>
      <th scope="col">조회</th>
    </tr>
  </thead>
</table>
```

> **NOTE** 표의 제목 끝에 '표'를 붙이지 않아도 되나요?
>
> 개발자 도구의 접근성 트리를 통해 확인해보면 `<table>` 태그의 역할은 table임을 알 수 있습니다. 이를 스크린 리더와 같은 보조기술이 읽어 사용자에게 '표'로 전달합니다. 따라서 해당 요소가 표임을 이미 전달하고 있기 때문에 추가적으로 제목에 표라고 설명하는 것은 중복된 정보를 전달하는 것입니다. 개발자는 표의 제목을 제공할 때 중복된 정보 전달을 피하고, 표의 내용이나 목적을 명확하고 간결하게 설명해야 합니다.

2. 표의 구성

표를 제공할 때 스크린 리더와 같은 보조기술을 사용하는 사용자를 위해 표의 셀이 명확하게 구분되도록 제공해야 합니다. 제목 셀에는 `<th>` 태그, 데이터 셀에는 `<td>` 태그를 사용해 보조기술이 제목 셀과 데이터 셀을 쉽게 구분하고 이해할 수 있도록 해야 합니다. 이렇게 하면 표의 구조가 명확해지고, 보조기술 사용자는 표를 더 쉽게 이해하고 원하는 정보를 찾을 수 있습니다.

간단한 표의 경우 `<th>`의 `scope` 속성을 사용해 제목 셀의 범위를 지정하는 것만으로 충분합니다. 하지만 표에 병합된 제목 셀이나 다중 범위 등이 있는 복잡한 표의 경우에는 `id`와 `headers` 속성을 사용하여 데이터 셀과 제목 셀을 직접적으로 연결해야 합니다.

`<th>`의 `id` 속성을 활용하여 제목 셀에 고유한 값을 정의하고, 데이터 셀에는 `headers` 속성을 사용하여 해당 데이터 셀과 관련된 제목 셀들의 `id`값을 지정합니다. 훨씬 더 많은 HTML 코드를 작성해야 한다는 단점이 있지만 스크린 리더는 각 데이터 셀과 관련된 제목 셀들을 인식하고, 사용자에게 표의 내용과 구조를 전달할 수 있습니다.

> **NOTE 복잡한 표란?**
> 각 열에 여러 개의 제목 셀이 있거나 각 데이터 셀과 관련된 3개 이상의 제목 셀 있는 경우에 복잡한 표라고 할 수 있습니다. 시각적으로 표를 인식할 수 있는 사용자는 복잡한 표의 구조와 관계를 이해하는 데 어려움이 없습니다. 하지만 그렇지 않은 스크린 리더 사용자를 위해서 데이터 셀과 제목 셀 간의 관계를 명확히 이해할 수 있도록 표를 구성해야 합니다.

각 지역의 객실 유형에 따른 객실 수

	통나무집	한옥	료칸	캠핑장
서울				
침실 1개	20	38	12	23
침실 2개	-	53	32	42
침실 3개	-	3	12	31
경기				
침실 1개	6	15	28	7
침실 2개	-	9	11	33
침실 3개	-	39	18	20

그림 4.9 복잡한 표 예시

❌ **잘못 사용한 예시**

```html
<table>
  <caption>
    각 지역의 객실 유형에 따른 객실 수
  </caption>
  <thead>
    <tr>
      <td></td>
      <th>통나무집</th>
      <th>한옥</th>
      <th>료칸</th>
      <th>캠핑장</th>
    </tr>
  </thead>
  <tbody>
    <tr>
      <th>서울</th>
    </tr>
    <tr>
      <th>-</th>
```

```
        <td>20</td>
        <td>38</td>
        <td>12</td>
        <td>23</td>
    </tr>
    <tr>
        <th>침실 2개</th>
        <td>-</td>
        <td>53</td>
        <td>32</td>
        <td>42</td>
    </tr>
    <tr>
        <th>침실 3개</th>
        <td>-</td>
        <td>3</td>
        <td>12</td>
        <td>31</td>
    </tr>
    <tr>
        <th>경기</th>
    </tr>
    <tr>
        <th>침실 1개</th>
        <td>6</td>
        <td>15</td>
        <td>28</td>
        <td>7</td>
    </tr>
    <tr>
        <th>침실 2개</th>
        <td>-</td>
        <td>9</td>
        <td>11</td>
        <td>33</td>
    </tr>
    <tr>
        <th>침실 3개</th>
        <td>-</td>
        <td>39</td>
        <td>18</td>
        <td>20</td>
    </tr>
  </tbody>
</table>
```

✅ 올바르게 사용한 예시

```html
<table>
  <caption>
    각 지역의 객실 유형에 따른 객실 수
  </caption>
  <thead>
    <tr>
      <td></td>
      <th id="cabin" scope="col">통나무집</th>
      <th id="hanok" scope="col">한옥</th>
      <th id="ryokan" scope="col">료칸</th>
      <th id="camping" scope="col">캠핑장</th>
    </tr>
  </thead>
  <tbody>
    <tr>
      <th id="seoul" colspan="5" scope="colgroup">서울</th>
    </tr>
    <tr>
      <th headers="seoul" id="pbed1">침실 1개</th>
      <td headers="seoul pbed1 cabin">20</td>
      <td headers="seoul pbed1 hanok">38</td>
      <td headers="seoul pbed1 ryokan">12</td>
      <td headers="seoul pbed1 camping">23</td>
    </tr>
    <tr>
      <th headers="seoul" id="pbed2">침실 2개</th>
      <td headers="seoul pbed2 cabin">-</td>
      <td headers="seoul pbed2 hanok">53</td>
      <td headers="seoul pbed2 ryokan">32</td>
      <td headers="seoul pbed2 camping">42</td>
    </tr>
    <tr>
      <th headers="seoul" id="pbed3">침실 3개</th>
      <td headers="seoul pbed3 cabin">-</td>
      <td headers="seoul pbed3 hanok">3</td>
      <td headers="seoul pbed3 ryokan">12</td>
      <td headers="seoul pbed3 camping">31</td>
    </tr>
    <tr>
      <th id="gyeonggi" colspan="5" scope="colgroup">경기</th>
    </tr>
    <tr>
      <th id="rbed1" headers="gyeonggi">침실 1개</th>
      <td headers="gyeonggi rbed1 cabin">6</td>
      <td headers="gyeonggi rbed1 hanok">15</td>
```

```html
        <td headers="gyeonggi rbed1 ryokan">28</td>
        <td headers="gyeonggi rbed1 camping">7</td>
      </tr>
      <tr>
        <th id="rbed2" headers="gyeonggi">침실 2개</th>
        <td headers="gyeonggi rbed2 cabin">-</td>
        <td headers="gyeonggi rbed2 hanok">9</td>
        <td headers="gyeonggi rbed2 ryokan">11</td>
        <td headers="gyeonggi rbed2 camping">33</td>
      </tr>
      <tr>
        <th id="rbed3" headers="gyeonggi">침실 3개</th>
        <td headers="gyeonggi rbed3 cabin">-</td>
        <td headers="gyeonggi rbed3 hanok">39</td>
        <td headers="gyeonggi rbed3 ryokan">18</td>
        <td headers="gyeonggi rbed3 camping">20</td>
      </tr>
    </tbody>
</table>
```

- **[검사 항목 2. 콘텐츠의 선형 구조] 콘텐츠는 논리적인 순서로 제공해야 한다.**

웹페이지를 구성하는 콘텐츠는 모든 사용자가 그 내용을 이해할 수 있도록 선형 구조로 작성해야 합니다. 여기서 말하는 선형 구조는 웹페이지의 콘텐츠가 논리적인 순서로 구성되어 있어 사용자가 웹페이지를 이해하고 탐색하기 쉽도록 만드는 것을 의미합니다. 논리적인 순서는 일반적으로 좌에서 우로, 위에서 아래로 읽힐 수 있도록 해야 합니다.

선형 구조를 만들기 위해서는 논리적인 순서를 고려해 HTML 문서를 마크업해야 합니다. 브라우저 화면에 표시되는 콘텐츠의 순서와 HTML 문서에 작성된 순서는 일반적으로는 동일합니다. 하지만 CSS를 통해 HTML 문서에 작성된 순서를 변경하지 않고도 화면에 표시되는 콘텐츠의 시각적인 순서를 임의로 변경할 수 있습니다.

> **CAUTION**
> 콘텐츠의 배치를 시각적으로 변경해야 하는 경우에도 콘텐츠의 선형 구조는 유지해야 합니다.

스크린 리더의 경우 HTML 코드 순서대로 읽기 때문에 화면에 표시되는 시각적인 순서가 아닌 HTML 문서에 작성된 콘텐츠의 선형 구조 여부가 중요합니다. 따라서 개발자는 브라우저 화면에 표시되는 콘텐츠의 순서와 웹페이지의 HTML 문서에 포함된 콘텐츠의 선형 구조는 항상 동일하지 않다는 것을 인지하고, HTML이 논리적으로 작성되었는가를 올바르게 판단해야 합니다. 즉, HTML 문서를 작성할 때 논리적인 구조로 뼈대를 만든 후 문제가 없다면 그것을 시각적으로 꾸미기 위해서 스타일 및 레이아웃을 제어해야 합니다.

▶ 기대 효과

- 지적장애, 언어장애, 학습장애가 있는 사용자를 위한 웹 접근성 향상

    콘텐츠의 선형 구조는 정보를 논리적으로 표현하므로 사용자가 예측 가능한 방식으로 콘텐츠를 찾고 이해할 수 있도록 돕습니다. 특히 선형 구조의 콘텐츠는 지적장애, 언어장애, 학습장애가 있는 사용자가 콘텐츠를 좀 더 쉽게 이해할 수 있도록 도움을 줍니다.

- 스타일 및 기능 변경에도 논리적 이해 가능

    HTML 코드의 순서가 논리적으로 작성되어 있다면 CSS를 바꾸거나 기능을 제거해도 그 구조는 그대로 유지되어 보조기술을 사용하는 사용자가 쉽게 문서의 의미를 이해할 수 있습니다.

▶ 유형

1. 콘텐츠를 의미 있는 순서로 배열

    '제목-내용'과 같이 계층 구조를 직관적으로 잘 이해할 수 있도록 HTML 코드를 작성해야 합니다. '제목-내용'으로 구성된 콘텐츠 목록을 구조적으로 의미 있는 순서로 작성하는 방법을 예시를 통해 알아봅시다.

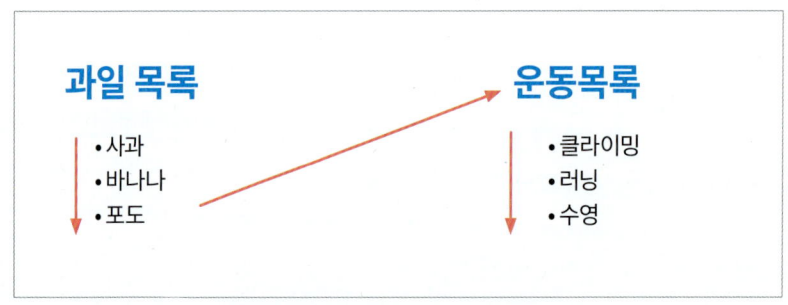

그림 4.10 '제목-내용'으로 구성된 목록 예시

시각적으로 과일 목록과 운동 목록을 나란히 보이게 하기 위하여 '제목-제목'의 형태로 HTML 코드를 작성하게 되면 스크린 리더와 같은 보조기술은 제목을 연속적으로 읽기 때문에 다음 내용이 어떤 제목의 내용인지 파악하기 어렵습니다. 따라서 먼저 HTML을 논리적인 순서로 작성한 후, CSS를 통해 과일 목록과 운동 목록이 나란히 보이도록 배치를 변경하는 것이 적합합니다.

✗ 잘못 사용한 예시

```
{/* 비논리적 순서(과일 → 운동 / → 사과 → 바나나 → 포도 / → 클라이밍 → 러닝 → 수영)로 작성 */}
<h2>과일</h2>
<h2>운동</h2>

<ul>
    <li>사과</li>
    <li>바나나</li>
    <li>포도</li>
</ul>

<ul>
    <li>클라이밍</li>
    <li>러닝</li>
    <li>수영</li>
</ul>
```

✓ 올바르게 사용한 예시

```
{/* 논리적 순서(과일 → 사과 → 바나나 → 포도 / 운동 → 클라이밍 → 러닝 → 수영)로 작성 */}
<h2>과일</h2>
<ul>
    <li>사과</li>
    <li>바나나</li>
    <li>포도</li>
</ul>

<h2>운동</h2>
<ul>
    <li>클라이밍</li>
    <li>러닝</li>
    <li>수영</li>
</ul>
```

- **[검사 항목 3. 명확한 지시 사항 제공] 지시 사항은 모양, 크기, 위치, 방향, 색, 소리 등에 관계없이 인식할 수 있어야 한다.**

지시 사항은 여러 가지 감각으로 인식할 수 있도록 제공해야 합니다. 만약 지시 사항을 단일의 특정 감각에 의존하여 제공한다면 그 외 감각에 장애가 있는 사용자는 지시 사항의 내용을 이해할 수 없습니다. 또한 명확하고 구체적인 지시 사항을 전달하여 혼동이 없도록 해야 합니다. 이를 위해 고유명사나 고유 대명사를 사용하여 목적을 분명하게 나타내는 것이 도움이 됩니다.

▶ 기대 효과

- 시각장애인을 위한 웹 접근성 향상

  시각적 감각을 활용할 수 없는 사용자는 콘텐츠의 모양, 크기, 위치, 방향, 색 등으로 전달하는 지시 사항을 이해할 수 없습니다. 시각적인 정보를 대체하고 보완하기 위해 텍스트와 같이 변환되어 다른 감각으로도 이해할 수 있는 추가적인 정보를 제공해야 합니다. 이를 통해 시각적 감각을 활용할 수 없는 사용자도 지시 사항을 이해할 수 있습니다.

▶ 유형

1. 색, 크기, 모양, 위치와 같은 정보에 대한 인식

   웹 콘텐츠는 모든 사용자가 색, 크기, 모양, 위치와 같은 정보를 이해하지 못하더라도 원하는 콘텐츠에 쉽게 접근할 수 있도록 만들어야 합니다. 특정 요소를 가리키거나 이해하는 데 색, 크기, 모양, 위치 등의 정보가 필요한 경우, 요소의 명칭이나 대체 텍스트 등을 제공하여 다른 감각을 통해서도 요소를 이해할 수 있도록 만들어야 합니다.

> **NOTE** **지시 사항을 제공할 때는 모호한 용어나 단어를 사용하지 않도록 주의해야 합니다.**
> '여기, 아래, 이곳, 큰, 작은, 빨간' 등과 같이 명확하지 않거나 한 가지 감각으로만 이해할 수 있는 지시 사항은 특정 감각에 장애가 있는 사용자가 해당 지시의 내용을 이해할 수 없게 만듭니다.
> 콘텐츠의 텍스트는 일반적으로 기획자가 작성하지만, 숨겨진 대체 텍스트의 제공이 필요한 경우가 있기 때문에 개발자도 해당 내용에 대해 인지하고 있어야 합니다. 시각적으로 나타나지 않지만 보조기술을 사용하는 사용자들을 위해 정보를 전달하는 부분을 고려해야 하기 때문입니다.

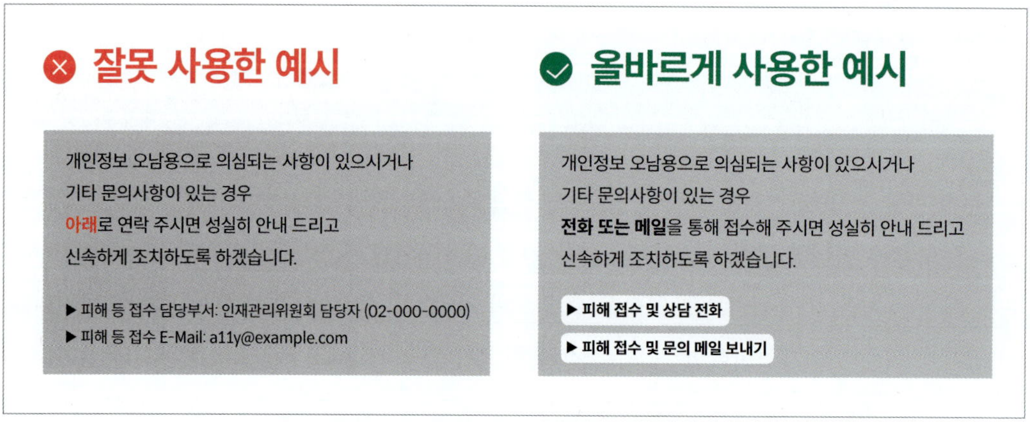

❌ 잘못 사용한 예시

개인정보 오남용으로 의심되는 사항이 있으시거나 기타 문의사항이 있는 경우
아래로 연락 주시면 성실히 안내 드리고 신속하게 조치하도록 하겠습니다.

▶ 피해 등 접수 담당부서: 인재관리위원회 담당자 (02-000-0000)
▶ 피해 등 접수 E-Mail: a11y@example.com

✅ 올바르게 사용한 예시

개인정보 오남용으로 의심되는 사항이 있으시거나 기타 문의사항이 있는 경우
전화 또는 메일을 통해 접수해 주시면 성실히 안내 드리고 신속하게 조치하도록 하겠습니다.

▶ 피해 접수 및 상담 전화
▶ 피해 접수 및 문의 메일 보내기

그림 4.11 방향 정보를 고유명사로 지시한 예시

그림 4.11의 예시처럼 방향을 나타내는 '아래'라는 단어를 사용하기보다는 '전화 또는 메일'과 같은 고유명사를 사용하면 사용자는 명확한 목적과 용도를 이해할 수 있을 뿐만 아니라 색, 크기, 모양, 위치 등의 감각을 활용할 수 없는 경우에도 지시 사항을 쉽게 이해하고 상호작용할 수 있게 됩니다. 또한 '피해 접수 및 상담 전화', '피해 접수 및 문의 메일 보내기'처럼 버튼에 명확한 레이블을 제공해 버튼이 어떠한 기능을 하는지 이해할 수 있도록 도와야 합니다.

✗ 잘못 사용한 예시

```html
<div>
  <p>
    개인정보 오남용으로 의심되는 사항이 있으시거나 기타 문의사항이 있는 경우
    <strong>아래</strong>로 연락 주시면 성실히 안내 드리고 신속하게 조치하도록
    하겠습니다.
  </p>
  <p>
    피해 등 접수 담당부서: 인재관리위원회 담당자
    <a href="tel:02-000-0000">(02-000-0000)</a>
  </p>
  <p>
    피해 등 접수 E-Mail: <a href="mailto:a11y@example.com">mailto:a11y@example.com</a>
  </p>
</div>
```

✓ 올바르게 사용한 예시

```html
<div>
  <p>
    개인정보 오남용으로 의심되는 사항이 있으시거나 기타 문의사항이 있는 경우
    <strong>전화 또는 메일</strong>을 통해 접수해 주시면 성실히 안내 드리고
    신속하게 조치하도록 하겠습니다.
    <a href="tel:02-000-0000">피해 접수 및 상담 전화</a>
    <a href="mailto:a11y@example.com">피해 접수 및 문의 메일 보내기</a>
  </p>
</div>
```

2. 음성이나 음향 정보의 인식

음성이나 음향을 사용해 지시 사항을 전달할 때는 소리를 듣지 못하는 사용자나 소리가 들리지 않는 환경에 있는 사용자를 고려해야 합니다. 예를 들어 온라인에서 시험을 진행하는 경우 사용자가 선택한 답의 정답 여부를 음성을 통해서만 알려준다고 가정해봅시다. 이런 경우 청각장애를 경험하는 사용자나 스피커를 사용할 수 없는 환경에 있는 사용자는 정답 여부를 알 수

없습니다. 따라서 음성과 함께 정답을 시각적으로 확인할 수 있는 텍스트 같은 수단을 제공해 사용자가 지시 사항을 인지할 수 있도록 해야 합니다.

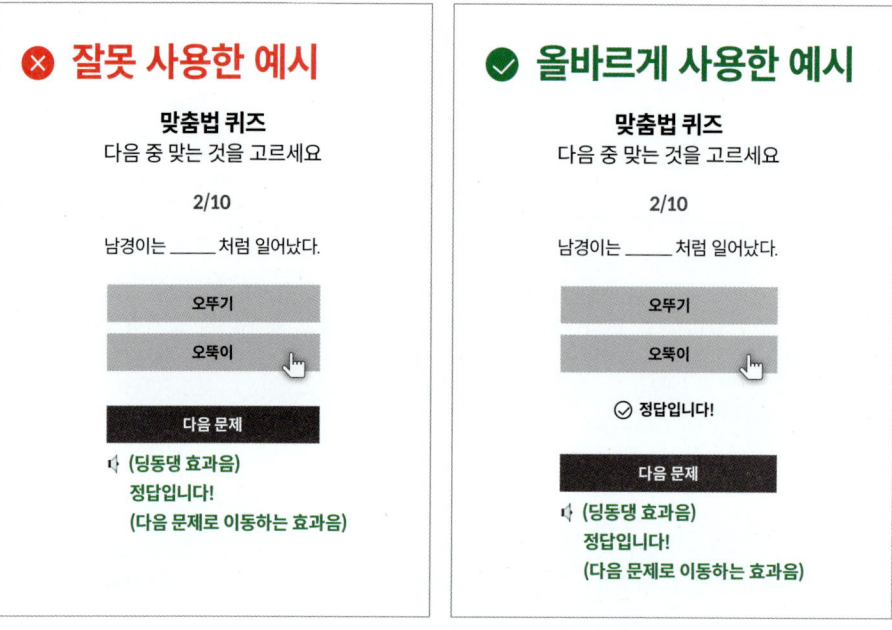

그림 4.12 음성 지시 사항 예시

● 명료성

- **[검사 항목 1. 색에 무관한 콘텐츠 인식] 콘텐츠는 색에 관계없이 인식할 수 있어야 한다.**

콘텐츠에서 제공하는 모든 정보는 특정한 색을 구별할 수 없는 사용자, 흑백 디스플레이 사용자, 흑백 인쇄물을 보는 사용자, 고대비 모드 사용자가 인식할 수 있도록 제공해야 합니다.

▶ **기대 효과**

- 색맹, 색약, 저시력 등의 시각장애가 있는 사용자를 위한 웹 접근성 향상

  색상만으로 정보를 전달하지 않고, 무늬, 굵기, 테두리, 주변 정보 등 다른 시각적 요소를 함께 사용하면 색맹, 색약, 저시력 등의 시각장애가 있는 사용자도 내용을 쉽게 이해할 수 있습니다.

- 고대비 모드 사용자를 위한 웹 접근성 향상

  색상 외에도 명확한 대비, 굵기, 패턴, 테두리 등 다양한 시각적 요소를 활용하면 가독성이 향상됩니다. 특히, 충분한 대비를 제공하면 텍스트와 배경이 뚜렷하게 구분되어 정보 전달이 더

욱 원활해집니다. 이는 흑백 스크린(예: 구형 PDA) 사용자나 고대비 모드를 사용하는 사용자가 콘텐츠의 내용과 구조를 더 쉽게 이해하는 데 도움이 됩니다.

▶ 유형

1. 색에 의한 정보 표현 방지

   색상 차이를 알 수 없는 색맹이거나 흑백 스크린, 고대비 모드 사용자의 경우 색상만으로 콘텐츠를 구분할 수 없습니다. 따라서 웹 콘텐츠는 색에 관계없이 인식할 수 있어야 합니다. 이를 위해 모든 사용자가 콘텐츠를 인식할 수 있도록 색만 이용하여 정보를 제공하지 않아야 합니다. 무늬, 굵기, 테두리, 주변 정보 등을 활용하여 색상 이외의 다른 시각적 방식을 활용해 시각적으로 콘텐츠의 차이를 전달할 수 있습니다. 색은 시각적인 강조를 위해서만 사용해야 합니다.

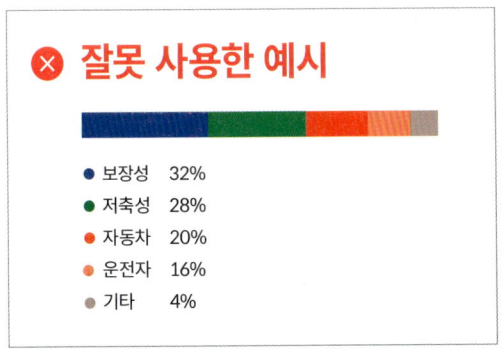 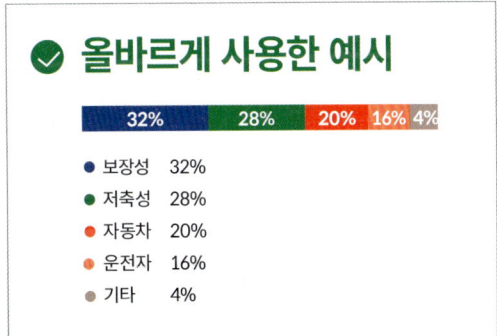

그림 4.13 텍스트를 활용한 정보 표현 예시

그림 4.13처럼 범례를 제공할 때는 막대의 내부 또는 그 주변에 텍스트로 명확한 정보를 제공하여 색과 관계없이 콘텐츠를 인식할 수 있도록 해야 합니다. 또한 도형이나 패턴 등을 변경해 더 쉽게 알아볼 수 있도록 만드는 것도 가능합니다.

2. 무늬를 이용한 정보 제공

   무늬를 활용하여 서로 다른 정보를 구분하는 것은 경조 모드 사용자, 단색 디스플레이 사용자, 흑백 인쇄물 사용자 등 다양한 사용자들이 명확하게 정보를 구별할 수 있는 방법 중 하나입니다. 특히 무늬와 색을 함께 사용함으로써 시각적으로 다르게 표현하면 색각 장애가 있는 사용자도 해당 정보에 접근할 수 있습니다.

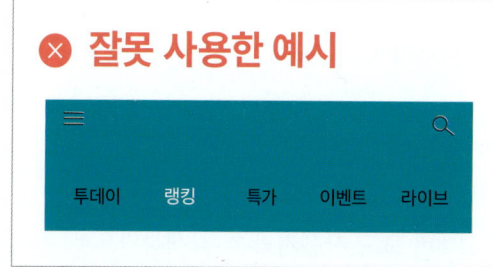 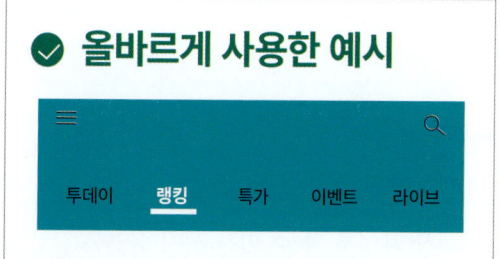

그림 4.14 구분선을 적용한 탭 메뉴 예시

- **[검사 항목 2. 자동 재생 금지] 자동으로 소리가 재생되지 않아야 한다.**

웹페이지에서 자동으로 재생되는 소리는 스크린 리더 사용자뿐만 아니라 일반 사용자에게도 불편함을 줄 수 있습니다. 특히 스크린 리더 사용자는 스크린 리더의 음성을 듣기 어려워 콘텐츠를 탐색하는 데 방해를 받을 수 있습니다.

따라서 웹페이지에서는 자동으로 재생되는 소리를 사용하지 않거나 3초 미만으로 제한하여 사용자가 원할 때만 수동으로 소리를 재생할 수 있도록 하는 것이 좋습니다. 만약 3초 이상의 소리가 포함된 멀티미디어 콘텐츠의 제공이 필요하다면 소리를 음소거 상태로 제공하고, 사용자가 소리를 제어할 수 있는 수단(일시정지, 정지, 음량 조절 등)을 함께 제공해야 합니다. 또한 동영상, 오디오, 음성, 배경음악 등의 모든 소리의 음량을 조절하더라도 스크린 리더의 음량에 영향을 미치지 않도록 주의해야 합니다.

▶ 기대 효과

- 시각장애인을 위한 웹 접근성 향상

    멀티미디어 콘텐츠의 소리를 자동으로 재생하지 않도록 하는 것은 시각장애인이 스크린 리더를 통해 콘텐츠를 인식하는 데 매우 중요한 검사 항목 중 하나입니다. 시각장애인은 스크린 리더의 음성을 통해 웹 콘텐츠를 인식할 수 있습니다. 만약 원하지 않는 소리가 자동으로 재생된다면 스크린 리더의 음성을 방해할 수 있어 사용자가 웹 콘텐츠를 이해하는 데 어려움을 겪게 됩니다.

▶ 유형

1. 3초 미만의 자동 재생음은 예외로 허용

    웹페이지에 접속할 때 자동으로 재생되는 소리는 일반적으로 사용자에게 좋지 않은 경험을 주지만 불가피하게 제공이 필요한 경우도 존재합니다. 이런 경우 자동 재생되는 소리의 길이를 3초 미만으로 제한하거나 지정된 키(예: `Esc` 키)를 누르면 재생을 멈추도록 구현해야 합니다. 3초 미만의 소리는 스크린 리더의 음성을 듣는 사용자를 방해하기에는 짧은 시간이므로 예외로 간주됩니다.

2. 3초 이상의 자동 재생음을 제공할 경우 제어수단 제공

   사용자가 웹페이지에 접속할 때 3초 이상의 자동 재생되는 소리가 부득이하게 필요한 경우가 존재할 수도 있습니다. 이런 경우 웹페이지 최상단에 사용자가 소리를 쉽게 제어할 수 있는 수단을 제공해야 합니다. 예를 들어 웹페이지에 최초로 접속했을 때 먼저 `Esc` 키로 자동 재생을 멈출 수 있음을 안내하고, 자동 재생을 제어 가능하도록 하는 방법이 있습니다.

> **NOTE 자동으로 재생되는 콘텐츠를 제공하는 경우 주의해야 할 점**
> 자동으로 재생되는 콘텐츠를 제공하는 경우, 스크린 리더를 통해 음성으로 콘텐츠를 이해하는 사용자는 원하지 않는 소리와 스크린 리더 음성이 겹쳐 방해를 받을 수 있습니다. 따라서 자동으로 재생되지 않는 콘텐츠를 제공하는 것이 가장 바람직합니다.

3. 사용자 요구에 의한 재생

   동영상, 오디오, 음성, 배경음악 등의 소리가 포함된 모든 콘텐츠는 정지 상태로 제공해야 하며, 사용자가 요구할 경우에만 재생할 수 있도록 제어 기능을 제공해야 합니다. 이런 경우 스크린 리더 사용자는 방해받지 않고 스크린 리더의 음성을 들을 수 있어 웹 콘텐츠를 이해할 수 있습니다.

- **[검사 항목 3. 텍스트 콘텐츠의 명도 대비] 텍스트 콘텐츠와 배경 간의 명도 대비는 4.5:1 이상이어야 한다.**

웹페이지에서 보이는 텍스트 콘텐츠와 배경 간의 명도 대비는 4.5:1 이상으로 충분한 대비를 제공해야 합니다. 명도는 색이나 빛의 밝고 어두운 정도를 의미하며, 텍스트와 배경 사이의 명도 대비가 높을수록 텍스트가 더 잘 보입니다. 하지만 명도 대비가 4.5:1 미만인 경우, 텍스트와 배경 간의 차이가 불분명해져 콘텐츠를 읽고 이해하는 데 어려움이 생깁니다. 따라서 저시력 장애인, 색각 장애인, 고령자 등의 시각적 제약이 있는 사용자를 고려하여 최소한 4.5:1 이상의 명도 대비를 유지하는 것이 중요합니다.

▶ 유형

1. 콘텐츠의 명도 대비

웹페이지에서 보이는 텍스트 콘텐츠와 배경 간의 명도 대비는 4.5:1 이상이어야 합니다. 여기서 말하는 텍스트 콘텐츠는 웹페이지에 표시된 모든 텍스트를 포함하며, 일반 텍스트뿐만 아니라 이미지로 표현된 텍스트 콘텐츠도 포함됩니다.

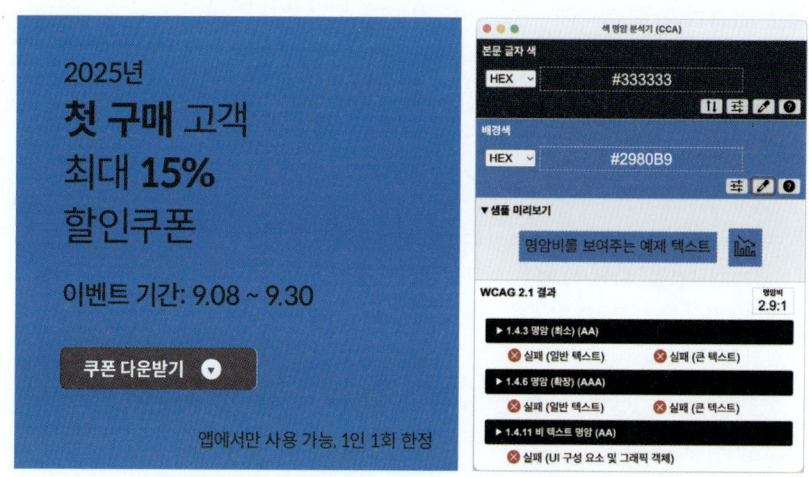

그림 4.15 명도 대비 평가 도구를 이용해 분석한 명도 대비

예를 들어 그림 4.15는 이미지로 표현된 텍스트 콘텐츠가 포함된 배너입니다. 시각적으로 봤을 때 대다수의 사용자는 해당 배너의 텍스트가 커서 잘 보인다고 생각할 수도 있습니다. 하지만 명도 대비 평가 도구(CCA Tool)을 이용해 분석했을 때, 배너 이미지 내부에 포함된 텍스트 콘텐츠와 배너의 배경색의 명도 대비는 2.9:1로 시각적 제약이 있는 사용자에게는 명도 대비가 낮아 텍스트를 읽기 어려울 수 있습니다.

> [NOTE] 명도 대비 평가 도구
>
> 명도 대비 항목은 주로 디자이너가 정의하므로 개발자는 디자인 가이드에 맞춰 해당 컬러를 CSS로 적용하면 됩니다. 보통 디자이너는 Use Contrast Figma[8] 플러그인과 같은 도구를 활용해 명도 대비를 확인합니다. 이를 통해 디자인 단계에서 명도 대비를 확인하고 개선할 수 있습니다. 또한, 국내 접근성 인증기관에서 활용하는 CCA Tool[9]을 통해 웹 콘텐츠의 명도 대비를 분석할 수 있습니다.

---

[8] https://www.figma.com/community/plugin/1149686177449921115/Use-Contrast
[9] https://www.tpgi.com/color-contrast-checker/

★ 텍스트 콘텐츠와 배경 간의 명도 대비가 4.5:1 이상 기준 적용 예외 유형

1. 비활성 콘텐츠(예: 사용자가 상호작용할 수 없는 버튼, 입력 필드 등)

    사용할 수 없는 상태를 나타내기 위해 명도 대비를 낮춘 회색 컨트롤이나 입력 방지용 서식 등의 비활성 콘텐츠는 이 검사 항목의 적용을 받지 않습니다. 비활성 콘텐츠는 일반적으로 사용자 상호작용이 비활성화되었거나 해당 부분이 접근 불가능한 경우를 나타내기 위해 사용되기 때문에 명도 대비의 기준이나 규칙을 유연하게 적용할 수 있습니다.

2. 장식 목적의 콘텐츠

    단순한 장식 목적으로 사용된 텍스트는 이 검사 항목의 적용을 받지 않습니다. 이러한 예외에 해당하는 콘텐츠는 주된 텍스트 콘텐츠가 아니며, 사용자에게 의미 있는 정보를 제공하지 않는 경우에 해당합니다.

- **[검사 항목 4. 콘텐츠 간의 구분] 이웃한 콘텐츠는 구별할 수 있어야 한다.**

이웃한 콘텐츠는 테두리, 구분선, 서로 다른 무늬 등을 활용하여 시각적으로 명확하게 구분되어야 합니다. 서로 이웃한 콘텐츠를 시각적으로 구분함으로써, 사용자는 콘텐츠 간의 경계를 명확하게 파악할 수 있습니다. 이는 하나의 콘텐츠가 아닌 별개의 영역임을 시각적으로 전달하여 혼동을 최소화하고, 사용자가 콘텐츠를 더 쉽게 이해할 수 있도록 도와줍니다. 따라서 적절한 시각적 구분 요소를 활용하여 이웃한 콘텐츠 간의 시각적 구분을 유지하는 것이 중요합니다.

테두리를 사용해 배경색과의 명도 대비(4.5:1 이상)를 주는 것은 콘텐츠의 명확한 구분을 위한 효과적인 방법 중 하나입니다. 이 외에도 이웃한 콘텐츠를 시각적으로 구분하기 위한 방법에는 다음과 같은 예가 있습니다.

1. 콘텐츠 사이에 시각적인 구분선을 삽입하여 구분
2. 서로 다른 무늬를 이용하여 구분
3. 콘텐츠 배경색 간의 명도대비(채도)를 달리하여 구분
4. 줄 간격 및 글자 간격을 조절하여 구분
5. 기타 콘텐츠를 시각적으로 구분

그림 4.16 간격을 활용한 이웃한 콘텐츠의 구분 예

▶ 기대 효과

- 상지장애(손 운동장애)인을 위한 웹 접근성 향상

  마우스 클릭이 불편한 상지장애인을 위해 이웃한 콘텐츠 사이에 충분한 간격을 두면 콘텐츠를 명확하게 구별하고 조작할 수 있어 더 쉽게 웹페이지를 탐색할 수 있습니다.

- 터치스크린 기기 사용자를 위한 웹 접근성 향상

  이웃한 콘텐츠 간에 충분한 간격을 두면 터치스크린을 사용하는 사용자가 콘텐츠를 쉽게 식별하고 조작할 수 있습니다. 또한 충분한 간격을 제공하면 사용자가 원하는 콘텐츠를 정확하게 선택할 수 있어 더 나은 사용자 경험을 제공합니다.

4.2.2 운용의 용이성

운용의 용이성은 웹사이트를 이용하는 모든 사용자가 장애 유무 등과 관계없이 웹에서 제공하는 모든 기능을 이용할 수 있도록 보장하는 것을 의미합니다. 이를 위해 입력장치 접근성, 충분한 시간 제공, 광과민성 발작 예방, 쉬운 내비게이션, 입력 방식의 5가지 지침을 준수해야 합니다.

● 운용의 용이성 검사 항목

지침	검사 항목
입력장치 접근성	• **(키보드 사용 보장)** 모든 기능은 키보드만으로도 사용할 수 있어야 한다. • **(초점 이동과 표시)** 키보드에 의한 초점은 논리적으로 이동해야 하며, 시각적으로 구별할 수 있어야 한다. • **(조작 가능)** 사용자 입력 및 컨트롤은 조작 가능하도록 제공되어야 한다. • **(문자 단축키)** 문자 단축키는 오동작으로 인한 오류를 방지해야 한다.
충분한 시간 제공	• **(응답시간 조절)** 시간제한이 있는 콘텐츠는 응답시간을 조절할 수 있어야 한다. • **(정지 기능 제공)** 자동으로 변경되는 콘텐츠는 움직임을 제어할 수 있어야 한다.
광과민성 발작 예방	• **(깜빡임과 번쩍임 사용 제한)** 초당 3~50회 주기로 깜빡이거나 번쩍이는 콘텐츠를 제공하지 않아야 한다.
쉬운 내비게이션	• **(반복 영역 건너뛰기)** 콘텐츠의 반복되는 영역은 건너뛸 수 있어야 한다. • **(제목 제공)** 페이지, 프레임, 콘텐츠 블록에는 적절한 제목을 제공해야 한다. • **(적절한 링크 텍스트)** 링크 텍스트는 용도나 목적을 이해할 수 있도록 제공해야 한다. • **(고정된 참조 위치 정보)** 전자출판문서 형식의 웹페이지는 각 페이지로 이동할 수 있는 기능이 있어야 하고, 서식이나 플랫폼에 상관없이 참조 위치 정보를 일관되게 제공·유지해야 한다.
입력 방식	• **(단일 포인터 입력 지원)** 다중 포인터 또는 경로 기반 동작을 통한 입력은 단일 포인터 입력으로도 조작할 수 있어야 한다. • **(포인터 입력 취소)** 단일 포인터 입력으로 실행되는 기능은 취소할 수 있어야 한다. • **(레이블과 네임)** 텍스트 또는 텍스트 이미지가 포함된 레이블이 있는 UI 요소는 네임에 시각적으로 표시되는 해당 텍스트를 포함해야 한다. • **(동작 기반 작동)** 동작 기반으로 작동하는 기능은 UI 요소로 조작할 수 있고, 동작 기반 기능을 비활성화할 수 있어야 한다.

● 입력장치 접근성

• **[검사 항목 1. 키보드 사용 보장] 모든 기능은 키보드만으로도 사용할 수 있어야 한다.**

웹페이지의 모든 기능은 키보드만으로도 쉽게 이용할 수 있어야 합니다. 마우스나 태블릿 PC와 같이 정교한 조작을 요구하는 입력장치를 사용하지 못하는 사용자는 주로 키보드를 이용해 웹페이지를 탐색합니다. 따라서 손이 불편하거나 자유롭게 손을 사용할 수 없는 사용자를 고려하여 마우스로 조작 가능한 기능은 키보드로도 동일하게 조작 가능하도록 구현해야 합니다.

> **NOTE** '키보드만으로 사용할 수 있어야 한다'라는 말은 마우스를 전혀 사용할 수 없다는 의미일까요?
>
> 아닙니다. 사용자는 텍스트 입력을 위해 다양한 입력장치를 사용합니다. 주로 키보드가 많이 사용되지만, 키보드 이외에도 형태는 키보드처럼 보이지 않지만 기능적으로 키보드를 대신하는 입력장치도 사용합니다. 여기에 해당하는 입력장치에는 노트북 및 PDA의 터치패드, 화상키보드, 음성입력장치 등이 있습니다. 이러한 입력장치들은 기능적으로 키보드를 대체할 수 있기 때문에 키보드로 간주합니다. 따라서 '키보드만으로 사용할 수 있어야 한다'라는 말은 마우스를 전혀 사용할 수 없다는 것이 아닌 전통적인 자판 형태의 키보드만으로도 모든 기능을 사용할 수 있어야 한다는 의미입니다.

그림 4.17 화상키보드(가상키보드) 예

▶ 기대 효과

- 시각장애인을 위한 웹 접근성 향상

    시각장애인은 위치 지정 도구, 즉 마우스나 터치패드, 터치스크린처럼 컴퓨터 화면의 특정 지점을 직접 선택하거나 조작하는 장치를 사용할 수 없으므로, 키보드를 활용하여 웹페이지를 탐색합니다. 따라서 모든 기능은 키보드만으로도 사용 가능하도록 제공해야 합니다. 이를 통해 시각장애를 경험하는 사용자는 키보드만으로도 웹페이지의 모든 요소에 접근하고 이용할 수 있습니다.

- 지체장애인을 위한 웹 접근성 향상

    지체장애인처럼 이동성 측면의 장애를 경험하는 사용자는 반복적으로 이동하고 클릭하는 마우스 대신 입이나 이마에 포인터 스틱을 고정해 키보드를 사용합니다. 따라서 모든 기능이 키보드만으로도 사용 가능하도록 제공된다면 이동성 측면의 장애를 경험하는 사용자들도 웹페이지의 모든 요소에 접근하고 이용할 수 있습니다.

> **NOTE** **장애가 없는 사용자에게도 마우스를 사용하기 어려운 상황이 발생할 수 있어요!**
> 마우스로 조작하기 어려운 작은 요소나 정교한 조작이 필요할 때 웹페이지에서 키보드 조작을 지원한다면 사용자는 이를 이용해 더 빠르고 정확한 컨트롤을 할 수 있습니다.

▶ **유형**

1. 키보드 접근이 가능한 버튼

    마우스로 접근 가능한 기능이라면 키보드로도 접근이 가능해야 합니다. 예를 들어 `onclick` 이벤트를 적용한 이미지 요소는 마우스로 정의된 기능을 이용할 수 있지만 키보드로는 접근이 불가능해 키보드 사용자는 해당 기능을 사용할 수 없습니다. 이를 위해 키보드로도 조작 가능하도록 이미지 요소에 초점 이동이 가능하도록 만들고, 마우스의 `onclick` 이벤트와 동일한 기능이 동작하도록 구현해야 합니다.

    그림 4.18 이미지 슬라이드 이동이 가능한 버튼 예

    그림 4.18의 예시처럼 이미지 Carousel을 이전 또는 다음 이미지로 회전시키는 기능을 하는 버튼은 사용자와 상호작용이 필요한 요소입니다. 개발자는 이와 같은 버튼을 구현하기 위해 종종 상호작용이 불가능한 요소를 사용하는 실수를 범하곤 합니다. 이러한 버튼은 단순히 그래픽으로 제공하거나 CSS를 사용해 시각적으로 버튼처럼 보이게만 만드는 경우가 많습니다. 또한 이런 경우 마우스 이용만을 고려해 기능을 구현하는 경우도 있습니다. 예를 들어 `onclick` 또는 `<div>` 태그와 같이 상호작용이 불가능한 요소에 직접 `onclick` 이벤트를 적용하기도 합니다.

하지만 키보드를 이용하는 사용자들도 해당 요소에 정의된 기능을 이용할 수 있도록 해야 하기 때문에 반드시 상호작용이 가능한 태그를 사용해야 합니다.

❌ 잘못 사용한 예시

```
{/* <img> 태그에 onclick 이벤트를 적용 */}
<img src="icon_arrow_prev.png" alt="이전 슬라이드" onClick="handlePrevSlide()" />
<img src="icon_arrow_next.png" alt="다음 슬라이드" onClick="handleNextSlide()" />

{/* <div> 태그에 onclick 이벤트를 적용 */}
<div onClick="handlePrevSlide()">
  <img src="icon_arrow_prev.png" alt="이전 슬라이드" />
</div>
<div onClick="handleNextSlide()">
  <img src="icon_arrow_next.png" alt="다음 슬라이드" />
</div>
```

✅ 올바르게 사용한 예시

```
<button type="button" onClick="handlePrevSlide()">
  <img src="icon_arrow_prev.png" alt="이전 슬라이드" />
</button>
<button type="button" onClick="handleNextSlide()">
   <img src="icon_arrow_next.png" alt="다음 슬라이드" />
</button>
```

★ 키보드 사용 보장의 예외 유형

1. **키보드 인터페이스와 기능**

   모든 콘텐츠 기능은 키보드를 사용하여 이용할 수 있어야 합니다. 사용자가 해당 기능을 사용할 때 필요한 키보드 조작 횟수가 많거나 적은지는 중요한 고려사항이 아닙니다.

2. **예외 콘텐츠**

   위치 지정 도구나 움직임 측정 센서가 필요한 콘텐츠는 예외로 간주합니다. 이러한 콘텐츠에는 붓질 기능이 필요한 콘텐츠, 시뮬레이션 콘텐츠, 지리 정보 응용 콘텐츠, 가상현실 콘텐츠 등이 있습니다. 중요한 점은 예외 콘텐츠라도 위치 지정 도구나 움직임 측정 센서를 이용하는 기능을 제외한 나머지 사용자 인터페이스는 키보드만으로도 사용할 수 있어야 합니다.

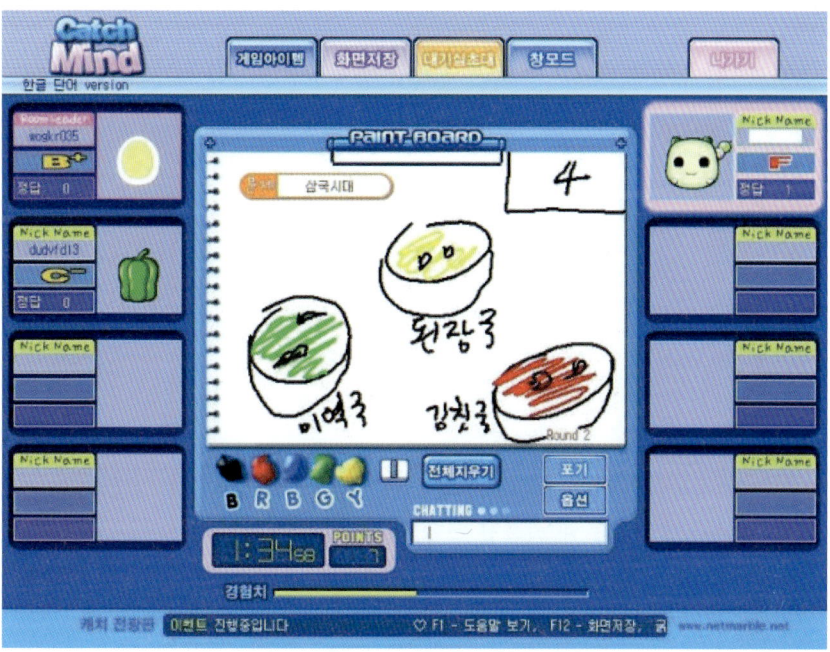

그림 4.19 붓질 기능이 필요한 콘텐츠의 예[10]

- **[검사 항목 2. 초점 이동과 표시] 키보드에 의한 초점은 논리적으로 이동해야 하며, 시각적으로 구별할 수 있어야 한다.**

키보드에 의한 초점 이동은 예측 가능하고 일관되어야 합니다. 그래야 사용자는 콘텐츠를 놓치거나 혼란스러워하지 않고 웹페이지를 더 쉽게 탐색할 수 있습니다. 이러한 예측 가능성과 일관성은 웹페이지의 논리적인 순서[11]와 일치하는 마크업을 통해 구현할 수 있습니다.

초점의 논리적인 순서는 HTML의 마크업 순서에 따라 자동으로 결정되어야 합니다. `tabindex` 속성이나 자바스크립트를 사용하여 초점을 강제로 이동시키는 경우, 논리적인 순서를 무시할 수 있으므로 해당 검사 항목을 준수하지 않은 것으로 간주됩니다. 따라서 해당 검사 항목을 준수하기 위해서는 웹페이지의 논리적인 순서와 일치하도록 마크업하고, 필요한 경우에는 `tabindex` 속성을 사용하여 논리적인 초점 이동을 보장해야 합니다.

---

10 https://cmind.netmarble.net/board/sketch/bbslistview.asp
11 일반적으로 웹페이지의 좌측 상단 영역에서 우측 하단 영역으로 이동하는 것을 의미합니다.

▶ 기대 효과

- 스크린 리더 사용자의 웹 콘텐츠 논리적 탐색 가능

  논리적인 초점 이동은 스크린 리더 사용자가 웹 콘텐츠를 이해하고 요소 간의 상호작용을 예측하는 데 도움을 줍니다. 시각적으로 콘텐츠의 위치를 확인하는 것이 어려운 스크린 리더 사용자는 키보드를 사용하여 웹페이지를 탐색하고 주변 콘텐츠 정보를 얻습니다. 웹페이지의 구조를 논리적인 순서로 제공함으로써 스크린 리더 사용자가 웹 콘텐츠를 이해하고 효과적으로 탐색할 수 있도록 도울 수 있습니다.

  예를 들어 텍스트 입력 필드와 관련된 레이블이 HTML 문서에 순차적으로 작성되어 있다면 레이블 다음에 위치한 텍스트 입력 필드로 초점이 자동으로 이동합니다. 이렇게 논리적인 순서로 초점 이동이 가능하면 스크린 리더 사용자는 입력 필드와 해당 레이블 간의 관계를 명확하게 이해하고 콘텐츠를 올바르게 활용할 수 있습니다.

- 사용자 효율성 향상

  마우스나 키보드 조작을 통해 특정 영역으로 초점을 이동했을 때, 해당 영역이 초점을 받았음을 시각적으로 나타내는 것은 저시력, 고령자, 지체장애인, 일반 사용자에게 모두 도움이 됩니다. 현재 초점이 어디에 있는지 명확하게 시각적으로 알려줌으로써 사용자가 해당 컨트롤을 활성화하거나 사용할 수 있는지를 쉽게 파악할 수 있도록 도와줍니다.

▶ 유형

1. 초점 이동 순서 유지

   초점의 이동 순서는 논리적이고 일관성 있어야 합니다. 키보드를 이용해 초점을 이동하는 사용자가 예측 가능한 순서로 이동하면 사용자는 불편함 없이 콘텐츠를 쉽게 이해할 수 있습니다.

   가장 바람직한 방법은 관례에 따라 콘텐츠를 제공하는 것입니다. 다시 말해, 상식적인 순서로 초점을 이동할 수 있도록 구성하는 것이 좋습니다. 예를 들어 사용자가 아이디를 입력한 후 비밀번호를 입력하고 로그인 버튼으로 초점이 이동하도록 구성하는 것이 좋습니다. 이렇게 사용자 입력 간의 이동 순서를 논리적이고 일관성 있게 유지하면 사용자는 예측 가능한 방식으로 상호작용하고 원하는 작업을 빠르게 수행할 수 있습니다.

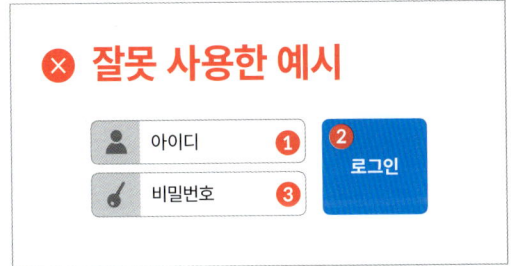 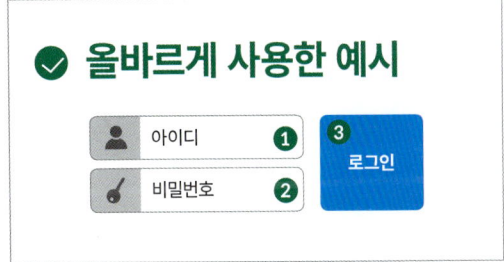

그림 4.20 초점의 순서가 논리적인 로그인 예

❌ 잘못 사용한 예시

```html
<form>
  <label htmlFor="username">아이디</label>
  <input
    type="text"
    id="username"
    name="username"
    placeholder="아이디를 입력하세요."
    required
  />

  <button type="submit">로그인</button>

  <label htmlFor="password">비밀번호</label>
  <input
    type="password"
    id="password"
    name="password"
    placeholder="비밀번호를 입력하세요."
    required
  />
</form>
```

✅ 올바르게 사용한 예시

```html
<form>
  <label htmlFor="username">아이디</label>
  <input
    type="text"
    id="username"
    name="username"
    placeholder="아이디를 입력하세요."
    required
```

```
  />
  <label htmlFor="password">비밀번호</label>
  <input
    type="password"
    id="password"
    name="password"
    placeholder="비밀번호를 입력하세요."
    required
  />

  <button type="submit">로그인</button>
</form>
```

2. 함정 또는 오류 방지

사용자가 웹 콘텐츠를 탐색하는 중에 키보드 조작이 중단되는 상황은 피해야 합니다. 예를 들어 웹페이지에서 레이어 팝업이 나타날 경우, 초점을 레이어 팝업 자체 또는 그 안의 첫 번째 콘텐츠로 이동하도록 구현해야 합니다. 또한 레이어 팝업을 닫을 경우 레이어 팝업이 노출되기 전에 보고 있던 콘텐츠로 초점이 복귀해야 합니다. 그래야 사용자는 키보드 조작을 통해 웹 콘텐츠를 계속해서 탐색할 수 있습니다.

> **NOTE 참고하기**
> 이와 관련한 예제는 7.2절 'Dialog(Modal)'에서 자세히 알아봅니다.

3. 초점의 시각화

초점 이동이 가능한 요소는 시각적으로 구분되어야 합니다. 초점이 이동한 요소에 점선의 사각형이 아니더라도 실선, 밑줄 등을 적용해 시각적으로 구분이 가능하도록 해야 합니다. 하지만 대부분의 웹페이지에서는 디자인 측면에서 아름답지 않다는 이유로 일부러 초점을 제공하지 않는 실수를 범하곤 합니다. 초점을 제공하지 않으면 키보드로만 웹페이지를 이용하는 사용자는 현재 키보드 초점이 어디에 있는지 알기 어려워 웹페이지를 탐색하는 데 불편을 겪을 수 있습니다. 따라서 사용자가 현재 초점의 위치를 이해할 수 있게 도와 원하는 콘텐츠를 쉽게 탐색할 수 있도록 해야 합니다.

> **NOTE** 초점 노출에 시간제한을 두면 해당 검사 항목을 준수하면서 디자인적인 측면에서도 만족할 수 있지 않나요?
>
> 그렇지 않습니다. 시각적으로 인식 가능한 초점 표시는 시간제한이 없어야 합니다. 시간제한이 있는 경우 인지 능력이나 반응 속도가 느린 사용자, 활동 제어에 어려움을 겪는 사용자에게 충분한 시간이 주어지지 않아 콘텐츠를 인식하고 반응하기 어려움을 느낄 수 있습니다.

그림 4.21 링크가 있는 요소의 초점 시각화 예

✕ 잘못 사용한 예시

```
<a href="#" target="_blank" onFocus={() => blur()}>
  <img src="album.png" alt="액자 상품" />
  <strong>액자</strong>
  <span>#맞춤 액자</span>
  <span>#상담 없이 나만의 액자 제작</span>
</a>
```

```
a {
  outline: 0;
  outline: none;
}
```

✅ **올바르게 사용한 예시**

```html
<a href="#" target="_blank">
  <img src="album.png" alt="액자 상품" />
  <strong>액자</strong>
  <span>#맞춤 액자</span>
  <span>#상담 없이 나만의 액자 제작</span>
</a>
```

```css
a:focus-visible {
  outline-color: blue;
  outline-offset: 1px;
  outline-style: auto;
}
```

> **NOTE 참고하기**
> 대부분의 브라우저에서는 기본적으로 초점을 받은 링크에 대해 시각적으로 표시해줍니다.

- **[검사 항목 3. 조작 가능] 사용자 입력 및 컨트롤은 조작 가능하도록 제공되어야 한다.**

웹페이지에서 제공하는 모든 이웃한 컨트롤은 충분히 큰 크기로 제공되어야 하며, 사용자는 각 컨트롤을 개별적으로 선택하고 사용할 수 있어야 합니다. 이를 위해 각 컨트롤은 대각선 길이가 최소 6.0mm 이상이어야 하며, 이웃한 컨트롤 간에는 1px 이상의 여백을 두어야 합니다.

▶ **기대 효과**

- 컨트롤 조작의 정확도 향상

  컨트롤 영역을 크게 구현하면 손 떨림이 있는 사용자나 저시력 사용자도 컨트롤을 쉽게 찾아서 조작할 수 있습니다. 손 떨림이 심하여 미세한 조작이 어려운 사용자는 작은 영역을 정확하게 터치하는 것이 어렵습니다. 또한 시각적으로 작은 요소를 찾기 어려운 저시력 사용자는 컨트롤 크기가 작은 경우 이를 찾아 조작하는 데 어려움을 느낍니다. 따라서 사용자가 각 요소를 쉽게 찾고 상호작용할 수 있도록 충분한 크기와 여백을 갖게끔 컨트롤 영역을 제공해야 합니다.

▶ 유형

1. 컨트롤의 크기

    콘텐츠에 포함된 기능을 제공하는 모든 컨트롤의 조작 가능 범위는 대각선 방향의 길이를 6.0mm 이상으로 제공하는 것이 바람직합니다.

그림 4.22 버튼의 대각선 길이 예시(출처: Daum)

> **NOTE 웹, 모바일의 조작 가능한 요소의 크기**
>
> 웹에서 조작 가능한 요소의 크기는 대각선 방향으로 6.0mm 이상, 모바일에서는 9.0mm 이상이 되어야 하며, 이를 통해 터치 오류를 최소화할 수 있습니다.
>
> 컨트롤의 크기를 대각선의 밀리미터(mm) 길이 기준으로 작업하려면 개발자 입장에서는 크기를 어떻게 설정해야 할지 어려움을 느낄 수 있습니다. WCAG에서는 컨트롤 크기에 대해 좀 더 친숙한 기준을 제시하고 있는데, 이를 살펴봄으로써 해당 검사 항목을 좀 더 쉽게 이해할 수 있습니다.
>
> WCAG 2.2에서는 몇 가지 예외사항을 제외하고는 포인터 입력(마우스, 펜, 터치 등) 대상의 최소 크기를 24px×24px로 제공할 것을 권장하고 있습니다. 화면의 크기와 해상도에 따라 차이가 있겠지만 보통 1인치는 25.4mm로 변환하여 사용합니다. 이를 기준으로 24px을 밀리미터로 변환하면 약 6.35mm로 계산됩니다. 따라서 컨트롤의 크기가 대각선 방향의 길이 6.0mm 이상으로 제공하는 것은 WCAG에서 권장하는 최소 크기인 24px×24px을 제공하는 것과 유사하다고 볼 수 있습니다.
>
> (참고: https://www.w3.org/WAI/WCAG22/Understanding/target-size-minimum.html)

2. 링크, 사용자 입력, 기타 컨트롤 등의 안쪽 여백

    링크, 사용자 입력, 기타 컨트롤 등이 이웃한 경우에는 각 컨트롤을 구분하기 쉽게 1px 이상의 여백이 존재하도록 제공해야 합니다. 이 여백 영역에서는 위치 지정 도구(마우스 등)의 조작에 반응하지 않도록 구현해야 사용자는 컨트롤이 연달아 존재하더라도 각 컨트롤을 쉽게 구분하여 조작의 정확도가 높아집니다.

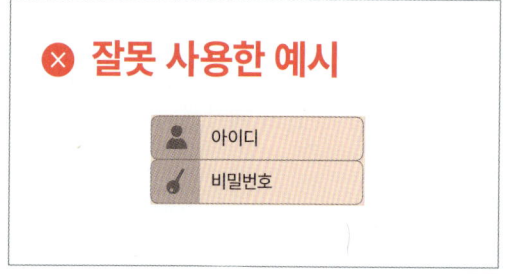
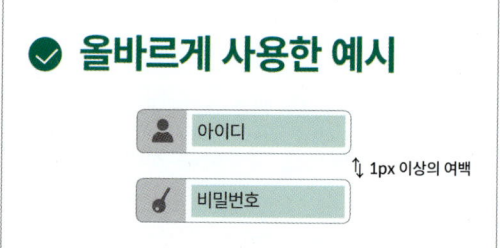

그림 4.23 이웃한 입력 필드 여백 예시

- **[검사 항목 4. 문자 단축키] 문자 단축키는 오동작으로 인한 오류를 방지해야 한다.**

웹사이트를 사용할 때 자주 사용하는 기능을 빠르고 간편하게 이용하기 위해 키보드 단축키를 활용할 수 있습니다. 이를 위해서는 단축키가 효과적으로 설계되어야 합니다. 하지만 장애가 있는 사용자는 문자 단축키로 인해 오히려 원하는 기능을 사용하지 못하거나 원하지 않는 기능이 사용되는 등 불편함을 경험할 수 있습니다. 따라서 단일 문자 단축키(예: 대/소문자, 구두점, 기호 등 글자키나 숫자키 또는 특수문자키)를 제공하는 경우 오류를 방지하기 위하여 다음 중 하나 이상을 충족해야 합니다.

- 단축키를 비활성화하는 기능
- 단축키를 재설정할 수 있는 기능
- 초점을 받은 경우에만 단축키를 활성화하는 기능

▶ 기대 효과

- 오동작 방지

    문자 단축키를 설정할 때 오동작으로 인한 오류를 방지할 수 있도록 해야 합니다. 문자 단축키를 설정할 때는 사용자들이 쉽게 이해할 수 있는 문자를 사용하고, 중복되는 문자가 없도록 해야 합니다. 이는 음성명령 사용자가 음성을 사용하여 입력을 하고자 하는 경우, 의도하지 않게 단일 문자 단축키를 실행하는 오동작을 방지할 수 있습니다.

- 단일 문자 단축키 사용 오류 방지

    손 사용이 원활하지 않은 사용자는 실수로 단축키를 누를 가능성이 큽니다. 단일 문자 단축키의 사용 오류를 방지하기 위해 단축키 설정을 변경할 수 있어야 합니다. 예를 들어 단일 문자 단축키를 끄거나 문자가 아닌 키(예: 기능 키, Shift, Ctrl 등)를 하나 이상 포함하도록 단축키를 재설정하여 사용자가 원하지 않는 단일 문자 단축키를 피할 수 있습니다. 이를 통해 손 사용에 어려움이 있는 사용자들도 좀 더 안전하고 편리하게 웹 콘텐츠를 이용할 수 있습니다.

- 인지장애인의 웹 접근성 향상

  단축키를 재설정할 수 있도록 하면 인지장애가 있는 사용자에게 도움을 줄 수 있습니다. 인지장애를 가지고 있는 사용자가 자주 사용하는 기능을 단축키로 재설정하게 된다면 일관된 단축키를 사용하여 사용자들이 쉽게 적응할 수 있게 도울 수 있습니다.

▶ **유형**

1. 단축키 비활성화

   단축키를 끌 수 있는 기능을 제공해야 합니다. 효과적으로 단축키를 설정하고 할당했음에도 불구하고 실질적으로 이를 사용하는 사용자는 불편함을 느낄 수 있습니다. 특히 음성명령 사용자의 경우, 단일 단축키가 켜져 있으면 여러 단축키를 실행할 수 있어 의도하지 않은 기능이 실행되어 혼란을 줄 수 있습니다.

   예를 들어 음성입력 사용자 'Kim'이 있습니다. 이 사용자는 웹 메일 사용 중이며 기본 창에 포커스를 두고 있습니다. 이 웹 메일에서는 단일 단축키로 메시지 탐색을 'K', 보관을 'Y', 음소거를 'M'으로 설정하여 기본적으로 사용할 수 있도록 제공하고 있습니다. 이때 누군가 'Hey, Kim'이라고 말하면 음성입력이 의도치 않게 실행되며 현재 메시지를 보관(Y)하고, 다음 메일을 탐색(K)하며 음소거(M) 기능이 실행됩니다. 따라서 사용자가 실수로 여러 단축키가 동시에 실행되는 것을 방지하기 위해 단일 문자 단축키를 끌 수 있는 옵션을 제공해야 합니다.

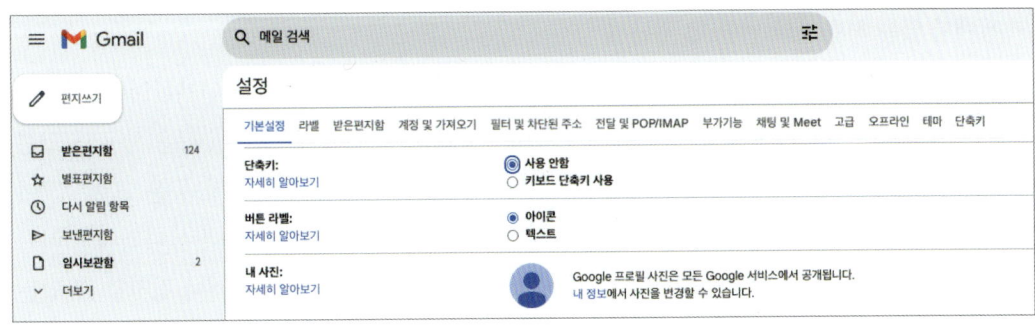

그림 4.24 **Gmail의 단축키 비활성화 기능**

2. 단축키 재설정

   ⌈Ctrl⌋, ⌈Alt⌋, ⌈Shift⌋, ⌈Option⌋, ⌈Command⌋ 등과 같은 기능키를 한 개 이상 조합하여 단축키를 재설정할 수 있어야 합니다. 그림 4.24와 같이 단축키를 재설정할 수 있는 기능의 제공이 필요합니다.

그러면 인지장애를 경험하는 사용자는 자주 사용하는 단축키를 설정해 일관된 작업 방식을 유지하여 쉽게 웹 메일을 작성하고 탐색하는 것이 가능해집니다. 또한 장애를 가지지 않은 사용자도 자신이 원하는 단축키를 설정할 수 있어 편의성이 향상될 뿐만 아니라 업무 효율성을 높일 수 있어 편리합니다.

3. 초점을 받은 경우에만 활성화

웹페이지 내의 요소가 초점을 받을 때만 단축키가 활성화되도록 해야 합니다. 이렇게 하면 사용자가 해당 요소로 쉽게 이동할 수 있고, 원하는 작업을 키보드를 통해 빠르게 수행할 수 있습니다.

● **충분한 시간 제공**

- **[검사 항목 1. 응답시간 조절] 시간제한이 있는 콘텐츠는 응답시간을 조절할 수 있어야 한다.**

웹 콘텐츠 제작 시 시간제한이 있는 콘텐츠는 가급적 포함하지 않는 것이 바람직합니다. 하지만 보안 등의 사유로 제한된 시간이 필요하다면 사용자가 읽고 사용할 수 있는 충분한 시간을 제공해야 합니다. 하지만 제한된 시간은 보통 일반적인 사용자의 수준에 맞추어 적용된 경우가 많습니다. 하지만 장애가 있는 사용자는 정보를 습득하거나 기능을 이용할 때 더 많은 시간이 필요할 수 있으며, 시간제한이 이를 방해할 수 있습니다. 따라서 사용자가 제한시간을 멈추거나 회피할 수 있는 방법을 제공하여 모든 사용자가 충분한 시간 동안 정보를 인식할 수 있도록 해야 합니다.

▶ 기대 효과

- 장애가 있는 사용자를 위한 웹 접근성 향상

문서를 읽고 이해하는 데 더 많은 시간이 필요한 장애가 있는 사용자도 시간제한이 있는 콘텐츠를 시간에 관계없이 이용할 수 있습니다. 인지가 느리거나 학습에 장애가 있는 사용자, 고령자, 시각이나 지각에 장애가 있는 사용자, 주의력 결핍 장애가 있는 사용자 등은 제한시간이 있는 콘텐츠의 지시 사항을 수행하지 못하거나 이해하기 어려워할 수 있습니다. 따라서 이러한 사용자가 콘텐츠를 충분히 이해하고 수행할 수 있도록, 제한시간을 연장하거나 정지할 수 있는 기능을 제공하는 것이 중요합니다.

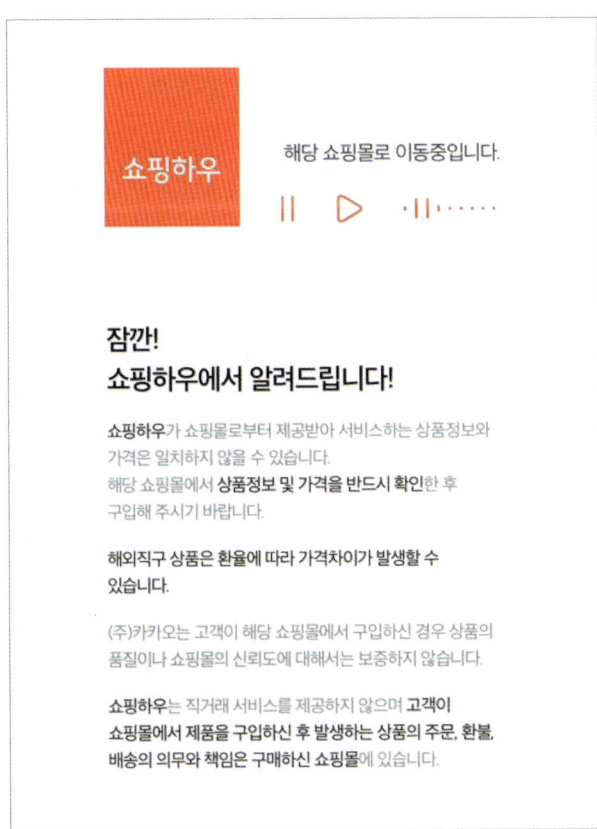

그림 4.25 **페이지 자동 전환이 되는 경우 연장 또는 해제 가능 수단을 제공한 예시**

▶ 유형

1. 시간제한 콘텐츠 사용 배제

    정보에 접근하거나 작업을 수행하는 데 시간제한이 있는 경우 사용자는 불편함을 느낄 수 있습니다. 장애가 없더라도 텍스트를 빠르게 읽기 어려운 사용자도 마찬가지이지만 특히 시각장애가 있는 사용자의 경우 더 많은 시간을 필요로 할 수 있습니다. 스크린 리더를 사용하는 시각장애인은 정보를 순차적으로 탐색하고 이해하기 때문에 제한된 시간 내에 콘텐츠를 이해하고 작업을 수행하는 것이 어려울 수 있습니다. 따라서 모든 사용자가 콘텐츠에 쉽게 접근할 수 있도록 웹 콘텐츠를 제공할 때, 시간제한이 있는 콘텐츠는 제공하지 않는 것이 바람직합니다.

2. 반응시간 조절이 필요한 콘텐츠

    반응시간이 정해진 웹 콘텐츠를 사용자가 이용할 수 있도록 하기 위해서는 다음 중 한 가지 방법을 선택하여 반응시간을 조절할 수 있는 수단을 제공해야 합니다.

- 시간제한 해제: 지정된 시간제한 내에 작업을 완료할 수 없는 사용자에게 시간제한을 해제할 수 있게 합니다. 예를 들어 1분마다 자동으로 업데이트되는 뉴스 헤드라인 목록이 있는 경우, 업데이트를 끌 수 있는 수단을 제공해야 합니다.
- 시간제한 연장: 충분한 시간(최소 20초 이상)을 두고 사전에 시간제한의 연장이 가능함을 사용자에게 알려줍니다. 예를 들어 보안상의 이유로 인증 번호를 확인하기 위해 시간제한을 적용하는 경우, 사용자가 시간제한을 연장할 수 있는 수단을 제공해야 합니다.

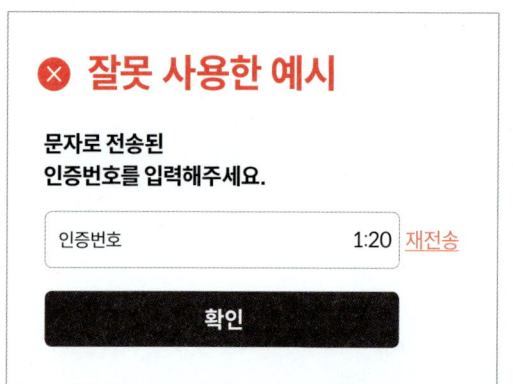 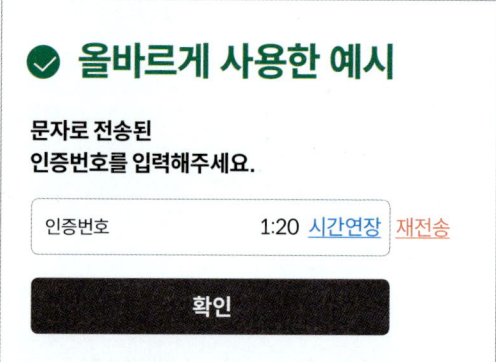

그림 4.26 제한 시간 연장 방법을 제공한 인증번호 입력 화면의 예시

★ 충분한 시간 제공의 예외 유형

1. 반응시간 조절이 필요한 콘텐츠

   온라인 경매, 실시간 게임, 듣기평가용 콘텐츠 등과 같이 정해진 시간이 해당 콘텐츠의 중요한 목적이 되거나 수단이 되어 반응시간 조절이 원칙적으로 허용되지 않는 경우 해당 검사 항목이 적용되지 않습니다. 하지만 이러한 예외의 경우에도 사용자에게 시간제한에 대해 미리 안내하고, 제한된 시간이 종료된 후에도 이를 알려주어야 합니다. 또한 세션 시간이 20시간 이상인 콘텐츠의 경우에도 본 검사 항목이 적용되지 않습니다.

- **[검사 항목 2. 정지 기능 제공] 자동으로 변경되는 콘텐츠는 움직임을 제어할 수 있어야 한다.**

자동으로 변경되는 콘텐츠는 스크롤되는 배너, 뉴스, 실시간 검색어 등과 같이 자동으로 움직이는 콘텐츠를 의미합니다. 이러한 종류의 콘텐츠를 사용할 경우, 사용자가 충분한 시간을 가지고 콘텐츠를 읽을 수 있도록 일시정지할 수 있는 수단을 제공해야 합니다. 만약 자동으로 변경되는 콘텐츠에 제어 수단이 없다면 사용자는 원하는 정보를 확인하고 이해하는 데 더 많은 시간이 소비되어 불편함을 느낄 수 있습니다.

정지, 이전, 다음 버튼을 반드시 제공하지 않더라도 해당 기능을 다른 방식으로 제공한다면 검사 항목을 준수한 것으로 인정됩니다. 예를 들어 자동으로 변경되는 배너를 사용하는 경우, 해당 배너 주변에 '배너 전체 목록 보기'와 같은 대체 수단을 제공하면 사용자는 페이지 내에서 해당 콘텐츠를 전체적으로 확인할 수 있기 때문에 해당 검사 항목을 준수한 것으로 인정합니다.

> **CAUTION**
> 정보 전달의 목적이 아닌 의미 없는 디자인 요소(비주얼, 장식 등)로 구성된 자동으로 변경되는 콘텐츠의 경우는 해당 검사 항목에서 제외됩니다.

▶ 기대 효과

- 장애가 있는 사용자를 위한 웹 접근성 향상

  빠르게 자동으로 변하는 콘텐츠를 인식하는 데 오랜 시간을 필요로 하는 지체장애가 있는 사람들, 고령자, 뇌병변 장애가 있는 사람들도 웹 콘텐츠를 이용할 수 있습니다. 이와 같은 장애가 있는 사용자는 글 읽는 속도가 느리거나 마우스 조작이 어려워 스크롤되는 뉴스 콘텐츠에서 원하는 뉴스를 찾기 어려울 수 있습니다. 이러한 사용자들이 원하는 뉴스뿐만 아니라 이미 지나간 뉴스도 손쉽게 확인할 수 있도록 정지, 이전, 다음 등과 같이 자동으로 변하는 콘텐츠를 제어할 수 있는 수단을 제공해야 합니다. 이를 통해 원하는 콘텐츠를 확인하고 이미 지나간 내용을 손쉽게 찾을 수 있습니다.

▶ 유형

1. **이동하거나 스크롤되는 콘텐츠**

   스크롤 및 자동 갱신되는 콘텐츠는 한정된 공간에서 더 많은 정보를 노출하려는 목적으로 사용됩니다. 이때 사용자의 의도와는 관계없이 콘텐츠가 일방적으로 자동 갱신되기 때문에 사용자는 해당 콘텐츠를 이해하기 위해 더 많은 시간을 허비하게 됩니다. 따라서 불가피하게 자동 갱신을 사용하는 경우, 사용자가 원할 때만 콘텐츠를 업데이트하거나 이동할 수 있도록 제어할 수 있는 수단을 제공해야 합니다. 정지, 이전, 다음과 같은 제어수단을 반드시 버튼 형태로만 제공해야 하는 것은 아니며, 스크롤 및 자동 갱신되는 콘텐츠에 키보드 초점과 마우스의 커서가 존재하는 경우에는 정지된다면 동등한 기능을 제공한 것으로 간주합니다.

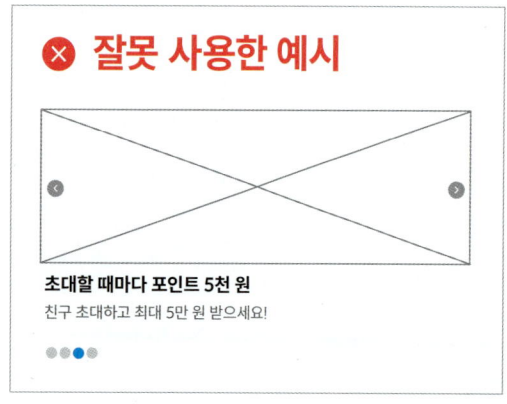 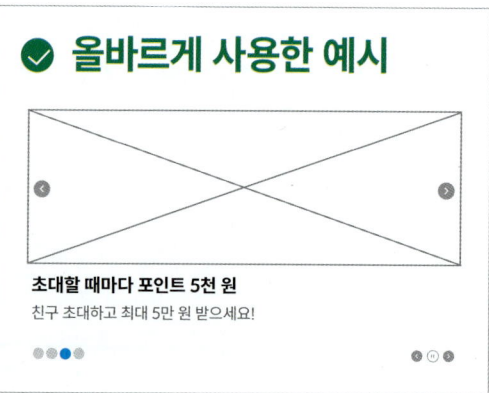

그림 4.27 자동으로 움직이는 콘텐츠를 제어하는 예시

● 광과민성 발작 예방

- **[검사 항목 1. 깜빡임과 번쩍임 사용 제한] 초당 3~50회 주기로 깜빡이거나 번쩍이는 콘텐츠를 제공하지 않아야 한다.**

깜빡이거나blinking 번쩍이는flashing 콘텐츠는 사용자의 시선을 끌어 주목시키려는 목적으로 주로 사용됩니다. 하지만 깜빡이거나 번쩍이는 콘텐츠의 사용은 광과민성 장애를 경험하는 사용자에게 위험할 수 있으며, 주의집중력 장애를 경험하는 사용자는 오히려 웹 콘텐츠에 집중하기 어려울 수 있습니다. 따라서 초당 3-50회 주기로 깜빡이거나 번쩍이는 콘텐츠를 사용할 때는 반드시 사전에 경고하거나 아예 제작하지 않는 것이 중요합니다.

▶ 기대 효과

- 광과민성 장애를 경험하는 사용자를 위한 웹 접근성 향상

    광과민성 장애를 경험하는 사용자도 웹 콘텐츠에 접근이 가능해집니다. 광과민성 장애를 경험하는 사용자는 순간적으로 번쩍거리는 빛에 민감하게 반응하여 발작을 일으킬 수 있습니다.

    깜빡이거나 번쩍이는 모든 콘텐츠가 위험한 것은 아니며, 명도 대비나 특히 빨간색과 파란색 계열 등 채도 대비가 큰 화면이 연속적으로 오랜 시간 동안 초당 3~50회 주기로 깜빡이거나 번쩍이는 경우 문제가 됩니다. 초당 2회 이하로 깜빡이는 콘텐츠는 문제를 일으키지 않습니다.

- 주의집중력 장애를 경험하는 사용자를 위한 웹 접근성 향상

    주의집중에 어려움이 있는 사용자도 지속적으로 번쩍거림이 있는 콘텐츠에 집중할 수 있으며 응시가 가능해집니다. 광고 배너, 이미지 등이 과도하게 움직이는 경우, 주의집중에 어려움이 있는 사용자뿐만 아니라 일반 사용자도 움직이는 콘텐츠로 인해 주의가 산만해지고 집중력이 떨

어질 수 있습니다. 움직임이나 깜빡이는 콘텐츠를 제공할 경우 깜빡임의 주기와 크기, 변화의 정도는 3초 미만으로 제공하여 사용자가 움직임, 번쩍임, 깜빡임으로 인한 불편함을 겪지 않도록 해야 합니다.

▶ 유형

1. 깜빡이거나 번쩍이는 콘텐츠를 제공할 경우

    깜빡이거나 번쩍이는 콘텐츠를 제공할 경우 다음과 같은 해결 방안들 중 하나만 충족하면 됩니다.

    - 웹페이지에 포함되는 콘텐츠의 번쩍이는 시간을 3초 미만으로 제한: 광과민성 증후 환자, 학습장애인, 저시력장애인 등에게 콘텐츠의 중요성을 알리면서 발작을 예방할 수 있습니다.
    - 깜빡임을 정지할 수 있는 수단을 제공: 예를 들어 웹페이지 전체에 광과민성 발작증상을 일으킬 가능성이 있는 동영상을 제공할 경우 사용자에게 사전에 경고가 필요합니다. 또한 즉시 중단할 수 있는 기능을 제공해야 하며, 이 기능은 마우스나 키보드 등의 입력장치로도 접근할 수 있도록 해야 합니다.

그림 4.28 광과민성 발작 유발 위험이 있는 콘텐츠로부터 이용자를 보호하는 기능을 제공하는 서비스 예시[12]

    - 번쩍임이 초당 3-50회이며, 10인치 이상의 화면에 표시된 번쩍이는 콘텐츠가 차지하는 면적의 합이 화면 전체 면적의 10% 미만으로 제공: 10인치 이상의 스크린을 사용하고 있는 정보통신기기(태블릿 기기, PC 모니터, 무인 안내기 등)에서는 콘텐츠에 의한 광과민성 발작 가능성을 특히 주의해야 합니다.

---

[12] https://www.tiktok.com/accessibility/ko-kr/

> **NOTE** 포켓몬 쇼크: 애니메이션과 광과민성 발작의 경각심 부른 사례
>
> 깜빡임과 번쩍임으로 인한 광과민성 발작을 유발한 사례로는 1997년 일본에서 발생한 '포켓몬 쇼크' 사건이 있습니다. 당시 인기 애니메이션 작품인 <포켓몬스터>를 시청하던 어린이들이 발작을 일으킨 사건입니다. '포켓몬스터 38화 전뇌전사 폴리곤' 편을 본 일본의 어린이 중 750명이 발작을 일으켰으며, 이 중 135명이 입원했습니다. 사건 발생 후 광과민성 증후군에 대한 경각심이 높아지면서 어린이들이 보는 애니메이션에는 번쩍이거나 화면이 켜졌다 꺼지는 듯한 점멸 효과를 최대한 사용하지 않게 됐습니다. 사용자의 시선을 유도하기 위한 깜빡임과 번쩍임 사용 제한 검사 항목을 잘 설명하는 사례라고 할 수 있습니다.

● **쉬운 내비게이션**

• **[검사 항목 1. 반복 영역 건너뛰기] 콘텐츠의 반복되는 영역은 건너뛸 수 있어야 한다.**

내비게이션 영역은 주로 모든 웹페이지에 공통적으로 들어 있는 메뉴 목록과 그 메뉴를 구성하는 링크들로 구성되어 있으며, 모든 페이지에 걸쳐 반복적으로 제공됩니다. 시각을 이용해 내비게이션 영역을 인식할 수 있는 사용자는 바로 정보 제공 영역으로 이동할 수 있습니다. 하지만 스크린 리더 사용자나 키보드로만 웹페이지를 탐색하는 사용자는 Tab 키를 이용해 순차 탐색을 하기 때문에 웹페이지를 리프레시하거나 리로딩할 때마다 페이지 앞부분에 제공되는 내비게이션 영역을 탐색한 후에 정보 제공 영역으로 이동할 수 있습니다. 이는 동일한 내비게이션 영역을 반복적으로 탐색하게 하여 사용자에게 불편함을 줍니다. 따라서 사용자가 반복 영역을 바로 건너뛰어 정보 제공을 하는 핵심 영역으로 직접 이동할 수 있는 수단을 제공해야 합니다.

> **CAUTION**
>
> 건너뛰기 링크에 대한 대체 텍스트 링크 텍스트는 어떤 영역을 우회하는지 또는 목적지가 어디인지 명확하게 표시해야 합니다.

▶ **기대 효과**

• **시각 및 지체장애인을 위한 웹 접근성 향상**

키보드를 사용해 웹페이지를 탐색하는 시각 및 지체장애인도 빠르게 정보 제공 영역으로 이동할 수 있습니다. 순차 탐색으로 인한 수많은 키보드 조작은 신체적 장애가 있는 사용자에게는 고통을 줄 수도 있습니다. 하지만 마우스를 사용하는 사용자와 동일하게 원하는 영역으로 바로 이동할 수 있도록 건너뛰기 링크를 제공하면 키보드 사용자는 몇 번의 키보드 조작을 통해 주요 콘텐츠에 빠르고 쉽게 접근할 수 있습니다.

▶ 유형

1. 반복 영역을 건너뛸 수 있는 수단 제공

   건너뛰기 링크는 반복 영역이 있는 모든 웹페이지의 최상단에 일정한 위치에 있어야 하며, 사용법과 모양이 모든 페이지에 동일하게 제공되어야 합니다. 건너뛰기 링크가 필요하지 않은 사용자의 입장에서는 오히려 시각적인 혼란을 주어 방해가 될 수 있기 때문에 화면에 나타나지 않아야 합니다. 이를 위해 CSS를 사용하여 건너뛰기 링크를 숨기고, 키보드 초점을 받는 경우에만 화면에 노출해 키보드로 조작할 수 있도록 해야 합니다.

```html
<body>
  <div id="skip_nav">
    <a href="#contents">본문 바로가기</a>
    <a href="#gnb">주메뉴 바로가기</a>
  </div>
  <header>
    {/* href 값 연결 */}
    <div id="gnb">...</div>
  </header>
  {/* href 값 연결 */}
  <div id="contents">...</div>
</body>
```

건너뛰기 링크를 화면에서 숨기기 위해 `display: none` 또는 `visibility: hidden`을 사용하면 화면에 보이지 않지만 키보드로도 접근할 수 없게 됩니다. 따라서 키보드 초점을 받은 경우에만 건너뛰기 링크가 표시되도록 구현해야 합니다. CSS의 `:focus`를 활용하여 사용자가 키보드 [Tab] 키를 이용해 건너뛰기 링크가 초점을 받도록 선택한 경우 노출되게 합니다.

```css
#skip_nav a {
  position: absolute;
  /* 화면 좌측 최상단에서 미노출되도록 적용 */
  top: -40px;
  left: 0px;
  z-index: 100;
}

#skip a:focus {
  /* 건너뛰기 링크가 초점을 받은 경우 노출 */
  transform: translateY(40px);
}
```

그림 4.29 건너뛰기 링크 제공 준수 예시(출처: Daum)

2. 여러 개의 건너뛰기 링크 제공

정보 제공 영역에 다수의 콘텐츠를 제공하는 경우 여러 개의 건너뛰기 링크를 제공할 수 있습니다. 하지만 건너뛰기 링크도 반복되는 영역 중 하나이기 때문에 여러 개의 건너뛰기 링크를 제공할 경우 사용자에게 불편함을 줄 수 있습니다. 따라서 핵심 콘텐츠에 한해서만 바로 이동할 수 있는 링크를 제공해야 합니다. 여러 개의 건너뛰기 링크를 제공하는 경우 핵심 영역으로 이동하기 위한 건너뛰기 링크를 가장 먼저 나타내야 합니다.

3. 시각적인 구현

건너뛰기 링크는 키보드 조작 횟수를 줄일 수 있게 하여 시각장애인뿐만 아니라 지체장애인도 효과적으로 웹 콘텐츠 탐색을 가능하게 합니다. 따라서 건너뛰기 링크는 키보드 조작을 통해 화면에 보이도록 구현하여 지체장애인이 키보드를 사용해 핵심 영역으로 이동할 수 있게 해야 합니다.

- **[검사 항목 2. 제목 제공] 페이지, 프레임, 콘텐츠 블록에는 적절한 제목을 제공해야 한다.**

제목은 사용자가 웹 콘텐츠를 쉽게 탐색하고 이해할 수 있도록 제공해야 합니다. 페이지, 프레임, 콘텐츠 블록에 제목을 제공하게 되면 해당 콘텐츠가 어떤 내용을 담고 있는지 사용자는 유추가 가능합니다. 이는 웹사이트를 쉽게 탐색할 수 있게 도와주는 기준이 되어 사용자가 웹 콘텐츠를 확인할 수 있도록 안내하는 역할을 합니다. 제목을 제공할 때는 간단 명료하게 사용하고, 각 페이지의 제목은 유일해야 합니다. 만약 페이지의 모든 제목이 동일하거나 제목이 없다면 스크린 리더 사용자나 인지능력이 낮은 사용자는 페이지가 변경되어도 어떤 페이지인지 판단하기 어려워 혼란을 겪을 수 있습니다.

▶ 기대 효과

- 웹페이지 간 이동의 편리함

    모든 웹페이지에 고유한 제목을 지정하여 사용자가 페이지를 편하게 이동하도록 도와줄 수 있습니다. 동시에 여러 개의 웹페이지가 열려 있어도 각 페이지의 제목을 확인하여 원하는 페이지를 바로 찾을 수 있습니다.

- 장애가 있는 사용자를 위한 웹 접근성 향상

    시각장애인, 지적장애인, 중증지체장애인도 제목을 통해 콘텐츠를 이해하고, 서로 다른 콘텐츠 영역을 쉽게 구분하며 이동할 수 있습니다. 이때, 같은 페이지 내에 여러 콘텐츠가 있을 경우 각 콘텐츠 블록의 제목은 서로 다르게 설정해 구분할 수 있도록 해야 합니다.

▶ 유형

1. 웹페이지 제목 제공

    HTML을 이용해 구성한 웹페이지에는 해당 페이지를 간단명료하게 설명하는 제목을 제공해야 합니다. 또한 제목은 서로 다른 고유한 제목이어야 하며 문서의 목적을 포함해야 합니다. 사용자는 여러 개의 웹페이지가 열려 있어도 제목을 통해 확인하고자 하는 웹페이지를 선택할 수 있습니다. 사용자는 `<title>` 태그를 통해 제공된 제목으로 직접 페이지의 내용을 탐색하지 않아도 문서의 용도를 직관적으로 알 수 있습니다.

❌ 잘못 사용한 예시

```html
<html>
  <head>
    <title>한눈에 보는 오늘 : 네이트</title>
  </head>
  <body>
    ...
  </body>
</html>
```

✅ 올바르게 사용한 예시

```html
<html>
  <head>
    <title>
      연 1.7% 학자금 대출도 못 갚은 청년, 4년 만에 7배 늘었다 : 네이트 뉴스
```

```
        </title>
    </head>
    <body>
        ...
    </body>
</html>
```

그림 4.30 페이지 제목이 내용과 의미가 동일한 예시[13]

---

13 https://news.nate.com/recent

2. 팝업 창 제목 제공

   팝업 창에는 반드시 명확한 제목을 제공해야 합니다. 팝업 창의 제목은 사용자가 팝업의 내용이 무엇인지 이해하는 데 도움이 됩니다.

   ❌ 잘못 사용한 예시

   ```
   <div className="dialog">
     <em className="title">{...}</em>
     <p className="description">{...}</p>
   </div>
   ```

   ✅ 올바르게 사용한 예시

   ```
   <div className="dialog">
     {/* <h2> 태그를 통한 제목 제공 */}
     <h2 className="title">{...}</h2>
     <p className="description">{...}</p>
   </div>
   ```

   > **NOTE** **Dialog 타이틀에 `<h2>`를 사용하는 이유?**
   >
   > `<main>` 태그 내부에 이미 `<h1>` 태그가 있다고 가정하면 `<h2>` 태그를 사용해 메인이 되는 페이지의 하위에 속한다는 것을 스크린 리더 사용자에게 알려줄 수 있습니다. 팝업의 제목을 `<h1>` 태그를 통해 제공하게 되면 스크린 리더 사용자는 새로운 페이지에 접근했다는 의미로 해석할 수 있어 혼란스러울 수 있습니다.

3. 프레임 제목 제공

   프레임에는 그 안에 포함된 콘텐츠를 쉽게 이해할 수 있도록 간결한 제목을 제공해야 합니다. 프레임 제목이 명확하게 제공되면, 사용자는 이를 통해 프레임을 선택하거나 이동하는 데 도움을 받을 수 있습니다. 아무 내용이 없는 프레임에도 '빈 프레임', '내용 없음' 등의 제목을 제공하여 사용자가 해당 프레임의 목적이나 용도를 알 수 있도록 해야 합니다.

   ❌ 잘못 사용한 예시

   ```
   <iframe id="inlineFrameExample" title="" name="frame" src="url"></iframe>
   ```

✅ **올바르게 사용한 예시**

```
<iframe id="inlineFrameExample" title="광고" name="frame" src="url"></iframe>
```

4. **콘텐츠 블록 제목 구성**

   콘텐츠 블록에는 적절한 제목heading을 제공하여 제목과 본문을 명확히 구분할 수 있도록 해야 합니다. 제목 태그를 사용하지 않고 CSS를 이용해 제목 태그처럼 보이도록 적용한다면 스크린 리더 사용자는 문서의 구조와 내용을 파악하기 어렵습니다. 따라서 콘텐츠에 적절한 제목을 제공하여 콘텐츠의 구조를 명확하게 전달하고, 콘텐츠 블록 간의 이동을 통해 콘텐츠 탐색을 용이하게 할 수 있도록 도와야 합니다. 단, 본문이 없는 콘텐츠 블록에는 제목을 붙이지 않아야 합니다.

❌ **잘못 사용한 예시**

```
<em>뉴스</em>
<ul>
  <li>...</li>
  <li>...</li>
</ul>
```

✅ **올바르게 사용한 예시**

```
<h2>뉴스</h2>
<ul>
  <li>...</li>
  <li>...</li>
</ul>
```

5. **특수 기호 사용 제한**

   웹페이지, 프레임, 콘텐츠 블록의 제목은 특수문자를 사용해 제공하지 않아야 합니다. 이는 스크린 리더 사용자나 인지장애를 경험하는 사용자가 제목을 명확하게 이해하는 데 혼란을 줄 수 있습니다. 제목을 제공할 때는 시각적으로 장식하기 위한 특수문자 사용은 피하고, 간단명료하게 내용을 유추할 수 있도록 제공해야 합니다.

   단, 게시판의 경우 목록, 읽기, 쓰기를 제공하기 때문에 페이지를 이용하는 목적이 다릅니다. 따라서 좀 더 구분 가능한 수준까지 제목을 제공하기 위해 특수문자를 사용할 수 있습니다.

✘ 잘못 사용한 예시

```html
<html>
  <head>
    <title>*** 자유게시판 ***</title>
  </head>
  <body>
    ...
  </body>
</html>
```

✓ 올바르게 사용한 예시

```html
<html>
  <head>
    <title>자유 게시판 목록 | 시민의 소리 | 참여 소통 | 구미시청</title>
  </head>
  <body>
    ...
  </body>
</html>
```

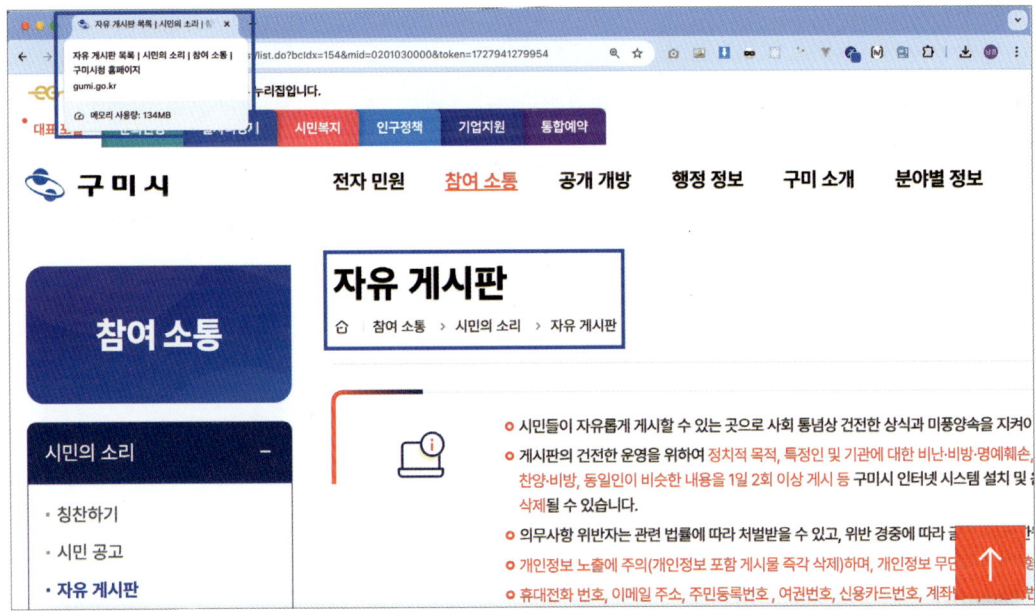

그림 4.31 제한적으로 특수 기호를 사용한 제목 제공 예시[14]

14　https://www.gumi.go.kr/portal/board/post/list.do?bcIdx=154&mid=0201030000

- **[검사 항목 3. 적절한 링크 텍스트] 링크 텍스트는 용도나 목적을 이해할 수 있도록 제공해야 한다.**

링크 텍스트는 사용자가 링크를 클릭했을 때 어디로 이동하는지 예측할 수 있도록 충분한 정보를 제공해야 합니다. 즉, 간결하면서도 명확하게 목적지나 동작을 설명해야 합니다. 예를 들어 '자세히 보기' 대신 '이벤트 안내 확인하기'와 같은 구체적인 텍스트를 사용하면 사용자가 링크를 클릭했을 때 어떤 내용을 확인할 수 있을지 쉽게 예측할 수 있습니다. 이렇게 하면 사용자는 링크를 더 쉽게 이해하고, 원하는 콘텐츠나 페이지로 빠르게 이동할 수 있습니다.

▶ 기대 효과

- 시각장애인 및 지적장애인을 위한 웹 접근성 향상

    링크 텍스트를 직관적이고 의미 있게 구성하면 시각장애인과 지적장애인이 링크의 용도나 목적지를 알 수 있어 불필요한 콘텐츠 간의 이동 과정을 피할 수 있습니다. 링크 텍스트에 '여기를 클릭하세요'와 같이 애매모호한 표현을 사용할 경우, 시각장애인이나 지적장애인뿐만 아니라 비장애인도 링크를 클릭했을 때 어떤 동작이 발생할지 예측하기 어렵습니다. 하지만 링크 텍스트를 명확하고 의미 있게 작성하면 사용자가 링크를 쉽게 찾아서 원하는 콘텐츠로 이동할 수 있고, 불필요한 조작을 최소화하여 사용자 경험을 향상시킬 수 있습니다.

▶ 유형

1. 맥락을 통해 이해할 수 있도록 링크 텍스트 제공

    링크의 용도나 목적지를 링크 텍스트만으로 또는 주변의 맥락으로부터 충분히 이해할 수 있도록 링크 텍스트를 제공해야 합니다. '확인', '취소', '이전', '다음', '다운로드', '상세보기', '더보기' 등과 같이 구체적인 대상을 정확하게 이해할 수 없는 링크 텍스트를 제공하더라도 링크의 목적을 논리적 순서나 맥락을 통해 이해할 수 있다면 해당 검사 항목을 준수한 것으로 간주합니다.

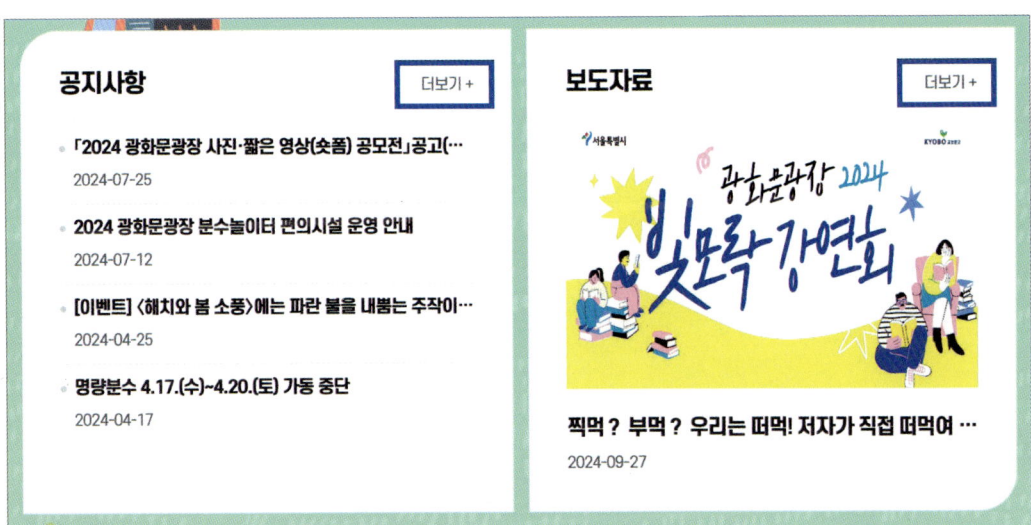

그림 4.32 맥락을 이해할 수 있는 링크 텍스트 제공 예시[15]

그림 4.32와 같이 구체적인 대상을 이해할 수 없는 '더보기' 링크 텍스트를 제공해도 논리적 순서와 맥락을 통해 링크의 목적을 이해할 수 있다면 해당 검사 항목을 준수할 수 있습니다. 먼저 '공지사항' 제목을 확인한 후에 공지사항의 내용을 읽은 다음에 '더보기' 링크를 읽게 되면 사용자는 자연스럽게 링크 텍스트를 클릭하여 추가 정보를 확인할 수 있다는 유추가 가능합니다. 따라서 링크 텍스트를 그대로 마크업으로 구현하기보다는 사용자가 순차적으로 읽는 순서를 고려해 제공하는 것이 필요합니다.

> **CAUTION**
> 하지만 '더보기'라는 텍스트를 사용하는 것만으로 충분하지 않을 수 있기 때문에 사용자 경험을 고려하여 가능하면 직접적으로 링크 텍스트를 제공하는 것이 좋습니다.

✗ 잘못 사용한 예시

```html
<h3>공지사항</h3>
<a href="/notice">더보기</a>
<ul>
  <li>
    <a href="/notice-detail">
      <p>분수 운영 중지 안내 (23.11.1~24.3월까지)</p>
```

---

15 https://gwanghwamun.seoul.go.kr/main.do

```
      <span>2023-10-31</span>
    </a>
  </li>
  <li>
    <a href="/notice-detail">
      <p>2024년도 광화문광장 사용신청서 접수 공고(수정)</p>
      <span>2023-09-27</span>
    </a>
  </li>
  ...
</ul>
```

✅ **올바르게 사용한 예시**

```
<h3>공지사항</h3>
<ul>
  <li>
    <a href="/notice-detail">
      <p>분수 운영 중지 안내 (23.11.1~24.3월까지)</p>
      <span>2023-10-31</span>
    </a>
  </li>
  <li>
    <a href="/notice-detail">
      <p>2024년도 광화문광장 사용신청서 접수 공고(수정)</p>
      <span>2023-09-27</span>
    </a>
  </li>
  ...
</ul>
<a href="/notice">더보기</a>
```

2. 문장의 일부분에 링크를 연결하는 경우

링크 텍스트에 단순히 URL(uniform resource locator) 경로만 담아서는 안 되고, 링크의 목적지나 용도에 대한 설명을 작성해야 합니다. 단순히 URL 경로만 제공하는 것으로는 사용자에게 충분한 설명이 되지 않으며, 이는 특히 스크린 리더 사용자가 맥락을 이해하는 데 큰 어려움으로 작용합니다.

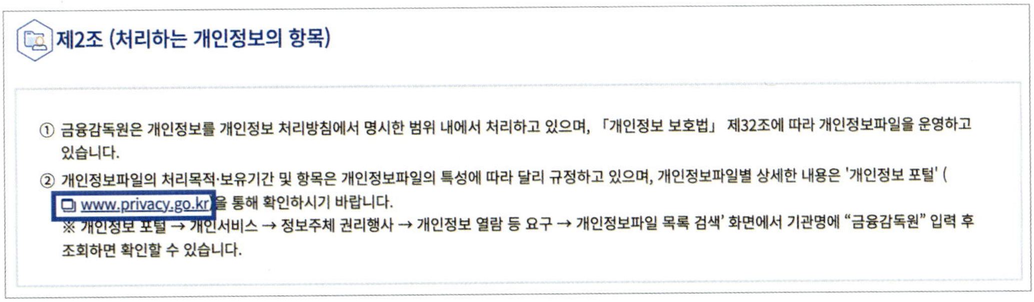

제2조 (처리하는 개인정보의 항목)

① 금융감독원은 개인정보를 개인정보 처리방침에서 명시한 범위 내에서 처리하고 있으며, 「개인정보 보호법」 제32조에 따라 개인정보파일을 운영하고 있습니다.

② 개인정보파일의 처리목적·보유기간 및 항목은 개인정보파일의 특성에 따라 달리 규정하고 있으며, 개인정보파일별 상세한 내용은 '개인정보 포털' (**www.privacy.go.kr**)을 통해 확인하시기 바랍니다.

※ 개인정보 포털 → 개인서비스 → 정보주체 권리행사 → 개인정보 열람 등 요구 → 개인정보파일 목록 검색' 화면에서 기관명에 "금융감독원" 입력 후 조회하면 확인할 수 있습니다.

그림 4.33 목적을 설명하는 링크 텍스트의 예시[16]

❌ **잘못 사용한 예시**

```
<ol>
  <li>
    금융감독원에서 처리하고 있는 개인정보항목은
    <a href="https://www.privacy.go.kr" target="_blank">
      <span className="underline">www.privacy.go.kr</span>
    </a>에 공개하고 있습니다.
    <br />
    * 개인정보 포털 → 개인서비스 → 정보주체 권리행사 → 개인정보 열람 등 요구 →
    개인정보파일 목록 검색' 화면에서 기관명에 "금융감독원" 입력 후 조회하면
    확인할 수 있습니다.
  </li>
  ...
</ol>
```

✅ **올바르게 사용한 예시**

```
<ol>
  <li>
    금융감독원에서 처리하고 있는 개인정보항목은
    <a href="https://www.privacy.go.kr" target="_blank">
      '개인정보 포털' (<span className="underline">www.privacy.go.kr</span>)
    </a>에 공개하고 있습니다.
    <br />
    * 개인정보 포털 → 개인서비스 → 정보주체 권리행사 → 개인정보 열람 등 요구 →
    개인정보파일 목록 검색' 화면에서 기관명에 "금융감독원" 입력 후 조회하면
    확인할 수 있습니다.
  </li>
  ...
</ol>
```

---

16 https://www.fss.or.kr/fss/main/main.do

3. 이미지 링크를 제공하는 경우

   이미지 링크를 제공하는 경우, 텍스트와 이미지를 하나의 `<a>` 태그로 묶어서 링크 텍스트가 중복 제공되지 않도록 합니다. 즉, 텍스트와 이미지의 링크는 하나의 링크로 구성되는 것이 바람직합니다.

   접근성을 높이기 위해서 대체 텍스트를 지나치게 구체적으로 제공하게 되면 동일한 텍스트를 링크의 텍스트와 이미지의 대체 텍스트에 중복으로 제공하는 실수를 범하곤 합니다. 이 경우 스크린 리더 사용자는 같은 내용을 중복으로 듣게 되어 정보 탐색에 불필요한 시간 낭비를 할 수 있습니다. 따라서 이미지 링크를 제공하는 경우, 이미지의 대체 텍스트는 공백 문자로 제공해 링크의 텍스트와 중복되지 않도록 해야 합니다.

   ❌ 잘못 사용한 예시

```html
<ul>
  <li>
    <a href="/detail">
      <img
        src="thumb01.jpg"
        alt="차이나는 클라스 위대한 질문 교양 | 11/18[토] 16:40 첫 방송"
      />
      <strong>차이나는 클라스 위대한 질문</strong>
      <span>교양 | 11/18[토] 16:40 첫 방송</span>
    </a>
  </li>
  ...
</ul>
```

   ✅ 올바르게 사용한 예시

```html
<ul>
  <li>
    <a href="/detail">
      <img src="thumb01.jpg" alt="" />
      <strong>차이나는 클라스 위대한 질문</strong>
      <span>교양 | 11/18[토] 16:40 첫 방송</span>
    </a>
  </li>
  ...
</ul>
```

그림 4.34 이미지 링크 제공 예시[17]

4. 아이콘으로 링크 텍스트를 대신하여 표현한 경우

아이콘으로 링크 텍스트를 대신하여 표현한 경우 아이콘 이미지의 대체 텍스트만으로도 링크의 용도나 목적지, 내용 등을 충분히 이해할 수 있도록 직관적이고 명료하게 제공해야 합니다. 예를 들어 메일을 확인하기 위한 페이지로 이동 가능한 링크를 편지 아이콘 이미지로만 구성한 경우 반드시 이미지를 설명하는 대체 텍스트를 제공해야 합니다.

그림 4.35 이미지 링크 제공 예시[18]

❌ 잘못 사용한 예시

```
<a href="/mail">
  <img src="mail.png" alt="" />
</a>
```

✅ 올바르게 사용한 예시

```
<a href="/mail">
  <img src="mail.png" alt="메일 확인하기" />
</a>
```

---

17 https://jtbc.co.kr/
18 https://www.yahoo.com/

- **[검사 항목 4. 고정된 참조 위치 정보]** 전자출판문서 형식의 웹페이지는 각 페이지로 이동할 수 있는 기능이 있어야 하고, 서식이나 플랫폼에 상관없이 참조 위치 정보를 일관되게 제공하고 유지해야 한다.

페이지 구분이 있는 전자출판문서 형식의 웹페이지(예: 웹진 뷰어, e-book 뷰어 등)는 페이지 번호와 같이 현재 페이지 정보를 알 수 있는 페이지 구분자page break locator를 제공해야 합니다. 콘텐츠가 확대되거나 축소되더라도 페이지 내의 구분자가 일관되게 유지되도록 구현되어야 하며, 사용자가 페이지를 변경하거나 이동할 때 페이지 번호나 위치 정보가 계속 정확하게 표시되어야 합니다.

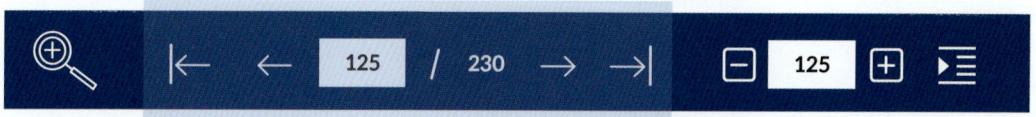

그림 4.36 페이지 구분자와 페이지 이동 기능 제공의 예시

▶ 기대 효과

- 페이지 구분자의 활용을 통한 접근성 향상

  콘텐츠를 확대해서 보는 사용자(저시력, 전맹, 인지장애 등)와 확대하지 않고 사용하는 사용자 모두가 페이지 구분자(페이지 번호 등)를 사용하여 동일한 페이지에 접근할 수 있습니다.

● 입력 방식

- **[검사 항목 1. 단일 포인터 입력 지원]** 다중 포인터나 경로 기반 동작을 통한 입력은 단일 포인터 입력으로도 조작할 수 있어야 한다.

다중 포인터는 두 개 이상의 터치 포인트(손가락)를 동시에 사용하여 수행하는 동작을 의미합니다. 예를 들어 스마트폰에서 두 손가락으로 화면을 확대/축소하는 핀치 줌pinch zoom, 두 손가락으로 회전하는 동작 등이 이에 해당합니다. 경로 기반 입력은 사용자가 특정한 경로를 따라 포인터를 이동해야만 입력이 완료되는 방식을 의미합니다. 예를 들어 서명 입력, 드래그 제스처 등이 포함됩니다.

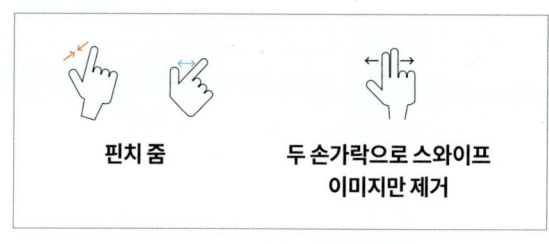

그림 4.37 다중 포인터 예시

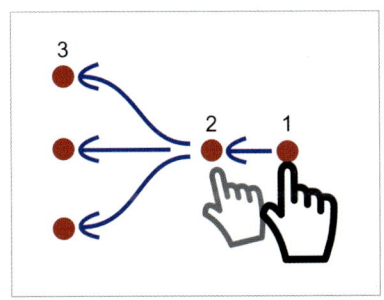

그림 4.38 **경로 기반 동작**[19]

다중 포인터나 경로 기반 동작 기능을 제공한 경우 모든 기능은 단일 포인터 입력으로도 조작할 수 있어야 합니다. 단일 포인터 입력이란 한 번의 클릭(누르는 동작)으로 실행되거나 한 번 탭(누르는 동작)으로 실행되는 기능을 의미합니다. 단일 포인터 입력은 다양한 모바일 기기나 터치스크린, 보조기기 사용 시 단순 누르기 동작 이외의 다중 포인터/경로 기반 동작을 수행할 수 없는 사용자도 사용할 수 있는 대체 수단의 역할을 합니다. 한 번의 터치만으로 조작할 수 있으면 키보드 의존 사용자나 헤드 포인터 사용자와 같이 대체 입력장치를 사용하는 사용자에게 도움이 됩니다.

▶ 기대 효과

- 다중 포인터 동작이 어려운 사용자를 위한 웹 접근성 향상

  한 손가락이나 스틱 포인팅 장치를 사용하는 경우, 다중 포인터 동작이 어려울 수 있습니다. 따라서 다중 포인터나 경로 기반 제스처로 작동하는 모든 기능은 단일 포인터 입력(탭, 클릭 등)으로도 조작할 수 있어야 합니다. 이를 통해 다중 포인터 동작이 어려운 사용자도 한 손가락, 펜, 헤드 포인터 등으로 조작할 수 있게 됩니다.

- 끌기 또는 복잡하거나 정교한 동작이 어려운 사용자를 위한 웹 접근성 향상

  손떨림이 있는 사용자나 시각장애가 있는 사용자도 끌기(드래그) 동작이나 복잡하고 정교한 제스처 없이 쉽게 입력할 수 있습니다.

---

[19] https://www.w3.org/WAI/WCAG21/Understanding/pointer-gestures.html

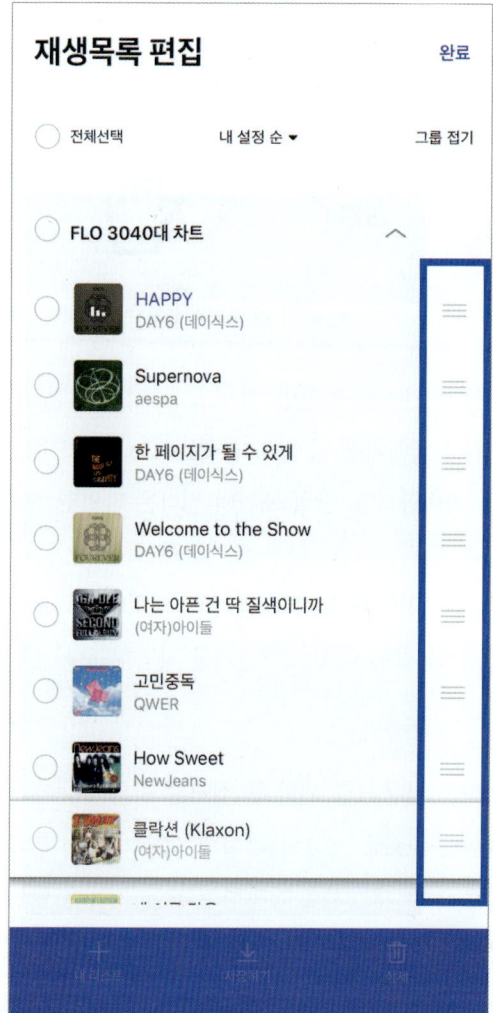

그림 4.39 끌기 동작을 이용한 기능 제공의 예시[20]

그림 4.39처럼 버튼을 누른 상태에서 위/아래로 드래그하여 재생 목록의 순서를 변경하도록 한다면 끌기 동작이 어려운 사용자는 해당 기능을 사용할 수 없습니다. 이러한 경우 위/아래 버튼을 제공하여 단일 포인터 입력으로도 순서를 변경할 수 있도록 하는 것이 바람직합니다. 이는 장애가 있는 사용자뿐만 아니라 한 손을 사용해야 하는 상황에 있는 사용자들에게도 쉽게 조작할 수 있도록 편리함을 제공합니다.

---

20 https://www.music-flo.com/

그림 4.40 스와이프 동작과 싱글탭 전환을 제공한 예시[21]

다중 포인터/경로 기반 동작을 수행할 수 없는 사용자를 위한 대체 수단을 제공하는 예로 그림 4.40과 같이 탭 패널 사이 전환을 탭 패널 영역에서의 좌/우 스와이프 동작으로 할 수 있을 뿐만 아니라 탭 헤더 영역을 싱글탭$_{single\ tap}$하여 전환이 가능하도록 제공할 수 있습니다.

- 인지 또는 학습장애 사용자를 위한 웹 접근성 향상

  복잡한 조작 과정을 통한 입력을 어려워하는 사용자도 자주 사용하는 간단한 제스처를 통해 상호작용 입력을 더욱 쉽게 수행할 수 있습니다.

---

[21] https://m.nate.com/

★ 단일 포인터 입력 지원의 예외 유형

1. 다중 포인터나 경로 기반 동작을 통한 입력이 필수적인 경우

    피아노 앱에서의 건반 동시 누르기와 같은 다중 포인터나 서명과 같은 경로 기반 동작을 통한 입력이 반드시 실행되어야 하는 경우에는 단일 포인터 입력을 지원하지 않아도 됩니다.

2. 사용자 에이전트나 운영체제, 보조기기 등이 지원하는 동작인 경우

    사용자 에이전트user agent(브라우저 등)나 전체 화면에 대한 스와이프 동작(전체 화면 좌/우 전환 등)과 같이 운영체제에서 지원하거나 보조기기에서 지원하는 동작을 통한 입력의 경우 단일 포인터 입력을 지원하지 않아도 됩니다.

- **[검사 항목 2. 포인터 입력 취소] 단일 포인터 입력으로 실행되는 기능은 취소할 수 있어야 한다.**
단일 포인터 입력으로 실행되는 기능을 제공한 경우, 실수로 의도하지 않은 동작이 실행되는 것을 방지하기 위하여 다음 중 하나 이상을 준수해야 합니다.

▶ 기대 효과

- 사용자 오동작 방지

    마우스나 터치스크린 사용 시 사용자가 원치 않게 기능을 실행했을 때 동작을 취소하거나 실행 결과를 되돌릴 수 있습니다. 이는 모든 사용자가 우발적이거나 잘못된 포인터 입력을 하지 않도록 방지할 수 있습니다. 또한 우발적으로 오동작을 일으킬 확률을 줄여 뇌병변 장애인, 상지 지체장애인, 지적장애인, 고령자 등에게 도움이 됩니다.

▶ 유형

1. 다운 이벤트만으로 실행 금지

    클릭이나 탭 동작에서 사용자가 누르는 동작(Down 이벤트)으로 기능이 실행되지 않도록 구현해야 하며, 기능 실행은 사용자가 버튼을 떼는 동작(Up 이벤트)에서 실행되도록 해야 합니다. 따라서 포인터의 Down 이벤트는 어떠한 동작도 실행하지 않도록 구현해야 하며, 사용자가 실수로 눌렀을 경우 다른 영역으로 포인터를 이동하면 해당 기능을 취소할 수 있도록 구현해야 합니다.

2. 중지 또는 실행 취소

    기능 실행의 완료는 Up 이벤트에서 이루어져야 하며, 완료 전에 실행을 중지하거나 실행된 결과를 취소하는 기능을 제공해야 합니다.

3. 되돌리기

   실행 후 이전 상태로 되돌리는 기능을 제공해야 합니다.

4. 필수적인 경우

   Down 이벤트가 필수적으로 동작해야 하는 경우, 이벤트 실행 시 기능이 동작하는 것은 예외로 인정됩니다. 예를 들어 피아노 앱에서 건반을 동시에 눌러 소리나 효과를 발생시키는 것처럼 한 번 누르는 동작(클릭 또는 탭)으로 실행되어야 하는 특정 기능은 Down 이벤트에서 동작할 수 있습니다.

- **[검사 항목 3. 레이블과 네임] 텍스트 또는 텍스트 이미지가 포함된 레이블이 있는 UI 요소는 시각적으로 표시되는 해당 텍스트를 네임에 포함해야 한다.**

화면에 나타나는 UI 요소에서 시각적으로 표시되는 텍스트를 네임에 제공하지 않은 경우 보조기술이 해당 UI 요소를 인식할 수 없습니다. 따라서 네임에는 시각적으로 표시되는 텍스트를 제공해야 합니다. 해당 검사 항목을 이해하기 위해서는 먼저 레이블과 네임의 차이점을 알아야 합니다.

- 레이블

   UI 요소에는 사용자가 이해하고 상호작용할 수 있도록 돕는 레이블(텍스트 또는 텍스트를 대체하는 수단)이 필요합니다. 예를 들어, 버튼의 텍스트나 입력 필드의 안내 문구가 레이블이 될 수 있습니다. 양식 요소_{form}에서는 `<label>` 태그를 사용해 레이블을 제공하는 것이 일반적이지만, 버튼이나 링크와 같은 요소는 `<label>` 없이도 텍스트 콘텐츠 자체가 레이블 역할을 합니다. 만약 시각적으로 레이블을 제공하지만, HTML 구조상 `<label>`을 사용할 수 없다면 `aria-labelledby` 같은 WAI-ARIA 속성을 활용할 수도 있습니다.

```
{/* 버튼의 텍스트 자체가 레이블 */}
<button type="button">닫기</button>

{/* 콘텐츠 내용에 대한 레이블 */}
<section aria-labelledby="region1">
  <h2 id="region1">콘텐츠 제목</h2>
  ... 콘텐츠 내용 ...
</section>

{/* 이미지에 대한 레이블 */}
<img src="music.jpg" alt="그림에 대한 설명" />
```

- 네임

    네임(접근 가능한 이름)은 사용자가 UI 요소를 인식할 수 있도록 제공하는 텍스트입니다. 레이블(화면에 표시되는 텍스트)이 네임이 되는 경우도 있지만, 보조 기술을 위해 추가적인 네임이 필요할 수도 있습니다.

    예를 들어, 돋보기 아이콘 버튼에 '검색'이라는 텍스트가 없을 경우, `aria-label="검색"`을 추가하여 네임을 제공할 수 있습니다. 또한, 음성 인식 소프트웨어는 사용자가 말하는 명령어를 처리할 때 네임을 기반으로 UI 요소를 찾으므로, 레이블과 네임을 일관되게 설정하는 것이 중요합니다.

    시각적으로 제공되는 레이블과 네임이 다를 경우, 사용자(특히 음성 명령을 사용하는 사용자)가 혼란을 겪을 수 있습니다.

    따라서 가능하면 네임과 레이블을 일치시키는 것이 좋으며, 특히 버튼이나 링크처럼 사용자가 직접 상호작용하는 요소에서는 레이블을 그대로 네임으로 사용하는 것이 권장됩니다. 하지만 UI 디자인상 불가피하게 레이블과 네임이 다를 경우, 사용자 경험을 고려하여 자연스럽게 조정하는 것이 중요합니다.

▶ 기대 효과

- 음성 입력 사용자를 위한 웹 접근성 향상

    음성 입력(speech-input) 사용자는 화면에 보이는 텍스트를 사용하여 UI 요소를 제어할 수 있습니다. 음성명령을 사용하여 웹페이지를 탐색하는 경우, 사용자가 메뉴나 링크의 목적지를 말할 때 일반적으로 화면에 표시된 레이블을 사용합니다. 그러나 화면에 표시된 레이블과 실제로 적용된 접근성 레이블이 다를 경우, 보조기술을 사용하는 사용자는 목적지를 찾기 어려울 수 있습니다.

    특히 인지장애를 경험하는 사용자들은 이런 이슈에 더욱 민감할 수 있으며, 두 레이블이 다를 경우 혼란을 경험할 수 있습니다. 따라서 웹페이지의 접근성을 향상시키기 위해서는 화면에 보이는 레이블과 실제 접근성 레이블이 일치하도록 유지하는 것이 중요합니다.

- 스크린 리더 사용자를 위한 웹 접근성 향상

    텍스트 음성 변환(text-to-speech, TTS)을 사용하는 사용자들은 주로 스크린 리더를 통해 음성으로 전달되는 텍스트를 전달받습니다. 이때 화면에 표시된 텍스트와 음성으로 전달되는 텍스트가 일치하는 경우, 사용자는 해당 UI 요소를 쉽게 이해하고 상호작용할 수 있습니다.

▶ 유형

1. 네임이 보이는 레이블과 일치

    접근 가능한 이름을 명시적 레이블과 일치시켜 스크린 리더와 음성인식 소프트웨어가 해당 입력 요소를 명확하게 식별할 수 있도록 해야 합니다. 아래의 예시처럼 `<label>`의 `for` 속성은 해당 입력 요소의 `id`와 일치하여, 스크린 리더와 음성인식 소프트웨어가 해당 입력 요소를 명확하게 식별할 수 있도록 해줍니다. 이를 통해 사용자는 '성'이 입력 요소의 접근 가능한 이름임을 이해하고, 올바른 정보를 입력할 수 있습니다.

❌ 잘못 사용한 예시

```html
<label>성:</label>
<input type="text" name="firstname" />
```

✅ 올바르게 사용한 예시

```html
<label htmlFor="firstname">성</label>
<input type="text" name="firstname" id="firstname" />
```

- **[검사 항목 4. 동작 기반 작동] 동작 기반으로 작동하는 기능은 UI 요소로 조작할 수 있고, 동작 기반 기능을 비활성화할 수 있어야 한다.**

동작 기반 작동은 UI 요소로 조작할 수 있어야 합니다. 동작 기반 작동은 사용자의 움직임이나 행동 또는 기기의 동작으로 실행되는 기능을 의미하며, 흔들어서 실행 취소, 손동작을 이용한 사진 촬영 등이 있습니다. 즉 사용자 동작 이외에 동일한 기능을 실행할 수 있는 UI 요소를 제공해야 합니다. 예를 들어 디바이스를 흔들어 실행을 취소하는 기능을 제공할 경우, 기능 실행 취소를 위한 버튼을 제공하여 동일하게 기능을 실행할 수 있도록 하여 물리적인 움직임을 수행할 수 없거나 수행하기 어려운 사용자에게 편의를 제공할 수 있습니다.

또한 우발적인 동작을 방지하기 위해 동작에 대한 응답을 비활성화할 수 있어야 합니다. 다만 다음과 같은 경우에는 예외로 간주합니다.

★ 동작 기반 작동의 예외 유형

1. 접근성 지원 인터페이스

    예를 들어 안구마우스처럼 신체 움직임을 감지하여 조작하는 보조기술이 기능을 수행하는 데 사용되는 경우는 예외로 인정됩니다. 즉, 사용자가 직접 물리적인 동작을 수행하기 어려운 상황에서 해당 기술이 마우스 클릭이나 터치 입력을 대신하는 방식으로 동작하는 경우 별도의 대체 입력 방식을 제공하지 않아도 됩니다.

2. 필수적인 경우

   예를 들어 만보기처럼 사용자의 동작이 기능을 수행하는 데 필수적인 경우는 예외로 인정됩니다. 즉, 동작을 감지하는 것이 기능의 핵심 요소이며, 이를 비활성화하면 기능 자체가 의미를 잃는 경우에는 별도의 대체 입력 방식을 제공하지 않아도 됩니다.

▶ 기대 효과

- 동작 기반 작동을 할 수 없는 사용자의 동일 기능 사용 가능

  사용자가 물리적으로 필요한 움직임을 수행할 수 없기 때문에 특정 동작(예: 기울이기, 흔들기, 몸짓)을 수행할 수 없는 사람들에게 도움이 됩니다. 해당 검사 항목은 사용자가 터치나 보조기술 같은 다른 수단을 통해 모든 기능을 계속 작동할 수 있음을 보장합니다.

- 오작동 방지

  정확한 동작을 할 수 없거나, 의도하지 않은 동작으로 기능이 실행되는 것을 방지할 수 있습니다.

4.2.3 이해의 용이성

이해의 용이성은 장애 유무와 관계없이 모든 사용자가 웹 콘텐츠를 쉽게 이해할 수 있도록 구성하여 제공하는 것을 의미합니다. 이를 위해 가독성, 예측 가능성, 입력 도움의 3가지 지침을 준수해야 합니다.

> **NOTE** 인식의 용이성과 이해의 용이성의 차이를 이해하기 어려운 것 같아요!
>
> 인식의 용이성은 사용자가 콘텐츠를 인식할 수 있도록 하는 데 중점을 두는 반면에 이해의 용이성은 콘텐츠를 이해하고 활용할 수 있도록 돕는 데 중점을 둔다는 점에서 차이가 있습니다. 예를 들어 사용자가 로그인 화면을 보고 있다고 가정해봅시다. 아이디와 비밀번호 입력 필드, 로그인 버튼 등이 인식의 용이성 지침을 준수했다면 사용자는 화면에 이러한 요소들이 존재한다는 것을 알 수 있습니다.
>
> 하지만 사용자가 입력 필드와 버튼이 있다는 사실을 알고 있다고 하더라도 각 필드가 어떤 목적으로 사용되는지, 어떤 정보를 입력해야 하는지, 그리고 로그인 버튼을 누르면 어떤 일이 일어날지 이해하지 못한다면 사용자는 로그인을 하고자 하는 목적을 달성하기 어렵습니다. 이를 해결하기 위해서는 각 필드와 버튼에 명확한 레이블을 제공하여 사용자가 어떤 작업을 수행해야 하는지를 알 수 있도록 도와야 합니다. 또한 오류가 발생했을 때 사용자에게 이를 해결할 수 있는 힌트를 제공하는 것도 중요합니다.
>
> 쉽게 말해 이해의 용이성은 사용자가 콘텐츠를 인식하는 단계를 넘어 **콘텐츠를 이해하고 원하는 목적을 달성할 수 있도록 돕는 것**이라고 할 수 있습니다.

● **이해의 용이성 검사 항목**

지침	검사 항목
가독성	• (기본 언어 표시) 주로 사용하는 언어를 명시해야 한다.
예측 가능성	• (사용자 요구에 따른 실행) 사용자가 의도하지 않은 기능(새 창, 초점에 의한 맥락 변화 등)은 실행되지 않아야 한다. • (찾기 쉬운 도움 정보) 도움 정보가 제공되는 경우, 각 페이지에서 동일한 상대적인 순서로 접근할 수 있어야 한다.
입력 도움	• (오류 정정) 입력 오류를 정정할 수 있는 방법을 제공해야 한다. • (레이블 제공) 사용자 입력에 대응하는 레이블을 제공해야 한다. • (접근 가능한 인증) 인증 과정은 인지 기능 테스트에만 의존해서는 안 된다. • (반복 입력 정보) 반복되는 입력 정보는 자동 입력 또는 선택 입력할 수 있어야 한다.

● **가독성**

• **[검사 항목 1. 기본 언어 표시] 주로 사용하는 언어를 명시해야 한다.**

웹페이지에서 기본 언어를 정의하면 스크린 리더와 같은 보조기술이 해당 언어에 맞는 TTS 엔진을 활용하여 콘텐츠를 음성으로 출력합니다. 이를 통해 웹페이지의 텍스트를 정확한 발음으로 전달할 수 있어 사용자가 콘텐츠를 좀 더 쉽게 이해하는 데 도움을 줍니다.

기본 언어는 `<html>` 태그 내의 `lang` 속성으로 정의할 수 있으며, 기본 언어 설정과는 상관없이 페이지의 특정 영역에 `lang` 속성을 사용해 페이지 중간에 언어를 변경할 수도 있습니다.

> **NOTE** **TTS란?**
>
> TTS_{text-to-speech}는 텍스트를 오디오 데이터로 바꿔주는 서비스로 음성 변환 서비스라고 부릅니다. 입력된 텍스트를 운율 단위인 음절, 음소, 단어 순으로 나눈 후 이를 음성 신호로 변환, 조합하여 오디오 데이터를 만듭니다. 이렇게 생성된 오디오 데이터는 자연스러운 음성으로 제공되어, 시각장애가 있는 사용자뿐만 아니라 텍스트를 읽기 어려운 상황에 있는 일반 사용자도 정보를 쉽게 접할 수 있도록 돕습니다.

▶ 기대 효과

- **다국어 지원 가능**

  스크린 리더는 자동 언어 전환 기능을 지원하여 HTML 문서에 선언된 기본 언어로 화면을 읽어줍니다. 해당 언어의 올바른 발음으로 콘텐츠를 전달하여, 사용자가 좀 더 쉽게 이해할 수 있도록 돕습니다. 이는 다국어를 지원하는 웹페이지의 경우 더 유용하게 활용될 수 있습니다.

- **정확한 검색 결과 제공**

  `<html>` 태그에 `lang` 속성값으로 웹페이지에서 주로 사용하는 언어를 정의하면 검색엔진이 해당 언어로 작성된 콘텐츠를 더 잘 이해할 수 있습니다. 사용자에게 더 정확하고 관련성 높은 검색 결과를 제공하는 데 도움이 될 수 있습니다.

▶ 유형

1. 웹페이지의 언어 정의

웹페이지에서 주로 사용하는 언어를 정의하기 위해서는 `<html>` 태그에 `lang` 속성을 다음과 같이 지정해야 합니다. 이렇게 설정된 `lang` 속성은 스크린 리더와 같은 보조기술이 페이지를 올바르게 해석하도록 돕고, 사용자에게 적절한 TTS 엔진을 활성화하여 콘텐츠를 정확하게 읽어줄 수 있도록 합니다.

```
{/* 주로 사용된 언어가 영어인 경우 */}
  <html lang="en">
{/* 주로 사용된 언어가 한국어인 경우 */}
  <html lang="ko">
{/* 주로 사용된 언어가 일본어인 경우 */}
  <html lang="ja">
```

● 예측 가능성

- **[검사 항목 1. 사용자 요구에 따른 실행] 사용자가 의도하지 않은 기능(새 창, 초점에 의한 맥락 변화 등)은 실행되지 않아야 한다.**

폼과 관련된 대화형 콘텐츠 요소는 초점을 받았을 때 자동으로 기능이 실행되지 않고, 사용자의 마우스 클릭이나 키보드 조작에 의해서만 실행되어야 합니다. 즉 사용자의 요구에 따라 기능이 실행되어야 하며, 이는 사용자가 명확히 원하고 선택한 기능만 실행되어야 함을 의미합니다.

다음과 같은 상황에서 해당 검사 항목을 준수하지 않을 가능성이 있으므로, 이에 유의하여 웹 콘텐츠를 제공하고 사용자가 의도치 않은 동작을 경험하지 않도록 해야 합니다.

- 양식(form)이 자동적으로 제출됨
- 새 창이 열림
- 드롭다운 메뉴가 열림과 동시에 특정 메뉴 항목이 실행됨
- 메뉴바에서 특정 항목을 선택하거나 활성화하면, 선택한 메뉴 항목의 하위 메뉴가 펼쳐지는 방식을 사용하는 콘텐츠에서는 초점을 받는 것만으로 특정 메뉴 항목의 기능이 실행됨
- 사용자 제어(초점)가 자동으로 다른 대화형 콘텐츠 요소로 이동되거나 사라져 그 위치를 예측할 수 없음(예: 입력 요소에 정보를 입력할 경우 특정 자릿수를 만족하면 초점이 자동으로 다른 입력 요소로 이동되는 경우)

▶ **기대 효과**

- 시각, 지적, 지체장애인을 위한 웹 접근성 향상

    시각장애, 지적장애, 지체장애가 있는 사용자도 웹페이지의 초점 및 문맥 변화를 이해할 수 있습니다. 의도하지 않은 변화가 발생하면 장애가 있는 사용자는 이를 다시 되돌리거나 콘텐츠를 이해하는 데 어려움을 겪을 수 있습니다. 특히 시각장애나 지적장애를 경험하는 사용자들은 콘텐츠를 이해하는 데 더 많은 노력이 필요하며, 의도하지 않은 변화로 인해 발생하는 혼란은 많은 시간을 허비하게 되어 더 큰 불편함으로 이어질 수 있습니다. 따라서 사용자가 의도하지 않은 변화는 발생하지 않도록 주의해야 합니다.

- 웹 탐색 과정의 혼란 방지

    화면 변화에 대해 사용자에게 사전에 알려 사용자의 의도와 다른 명령이나 실행을 방지할 수 있습니다. 예를 들어 링크를 클릭하여 새 창이 열릴 경우 사용자가 이러한 변화를 미리 알게 되면 뒤로 가기 버튼이 예상대로 작동하지 않을 수 있음을 인지하게 되어 사용 중 혼란이 줄어들 수 있습니다.

▶ 유형

1. 초점에 의한 맥락 변화

    웹 콘텐츠를 구성하는 폼과 관련된 대화형 요소로 초점이 이동했을 때, 사용자가 의도하지 않은 기능이 자동으로 실행되지 않아야 합니다. 일반적으로 사용자는 해당 요소를 클릭하거나 키보드의 엔터 키를 누르면 기능이 실행될 것으로 예상합니다. 하지만 초점이 해당 요소에 있을 때 의도하지 않은 기능이 작동하면 사용자에게 혼란을 유발하고 웹페이지 탐색을 어렵게 만듭니다. 따라서 사용자가 입력 양식 요소로 초점을 이동하거나 선택이나 입력을 할 때 의도하지 않은 기능(예: 자동 실행, 초점의 불필요한 이동, 선택이나 입력에 방해가 되는 동작 등)이 발생하지 않도록 주의해야 합니다.

2. 입력에 따른 변화

    사용자가 선택 가능한 요소(라디오 버튼, 체크박스 등)에서 항목을 선택하는 경우, 사용자로부터 입력받은 데이터는 자동으로 제출되어서는 안 됩니다. 특히 마우스 사용이 어려운 시각장애인이나 지체장애인들은 선택한 값이 즉시 제출되면 이전 페이지로 쉽게 돌아갈 수 없어 불편함을 겪을 수 있습니다.

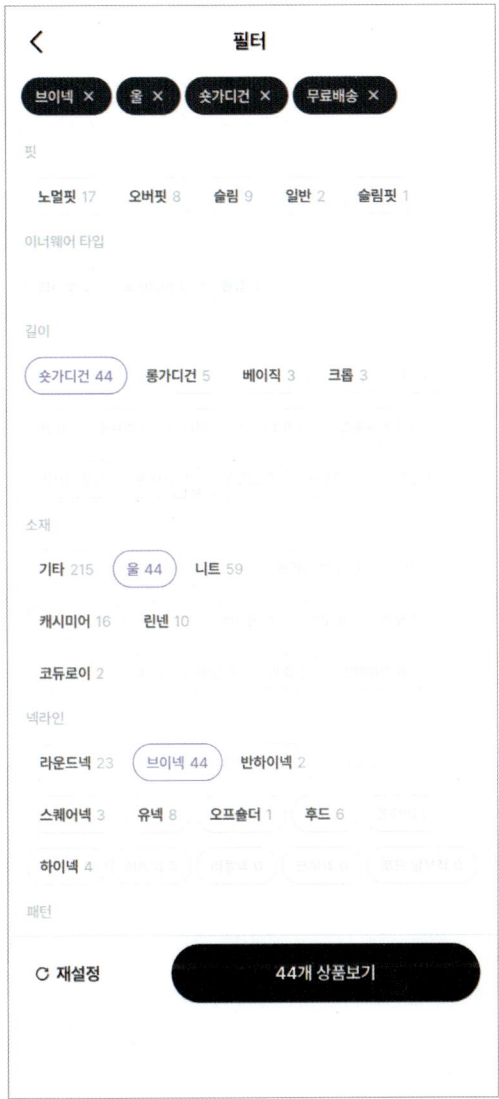

그림 4.41 원하는 상품 검색을 위한 검색 필터 제공 예시[22]

그림 4.41과 같이 사용자가 원하는 상품을 검색할 수 있도록 조건을 설정할 수 있는 필터 화면을 보면 이를 쉽게 이해할 수 있습니다. 사용자는 이 화면에서 선택 가능한 요소인 체크박스를 활용하여 검색 조건을 설정하고, 별도의 실행 버튼(N개 상품보기)을 통해 상품 결과 조회 여부를 결정할 수 있습니다. 이를 통해 사용자가 의도하지 않은 상품 조회를 하지 않도록 방지할 수 있습니다.

---

22 https://zigzag.kr/

> **CAUTION**
>
> 페이지의 의도와 흐름을 해치지 않는다면 입력 양식 요소의 값 변경으로 요소의 시각적인 변화(예: 입력 오류 시 나타나는 빨간색 테두리)나 초점 이동 없이 표시되는 추가 정보(예: 입력 오류 메시지 노출)는 오류로 간주하지 않습니다.

3. 새 창/팝업 창

   사용자가 예상치 못한 상황에서 링크를 클릭했을 때 새 창이나 팝업 창이 열리면 시각장애인, 인지장애, 학습장애가 있는 사용자들이 혼란스러워할 수 있습니다. 따라서 링크를 클릭하기 전에 새 창이 열릴 것임을 명시적으로 알려주는 것이 중요합니다.

   이를 위해 링크 텍스트 자체에 '(새 창 열림)'과 같은 설명을 포함하는 것이 가장 확실한 방법입니다. `title` 속성을 사용해 새 창이 열린다는 정보를 제공할 수도 있지만 스크린 리더마다 지원 방식이 다르고, 일부 환경에서는 사용자 설정에 따라 읽히지 않을 수 있어 접근성 측면에서 권장되지 않습니다. 또한, `target="_blank"` 속성만으로는 대부분의 스크린 리더가 새 창이 열리는 것을 인식하지 못하므로 주의해야 합니다.

   따라서, 접근성을 고려할 때는 링크 텍스트 자체에서 새 창이 열린다는 정보를 제공하는 것이 가장 명확한 방법이며, 추가적인 설명이 필요한 경우 화면에는 보이지 않지만 보조기술에서는 읽을 수 있도록 하는 방법(IR 기법)을 활용할 수 있습니다.

> **CAUTION**
>
> 새 창/팝업 창은 새로운 창이 열리기 때문에 이를 사전에 미리 알려주는 것이 중요합니다. 반면 레이어 팝업은 새 창이 열리는 것이 아니라 기존 창 위에 콘텐츠가 덮어져 표시되므로 이를 미리 알리지 않아도 됩니다. 레이어 팝업은 새 창으로 간주되지 않습니다.

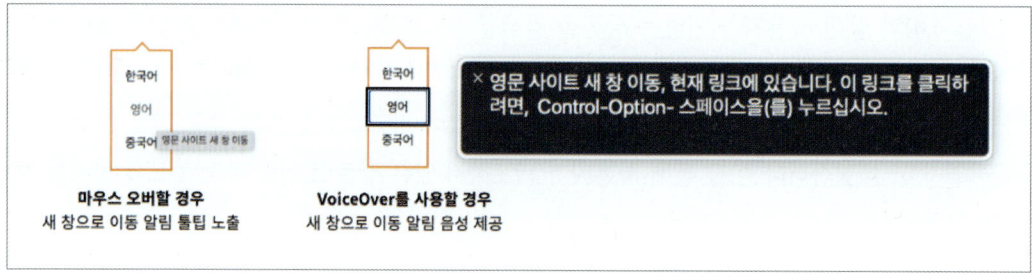

그림 4.42 `title` 속성을 사용하여 새 창 열림을 제공하는 예시

그림 4.42와 같이 새 창으로 이동하는 정보를 미리 전달하면 사용자는 제공되는 텍스트를 통해 링크 클릭 후 새 창에서 웹페이지를 탐색해야 한다는 것을 알 수 있습니다. 또한 새 창에서 콘텐츠를 확인한 후 쉽게 창을 닫고 원래 창으로 돌아와 웹페이지 탐색을 계속할 수 있습니다.

> **CAUTION**
> 새 창/팝업 창은 되도록이면 사용하지 않는 것이 좋지만 불가피하게 링크를 새 창으로 열어야 한다면 미리 새 창이 열릴 것이라는 것을 사용자가 예측할 수 있게 해주어야 합니다.

✘ 잘못 사용한 예시

```html
<ul>
  <li>
    <a target="_blank" href="/kr/index">한국어</a>
  </li>
  <li>
    <a target="_blank" href="/en/index">영어</a>
  </li>
  <li>
    <a target="_blank" href="/cn/index">중국어</a>
  </li>
</ul>

{/* title 속성 */}
<ul>
  <li>
    <a target="_blank" href="/kr/index" title="국문 사이트 새 창 이동">한국어</a>
  </li>
  <li>
    <a target="_blank" href="/en/index" title="영문 사이트 새 창 이동">영어</a>
  </li>
  <li>
    <a target="_blank" href="/cn/index" title="중문 사이트 새 창 이동">중국어</a>
  </li>
</ul>
```

✔ 올바르게 사용한 예시

```html
{/* 링크 텍스트 */}
<ul>
  <li>
    <a target="_blank" href="/kr/index">
      한국어<span className="visually-hidden">사이트 새 창 이동</span>
```

```
      </a>
    </li>
    <li>
      <a target="_blank" href="/en/index">
        영어<span className="visually-hidden">사이트 새 창 이동</span>
      </a>
    </li>
    <li>
      <a target="_blank" href="/cn/index">
        중국어<span className="visually-hidden">사이트 새 창 이동</span>
      </a>
    </li>
</ul>
```

4. 레이어 팝업

이벤트나 공지사항을 정해진 기간 동안 노출하기 위해 레이어 팝업이 노출되게 하는 경우가 많습니다. 하지만 화면을 가리는 레이어 팝업의 노출을 예상하지 못한 사용자는 혼란스러움을 느낄 수 있습니다. 특히 시각장애, 지적장애, 지체장애가 있는 사용자가 웹을 탐색하는 동안 레이어 팝업은 초점 이동 및 정보의 논리적인 순서를 방해할 수 있어 사용하지 않는 것이 좋습니다.

만약 레이어 팝업이 반드시 필요한 상황이라면 그림 4.43과 같이 문서 최상단에 마크업하여 팝업이 화면을 가리지 않도록 제공하는 것이 바람직합니다. 이렇게 하면 사용자가 팝업의 등장을 예측할 수 없어서 생기는 혼란을 최소화할 수 있으며, 웹페이지의 정보에 쉽게 접근할 수 있도록 도울 수 있습니다.

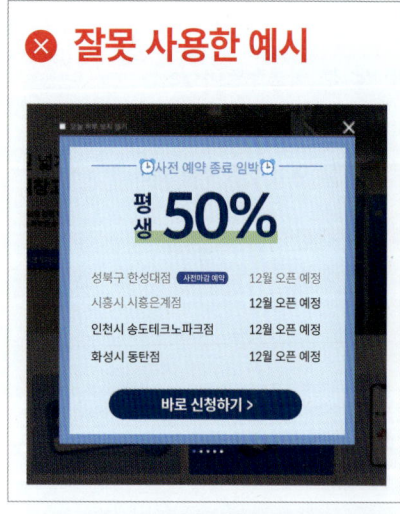 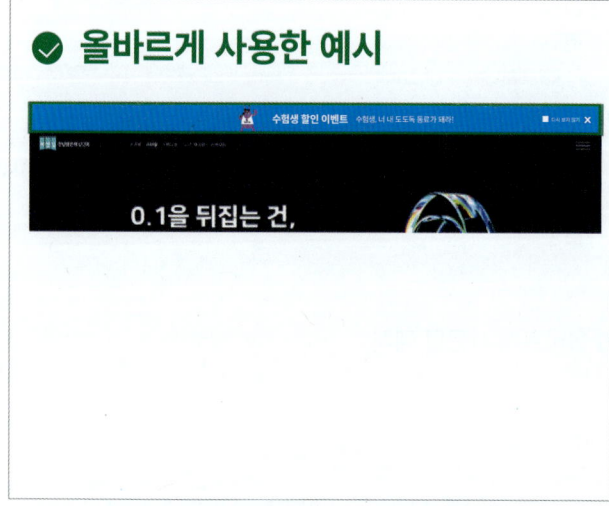

그림 4.43 레이어 팝업 제공 예시(https://www.dalock.kr/service/main, https://www.bnviit.com/)

5. 새 창/팝업 창/레이어 팝업의 닫음

   새 창, 팝업 창, 레이어 팝업이 화면에 나타났을 때 사용자는 해당 창이나 팝업에서 제공하는 닫기 또는 종료 버튼을 클릭하면 화면에 나타난 창이나 팝업이 닫히거나 종료될 것이라고 기대합니다. 하지만 예상과 달리 해당 창이나 팝업 등이 종료되지 않는다면 사용자는 혼란스러울 수 있습니다. 따라서 이러한 종류의 창은 사용자가 닫기나 종료 버튼을 클릭했을 때 바로 닫히거나 종료되도록 제공해야 합니다.

- **[검사 항목 2. 찾기 쉬운 도움 정보] 도움 정보가 제공되는 경우, 각 페이지에서 동일하고 상대적인 순서로 접근할 수 있어야 한다.**

웹사이트는 일반적으로 다양한 목적을 가진 여러 웹페이지의 집합으로 이뤄져 있습니다. 여러 웹페이지를 탐색할 때, 도움 정보가 일관된 위치에 제공된다면 사용자는 그 위치를 예측하여 도움 정보를 쉽게 찾을 수 있습니다. 일관된 위치에 제공되는 도움 정보를 통해 사용자는 필요한 정보를 빠르게 찾거나 원하는 작업을 수행할 수 있습니다.

일반적으로 도움 정보는 다음과 같이 제공됩니다.

- 담당자의 연락처 정보: 전화번호, 이메일, 영업 시간 등
- 담당자와 커뮤니케이션 하기 위한 방법: 메신저, 채팅창, 게시판, SNS 등
- 도움말 옵션: FAQ, 사용법 등
- 자동화된 연결방법(챗봇 등)

▶ 기대 효과

- 쉽게 찾는 도움 정보

   도움 정보가 일관되지 않은 위치에 있으면 사용자는 필요한 정보를 찾기 어려울 수 있습니다. 하지만 정보가 일관된 위치에 있다면 도움 정보를 찾는 시간을 절약할 수 있습니다.

▶ 유형

1. 일관된 위치에 도움 정보 제공

   각 페이지에 반복적으로 제공되는 도움 정보가 있다면 이를 일관된 위치에 구현하는 것이 좋습니다. 일반적으로는 페이지 최하단에 위치시키며, 마크업도 최하단에 작성하여 장애가 있는 사용자도 도움 정보를 쉽게 찾을 수 있도록 도와야 합니다.

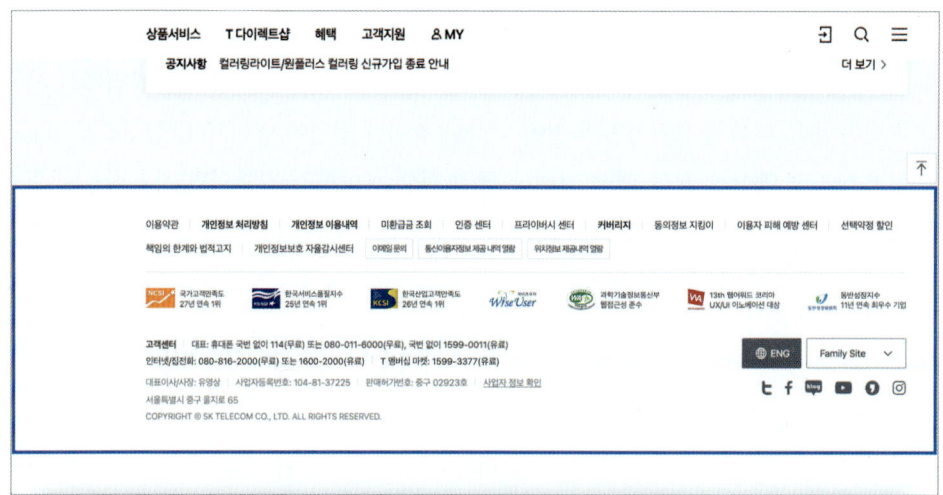

그림 4.44 일관된 위치에 도움 정보 제공 예시[23]

● 입력 도움

- **[검사 항목 1. 오류 정정] 입력 오류를 정정할 수 있는 방법을 제공해야 한다.**

입력 오류는 사용자가 실수로 입력한 정보로 인해 발생할 수 있는 오류를 의미합니다. 입력 오류가 발생하는 경우 오류의 원인이나 내용을 사용자에게 알려주고, 그 오류를 수정하는 방법을 안내해야 합니다. 사용자가 무엇이 잘못되었는지 모르면 오류를 고치는 데 많은 시간이 걸리고 어려움을 겪을 수 있습니다.

▶ 기대 효과

- 시각장애, 학습장애가 있는 사용자를 위한 웹 접근성 향상

    입력 오류가 발생했을 때 오류가 있는 곳에 이미지나 색상 등의 시각적인 요소를 활용해 오류를 표시하는 것만으로는 시각장애나 저시력장애 사용자는 오류를 인식하기 어렵습니다. 스크린 리더가 오류 발생 요소에 접근해 읽기 전까지는 오류가 발생했다는 사실을 알 수 없기 때문입니다. 또한 인지장애, 언어장애, 학습장애가 있는 사용자도 시각적인 표시의 의미를 이해하는 데 어려움을 겪을 수 있습니다. 오류가 발생한 요소에 대한 정보를 얻기 전까지는 페이지가 정상 작동하지 않는다고 오해하고 양식 작성을 포기할 수도 있습니다.

    장애를 경험하는 사용자의 입력 오류를 줄이려면 먼저 어떤 값을 입력해야 하는지 텍스트로 명확하게 설명해야 합니다. 만약 사용자가 잘못 입력하면, 정확한 오류 메시지와 그 오류를 고

---

23 https://www.tworld.co.kr/web/home

칠 수 있는 방법을 자세히 알려줘야 합니다. 오류 메시지를 알리면서 오류 위치로 초점을 이동시킬 수 있는 수단을 제공하면 시각, 학습장애를 경험하는 사용자도 오류에 대한 설명에 접근이 가능하게 되어 쉽게 오류를 정정할 수 있습니다.

▶ **유형**

1. **사용자 입력 오류 안내**

   사용자가 입력을 잘못한 경우 사용자에게 오류가 발생한 위치, 오류의 내용과 원인을 알려주어야 합니다. 오류가 발생한 위치로 초점을 이동해 사용자가 오류 사실과 원인을 알 수 있도록 해야 합니다.

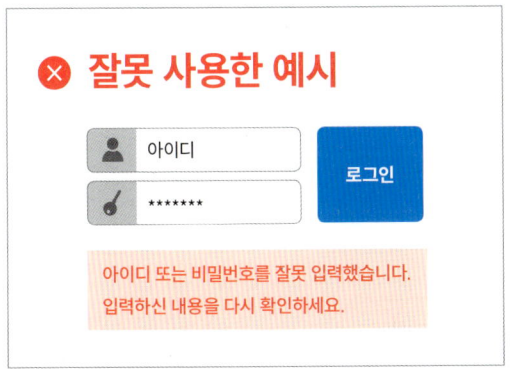 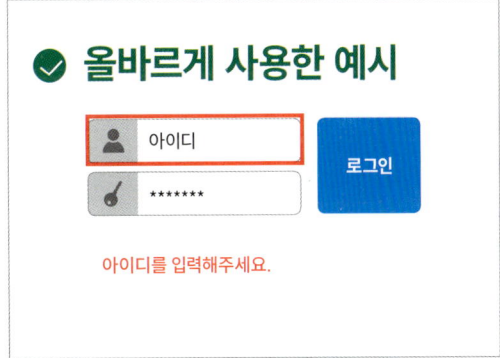

그림 4.45 **사용자 입력 오류 안내 예시**

그림 4.45와 같이 아이디와 비밀번호를 입력하는 화면에서 사용자가 아이디를 작성하지 않고 로그인을 시도한다면, 어떤 부분이 빠져 있는지 알려주는 텍스트를 함께 제공해야 합니다. 또한 오류가 발생한 입력 부분으로 초점을 이동해 사용자가 누락된 정보를 쉽게 수정할 수 있도록 도와야 합니다.

- **[검사 항목 2. 레이블 제공] 사용자 입력에는 대응하는 레이블을 제공해야 한다.**

사용자 입력에는 반드시 그에 대응하는 레이블을 제공하여 입력하는 요소에 대한 설명을 제공해야 합니다. 레이블을 제공하면 사용자가 입력 요소에 대한 목적이나 용도를 쉽게 이해할 수 있습니다.

▶ **기대 효과**

- 시각장애인을 위한 웹 접근성 향상

  시각장애가 있는 사용자는 입력해야 할 값에 대한 지시 사항을 이해하는 데 더 많은 시간이 필요합니다. 명확한 레이블을 통해 어떤 용도로 사용되는지 목적을 알려주면 시각장애를 경험하는 사용자는 입력을 요구하는 콘텐츠를 쉽게 이해할 수 있으며, 사용자가 잘못된 값을 입력하지 않도록 방지할 수 있습니다.

▶ **유형**

1. 사용자 입력에 대응하는 레이블 제공

   사용자로부터 값을 입력받아야 하는 요소에는 적절한 레이블을 제공해 보조기술이 이를 알 수 있도록 도와야 합니다. 레이블은 요소에 입력해야 하는 값이 무엇인지 설명하는 제목과 같다고 생각하면 이해가 쉽습니다. 레이블이 없으면 입력 요소에 어떤 값을 입력해야 하는지 알기 어렵습니다. 따라서 정확한 값을 입력할 수 있도록 도와주기 위해서는 적절한 레이블을 제공해야 합니다.

   레이블은 대응되는 입력 요소와 직접 연결해 제공해야 합니다. 입력 요소의 근처에 텍스트를 시각적으로 표시하는 것만으로는 해당 텍스트가 입력 요소를 설명하는 레이블인지 스크린 리더가 인식하지 못합니다. 다시 말해, 화면상에서 레이블이 보이더라도 스크린 리더 사용자에게는 인식되지 않을 수 있습니다. 따라서 스크린 리더 사용자가 어떤 값을 입력해야 하는지 이해할 수 있도록 레이블과 대응되는 입력 요소를 연결하여 제공해야 합니다. 시각적으로 보이는 레이블 텍스트가 있는 경우, HTML `<label>` 태그의 `for` 속성과 입력 요소의 `id` 속성에 동일한 값을 제공하여 두 요소를 연결할 수 있습니다.

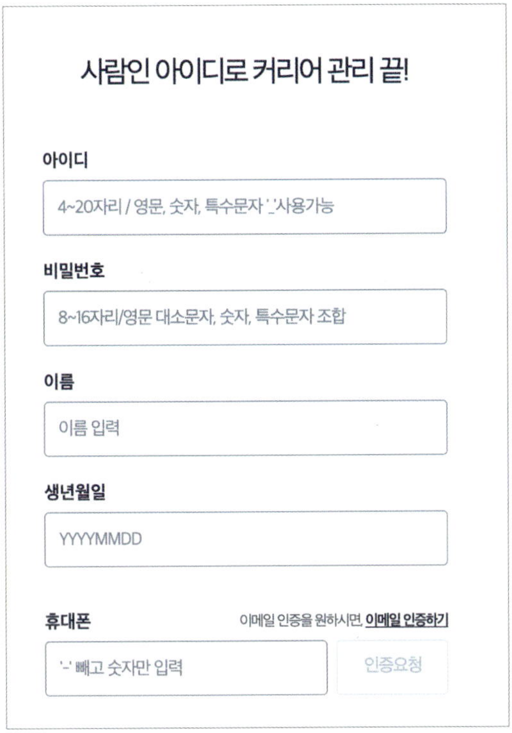

그림 4.46 레이블이 시각적으로 노출되어 있는 예시[24]

만약 시각적인 디자인을 고려하여 레이블을 표시하기 어려운 경우, 입력 요소에 `aria-label` 또는 `title` 속성을 추가하여 설명을 제공해야 합니다. 이때는 `aria-label` 속성을 우선적으로 사용하고, `title` 속성은 가능한 한 최소한으로 사용하는 것이 좋습니다.

> **NOTE** 왜 title 속성을 최소한으로 사용해야 하나요?
>
> `title` 속성은 마우스 오버 시 나타나는 툴팁을 통해 요소에 대한 부가적인 정보를 제공합니다.
>
> 그러나 `title` 속성은 일부 보조기술에서 지원되지 않을 수 있으며, 모바일 환경에서는 마우스 오버 기능을 사용할 수 없어 `title`이 읽히지 않습니다. 또한 화면이 확대된 상태에서는 툴팁의 내용이 전부 표시되지 않거나 일부만 표시될 수 있어 화면을 크게 확대하여 사용하는 저시력 사용자는 텍스트의 전체 내용을 확인하기 어려울 수 있습니다.
>
> 반면에 `aria-label`은 보조기술에서 일관되게 지원되며, 스크린 리더가 해당 요소의 레이블을 정확하게 읽을 수 있습니다. 따라서 다양한 환경과 사용자를 고려한다면, `title` 속성 대신에 `aria-label` 속성을 우선적으로 사용하는 것이 좋습니다.

---

[24] https://m.saramin.co.kr/join/person-member-join

❌ 잘못 사용한 예시

```html
<form>
  <fieldset>
    <legend>회원가입</legend>
    <div>
      <strong>아이디</strong>
      <input
        name="id"
        type="text"
        maxLength="20"
        minLength="4"
        placeholder="4~20자리 / 영문, 숫자, 특수문자 '_' 사용 가능"
      />
    </div>
    ... 생략 ...
  </fieldset>
</form>
```

✅ 올바르게 사용한 예시

```html
<form>
  <fieldset>
    <legend>회원가입</legend>
    {/* for, id의 값을 사용해 레이블 제공 */}
    <div>
      <label htmlFor="id"> 아이디 </label>
      <input
        name="id"
        id="id"
        type="text"
        maxlength="20"
        minlength="4"
        placeholder="4~20자리 / 영문, 숫자, 특수문자 '_' 사용 가능"
      />
    </div>

    {/* aria-label 사용해 레이블 제공 */}
    <div>
      <input
        name="id"
        aria-label="아이디"
        type="text"
        maxlength="20"
        minlength="4"
        placeholder="4~20자리 / 영문, 숫자, 특수문자 '_' 사용 가능"
```

```
      />
    </div>
      ... 생략 ...
  </fieldset>
</form>
```

> **CAUTION**
>
> `placeholder` 속성은 사용자의 입력이 필요한 값에 대한 상세 설명을 제공하기에 적합하지 않습니다. `placeholder` 속성은 사용자가 입력 요소에 값을 입력하는 동시에 사라지게 되어 입력해야 하는 값에 대한 정보를 알 수 없습니다. 이는 인지장애가 있는 사용자에게는 혼란을 줄 수 있습니다. 보통 `placeholder` 속성은 입력 요소에 입력된 값과 혼동하지 않게 하기 위해 의도적으로 낮은 색상 대비로 표시하는데, 이러한 색상 대비 차이를 구분하기 어려운 저시력 사용자의 경우 인지하기 어렵습니다.
>
> 따라서 입력 요소에 입력해야 하는 값의 형태의 예를 보여주기 위해 `placeholder` 속성을 기본적으로 제공하되, 스크린 리더 사용자를 고려해 `aria-describedby` 속성을 제공하여 요소에 대한 상세 설명을 제공해야 합니다. 이로써 모든 사용자는 힌트를 제공받아 입력 오류를 방지할 수 있게 됩니다.
>
> ```
> <form>
>   <fieldset>
>     <legend>회원가입</legend>
>     <div>
>       <label htmlFor="id"> 아이디</label>
>       <input
>         name="id"
>         id="id"
>         type="text"
>         maxlength="20"
>         minlength="4"
>         placeholder="4~20자리 / 영문, 숫자, 특수문자 '_' 사용 가능"
>         aria-describedby="message"
>       />
>       <p id="message">4 ~ 20자의 영문, 숫자와 특수문자 '_'만 사용해주세요.</p>
>     </div>
>       ... 생략 ...
>   </fieldset>
> </form>
> ```

- **[검사 항목 3. 접근 가능한 인증] 인증 과정은 인지 기능 테스트에만 의존해서는 안 된다.**

로그인, 2단계 인증 로그인과 같이 본임임을 확인하는 과정이 필요한 경우 사용자의 인지/지적 능력과 무관한 인증 방법을 제공해야 합니다. 인지 기능 테스트에 의존하지 않는 인증 방법을 적어도 하나 이상 제공해야 해당 검사 항목을 준수한 것으로 간주됩니다.

인지 기능 테스트에 의존하지 않는 인증을 위해서는 아이디와 비밀번호를 직접 입력하지 않고 브라우저가 아이디/비밀번호를 저장할 수 있는 관리 도구, 생체인식 기술을 활용한 지문이나 안면인식, 스마트폰과 같은 다른 디바이스를 사용한 QR 코드 인증 등을 이용할 수 있습니다. 이와 같은 인증 방법을 제공하면 인지적 또는 지적 능력에 어려움을 겪는 사용자는 쉽고 안전하게 로그인 기능을 이용할 수 있습니다.

> **NOTE 인지 기능 테스트란?**
> 인지 기능 테스트는 로그인을 위한 비밀번호 입력, 터치스크린 화면의 패턴 인식, 임의의 문자열 기억, 계산 수행, 특정 대상을 포함하고 있는 이미지 찾기 등의 방법을 의미합니다.

그림 4.47 다양한 로그인 방식 제공의 예시[25]

---

25 https://m.wooricard.com/dcmw/main.do

> **NOTE 사용자 이름이나 이메일 주소, 전화번호도 인지적인 노력이 필요하지 않나요?**
> 사용자의 이름이나 이메일 주소, 전화번호는 사용자에게 이미 익숙하기 때문에 별도의 인지적인 노력을 필요로 하지 않아 인지 기능 테스트로 간주하지 않습니다.

▶ 기대 효과

- 기억, 읽기, 숫자 계산 등에 어려움이 있는 사용자를 위한 웹 접근성 향상

  기억, 난독증, 숫자 계산 등에 어려움을 겪는 사용자도 쉽고 안전하게 인증을 완료할 수 있어야 합니다. 따라서 신체적 제약이 없는 누구나 접근 가능한 인증 방법을 제공해야 합니다. 만약 특정 캡차completely automated public turing test to tell computers and humans apart, CAPTCHA가 텍스트 붙여넣기를 막거나 이미지 맞추기, 특정 조건에 맞는 텍스트 입력과 같이 사용자의 인지 능력을 필요로 하는 경우, 해당 캡차를 사용하지 않거나 대안을 제공해야 합니다. 이렇게 하지 않으면 해당 검사 항목에서 오류로 간주될 수 있습니다.

NOTE **캡차를 사용하면 시각장애를 경험하는 사용자는 어려움을 겪을 수 있어요!**

캡차CAPTCHA는 사람과 로봇을 구별하기 위해 만들어진 인증수단으로 자동화된 튜링 테스트의 약자입니다. 로그인, 회원가입, 온라인 결제 등 보안 인증이 필요한 상황에서 해킹을 막고 문자를 의도적으로 왜곡해 컴퓨터가 구별할 수 없는 텍스트를 만들어내는 보안 기술입니다.

편리한 테스트 수단이지만 시각 정보를 활용해 인증이 이루어지기 때문에 시각장애인은 사용할 수 없습니다. 예를 들어 시각장애인이 익명 커뮤니티에 작성한 글을 게시하려고 할 때, 캡차 이미지에 있는 코드 입력이 필요하다면 누군가의 도움을 받아야만 코드를 입력할 수 있습니다. 캡차의 사용으로 인해 시각장애인은 서비스 이용의 어려움을 겪고, 다른 사람의 도움을 받는 순간 익명성을 보장받지 못해 서비스를 이용하는 목적을 잃어버릴 수 있습니다.

물론 시각장애인을 위해 음성으로 인증하는 오디오 캡차도 존재하기는 하지만 공공기관, 법인 외에 음성 캡차를 제공하는 서비스는 많지 않습니다. 또한 오디오 캡차를 제공한다고 하더라도 음성만으로는 숫자와 문자(예: 숫자 '1'과 '일')를 구분할 수 없기 때문에 시각장애를 경험하는 사용자는 인증에 어려움을 겪을 수 있습니다.

그림 4.48 reCAPTCHA 예시(출처: 구글)

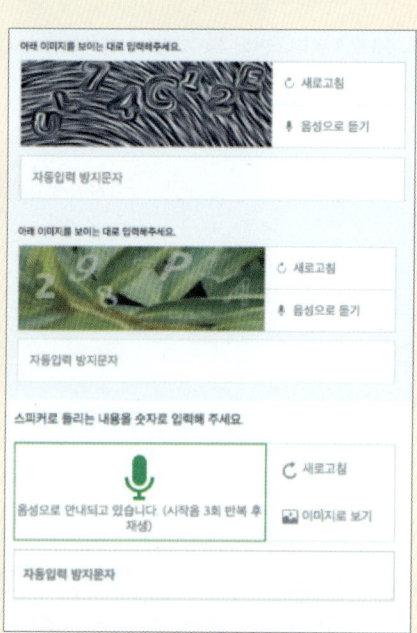

그림 4.49 이미지 캡차(흑백/컬러)와 오디오 캡차의 예시(출처: 네이버)

- **[검사 항목 4. 반복 입력 정보] 반복되는 입력 정보는 자동 입력 또는 선택 입력할 수 있어야 한다.**

하나의 프로세스 내에서 사용자가 이전에 입력한 정보(예: 이름, 주소, 연락처 등)를 반복해서 다시 입력해야 할 때, 자동 입력 또는 선택 입력 기능을 제공해야 합니다.

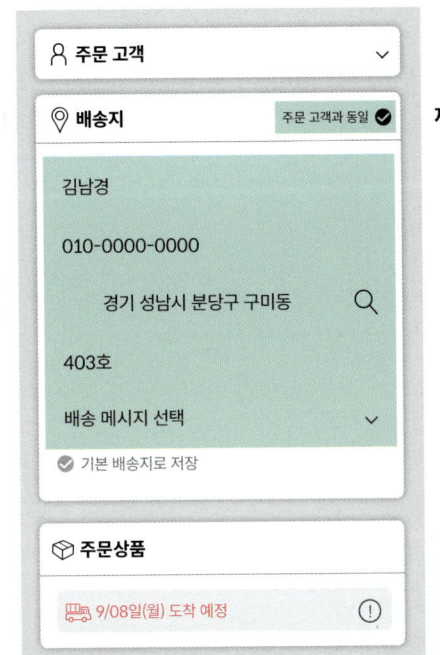

그림 4.50 이전에 입력한 배송 정보 자동 및 선택 입력의 예시

예를 들어, 그림 4.50과 같이 회원가입 시 입력한 주소를 결제 단계에서 다시 입력하도록 요구하는 대신, 자동 완성 기능을 제공하거나 기존 입력값을 선택할 수 있도록 해야 합니다. 이렇게 하면 사용자의 입력 부담을 줄이고, 입력 오류를 방지할 수 있습니다.

> **CAUTION**
> 단, 정보를 다시 입력하는 것이 필수이며 콘텐츠의 보안 보장을 목적으로 재입력이 필요한 경우나 이전에 입력한 정보가 더 이상 유효하지 않은 경우에는 해당 검사 항목에서 예외로 간주됩니다.

▶ 기대 효과

- 반복적인 입력으로 인한 스트레스와 실수 발생 가능성 감소

  기억이나 인지능력에 어려움을 겪는 사용자는 특정 정보를 반복적으로 기억하는 과정에서 스트레스를 느끼고 빈번하게 실수를 저지릅니다. 또한 정보를 회상하는 과정에서 정신적 피로를 느끼기도 하는데, 이는 장애가 없는 사용자도 흔히 느낄 수 있는 불편함입니다. 따라서 반복되는 입력 정보에 대한 자동 입력 혹은 선택 입력 기능을 제공하는 것이 좋습니다.

- 움직임에 제약이 있는 사용자를 위한 웹 접근성 향상

  움직임에 제약이 있어 스위치 제어나 음성 입력을 사용하는 사용자는 텍스트 입력의 필요성이 줄어들어 부담을 줄일 수 있습니다.

4.2.4 견고성

견고성은 사용자가 콘텐츠를 이용하는 데 기술의 영향을 받지 않아야 함을 의미합니다. 견고성은 문법 준수, 웹 애플리케이션 접근성의 2가지 지침으로 구성되어 있습니다.

● **견고성 검사 항목**

지침	검사 항목
문법 준수	• (마크업 오류 방지) 마크업 언어의 요소는 열고 닫음, 중첩 관계 및 속성 선언에 오류가 없어야 한다.
웹 애플리케이션 접근성	• (웹 애플리케이션 접근성 준수) 콘텐츠에 포함된 웹 애플리케이션은 접근성이 있어야 한다.

● **문법 준수**

- **[검사 항목 1. 마크업 오류 방지] 마크업 언어의 요소는 열고 닫음, 중첩 관계 및 속성 선언에 오류가 없어야 한다.**

마크업 언어로 작성된 콘텐츠는 표준을 준수하고 최대한 문법적 오류나 모호성이 없도록 제공해야 합니다. 마크업 언어는 웹페이지의 구조를 정의하기 때문에 정확하게 사용하는 것이 중요합니다. 마크업 언어의 표준을 준수하는 것이 원칙이며, 표준 문법 중에서도 기본이 되는 요소의 열고 닫음, 중첩 관계 및 속성 선언에 오류가 없어야 한다는 최소한의 준수사항을 반드시 지켜야 합니다.

마크업 오류는 HTML과 같은 마크업 언어의 문법에 맞지 않게 구현할 경우에 발생하며, 이는 W3C에서 제공하는 유효성 검사기[26]로 쉽게 확인할 수 있습니다.

---

26 https://validator.w3.org/

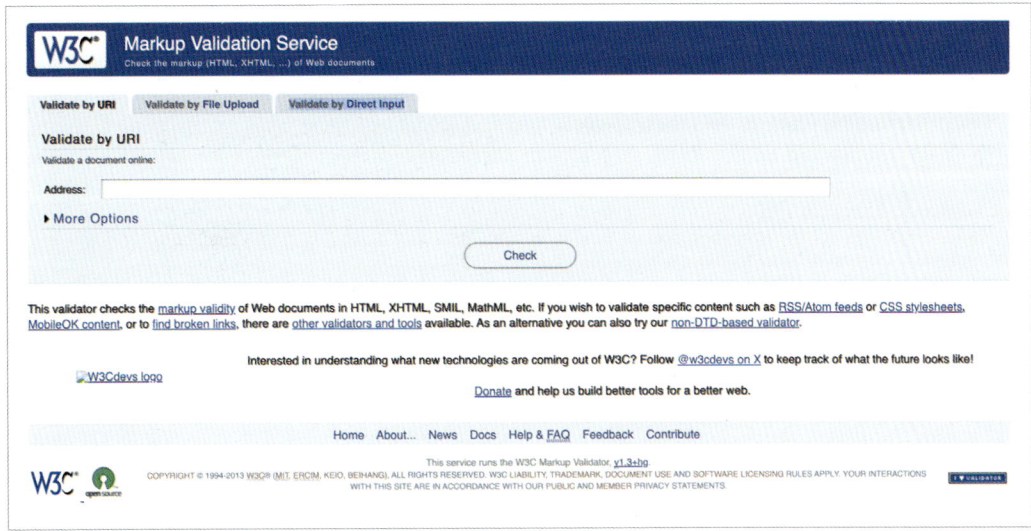

그림 4.51 Markup Validation Service

▶ 기대 효과

- 웹 콘텐츠의 접근성 보장

  마크업 언어의 표준을 준수하고 문법적 오류나 모호성이 없는 콘텐츠는 브라우저뿐만 아니라 다양한 보조기기에서도 잘 해석됩니다. 이로 인해 사용자는 콘텐츠를 정확하게 이해하고, 기능을 누락 없이 활용할 수 있습니다.

▶ 유형

1. 요소의 열고 닫음 일치

   마크업 언어로 작성된 콘텐츠는 태그의 열고 닫음이 정확하게 일치해야 합니다. 표준 문법을 준수하는 중요한 규칙이며, 이를 준수함으로써 브라우저는 콘텐츠를 정확하게 해석하고 표시할 수 있습니다. 태그의 열고 닫음이 정확하게 일치하지 않으면 브라우저는 올바르게 해석하지 못하고, 웹페이지의 구조와 모양이 예상과 다를 수 있습니다.

   예를 들어 `<a>` 태그를 사용할 경우 콘텐츠가 시작되고 끝나는 부분을 포함해 링크 영역으로 정의되도록 `</a>` 태그를 사용해 닫아주어야 합니다. 다음의 오류 코드와 같이 `</a>` 태그를 누락하게 되면 동일한 레벨에 있는 `<p>` 태그까지도 링크 영역의 하위 요소로 포함되어 오류가 발생합니다.

❌ 잘못 사용한 예시

```
<a href="/validator">
  <span>Markup Validation Service</span>
  <p>Check the markup (HTML, XHTML, …) of Web documents</p>
</a>
```

✅ 올바르게 사용한 예시

```
<a href="/validator">
  <span>Markup Validation Service</span>
</a>
<p>Check the markup (HTML, XHTML, …) of Web documents</p>
```

2. 요소의 중첩 방지

HTML 요소는 계층의 순서에 맞게 포함 관계가 어긋나지 않도록 중첩되어야 합니다. 요소 간에 엇갈리게 중첩 관계가 잘못된다면 요소나 속성 등이 정상적으로 반영되지 않아 콘텐츠가 의도와 다르게 화면에 보일 수 있습니다. 다음의 적합한 예시 코드처럼 태그를 사용하는 과정에서 중첩 관계에 오류가 없도록 태그의 열고 닫는 순서를 잘 지켜야 합니다.

❌ 잘못 사용한 예시

```
<h3><span>공지사항</h3></span>
```

✅ 올바르게 사용한 예시

```
<h3><span>공지사항</span></h3>
```

3. 중복된 속성 사용 금지

하나의 요소 안에서 속성을 중복하여 선언하지 않아야 합니다. 동일한 속성을 두 번 이상 선언하면 중복된 속성 중 하나만 적용되므로, 중복 선언을 피해야 합니다. 이로 인해 의도치 않은 결과가 발생할 수 있으며, 웹페이지의 레이아웃이나 스타일이 예상과 다르게 나타날 수 있습니다.

❌ 잘못 사용한 예시

```
<img src="cat.png" alt="" className="item" className="active" />
```

✅ 올바르게 사용한 예시

```
<img src="cat.png" alt="" className="item active" />
```

4. id 속성값 중복 선언 금지

   한 페이지를 구성하는 문서 내에서 id 속성의 값은 항상 유일해야 합니다. 한 페이지 안에서 동일한 id값을 여러 요소에 적용할 경우, 어떤 표현이나 동작이 어떤 요소를 위한 것인지 해석할 수 없게 되어 오류가 발생합니다.

   다음은 id값으로 user_name을 두 번 사용하는 예시 코드로, 이러한 중복은 모두 이름을 입력하는 input 요소를 참조하게 되어 사용자에게 혼란을 줄 수 있습니다.

❌ 잘못 사용한 예시

```
<ul>
  <li>
    <label htmlFor="user_name">이름</label>
    <input type="text" id="user_name" />
  </li>
  <li>
    <label htmlFor="password">비밀번호</label>
    <input type="password" id="user_name" />
  </li>
</ul>
```

✅ 올바르게 사용한 예시

```
<ul>
  <li>
    <label htmlFor="user_name">이름</label>
    <input type="text" id="user_name" />
  </li>
  <li>
    <label htmlFor="password">비밀번호</label>
    <input type="password" id="password" />
  </li>
</ul>
```

● 웹 애플리케이션 접근성

- **[검사 항목 1. 웹 애플리케이션 접근성 준수] 콘텐츠에 포함된 웹 애플리케이션은 접근성이 있어야 한다.**

콘텐츠에 포함된 웹 웹 애플리케이션은 사용자가 쉽게 접근할 수 있도록 만들어야 합니다. 예를 들어 웹페이지에서 플러그인이나 특정 애플리케이션을 사용할 때, 사용자가 콘텐츠를 이용하는 데 방해가 되어서는 안 됩니다. 따라서 웹 콘텐츠에 포함된 플러그인이나 애플리케이션은 접근성을 고려해 개발되어야 합니다. 이를 위해 운영체제에서 제공하는 도구나 기능을 활용하여, 장애가 있는 사용자들도 문제없이 웹 애플리케이션을 사용할 수 있게 해야 합니다.

> **NOTE 웹 애플리케이션이란?**
> 웹 애플리케이션은 웹 콘텐츠에 포함되어 특정한 기능을 수행하도록 구성된 소프트웨어의 일종입니다. 과거에는 웹 애플리케이션으로 플래시가 많이 활용되었습니다.

해당 검사 항목의 준수를 위해서는 아래 설명한 모든 요구사항을 적용하여 웹 애플리케이션을 제작해야 합니다.

- 접근성 API 사용 지원

  웹 애플리케이션은 운영체제나 플랫폼이 제공하는 접근성 프로그래밍 인터페이스application programming interface, API를 활용하여 개발되어야 합니다. 이를 통해 보조기술이 웹 애플리케이션의 다양한 요소를 인식하고, 사용자에게 필요한 정보를 전달할 수 있습니다. 예를 들어 스마트폰이나 컴퓨터에 있는 음성 명령 기능이 제대로 작동하려면 각 버튼과 입력 필드에 대한 명확한 정보가 필요합니다. 이러한 정보는 접근성 API를 통해 제공되어야 하며, 이를 통해 음성 명령 시스템이 버튼이나 입력 필드를 정확히 인식하고 적절히 반응할 수 있습니다. 예를 들어 사용자가 '저장' 버튼을 눌러달라고 음성으로 명령하면 접근성 API가 '저장' 버튼의 역할을 명확히 전달하여 음성 명령 시스템이 이를 인식하고 실행할 수 있게 됩니다.

- 접근성 API 대체 수단 제공

  웹 애플리케이션을 개발하는 과정에서 운영체제나 플랫폼이 제공하는 접근성 프로그래밍 인터페이스(API)에 정의되지 않은 새로운 기능을 구현해야 할 때, 해당 기능에 대한 정보를 제공하는 것이 중요합니다. 이때 기능의 명칭, 역할, 상태, 값 등을 운영체제나 플랫폼의 접근성 API에 전달해야 합니다. 이렇게 전달된 정보는 보조기술에서 활용되어 사용자에게 그 기능에 대한 정확한 설명을 제공하고, 사용자가 더 쉽게 웹 애플리케이션을 이용할 수 있도록 돕습니다.

- 보조기술 지원

  웹 애플리케이션을 개발할 때는 국내 보조기술로 이용이 어려운 경우를 최대한 피하는 것이 좋습니다. 그러나 만약 해당 애플리케이션을 반드시 사용해야 한다면, 모든 사용자가 웹 애플리케이션에 접근할 수 있도록 대체 수단을 제공해야 합니다. 예를 들어 접근성이 어려운 플래시의 경우 HTML 버전을 선택할 수 있는 대체 수단이나 대체 텍스트를 제공하여 다양한 환경과 기술을 사용하는 사용자가 콘텐츠에 접근할 수 있도록 해야 합니다.

▶ 기대 효과

- 보조기술 사용자의 웹 애플리케이션 활용 가능

  웹 애플리케이션이 접근성을 제공할 경우, 보조기술을 사용하는 사용자는 해당 애플리케이션과 원활하게 상호작용할 수 있습니다. 이는 시각이나 청각 등의 장애를 경험하는 사용자들이 포함된 다양한 사용자가 애플리케이션을 효과적으로 이용할 수 있도록 하는 중요한 검사 항목입니다.

5
CHAPTER

WAI-ARIA

우리는 다양한 서비스를 경험하며 비슷한 유형의 UI를 반복적으로 접하고, 이 과정에서 주로 시각적인 정보를 활용하여 어떤 UI가 어떤 의미를 담고 있는지 자연스럽게 학습합니다. 예를 들어 그림 5.1과 같은 UI를 보면 우리는 어떤 정보들을 알 수 있을까요?

그림 5.1 토글 버튼의 올바른 예시

아무런 설명도 적혀 있지 않지만 우리는 그동안 축적해온 사용자 경험을 토대로 다음과 같이 추론할 수 있습니다.

1. 이 아이콘은 글을 정렬하는 버튼으로 자주 사용되었으므로, 버튼을 클릭하면 특정 방식으로 글을 정렬할 것이다.
2. 한 버튼을 클릭하면 다른 버튼들은 비활성화될 것이다.
3. 버튼의 배경색을 통해 활성화된 상태인지 비활성화된 상태인지 구분할 수 있다.

그렇다면 위와 동일한 기능의 UI가 그림 5.2와 같이 되어 있다면 어떨까요?

그림 5.2 토글 버튼 잘못된 예시

우리는 그동안 쌓아온 사용자 경험 속에서 정답을 찾지 못하고, 이 UI로부터 어떠한 정보도 얻을 수 없을 것입니다.

장애가 있는 사용자들 역시 그동안 보조기술을 통해 웹 콘텐츠를 소비해온 경험을 토대로 처음 접하는 웹페이지의 내용과 동작을 추론합니다. 이때 탐색 중인 웹페이지가 접근성을 준수하지 않은 경우, 그림 5.2 예시를 보았을 때 우리가 느낀 것처럼 당황스러울 것입니다. 마찬가지로 장애가 있는 사용자도 학습된 경험을 토대로 편하게 콘텐츠를 소비할 수 있어야 합니다.

이를 위해 개발자들은 시맨틱 태그를 사용하여 요소의 의미와 문서의 구조 등을 제공할 수 있습니다. 하지만 웹 애플리케이션이 점점 복잡해지고 동적으로 변하면서 이것만으로 스크린 리더 사용자가 해당 UI의 명확한 기능을 파악하기에는 부족해졌습니다. 시맨틱 태그로는 정의할 수 없는 역할과 HTML 속성만으로 나타낼 수 없는 상탯값이 필요해졌습니다. W3C에서 이를 위한 기술 문서를 작성하였는데 이 문서가 바로 WAI-ARIA_{web accessibility initiative - accessible rich internet applications}입니다. WAI-ARIA 문서를 기준으로 개발자는 UI가 가진 명확한 역할을 정의할 수 있고, 그 역할에 따른 상태 및 속성값을 일관성 있게 제공할 수 있습니다. 이를 통해 장애를 경험하는 사람들도 웹 콘텐츠를 조금 더 쉽게 이해할 수 있습니다.

WAI-ARIA 문서에 맞게 역할을 지정하고 그 역할에 맞는 상태나 속성을 지정할 경우, 웹브라우저는 이 정보들을 해석하여 접근성 트리로 변환합니다. 그 후 스크린 리더와 같은 보조기술은 각 운영체제에서 제공하는 접근성 API를 이용해 앞서 만든 접근성 트리로부터 필요한 정보를 얻어냅니다. 이때 WAI-ARIA 속성들은 접근성 트리를 형성하는 데 도움을 줄 뿐 실제 동작에는 영향을 주지 않는다는 점에 유의해야 합니다. 키보드 상호작용이 필요하거나 WAI-ARIA 속성의 값을 동적으로 변환하고 싶은 경우에는 자바스크립트를 활용해야 합니다.

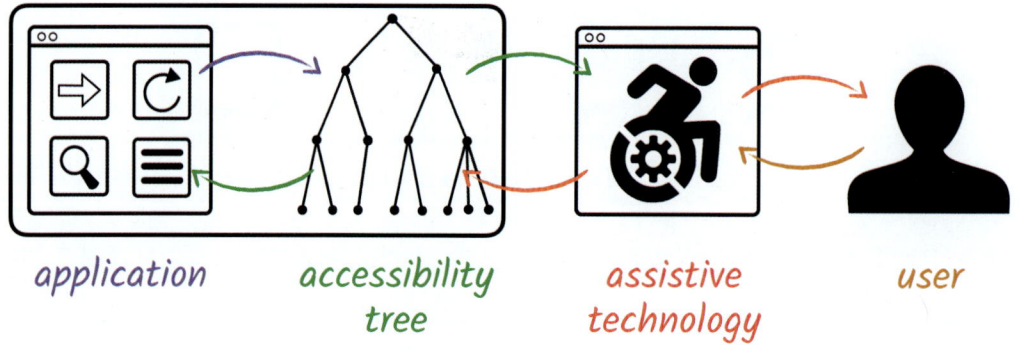

그림 5.3 접근성 객체 모델[1]

5.1 역할

ARIA 역할은 HTML 요소에 역할을 정의합니다. 이를 통해 스크린 리더 사용자는 해당 요소의 기능을 짐작할 수 있고, 동시에 해당 역할에 알맞은 기능으로 상호작용할 수 있다는 것을 짐작할 수 있습니다. 다음 예시를 한 번 살펴봅시다.

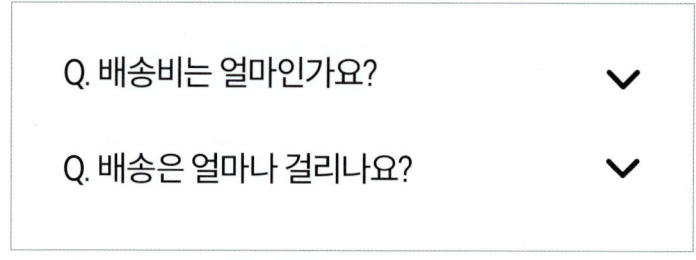

그림 5.4 Accordion 올바른 예시

그림 5.4와 같은 UI를 보면 우리는 학습된 정보를 통해 해당 UI는 토글하여 질문에 대한 답변을 펼치고 접을 수 있는 UI라는 것을 알 수 있습니다. ARIA 역할이 알맞게 명시된 경우 스크린 리더 사용자도 위와 같이 UI를 제공받았다고 할 수 있습니다.

---

1 https://wicg.github.io/aom/explainer.html

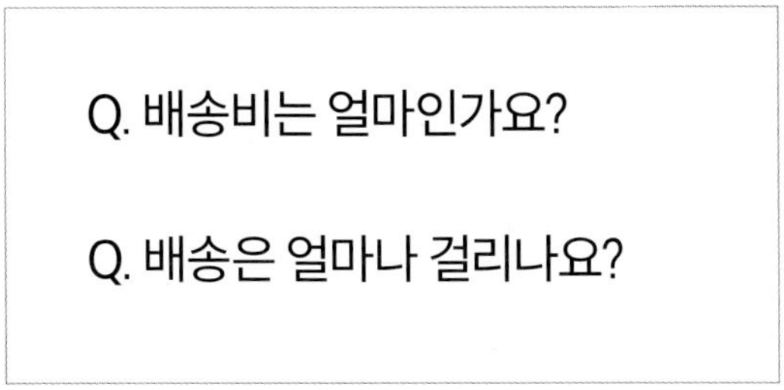

> Q. 배송비는 얼마인가요?
>
> Q. 배송은 얼마나 걸리나요?

그림 5.5 Accordion 잘못된 예시

그림 5.5와 같은 예시는 어떤가요? 시각적인 아이콘 하나 없을 뿐인데 우리는 해당 UI가 펼치고 접을 수 있다는 것을 정확하게 짐작하기 어렵습니다. ARIA 역할이 알맞게 명시되지 않은 경우 스크린 리더 사용자들은 이러한 UI를 제공받았다고 할 수 있습니다.

여기서 추가로 생각해볼 문제도 있습니다. 첫 번째 예시와 같은 UI를 제공하면서 일반적인 상식과 달리 싱글 클릭이 아닌 더블 클릭에 펼침 이벤트를 적용했다고 가정해봅시다. 사용자는 기존의 공식과 거리가 있는 동작 방식을 예측하지 못할 것이고, 끝까지 원하는 정보를 찾지 못할 수도 있습니다. 스크린 리더 사용자들은 언제 이와 같은 혼란을 느끼게 될까요? ARIA 역할은 각각 그에 종속된 필수 기능이 있습니다. 만약 ARIA 역할만 지정하고 상응하는 기능을 제공하지 않을 경우, 스크린 리더를 통해 접근한 사용자는 자신이 기대한 상호작용이 제대로 동작하지 않아 불편함을 겪게 됩니다. 따라서 ARIA 역할을 제공할 땐 반드시 그에 상응하는 기능도 구현을 해야 합니다.

ARIA 역할 중 어떤 것은 HTML 속성이나 시맨틱 태그 사용만으로 대응이 가능하기도 하고, 어떤 것들은 명시적으로 지정을 해줘야만 적용 가능하기도 합니다. HTML 시맨틱 요소 중에는 기본적으로 역할을 가지는 요소들이 있는데, 예를 들면 `<input type="range" />` 태그는 ARIA 역할 중 `role="slider"`와 동일한 역할을 가집니다. 이렇게 HTML 시맨틱 요소만으로 ARIA 역할을 대체할 수 있는 경우, 시맨틱 요소를 사용하는 것이 더 좋습니다. HTML 시맨틱 요소를 사용하면 해당 역할에 필요한 상호작용 기능을 브라우저에서 기본적으로 제공해주기 때문입니다. 하지만 브라우저별 지원 범위가 좋지 않거나 디자이너가 원하는 스타일로의 커스텀이 어려운 경우에는 ARIA 역할을 사용해 모두를 충족시켜주어야 합니다.

5.2 상태 및 속성

ARIA 상탯값은 사용자 동작에 의해 변경될 수 있는 요소의 특성을 나타냅니다. ARIA 속성값은 요소가 가진 필수적인 특성이나 요소와 관련된 데이터값을 나타냅니다. ARIA 상태 및 속성(ARIA state and properties) 모두 `aria-` 접두사를 가진 HTML 속성으로 'ARIA 상태 및 속성'을 합쳐서 단순히 'ARIA 속성'으로 표현하기도 합니다. 이 책에서도 상태와 속성을 꼭 구분지어야 하는 상황이 아니라면 'ARIA 속성'으로 표현하기로 합니다.

ARIA 역할과 마찬가지로 ARIA 속성값이 알맞게 적용되지 않은 경우에도 스크린 리더 사용자들은 큰 혼란을 겪을 수 있습니다. 다음 예시를 한 번 살펴봅시다.

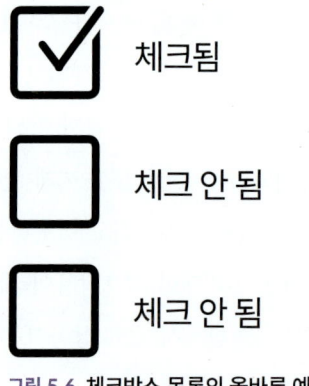

그림 5.6 체크박스 목록의 올바른 예시

그림 5.6을 보면 시각적으로 체크 아이콘이 들어간 체크박스를 우리는 당연히 체크된 상태로 인식하게 됩니다. ARIA 속성값이 알맞게 명시된 경우 스크린 리더 사용자도 우리가 보는 것과 동일하게 인식하게 됩니다.

그림 5.7 체크박스 목록의 잘못된 예시 1

하지만 그림 5.7과 같이 체크된 상태와 체크되지 않은 상태의 시각적인 차이가 없다면 어떨까요? 우리는 어떤 것이 선택되었는지 판단하기 어려워 원하는 선택지를 체크하지 못할 것입니다. 알맞은 ARIA 속성값이 제공되지 않으면 그림 5.7처럼 스크린 리더 사용자들을 혼란에 빠뜨릴 수 있습니다.

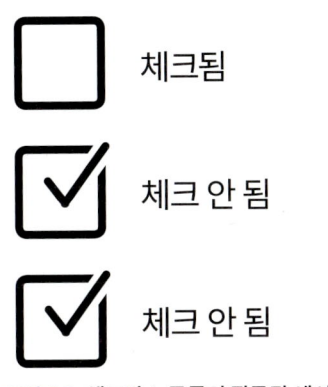

그림 5.8 체크박스 목록의 잘못된 예시 2

심지어 그림 5.8처럼 체크 아이콘이 반대로 적용된 상태, 즉 ARIA 속성값을 반대로 제공한다면 더 큰 혼란을 줄 수도 있습니다.

이러한 체크박스 예시들은 체크박스를 ARIA 역할 및 속성을 통해 제공했을 때를 가정한 예시입니다. 이러한 예시를 보고 '그냥 HTML `<input type="checkbox" />` 태그를 사용 하면 되지 않을까?'라고 생각했다면 아주 좋은 접근입니다. 이러한 접근은 W3C에서 권장하는 ARIA 사용 규칙을 준수합니다. ARIA 사용 규칙들의 내용을 자세히 살펴보겠습니다.

● W3C에서 권장하는 ARIA 사용 규칙

1. ARIA를 사용하기 전에 기본 HTML 요소를 우선적으로 고려합니다.

   ARIA 역할과 속성값을 추가하고 요소의 용도를 변경하여 접근성을 제공하기보다는 가능하다면 이미 의미와 기능을 가지고 있는 기본 HTML 요소와 HTML 속성값을 사용하는 것이 좋습니다.

2. 꼭 필요한 경우가 아니라면 요소의 기본 의미를 변경하지 않습니다.

   ARIA 역할은 HTML 요소의 기본 의미에 ARIA 역할의 의미가 더해지는 것이 아니라 기본 의미를 대체합니다.

❌ 잘못 사용한 예시(제목 형태의 탭을 사용하고 싶은 경우)

```
<h2 role="tab">제목 탭</h2>
```

✅ 올바르게 사용한 예시(제목 형태의 탭을 사용하고 싶은 경우)

```
<div role="tab">
    <h2>제목 탭</h2>
</div>
```

> **CAUTION**
> - ARIA 역할이 요소의 기본 의미를 의도적으로 대체하기 위해 사용되었다면 유사한 의미나 기능을 가지는 HTML 요소를 사용해도 무관합니다. 단, 해당 ARIA 역할이 허용된 HTML 요소를 사용해야 합니다.
>   참고: https://www.w3.org/TR/using-aria/#second
> - 사용자와 상호작용이 불필요한 비대화형 ARIA 역할을 대화형 HTML 요소에 사용해서는 안 됩니다. 애초에 대화형 HTML 요소에는 대화형 ARIA 역할만 허용되며, 대화형 HTML 요소가 기본적으로 가지는 초점 처리 및 키보드 컨트롤 기능을 제거하는 불필요한 작업이 포함될 수 있습니다.
>   참고: https://www.w3.org/TR/html-aria/#avoid-overriding-interactive-elements-with-non-interactive-roles

3. 상호작용이 가능한 ARIA 역할의 경우 반드시 키보드 사용성을 보장해야 합니다.

    ARIA 역할에 따라 제공되는 기능들은 키보드를 통해서도 동일하게 사용이 가능해야 합니다.

4. 초점 가능한 요소에 `role="presentation"` 또는 `aria-hidden="true"` 속성을 사용하지 않습니다.

    `aria-hidden="true"` 속성이 추가된 요소의 내용은 초점이 가도 스크린 리더가 읽어줄 수 없으므로 의미 없는 초점이 되며, 초점 가능한 요소에 `role="presentation"` 역할은 자동으로 무시됩니다.

5. 상호작용이 가능한 대화형 요소에는 반드시 접근성 API가 접근할 수 있는 이름이 있어야 합니다.

    상호작용이 가능한 대화형 요소에는 ARIA 속성을 통해 레이블을 제공하거나 요소 자체에 내용이 포함되어야 합니다.

5.3 자주 사용되는 ARIA 역할

5.3.1 alert

alert 역할은 사용자가 특정 상황에 즉각적으로 알아야 하는 중요 정보를 알리기 위해 사용합니다.

그림 5.9 alert 예시

● 설명

- **alert** 역할은 ARIA 라이브 영역으로 내부 콘텐츠가 변경되면 스크린 리더를 통해 업데이트된 내용을 전달합니다.
- **alert** 역할은 기본적으로 `aria-live="assertive"`와 `aria-atomic="true"` 속성을 내포하므로, 현재 초점의 위치와 상관없이 스크린 리더가 **alert** 역할 내 콘텐츠를 우선적으로 읽어줍니다. 따라서 즉각적인 주의가 필요한 경우에만 사용해야 하며, 과도하게 사용할 경우 오히려 스크린 리더 사용자의 탐색을 방해할 수 있습니다.

- **alert** 역할을 사용하면 초점의 위치와 무관하게 내부 콘텐츠를 스크린 리더가 읽어주므로 별도의 초점을 받을 필요가 없습니다. 따라서 내부 콘텐츠로는 텍스트만 사용해야 하며, 특히 사용자와 상호작용할 수 있는 대화형 콘텐츠를 포함하지 않아야 합니다. 대화형 콘텐츠를 사용해야 하는 경우 **alertdialog** 역할을 사용해야 합니다.

> **NOTE** **ARIA 라이브 영역이란?**
> 페이지가 새로고침되지 않고도 자바스크립트에 의해 동적으로 변하는 콘텐츠들은 시각적으로 페이지를 볼 수 없는 사용자는 인지하기 어렵습니다. ARIA 라이브 영역은 스크린 리더를 통해 업데이트되는 콘텐츠를 알릴 수 있는 방식을 제공합니다.

● **사용 예시**

alert 역할은 다른 ARIA 라이브 영역과 마찬가지로 내부 콘텐츠가 동적으로 업데이트되는 경우 스크린 리더를 통해 내용을 전달합니다. 내부 콘텐츠가 아닌 `role="alert"` 속성 자체가 동적으로 수정되거나 추가되는 경우에는 내용을 전달할 수 없으므로 주의해야 합니다.

따라서 다음과 같은 형태로 사용할 것을 권장합니다.

- **alert** 역할이 명시된 요소의 내부 콘텐츠를 동적으로 업데이트
- **alert** 역할이 명시된 요소 자체를 동적으로 생성

```
{/* 내부 콘텐츠를 동적으로 업데이트 */}
<p role="alert">
  {isShowAlert && "네트워크 오류가 발생했습니다."}
</p>

{/* 요소 자체를 동적으로 생성 */}
{isShowAlert && (
  <p role="alert">
    네트워크 오류가 발생했습니다.
  </p>
)}
```

5.3.2 alertdialog

alertdialog 역할은 사용자가 즉각적으로 알아야 하는 중요 정보를 알리면서 동시에 사용자에게 응답을 요구하기 위해 사용합니다.

그림 5.10 alertdialog 예시

● **설명**

- **alertdialog** 역할은 **alert + dialog** 형태로 즉각적인 메시지를 알리면서 대화형 콘텐츠를 통해 사용자의 응답을 필요로 할 때 사용합니다.
- **alertdialog** 역할은 **dialog**의 한 유형으로, **dialog** 역할에서 요구되는 레이블 적용, 초점 이동, 키보드 컨트롤 등의 기능을 동일하게 적용해야 합니다.
- **alertdialog** 역할은 현재 사용자의 탐색을 중지하고 우선적으로 안내되어야 하므로 항상 **modal** 형태로 사용되어야 합니다.

● **레이블 적용**

- **Alertdialog** 요소에 `aria-labelledby` 속성을 추가하고, 속성값으로 제목 역할을 하는 텍스트 요소 `id`값을 참조합니다.
- **Alertdialog** 요소를 설명하는 텍스트 요소가 있다면, **Alertdialog** 요소에 `aria-describedby` 속성을 추가하고, 속성값으로 **Alertdialog** 요소를 설명하는 텍스트 요소 `id`값을 참조합니다.

```html
<div
  role="alertdialog"
  aria-modal="true"
  aria-labelledby="alertdialog-title"
  aria-describedby="alertdialog-description"
>
  <h2 id="alertdialog-title">메시지 삭제</h2>
  <p id="alertdialog-description">정말 삭제하시겠습니까?</p>
  <button type="button">아니오.</button>
  <button type="button">네, 삭제합니다.</button>
</div>
```

> **CAUTION**
> 사용자에게 전달하고 싶은 메시지의 양이 많거나 구조가 복잡하여 위와 같이 간단한 레이블로 표현하기 어려울 경우, alertdialog 대신 dialog 역할로 대체하는 것을 고려해야 합니다.

● 초점 처리

- **alertdialog**가 열리고 나면 **alertdialog** 내부 초점 이동이 가능한 대화형 콘텐츠로 초점이 이동되어야 합니다. 레이블이 잘 적용되어 있다면 **alertdialog** 내부로 초점이 이동될 때, 레이블을 스크린 리더가 읽어주므로 레이블로 초점이 맞춰질 필요는 없습니다.

- **alertdialog**는 항상 **modal** 형태로 사용되어야 하므로, **alertdialog** 외부로 초점이 이동할 수 없어야 합니다.

- **alertdialog** 내부에서 초점이 순환되어야 합니다.
    - 초점 가능한 마지막 요소에서 다음 요소로 초점 이동 > 초점 가능한 첫 번째 요소
    - 초점 가능한 첫 번째 요소에서 이전 요소로 초점 이동 > 초점 가능한 마지막 요소

● 키보드 컨트롤

- 웹에서 키보드를 통해 **alertdialog**를 탐색할 때 준수해야 하는 동작입니다. 초점이 **alertdialog** 내부에 있는 경우 동작해야 합니다.

    1. **Tab**

        초점 이동이 가능한 다음 요소로 초점을 이동합니다.

    2. **Shift + Tab**

초점 이동이 가능한 이전 요소로 초점을 이동합니다.

3. Esc

   alertdialog를 닫습니다.

5.3.3 dialog

dialog 역할은 페이지 내 특정 콘텐츠를 분리하여 페이지 위에 별도로 배치시키는 요소를 나타내기 위해 사용합니다.

● 설명

- **dialog**는 대화상자로 사용자가 정보를 입력하거나 응답할 수 있도록 하는 대화형 콘텐츠를 반드시 포함해야 합니다.
- **dialog** 이외의 영역에 접근할 수 없다면 모달modal로 구분할 수 있으며, 모달의 경우 `aria-modal="true"` 속성을 추가하여 외부 콘텐츠에 접근 불가능한 모달임을 알립니다.

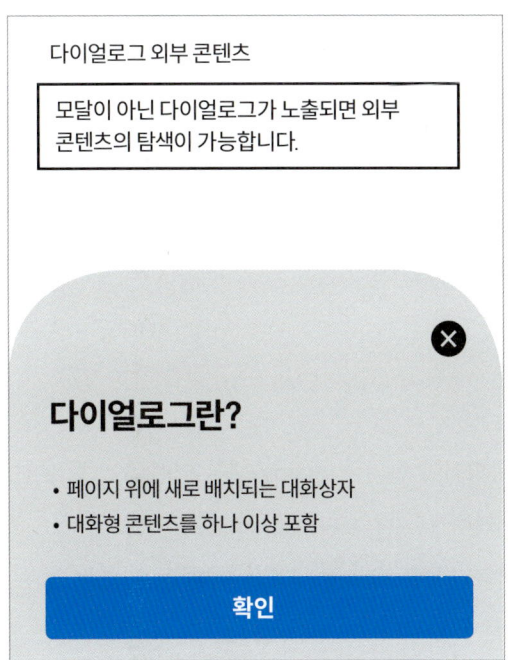

그림 5.11 모달이 아닌 dialog 예시

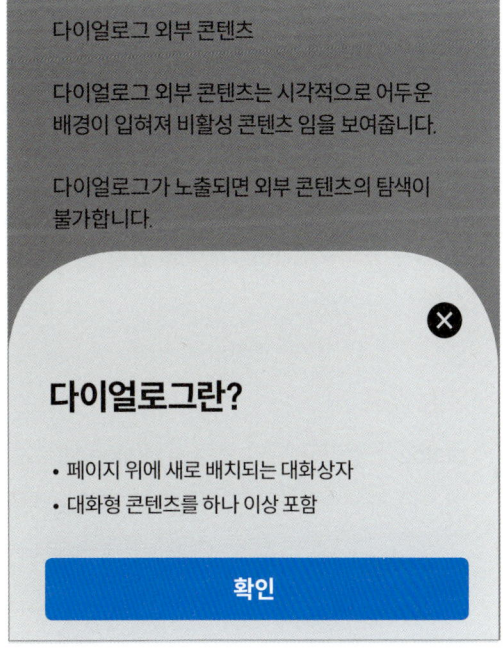

그림 5.12 모달 dialog 예시

> **NOTE** **모달이 아닌 dialog를 사용할 경우 주의해야 할 점**
>
> 모달이 아닌 dialog의 경우 dialog 외부와 내부 간 초점을 이동할 수 있는 키보드 단축키가 설정되어 있어야 합니다.
>
> 초점 이동 기능 키보드 단축키와 관련해 w3c에서 2013년에 F6 키로 해당 기능을 제공할 것을 권장했지만 브라우저별 F6 키의 기본 기능과 충돌하여 최신 문서에서는 관련된 내용은 찾아볼 수 없는 상태입니다. 현재는 해당 기능과 관련된 이슈가 열려 있는 상태이며 아직 논의 중에 있습니다.
>
> 관련 이슈: https://github.com/w3c/aria-practices/issues/599

● 레이블 적용

- dialog 요소에 `aria-labelledby` 속성을 추가하고, 속성값으로 제목 역할을 하는 텍스트 요소 `id`값을 참조합니다.
- dialog 요소를 설명하는 텍스트 요소가 있다면, dialog 요소에 `aria-describedby` 속성을 추가하고, 속성값으로 dialog 요소를 설명하는 텍스트 요소 `id`값을 참조합니다.

```html
<div
  role="alertdialog"
  aria-modal="true"
  aria-labelledby="dialog-title"
  aria-describedby="dialog-description"
>
  <h2 id="dialog-title">이벤트 알림</h2>
  <p id="dialog-description">이벤트 정보 알림을 허용하고 소식을 받아보세요!</p>
  <button type="button">닫기</button>
  <button type="button">이벤트 알림 받기</button>
</div>
```

● 초점 처리

- dialog가 열리고 나면 초점이 dialog 내부로 이동되어야 합니다. dialog 내부 어떤 요소로 초점이 이동하는 게 가장 적절한지는 dialog 내부 콘텐츠에 따라 달라집니다.
  - dialog 내부 콘텐츠가 간단하여 적용된 레이블만으로 dialog 내용을 이해할 수 있는 경우, dialog 내 초점 가능한 첫 번째 요소로 초점을 이동합니다.
  - dialog 내부 콘텐츠가 너무 길거나 구조가 복잡한 경우 dialog 내부 콘텐츠 전체를 감싸는 컨테이너 요소에 `tabindex="-1"` 속성을 추가하고, 해당 요소로 초점을 이동해 스크린 리더 사용자가 내부 콘텐츠를 처음부터 탐색할 수 있도록 합니다.

- **dialog** 내에서만 초점이 순환되어야 합니다.
  - **dialog** 내 마지막 초점 가능한 요소에서 다음 요소로 초점 이동 시, 첫 번째 초점 가능한 요소로 초점이 이동되어야 합니다. 마찬가지로 첫 번째 초점 가능한 요소에서 이전 요소로 초점 이동 시, 마지막 초점 가능한 요소로 초점이 이동되어야 합니다.
- **dialog**가 닫히고 나면 **dialog**를 화면에 나타나게 한 트리거 요소로 초점이 돌아가야 합니다.
- 모달의 경우 모달 외부로 초점이 이동할 수 없어야 합니다. 이를 위해 모달을 제외한 모든 콘텐츠에 `aria-hidden="true"` 속성을 추가합니다. 이때 다음 사항을 주의해야 합니다.
  - 모달은 `aria-hidden="true"` 속성을 가지는 요소의 자식이 되어서는 안 됩니다.
  - `aria-hidden="true"` 속성을 가지는 요소의 자식 요소로 초점 가능한 요소가 있다면, 초점이 이동되지 못하도록 하는 처리가 필요합니다.

● **키보드 컨트롤**

웹에서 키보드를 통해 **dialog**를 탐색할 때 준수해야 하는 동작입니다. 초점이 **dialog** 내부에 있는 경우 동작해야 합니다.

1. **Shift + Tab**

   dialog 내부 초점 이동이 가능한 이전 요소로 초점을 이동합니다.

2. **Tab**

   dialog 내부 초점 이동이 가능한 다음 요소로 초점을 이동합니다.

3. **Esc**

   dialog를 닫습니다.

5.3.4 button

button 역할은 해당 요소가 클릭 가능한 버튼임을 나타내기 위해 사용합니다.

● **설명**

- **button** 역할은 HTML `<button type="button">` 요소처럼 해당 요소가 클릭 가능한 버튼임을 스크린 리더 사용자에게 알리기 위해 사용합니다.
- **button** 역할은 스크린 리더를 통해 요소가 버튼이라는 정보만 알릴 뿐, 실제 HTML 버튼의 기본 기능을 제공하지 않습니다. 따라서 실제 HTML 버튼과 동일하게 동작할 수 있도록 초점 처

리 및 키보드 컨트롤 기능을 별도로 제공해야 합니다.

> **CAUTION** **`<button>` 태그를 사용하면 좋은 점**
>
> ARIA 역할은 HTML 요소를 사용할 수 없는 경우에만 사용해야 합니다.
>
> ARIA 역할을 사용할 경우 별도의 기능을 구현해야 하지만, 기본 HTML 요소를 사용하면 브라우저에서 필요한 기능을 제공합니다. 부득이하게 HTML 버튼 요소를 사용할 수 없는 상황이 아니라면 ARIA 역할보다는 HTML 버튼 요소를 사용하는 것이 더 올바른 방법입니다.

● **초점 처리**

초점을 받을 수 있도록 `tabindex` 속성을 추가해야 합니다.

```
{/* ARIA 역할 사용 */}
<div role="button" tabIndex="0">
  확인
</div>

{/* HTML 버튼 사용 */}
<button type="button">
  확인
</button>
```

● **키보드 컨트롤**

웹에서 키보드를 통해 **button**을 탐색할 때 준수해야 하는 동작입니다. 초점이 **button**에 있는 경우 동작해야 합니다.

1. **Enter** 또는 **Space**

   button을 활성화시킵니다.

5.3.5 link

link 역할은 애플리케이션 내부나 외부 리소스에 대한 하이퍼링크를 생성하는 요소를 나타내기 위해 사용합니다.

● **설명**

- **link** 역할은 HTML `<a href="/">` 요소처럼 해당 요소가 링크 역할을 하는 요소임을 스크린 리더 사용자에게 알리기 위해 사용합니다.
- **link** 역할은 스크린 리더를 통해 요소가 링크라는 정보만 알릴 뿐, 실제 HTML 링크 요소의 기본적인 기능을 제공하지 않습니다. 따라서 실제 HTML 링크 요소와 동일하게 동작할 수 있도록 초점 처리 및 키보드 컨트롤 기능을 별도로 제공해야 합니다.

> **CAUTION**
> ARIA 역할은 HTML 요소를 사용할 수 없는 경우에만 사용해야 합니다.
> ARIA 역할을 사용할 경우 별도의 기능을 구현해야 하지만, 기본 HTML 요소를 사용하면 브라우저에서 필요한 기능을 제공합니다. 부득이하게 HTML 링크 요소를 사용할 수 없는 상황이 아니라면 ARIA 역할보다는 HTML 링크 요소를 사용하는 것이 더 올바른 방법입니다.

● **초점 처리**

초점을 받을 수 있도록 `tabindex` 속성을 추가해야 합니다.

```
{/* ARIA 역할 사용 */}
<div role="link" tabIndex="0">
  링크
</div>

{/* HTML 태그 사용 */}
<a href="/">
  링크
</a>
```

● **키보드 컨트롤**

웹에서 키보드를 통해 **link**를 탐색할 때 준수해야 하는 동작입니다. 초점이 **link**에 있는 경우 동작해야 합니다.

1. **Enter**

   link를 활성화시킵니다.

5.3.6 group

group 역할은 동일한 그룹에 있는 UI가 그룹화되어 있음을 나타내기 위해 사용합니다.

● 설명

- group 역할을 사용하면 시각적으로 그룹화되어 있는 UI를 인지할 수 없는 사용자도 스크린 리더를 통해 UI가 그룹화되어 있음을 인지할 수 있습니다. HTML form 요소 내부에서 컨트롤 요소를 `<fieldset>` 요소로 그룹화하는 것과 유사한 역할을 합니다.
- group 역할은 단순히 그룹화되어 있다는 정보 외에 별다른 의미를 포함하지는 않습니다. 따라서 페이지 내 목차에 포함될 만큼 주요한 섹션에는 group 역할보다는 랜드마크 역할을 하는 시맨틱 태그나 ARIA 랜드마크 역할을 사용해야 합니다.

● 사용 예시

```
<div role="group">
  <span>10월</span>
  <button type="button">이전 달</button>
  <button type="button">다음 달</button>
</div>
```

5.3.7 heading

heading 역할은 현재 요소가 페이지나 섹션의 제목 역할을 하는 요소임을 나타내기 위해 사용합니다.

● 설명

- heading 역할을 요소에 명시하면 스크린 리더는 해당 요소를 제목으로 식별합니다.
- `aria-level` 속성을 통해 제목의 계층 구조를 나타내야 합니다.

● 사용 예시

`<h1>` 태그와 동일한 수준의 제목을 heading 역할로 나타내고 싶다면 다음과 같이 사용하면 됩니다.

```
{/* ARIA 역할 사용 */}
<div role="heading" aria-level="1">제목</div>

{/* 시맨틱 태그 사용 */}
<h1>제목</h1>
```

> **CAUTION**
>
> `role="heading"`과 `aria-level` 속성을 추가하기 전에 기본적으로 제목을 나타내는 HTML 태그인 `<h1>`~`<h6>` 태그를 우선적으로 고려해보는 것이 좋습니다.
>
> 또한 HTML 태그가 `<h6>`까지 제공되는 것과 일관되도록 `aria-level` 속성값은 6을 넘기지 않도록 해야 합니다.

5.3.8 img

img 역할은 여러 콘텐츠를 하나의 이미지처럼 처리하기 위해 사용합니다.

● 설명

- 여러 콘텐츠를 감싸는 컨테이너 요소에 **img** 역할을 사용하면 스크린 리더 사용자에게 이를 하나의 이미지처럼 나타낼 수 있습니다.

● 레이블 적용

- 대부분의 스크린 리더는 **img** 역할 내부 콘텐츠로는 접근하지 않습니다. 따라서 내부 콘텐츠에 대체 텍스트를 포함하더라도, **img** 역할 요소에 레이블을 적용해주어야 합니다.
- SVG 이미지를 인라인으로 사용하는 경우 **img** 역할과 레이블을 사용하는 것이 좋습니다. 이렇게 적용하면 스크린 리더는 `<svg>` 내부 콘텐츠에 접근하지 않고 하나의 이미지로 처리하며, 적용된 레이블을 통해 이미지를 설명합니다.

```
{/* 스크린 리더 🔊 : 그룹화된 전체 이미지에 대한 설명, 이미지 */}
<div role="img" aria-label="그룹화된 전체 이미지에 대한 설명">
  <img src="img1.png" alt="이미지1 설명" />
  <img src="img2.png" alt="이미지2 설명" />
</div>

{/* 스크린 리더 🔊 : 그룹화된 전체 이미지에 대한 설명, 이미지 */}
<div role="img" aria-labelledby="img-title">
  <img src="img1.png" alt="이미지1 설명" />
```

```
<img src="img2.png" alt="이미지2 설명" />
 <p id="img-title">그룹화된 전체 이미지에 대한 설명</p>
</div>

{/* 스크린 리더 🔊 : 그룹화된 전체 이미지에 대한 설명, 이미지 */}
<svg role="img" aria-label="그룹화된 전체 이미지에 대한 설명"></svg>
```

5.3.9 combobox

combobox 역할은 현재 요소에서 값을 선택할 수 있도록 옵션 목록 팝업이 제공된다는 것을 나타내기 위해 사용합니다.

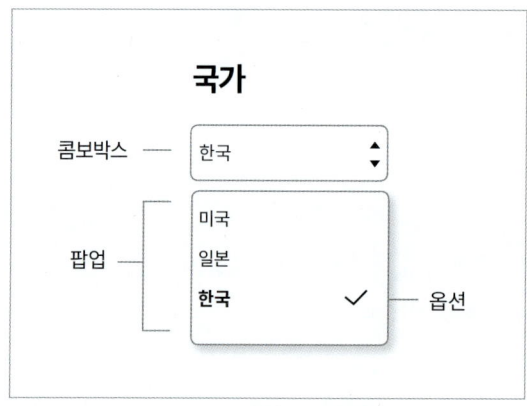

그림 5.13 combobox 예시

● 설명

- **combobox** 역할은 사용자가 선택할 수 있는 옵션 목록을 팝업 형태로 표시하는 기능을 합니다. 또한 현재 선택된 옵션값을 보여주거나 사용자가 직접 값을 입력하고 수정할 수 있도록 제공할 수 있습니다. 유효한 값들의 목록을 제공함으로써 사용자는 전체 값을 입력하지 않고도 쉽게 값을 선택할 수 있으며, 사용자가 유효하지 않은 값을 입력하는 실수도 방지할 수 있습니다.

- **combobox** 역할에 의해 노출되는 팝업은 열고 닫을 수 있으므로, 현재 팝업이 노출되었는지를 `aria-expanded` 속성으로 제공해야 합니다.

- **combobox** 역할이 가질 수 있는 팝업의 종류로는 **listbox**, **tree**, **grid**, **dialog** 역할이 있으며, 종류에 따라 `aria-haspopup` 속성값을 명시해야 합니다. **combobox** 역할은 기본적으로 `aria-haspopup="listbox"` 속성을 포함하고 있으므로, 노출되는 팝업이 **listbox** 형태라면 `aria-haspopup` 속성을 생략할 수 있습니다.

- **combobox** 역할에 의해 노출되는 팝업을 식별할 수 있도록 `aria-controls` 속성을 추가하고, 속성값으로 팝업의 `id`값을 참조합니다.

● **초점 처리**
- 초점을 받을 수 없는 HTML 요소로 `combobox`를 작업하는 경우 `tabindex` 속성을 추가해 초점을 받을 수 있도록 합니다.
- 노출되는 팝업의 형태에 따라 `aria-activedescendant` 속성을 사용해 활성화된 옵션을 식별할 수 있습니다.
  - `listbox`처럼 팝업이 노출된 이후에도 초점이 `combobox`에 남아 있는 경우 `aria-activedescendant` 속성 사용
  - `dialog`처럼 팝업이 노출되면 초점이 `dialog` 내부로 이동해야 하는 경우 `aria-activedescendant` 속성을 사용하지 않음
- `aria-activedescendant` 속성을 사용해 옵션 요소가 활성화되는 경우, 사용자가 활성화된 요소를 식별할 수 있도록 CSS 스타일을 추가하는 것이 좋습니다.

```
<button
  type="button"
  role="combobox"
  aria-expanded={isExpanded}
  aria-haspopup="listbox"
  aria-controls="combobox-popup"
  aria-activedescendant="active-option"
>
  한국
</button>
{isExpanded && (
  <div role="listbox" id="combobox-popup">
    <div role="option">미국</div>
    <div role="option">일본</div>
    <div role="option" id="active-option">한국</div>
    {...}
  </div>
)}
```

● **사용자 입력이 불가능한 경우**
- **combobox** 요소가 사용자 입력을 지원하지 않고 선택된 옵션값을 단순히 보여주기만 하는

경우 HTML `<button>` 태그를 사용하면 좋습니다.

- 초점을 받을 수 있음
- 키보드 **Enter** 또는 **Space** 키로 버튼을 활성화시킬 수 있음

```html
<button
  type="button"
  role="combobox"
  aria-expanded={isExpanded}
  aria-haspopup="listbox"
  aria-controls="combobox-popup"
>
  국가를 선택하세요
</button>
{isExpanded && (
  <div role="listbox" id="combobox-popup">
    <div role="option">미국</div>
    <div role="option">일본</div>
    <div role="option">한국</div>
    {...}
  </div>
)}
```

● **키보드 컨트롤**

- 웹에서 키보드를 통해 **combobox**를 탐색할 때 준수해야 하는 동작입니다. 초점이 **combobox**에 남아 있는 경우 동작해야 합니다.
- **combobox**에 의해 노출되는 팝업의 형태가 **dialog**와 같은 형태인 경우 초점이 **combobox**에 남아 있지 않고 **dialog** 내부로 이동되어야 하므로 **dialog**의 초점 이동을 따릅니다.

1. **Up Arrow**

   팝업이 닫혀 있는 경우 팝업을 열고 마지막으로 활성화되었던 옵션을 활성화시킵니다. 팝업이 열려 있는 경우 이전 옵션을 활성화시킵니다.

2. **Down Arrow**

   팝업이 닫혀 있는 경우 팝업을 열고 마지막으로 활성화되었던 옵션을 활성화시킵니다. 팝업이 열려 있는 경우 다음 옵션을 활성화시킵니다.

3. **Enter** 또는 **Space**

   팝업이 닫혀 있는 경우 팝업을 열고 마지막으로 활성화되었던 옵션을 활성화시킵니다. 팝업이

열려 있는 경우 현재 활성화된 옵션을 선택합니다.

4. **Esc**

   팝업이 열려 있는 경우 팝업을 닫습니다.

● **사용자 입력이 가능한 경우**

- **combobox** 요소가 사용자 입력을 지원하는 경우 HTML `<input>` 태그를 사용하면 좋습니다.
  - 초점을 받을 수 있음
  - 입력 및 편집이 가능함
- **combobox**가 사용자 입력을 지원하는 경우, 자동 완성 기능 여부에 따라 `aria-autocomplete` 속성을 사용할 수 있습니다.

```jsx
<label htmlFor="select-country">
  국가를 선택하세요.
</label>
<input
  type="text"
  role="combobox"
  id="select-country"
  aria-expanded={isExpanded}
  aria-haspopup="listbox"
  aria-controls="combobox-popup"
  aria-autocomplete="both"
/>
{isExpanded && (
  <div role="listbox" id="combobox-popup">
    <div role="option">미국</div>
    <div role="option">일본</div>
    <div role="option">한국</div>
    {...}
  </div>
)}
```

● **키보드 컨트롤**

- 웹에서 키보드를 통해 **combobox**를 탐색할 때 준수해야 하는 동작입니다. 초점이 **combobox**에 남아 있는 경우 동작해야 합니다.
- **combobox**에 의해 노출되는 팝업의 형태가 **dialog**와 같은 형태인 경우 초점이 **combobox**에 남아 있지 않고 **dialog** 내부로 이동되어야 하므로 **dialog**의 초점 이동을 따릅니다.

1. **Up Arrow**

   팝업이 닫혀 있는 경우 팝업을 열고 마지막 옵션을 활성화시킵니다. 팝업이 열려 있는 경우 이전 옵션을 활성화시킵니다.

2. **Down Arrow**

   팝업이 닫혀 있는 경우 팝업을 열고 첫 번째 옵션을 활성화시킵니다. 팝업이 열려 있는 경우 다음 옵션을 활성화시킵니다.

3. **Enter**

   팝업이 열려 있는 경우 현재 활성화된 옵션을 선택합니다.

4. **Esc**

   팝업이 열려 있는 경우 팝업을 닫습니다.

5.3.10 listbox

listbox 역할은 여러 개의 정적인 항목을 선택할 수 있는 목록을 나타내기 위해 사용합니다.

● **설명**

- **listbox** 역할은 HTML `<select>`와 `<option>`으로 이루어진 목록과 유사하게 하나 이상의 정적인 항목을 선택할 수 있는 목록을 나타냅니다.
- **listbox** 역할 내부의 선택 가능한 항목들은 **option** 역할을 가져야 하며, 이미지를 포함할 수 있습니다.
- 현재 **option**이 선택되었는지 여부는 `aria-selected` 속성을 통해 나타낼 수 있습니다.
- **listbox**는 기본적으로 세로 방향을 뜻하는 `aria-orientation="vertical"` 값을 포함하므로, **option**이 가로로 나열되는 형태라면 `aria-orientation="horizontal"` 속성을 반드시 추가해야 합니다.
- **option**을 필수로 선택해야 한다면 **listbox**에 `aria-required="true"` 속성을 추가하여 필수로 선택해야 함을 스크린 리더 사용자에게 전달할 수 있습니다.
- **listbox** 내 **option**을 선택할 수 없는 상태라면 `aria-readonly="true"` 속성을 추가하여 현재는 읽기 전용 상태임을 스크린 리더 사용자에게 나타낼 수 있습니다.
- **option**은 기본적으로 하나만 선택할 수 있습니다. 만약 여러 **option**을 동시에 선택해야 하는 경우 `aria-multiselectable="true"` 값을 추가해야 합니다. 이때 선택된 모든 **option**에 `aria-`

`selected="true"` 속성을 추가해야 합니다.

> **CAUTION**
> 다른 ARIA 역할처럼 `listbox` 역시 역할에 필요한 기능을 별도로 구현해야 합니다. 가능하다면 `<select>`, `<input type="radio" />`, `<input type="checkbox" />`와 같은 HTML 요소 사용을 우선적으로 고려해 보는 것이 좋습니다.

● 레이블 적용

- 레이블 역할을 하는 텍스트 요소가 있다면, **listbox**에 `aria-labelledby` 속성을 추가하고, 속성값으로 레이블 역할을 하는 요소 `id`값을 참조합니다.
- 레이블 역할을 하는 요소가 없다면, `aria-label` 속성을 추가하여 레이블을 직접 지정합니다.

```
{/* 레이블 역할을 하는 요소가 있는 경우 */}
<p id="listbox-label">국가를 선택하세요.</p>
<div role="listbox" aria-labelledby="listbox-label">
  <div role="option">미국</div>
  <div role="option">일본</div>
  <div role="option">한국</div>
</div>

{/* 레이블 역할을 하는 요소가 없는 경우 */}
<div role="listbox" aria-label="국가를 선택하세요.">
  <div role="option">미국</div>
  <div role="option">일본</div>
  <div role="option">한국</div>
</div>
```

● 초점 처리

- **listbox** 요소가 초점을 받을 수 있도록 `tabindex` 속성을 추가합니다.
- 실제 초점은 **listbox**에 유지된 상태로 현재 활성화된 **option**을 식별할 수 있도록 `aria-activedescendant` 속성을 추가하고, 속성값으로 현재 활성화된 **option**의 `id`값을 참조합니다.

```
<p id="listbox-label">국가를 선택하세요.</p>
<div
  role="listbox"
  aria-labelledby="listbox-label"
```

```
    tabIndex={0}
    aria-activedescendant="active-option"
>
    <div role="option" id="active-option">미국</div>
    <div role="option">일본</div>
    <div role="option">한국</div>
</div>
```

● **키보드 컨트롤**

웹에서 키보드를 통해 listbox를 탐색할 때 준수해야 하는 동작입니다. 초점이 listbox에 남아 있는 경우 동작해야 합니다.

1. **Up Arrow**

    이전 option 항목을 활성화시킵니다.

2. **Down Arrow**

    다음 option 항목을 활성화시킵니다.

3. **Home**(옵션)

    첫 번째 option 항목을 활성화시킵니다. option이 5개가 넘는 경우에 권장되는 기능입니다.

4. **End**(옵션)

    마지막 option 항목을 활성화시킵니다. option이 5개가 넘는 경우에 권장되는 기능입니다.

- **하나의 option만 선택 가능한 경우(single-select listbox)**

    1. **Space**

        현재 활성화된 option을 선택합니다. 하나의 option만 선택 가능한 경우 option을 활성화시키는 것과 동시에 바로 선택되도록 할 수도 있습니다. 이러한 경우 Space 키 동작이 필요하지 않습니다.

- **여러 option을 선택 가능한 경우(multi-select listbox)**

    1. **Space**

        현재 활성화된 option의 선택 상태를 토글합니다.

    2. **Shift + Down Arrow**(옵션)

        현재 활성화된 option과 다음 option을 동시에 선택하고, 다음 option으로 활성화된 상태가 옮겨집니다.

3. **Shift + Up Arrow**(옵션)

   현재 활성화된 option과 이전 option을 동시에 선택하고 이전 option으로 활성화된 상태가 옮겨집니다.

4. **Control + Shift + Home**(옵션)

   현재 활성화된 option부터 첫 번째 option까지 동시에 선택하고 첫 번째 option으로 활성화된 상태가 옮겨집니다.

5. **Control + Shift + End**(옵션)

   현재 활성화된 option부터 마지막 option까지 동시에 선택하고 마지막 option으로 활성화된 상태가 옮겨집니다.

6. **Control + A**(옵션)

   전체 option을 선택합니다. 전체 option이 이미 선택된 경우에는 전체 option의 선택을 해제합니다.

5.3.11 option

option 역할은 listbox 역할 내 선택 가능한 항목을 나타내기 위해 사용합니다.

● **설명**

- HTML `<select>` 요소 내에서 사용되는 `<option>` 요소와 유사하게 **listbox** 역할 내에서는 선택 가능한 옵션 항목을 **option** 역할로 나타냅니다.
- HTML `<option>` 요소는 내부 콘텐츠로 텍스트만 사용할 수 있다는 것과 다르게, **option** 역할은 내부 콘텐츠로 이미지 등을 포함할 수 있습니다.
- **option** 역할에는 `aria-selected` 속성을 항상 추가해야 하며, 선택되었는지 여부에 따라 `true` 또는 `false`값을 가져야 합니다.
- **option**이 현재 선택 불가능한 상태라면 `aria-disabled="true"` 속성을 추가해 스크린 리더 사용자에게 비활성화 상태임을 알릴 수 있습니다. 만약 **option** 요소를 HTML `<button type="button">` 태그와 같이 HTML `disabled` 속성이 제공되는 요소로 마크업한다면, `aria-disabled` 속성 대신 HTML `disabled` 속성을 사용할 수 있습니다.

● **레이블 적용**

- 일반적으로 `option` 역할 내부 콘텐츠가 레이블 역할을 하지만 적절하지 않은 경우 `aria-label` 속성을 통해 직접 레이블을 적용할 수 있습니다.

```
<div role="option" aria-label="한국">
  <img src="korea-flag.png" alt="" />
</div>
```

5.3.12 menu

`menu` 역할은 사용자가 선택할 수 있는 여러 항목의 목록을 나타내기 위해 사용합니다.

● **설명**

- `menu` 역할은 주로 페이지 탐색에 필요한 네비게이션 목록의 형태로 사용되거나 특정 기능의 그룹 형태로 사용됩니다.

- `menu`는 기본적으로 세로 방향을 뜻하는 `aria-orientation="vertical"`값을 포함하므로, 목록이 가로로 나열되는 형태라면 `aria-orientation="horizontal"` 속성을 반드시 추가해야 합니다.

- `menu`는 일반적으로 `menu`를 노출하는 버튼을 활성화하는 경우 노출됩니다. 해당 버튼을 통해 `menu`가 노출될 것을 스크린 리더 사용자가 인지할 수 있도록 해당 버튼에 `aria-haspopup="menu"` 또는 `aria-haspopup="true"` 속성을 추가합니다. 또한 현재 `menu`가 노출된 상태인지 여부를 알 수 있도록 `aria-expanded` 속성을 추가합니다.

- `menu`의 하위 옵션 항목으로는 옵션의 형태에 따라 `menuitem`, `menuitemcheckbox`, `menuitemradio` 등의 역할을 사용할 수 있습니다.

- `menu` 역할이 네비게이션 목록의 형태로 사용되는 경우 현재 어떤 항목에 의한 페이지가 노출되고 있는지를 스크린 리더 사용자가 인지할 수 있도록 선택된 `menu` 항목에 `aria-current="page"` 속성을 추가합니다.

> **CAUTION**
> `menu`는 일반적으로 초기에는 닫혀 있고 펼칠 수 있는 형태로 사용됩니다. 고정적으로 보이는 `menu`의 경우 `menubar` 역할을 사용하는 것을 고려해보아야 합니다.

● **레이블 적용**
- 레이블 역할을 하는 텍스트 요소가 있다면 `menu`에 `aria-labelledby` 속성을 추가하고, 속성 값으로 레이블 역할을 하는 요소 `id`값을 참조합니다.
- 레이블 역할을 하는 요소가 없다면, `aria-label` 속성을 추가하여 레이블을 직접 지정합니다.

```jsx
{/* 레이블 역할을 하는 요소가 있는 경우 */}
<button
  id="menu-button"
  type="button"
  aria-haspopup="menu"
  aria-controls="menu-popup"
  aria-expanded={showMenu}
>
  페이지 탐색 메뉴
</button>
{showMenu && (
  <div role="menu" id="menu-popup" aria-labelledby="menu-button">
    <a role="menuitem" href="/home" aria-current="page">
      홈
    </a>
    <a role="menuitem" href="/introduce">
      소개
    </a>
    <a role="menuitem" href="/news">
      소식
    </a>
    <a role="menuitem" href="/question">
      문의
    </a>
    {...}
  </div>
)}

{/* 레이블 역할을 하는 요소가 없는 경우 */}
<button
  type="button"
  aria-haspopup="menu"
  aria-controls="menu-popup"
  aria-expanded={showMenu}
  aria-label="메뉴"
>
  <img src="img-hamburger.png" alt="" />
</button>
{showMenu && (
  <div role="menu" id="menu-popup" aria-label="페이지 탐색 메뉴">
```

```
      <a role="menuitem" href="/home" aria-current="page">
        홈
      </a>
      <a role="menuitem" href="/introduce">
        소개
      </a>
      <a role="menuitem" href="/news">
        소식
      </a>
      <a role="menuitem" href="/question">
        문의
      </a>
      {...}
    </div>
  )}
```

● 초점 처리

- **menu**가 열리고 나면 첫 번째 **menuitem**으로 초점이 이동되어야 합니다.
- **menuitem** 내에서 초점이 순환되어야 합니다.
  - 마지막 **menuitem**에서 다음 항목으로 초점 이동 시, 첫 번째 **menuitem**으로 초점이 이동되어야 합니다. 마찬가지로 첫 번째 **menuitem**에서 이전 **menuitem**으로 초점 이동 시, 마지막 **menuitem**으로 초점이 이동되어야 합니다.
- **menu**가 닫히고 나면 **menu**를 화면에 나타나게 한 트리거 요소로 초점이 돌아가야 합니다.
- 현재 초점이 있는 활성화된 **menuitem**을 제외한 **menuitem**은 키보드 Tab 키 동작에 의해 초점이 이동될 수 없도록 합니다.
  - 현재 활성화된 **menuitem**에는 `tabindex="0"` 속성을, 나머지 **menuitem**에는 `tabindex="-1"` 속성을 추가합니다. 활성화된 **menuitem**은 선택된 항목과는 무관하게 현재 탐색 중인 항목을 말합니다.

```
<button
  id="menu-button"
  type="button"
  aria-haspopup="menu"
  aria-controls="menu-popup"
  aria-expanded={showMenu}
>
  페이지 탐색 메뉴
</button>
```

```jsx
{showMenu && (
  <div role="menu" id="menu-popup" aria-labelledby="menu-button">
    {/* 현재 활성화된 menuitem에만 tabindex="0" 속성 추가 */}
    <a role="menuitem" href="/home" aria-current="page" tabIndex={0}>
      홈
    </a>
    <a role="menuitem" href="/introduce" tabIndex={-1}>
      소개
    </a>
    <a role="menuitem" href="/news" tabIndex={-1}>
      소식
    </a>
    <a role="menuitem" href="/question" tabIndex={-1}>
      문의
    </a>
    {...}
  </div>
)}
```

● **키보드 컨트롤**

웹에서 키보드를 통해 menu를 탐색할 때 준수해야 하는 동작입니다.

- **menu를 노출시키는 트리거 요소에 초점이 있는 경우**

1. **Down Arrow** 또는 **Space** 또는 **Enter**

   menu를 열고 첫 번째 menuitem으로 초점을 이동합니다.

2. **Up Arrow**

   menu를 열고 마지막 menuitem으로 초점을 이동합니다.

- **menuitem에 초점이 있는 경우**

1. **Space** 또는 **Enter**

   현재 활성화된 menuitem을 선택하고 menu를 닫습니다. 현재 활성화된 menuitem이 또다시 하위 menu를 가지는 경우, 해당 menu를 열고 첫 번째 하위 menuitem으로 초점을 이동합니다.

2. **Esc**

   menu를 닫고 menu를 노출시킨 항목으로 초점을 이동합니다.

3. **Up Arrow**(세로 방향으로 나열된 menu 기준)

   이전 menuitem으로 초점을 이동합니다.

4. **Down Arrow**(세로 방향으로 나열된 menu 기준)

   다음 menuitem으로 초점을 이동합니다.

5. **Home**

   첫 번째 menuitem으로 초점을 이동합니다.

6. **End**

   마지막 menuitem으로 초점을 이동합니다.

> **NOTE** 단순 사이트 탐색 menu
>
> menu 내 menuitem이 단순 사이트 탐색을 위한 링크 목록이라면 ARIA 역할을 사용하기보다는 HTML 시맨틱 요소를 사용하여 menu를 구성하는 것이 좋습니다. 이 경우 menu 역할에서 요구되는 초점 처리와 키보드 컨트롤을 반드시 제공할 필요는 없습니다.
>
> ```
> <nav aria-label="메인">
>   <button type="button" aria-controls="menu-popup" aria-expanded={showMenu}>
>     페이지 탐색 메뉴
>   </button>
>   {showMenu && (
>     <div id="menu-popup">
>       <a href="/home" aria-current="page">
>         홈
>       </a>
>       <a href="/introduce">소개</a>
>       <a href="/news">소식</a>
>       <a href="/question">문의</a>
>       {...}
>     </div>
>   )}
> </nav>
> ```

5.3.13 menubar

menubar 역할은 열리거나 닫히지 않고 시각적으로 계속 보이는 형태의 menu를 제공하기 위해 사용합니다.

● 설명

- **menubar**는 일반적으로 페이지 상단에 가로로 **menuitem**들이 나열된 형태로 제공됩니다.
- **menubar**는 기본적으로 가로 방향을 뜻하는 `aria-orientation="horizontal"` 값을 포함하므로, 목록이 세로로 나열되는 형태라면 `aria-orientation="vertical"` 속성을 반드시 추가해야 합니다.
- **menu** 역할과 마찬가지로 하위 옵션 항목으로 해당 항목의 형태에 따라 **menuitem**, **menuitemcheckbox**, **menuitemradio** 등의 역할을 사용할 수 있습니다.
- **menuitem**이 또 다른 하위 **menu**를 가지는 경우 해당 **menuitem**에 `aria-haspopup="menu"` 또는 `aria-haspopup="true"` 속성을 추가하고 하위 **menu**는 '5.3.12 menu' 절과 동일한 방식으로 구현합니다.
- **menubar** 역할이 네비게이션 목록의 형태로 사용되는 경우 현재 어떤 항목에 의한 페이지가 노출되고 있는지를 스크린 리더 사용자가 인지할 수 있도록 선택된 항목에 `aria-current="page"` 속성을 추가합니다.

● 레이블 적용

- 레이블 역할을 하는 텍스트 요소가 있다면, **menubar**에 `aria-labelledby` 속성을 추가하고, 속성값으로 레이블 역할을 하는 요소 `id`값을 참조합니다.
- 레이블 역할을 하는 요소가 없다면, `aria-label` 속성을 추가하여 레이블을 직접 지정합니다.

```
{/* 레이블 역할을 하는 요소가 있는 경우 */}
<strong id="menubar-title">메인</strong>
<div role="menubar" aria-labelledby="menubar-title">
  <a role="menuitem" href="/home" aria-current="page">홈</a>
  <a role="menuitem" href="/introduce">소개</a>
  <a role="menuitem" href="/news">소식</a>
  <a
    role="menuitem"
    href="#"
    id="menu-button"
    aria-haspopup="menu"
    aria-controls="menu-popup"
    aria-expanded={showSubMenu}
  >
    문의
  </a>
  {showSubMenu && (
```

```
      <div role="menu" id="menu-popup" aria-labelledby="menu-button">
        <a role="menuitem" href="/faq">자주 묻는 질문</a>
        <a role="menuitem" href="/cs">고객센터</a>
      </div>
  )}
</div>

{/* 레이블 역할을 하는 요소가 없는 경우 */}
<div role="menubar" aria-label="메인">
  <a role="menuitem" href="/home" aria-current="page">홈</a>
  <a role="menuitem" href="/introduce"">소개</a>
  <a role="menuitem" href="/news">소식</a>
  <a
    role="menuitem"
    href="#"
    id="menu-button"
    aria-haspopup="menu"
    aria-controls="menu-popup"
    aria-expanded={showSubMenu}
  >
    문의
  </a>
  {showSubMenu && (
      <div role="menu" id="menu-popup" aria-labelledby="menu-button">
        <a role="menuitem" href="/faq">자주 묻는 질문</a>
        <a role="menuitem" href="/cs">고객센터</a>
      </div>
  )}
</div>
```

● **초점 처리**

- **menuitem** 내에서 초점이 순환되어야 합니다.
  - 마지막 **menuitem**에서 다음 항목으로 초점 이동 시, 첫 번째 **menuitem**으로 초점이 이동되어야 합니다. 마찬가지로 첫 번째 **menuitem**에서 이전 **menuitem**으로 초점 이동 시, 마지막 **menuitem**으로 초점이 이동되어야 합니다.
- 현재 초점이 있는 활성화된 **menuitem**을 제외한 **menuitem**은 키보드 `Tab` 키 동작에 의해 초점이 이동될 수 없도록 합니다.
  - 현재 활성화된 **menuitem**에는 `tabindex="0"` 속성을, 나머지 **menuitem**에는 `tabindex="-1"` 속성을 추가합니다.
- **menubar** 하위 **menuitem**이 또 다른 **menu**를 노출시키는 요소로 동작한다면 '5.3.12 menu'

절의 초점 처리를 따라야 합니다.

```jsx
<div role="menubar" aria-label="메인">
  {/* 현재 활성화된 menuitem에만 tabindex="0" 속성 추가 */}
  <a role="menuitem" href="/home" aria-current="page" tabIndex={0}>
    홈
  </a>
  <a role="menuitem" href="/introduce" tabIndex={-1}>
    소개
  </a>
  <a role="menuitem" href="/news" tabIndex={-1}>
    소식
  </a>
  <a
    role="menuitem"
    href="#"
    id="menu-button"
    aria-haspopup="menu"
    aria-controls="menu-popup"
    aria-expanded={showSubMenu}
    tabIndex={-1}
  >
    문의
  </a>
  {showSubMenu && (
    <div role="menu" id="menu-popup" aria-labelledby="menu-button">
      <a role="menuitem" href="/faq" tabIndex={-1}>
        자주 묻는 질문
      </a>
      <a role="menuitem" href="/cs" tabIndex={-1}>
        고객센터
      </a>
    </div>
  )}
</div>
```

● 키보드 컨트롤

- 웹에서 키보드를 통해 menubar를 탐색할 때 준수해야 하는 동작입니다. 초점이 menuitem에 있는 경우 동작해야 합니다.
- menubar 하위 menuitem이 또 다른 menu를 유발하는 요소로 동작한다면 '5.3.12 menu' 절의 키보드 컨트롤 동작을 따라야 합니다.

1. **Left Arrow**(가로 방향으로 나열된 menu 기준)

   이전 menuitem으로 초점을 이동합니다.

2. **Right Arrow**(가로 방향으로 나열된 menu 기준)

   다음 menuitem으로 초점을 이동합니다.

3. **Home**

   첫 번째 menuitem으로 초점을 이동합니다.

4. **End**

   마지막 menuitem으로 초점을 이동합니다.

> **NOTE** 단순 사이트 탐색 menu
>
> menubar 내 옵션 항목이 단순 사이트 탐색을 위한 링크 목록이라면 ARIA 역할을 사용하기보다 HTML 시맨틱 요소를 사용하여 menubar를 구성하는 것이 좋습니다. 이 경우 menubar 역할에서 요구되는 초점 처리 및 키보드 컨트롤을 반드시 제공할 필요는 없습니다.
>
> ```
> <nav aria-label="메인">
>   <a href="/home" aria-current="page">
>     홈
>   </a>
>   <a href="/introduce">소개</a>
>   <a href="/news">소식</a>
>   <button
>     type="button"
>     aria-controls="menu-popup"
>     aria-expanded={showSubMenu}
>   >
>     문의
>   </button>
>   {showSubMenu && (
>     <div id="menu-popup">
>       <a href="/faq">자주 묻는 질문</a>
>       <a href="/cs">고객센터</a>
>     </div>
>   )}
> </nav>
> ```

5.3.14 menuitem

menuitem 역할은 menu 또는 menubar의 하위 항목을 나타내기 위해 사용합니다.

● 설명

- menuitem 역할이 또 다른 하위 menu를 가지는 경우, 하위 menu가 노출될 것을 스크린 리더 사용자가 인지할 수 있도록 `aria-haspopup="menu"` 또는 `aria-haspopup="true"` 속성을 추가합니다.

- menuitem 역할은 일반적으로 요소 내부 텍스트 콘텐츠에 의해 레이블이 제공됩니다. 별도의 텍스트 없이 menuitem 역할이 제공되는 경우 `aria-labelledby` 또는 `aria-label` 속성을 통해 레이블을 제공해야 합니다.

> **NOTE 참고하기**
> 초점 처리 및 키보드 컨트롤은 5.3.12절 'menu' 또는 5.3.13절 'menubar'를 참고합니다.

5.3.15 menuitemcheckbox

menuitemcheckbox 역할은 menu 또는 menubar의 체크 가능한 하위 항목을 나타내기 위해 사용합니다.

● 설명

- menuitemcheckbox 요소의 현재 체크된 상탯값을 `aria-checked` 속성을 통해 나타냅니다. HTML `<input type="checkbox" />` 태그와 유사하게 여러 항목을 동시에 체크할 수 있습니다.

- menuitemcheckbox 요소는 그 자체로 사용자와 상호작용이 가능한 대화형 콘텐츠이기 때문에 내부에 대화형 콘텐츠를 포함할 수 없습니다.

- menuitemcheckbox 역할은 menu 내에서 group 역할을 통해 특정 그룹별로 그룹화할 수 있습니다.

> **NOTE 참고하기**
> 초점 처리 및 키보드 컨트롤은 5.3.12절 'menu' 또는 5.3.13절 'menubar'를 참고합니다.

```
<button
    type="button"
    id="menu-button"
    aria-haspopup="menu"
    aria-controls="menu-popup"
    aria-expanded={showMenu}
>
    폰트 스타일
</button>
{showMenu && (
    <div role="menu" id="menu-popup" aria-labelledby="menu-button">
        <div role="group">
            <button
                type="button"
                role="menuitemcheckbox"
                aria-checked="true"
                tabIndex={-1}
            >
                굵게
            </button>
            <button
                type="button"
                role="menuitemcheckbox"
                aria-checked="true"
                tabIndex={-1}
            >
                기울임
            </button>
        </div>
        <div role="group">
            <button
                type="button"
                role="menuitemradio"
                aria-checked="true"
                tabIndex={0}
            >
                검정색
            </button>
            <button
                type="button"
                role="menuitemradio"
                aria-checked="true"
                tabIndex={-1}
            >
                빨간색
            </button>
        </div>
        {...}
```

```
    </div>
)}
```

5.3.16 menuitemradio

menuitemradio 역할은 menu 또는 menubar의 체크 가능한 하위 항목을 나타내기 위해 사용합니다.

● **설명**

- menuitemradio 요소의 체크된 상태를 나타내기 위해 `aria-checked` 속성을 추가합니다. HTML `<input type="radio" />` 태그와 유사하게 하나의 항목만 체크할 수 있습니다.
- menuitemradio 요소는 그 자체로 사용자와 상호작용이 가능한 대화형 콘텐츠이기 때문에 내부에 대화형 콘텐츠를 포함할 수 없습니다.
- menuitemradio 역할은 menu 내에서 group 역할을 통해 특정 그룹별로 그룹화할 수 있습니다.

> **NOTE 참고하기**
> 초점 처리 및 키보드 컨트롤은 5.3.12절 'menu' 또는 5.3.13절 'menubar'를 참고합니다.

```
<button
    type="button"
    id="menu-button"
    aria-haspopup="menu"
    aria-controls="menu-popup"
    aria-expanded={showMenu}
>
    폰트 스타일
</button>
{showMenu && (
    <div role="menu" id="menu-popup" aria-labelledby="menu-button">
        <div role="group">
            <button
                type="button"
                role="menuitemcheckbox"
                aria-checked="true"
                tabIndex={-1}
            >
```

```
        굵게
      </button>
      <button
        type="button"
        role="menuitemcheckbox"
        aria-checked="true"
        tabIndex={-1}
      >
        기울임
      </button>
    </div>
    <div role="group">
      <button
        type="button"
        role="menuitemradio"
        aria-checked="true"
        tabIndex={0}
      >
        검정색
      </button>
      <button
        type="button"
        role="menuitemradio"
        aria-checked="true"
        tabIndex={-1}
      >
        빨간색
      </button>
    </div>
    {...}
  </div>
)}
```

5.3.17 presentation

presentation 역할은 요소가 가진 의미는 제거하고 내부 콘텐츠 내용만 전달하기 위해 사용합니다.

● 설명

- **presentation** 역할은 **none** 역할과 동일한 의미로 사용됩니다. **presentation**이라는 단어의 의미로 인해 혼란이 일어날 수 있어 ARIA 1.1에서 **none** 역할이 소개되었습니다.
- 요소의 의미와 내용을 모두 제거하는 `aria-hidden` 속성과는 다르게 **presentation** 역할은 요소의 의미만 제거하고 내용은 스크린 리더를 통해 전달됩니다.

> **CAUTION**
> 일반적으로 요소의 의미를 제거해야 하는 상황 자체가 잘못된 마크업 구조일 가능성이 있습니다. 개발상의 이유로 부득이한 경우가 아니라면 **presentation** 또는 **none** 역할을 사용해야 하는 마크업 구조를 피하는 것이 좋습니다.

- **presentation 또는 none 역할이 무시되는 경우**

HTML `<a>`, `<button>`, `<input>` 태그와 같이 기본적으로 초점 가능한 요소 또는 `tabindex` 속성을 통해 초점 이동이 가능해진 경우 **presentation** 또는 **none** 역할은 무시되므로 주의해야 합니다.

- `tabindex` 속성이 포함된 요소

```
{/* 스크린 리더 🔊 : 제목 */}
<h1 role="none">제목</h1>
{/* 스크린 리더 🔊 : 제목, 머리말 단계 1 */}
<h1 role="none" tabIndex={0}>제목</h1>
```

- 기본적으로 초점 가능한 요소

```
{/* 스크린 리더 🔊 : 확인, 버튼 */}
<button type="button">확인</button>

{/* 스크린 리더 🔊 : 확인, 버튼 */}
<button type="button" role="none">확인</button>
```

5.3.18 region

region 역할은 페이지 내 중요한 섹션 영역을 나타내기 위해 사용합니다.

● 설명

- **region** 역할은 페이지 내 주요 영역을 담당하는 부분에 사용합니다. 페이지의 `<main>` 콘텐츠에서 분리되어도 의미가 있는 독립적인 영역에 사용해야 합니다.
- **region** 역할은 HTML `<section>` 태그와 동일한 의미를 가지므로 부득이한 경우가 아니라면 **region** 역할 대신 HTML `<section>` 태그 사용을 우선적으로 고려해보아야 합니다.

● 레이블 적용

region 역할을 가지는 요소는 해당 영역이 가지는 목적을 레이블로 지정해야 합니다.

```
{/* 레이블 역할을 하는 요소가 있는 경우 */}
<div role="region" aria-labelledby="region-title">
  <h2 id="region-title">섹션 타이틀</h2>
  {...}
</div>

{/* 레이블 역할을 하는 요소가 없는 경우 */}
<div role="region" aria-label="섹션 타이틀">
  {...}
</div>
```

5.3.19 slider

slider 역할은 사용자가 정해진 최소, 최대 범위 내에서 값을 선택하도록 하는 요소를 나타내기 위해 사용합니다.

● 설명

- slider 역할은 HTML `<input type="range" />` 태그와 유사하게 정해진 최솟값과 최댓값 범위 내에서 값을 선택할 수 있는 UI를 제공합니다.
- ARIA 속성들을 통해 최솟값, 최댓값, 현재 값을 숫자 형태로 제공해야 합니다.
    - `aria-valuemin` 속성을 통해 최솟값을 제공합니다. 속성을 제공하지 않거나 숫자가 아닌 값을 입력하면 기본값인 0이 적용됩니다.
    - `aria-valuemax` 속성을 통해 최댓값을 제공합니다. 속성을 제공하지 않거나 숫자가 아닌 값을 입력하면 기본값인 100이 적용됩니다.
    - `aria-valuenow` 속성을 통해 현재 값을 제공합니다. slider 역할에서 필수로 제공해야 하는 값이며 최솟값과 최댓값 사이의 값이어야 합니다.
- `aria-valuenow` 속성을 통해 현재 값을 나타내는 경우 숫자 형태로만 나타낼 수 있습니다. 하지만 숫자만으로 값을 나타내기가 명확하지 않을 경우 `aria-valuetext` 속성을 통해 현재 값을 명확한 텍스트 형태로 제공할 수 있습니다.
- slider 역할은 기본적으로 가로 방향을 뜻하는 `aria-orientation="horizontal"` 값을 포함하

므로, 세로 형태의 슬라이더라면 `aria-orientation="vertical"` 속성을 반드시 추가해야 합니다.

> **CAUTION**
>
> 다른 ARIA 역할처럼 **slider** 역시 역할에 필요한 기능을 별도로 구현해야 합니다. 따라서 가능하다면 `<input type="range" />` 태그와 같은 HTML 요소 사용을 우선적으로 고려해보는 것이 좋습니다. 또한 **slider** 역할의 기능보다 `aria-valuetext` 값이 보여지는 게 중요한 형태라면 **listbox** 역할이나 HTML `<select>`, `<option>` 태그의 사용을 고려해보는 것이 좋습니다.

● **레이블 적용**

- 레이블 역할을 하는 텍스트 요소가 있다면, **slider**에 `aria-labelledby` 속성을 추가하고, 속성 값으로 레이블 역할을 하는 요소 `id`값을 참조합니다.
- 레이블 역할을 하는 요소가 없다면, `aria-label` 속성을 추가하여 레이블을 직접 지정합니다.

```
{/* 레이블 역할을 하는 요소가 있는 경우 */}
<strong id="slider-label">평점</strong>
<div
  role="slider"
  aria-labelledby="slider-label"
  aria-valuemin={0}
  aria-valuemax={5}
  aria-valuenow={3.5}
</div>

{/* 레이블 역할을 하는 요소가 없는 경우 */}
<div
  role="slider"
  aria-label="평점"
  aria-valuemin={0}
  aria-valuemax={5}
  aria-valuenow={3.5}
</>
```

● **초점 처리**

초점을 받을 수 있도록 `tabindex` 속성을 추가해야 합니다.

```
<div id="slider-label">평점</div>
<div
  role="slider"
  tabIndex={0}
  aria-labelledby="slider-label"
  aria-valuemin={0}
  aria-valuemax={5}
  aria-valuenow={3.5}
/>
```

● **키보드 컨트롤**

- 웹에서 키보드를 통해 **slider**를 탐색할 때 준수해야 하는 동작입니다. 초점이 **slider**에 있는 경우 동작해야 합니다.
- 옵션값은 반드시 제공할 필요는 없습니다.

1. **Left Arrow** 또는 **Down Arrow**

    slider의 값을 한 단계 낮춥니다.

2. **Right Arrow** 또는 **Up Arrow**

    slider의 값을 한 단계 높입니다.

3. **Home**

    slider의 값을 최솟값으로 지정합니다.

4. **End**

    slider의 값을 최댓값으로 지정합니다.

5. **Page Down**(옵션)

    slider의 값을 한 단계보다 큰 간격으로 낮춥니다. 얼마나 큰 간격으로 낮출지는 최솟값, 최댓값 사이의 간격에 따라 개발자가 임의로 지정할 수 있습니다.

6. **Page Up**(옵션)

    slider의 값을 한 단계보다 큰 간격으로 높입니다. 얼마나 큰 간격으로 높일지는 최솟값, 최댓값 사이의 간격에 따라 개발자가 임의로 지정할 수 있습니다.

5.3.20 spinbutton

spinbutton 역할은 사용자가 정해진 개별값의 집합 내에서 값을 선택할 수 있는 요소를 나타내기 위해 사용합니다.

● **설명**

- **spinbutton** 역할은 HTML `<input type="number" />` 태그와 유사하게 정해진 개별값의 집합 또는 범위 내에서 값을 선택할 수 있는 UI를 제공합니다.
- ARIA 속성들을 통해 최솟값, 최댓값, 현재 값을 숫자 형태로 제공해야 합니다.
  - `aria-valuemin` 속성을 통해 최솟값을 제공합니다. 속성을 제공하지 않거나 숫자가 아닌 값을 입력하면 기본값인 0이 적용됩니다.
  - `aria-valuemax` 속성을 통해 최댓값을 제공합니다. 속성을 제공하지 않거나 숫자가 아닌 값을 입력하면 기본값인 100이 적용됩니다.
  - `aria-valuenow` 속성을 통해 현재 값을 제공합니다. **spinbutton** 역할에서 필수로 제공해야 하는 값이며 최솟값과 최댓값 사이의 값이어야 합니다.
- `aria-valuenow` 속성을 통해 현재 값을 나타내는 경우 숫자 형태로만 나타낼 수 있습니다. 하지만 숫자만으로 값을 나타내기가 명확하지 않을 경우 `aria-valuetext` 속성을 통해 현재 값을 명확한 텍스트 형태로 제공할 수 있습니다.

> **CAUTION**
>
> 다른 ARIA 역할처럼 **spinbutton** 역시 역할에 필요한 기능을 별도로 구현해야 합니다.
>
> 따라서 가능하다면 `<input type="number" />` 태그와 같은 HTML 요소 사용을 우선적으로 고려해보는 것이 좋습니다.

● **레이블 적용**

- 레이블 역할을 하는 텍스트 요소가 있다면, **spinbutton** 역할에 `aria-labelledby` 속성을 추가하고, 속성값으로 레이블 역할을 하는 요소 `id`값을 참조합니다.
- 레이블 역할을 하는 요소가 없다면, `aria-label` 속성을 추가하여 레이블을 직접 지정합니다.

```jsx
{/* 레이블 역할을 하는 요소가 있는 경우 */}
<strong id="spinbutton-label">수량</strong>
<button
  type="button"
  onClick={handleClickMinus}
>
  -
</button>
<div
  role="spinbutton"
  aria-labelledby="spinbutton-label"
  aria-valuemin={0}
  aria-valuemax={100}
  aria-valuenow={2}
  aria-valuetext="2개"
>
  2
</div>
<button
  type="button"
  onClick={handleClickPlus}>
  +
</button>

{/* 레이블 역할을 하는 요소가 없는 경우 */}
<button
  type="button"
  onClick={handleClickMinus}
>
  -
</button>
<div
  role="spinbutton"
  aria-label="수량"
  aria-valuemin={0}
  aria-valuemax={100}
  aria-valuenow={2}
  aria-valuetext="2개"
>
  2
</div>
<button
  type="button"
  onClick={handleClickPlus}
>
  +
</button>
```

● **초점 처리**

- 초점을 받을 수 있도록 `tabindex` 속성을 추가해야 합니다.
- **spinbutton** 역할 외에 별도로 마크업된 감소/증가 버튼은 키보드 사용자 또는 스크린 리더 사용자가 접근할 수 없도록 처리합니다.

> **NOTE** 키보드 또는 스크린 리더 사용자가 별도로 마크업된 감소/증가 버튼에 접근할 수 없도록 처리하는 이유
>
> 1. **spinbutton** 역할에 초점이 있는 경우 키보드를 통해 **spinbutton**값을 감소/증가시킬 수 있으므로, 별도의 감소/증가 버튼은 키보드 사용자에게는 불필요한 중복 기능일 수 있습니다. 따라서 키보드 사용자가 해당 버튼에 접근할 수 없도록 `tabindex="-1"`을 추가하는 것이 좋습니다.
> 2. **spinbutton** 역할에 `aria-valuenow` 속성이 명시되어 있다면 값을 감소/증가시킬 때 스크린 리더를 통해 변화된 현재 값이 안내됩니다. 그러나 **spinbutton**이 아닌 감소/증가 버튼을 통한 값의 변화는 별도로 처리하지 않는 한 스크린 리더를 통해 안내되지 않습니다. 따라서 스크린 리더 사용자가 해당 버튼에 접근할 수 없도록 `aria-hidden="true"` 속성을 추가하거나, 스크린 리더를 통해 현재 값이 안내되도록 하는 처리가 필요합니다(스크린 리더를 통해 현재 값이 안내되도록 하는 처리는 7.6절 'SpinButton'을 참고합니다).
>
> ```
> <strong id="spinbutton-label">수량</strong>
> <button
>   type="button"
>   tabIndex={-1}
>   aria-hidden="true"
>   onClick={handleClickMinus}
> >
>   -
> </button>
> <div
>   role="spinbutton"
>   aria-labelledby="spinbutton-label"
>   tabIndex={0}
>   aria-valuemin={0}
>   aria-valuemax={100}
>   aria-valuenow={2}
>   aria-valuetext="2개"
> >
>   2
> </div>
> <button
>   type="button"
>   tabIndex={-1}
>   aria-hidden="true"
>   onClick={handleClickPlus}
> >
>   +
> </button>
> ```

● **키보드 컨트롤**

- 웹에서 키보드를 통해 **spinbutton**을 탐색할 때 준수해야 하는 동작입니다. 초점이 **spinbutton**에 있는 경우 동작해야 합니다.
- 옵션값은 반드시 제공할 필요는 없습니다.

1. **Down Arrow**

   spinbutton의 값을 한 단계 낮춥니다.

2. **Up Arrow**

   spinbutton의 값을 한 단계 높입니다.

3. **Home**

   spinbutton의 값을 최솟값으로 지정합니다.

4. **End**

   spinbutton의 값을 최댓값으로 지정합니다.

5. **Page Down**(옵션)

   spinbutton의 값을 한 단계보다 큰 간격으로 낮춥니다. 얼마나 큰 간격으로 낮출지는 최솟값, 최댓값 사이의 간격에 따라 개발자가 임의로 지정할 수 있습니다.

6. **Page Up**(옵션)

   spinbutton의 값을 한 단계보다 큰 간격으로 높입니다. 얼마나 큰 간격으로 높일지는 최솟값, 최댓값 사이의 간격에 따라 개발자가 임의로 지정할 수 있습니다.

5.3.21 switch

switch 역할은 on/off 상태를 토글할 수 있는 요소임을 나타내기 위해 사용합니다.

● **설명**

- **switch** 역할은 HTML `<input type="checkbox" />` 태그와 유사한 기능을 하지만 상탯값을 on/off로 나타낼 수 있는 요소에 사용합니다.
- on/off에 대한 상탯값을 `aria-checked` 속성을 통해 나타냅니다. HTML `<input type="checkbox" />` 태그를 통해 **switch** 역할을 마크업하는 경우라면 HTML `checked` 속성을 사용할 수 있습니다.

- switch 역할의 상탯값을 변경할 수 없는 상태라면 `aria-readonly` 속성을 추가하여 현재는 읽기 전용 상태임을 스크린 리더 사용자에게 나타낼 수 있습니다.

● 레이블 적용

레이블 역할을 하는 요소가 switch 역할 내부에 있는지 외부에 있는지에 따라 레이블을 적용하는 방식을 구분합니다.

- 내부 콘텐츠가 레이블 역할을 하는 경우

```
{/* 스크린 리더 🔊 : 이벤트 알림 받기, 켬, 전환 */}
<button type="button" role="switch" aria-checked="true">
  이벤트 알림 받기
</button>
```

- 외부 콘텐츠가 레이블 역할을 하는 경우

```
{/* 스크린 리더 🔊 : 이벤트 알림 받기, 켬, 전환 */}
<label htmlFor="switch-id">이벤트 알림 받기</label>
<button
  type="button"
  id="switch-id"
  role="switch"
  aria-checked="true"
/>
{/* 스크린 리더 🔊 : 이벤트 알림 받기, 켬, 전환 */}
<label htmlFor="switch-id">이벤트 알림 받기</label>
<input
  type="checkbox"
  id="switch-id"
  role="switch"
  checked
/>
```

- 레이블 역할을 하는 요소가 없는 경우

```
{/* 스크린 리더 🔊 : 이벤트 알림 받기, 켬, 전환 */}
<button
  type="button"
  role="switch"
  aria-label="이벤트 알림 받기"
  aria-checked="true"
```

```
/>
{/* 스크린 리더 🔊 : 이벤트 알림 받기, 켬, 전환 */}
<input
  type="checkbox"
  role="switch"
  aria-label="이벤트 알림 받기"
  checked
/>
```

● 초점 처리

switch 요소가 초점을 받을 수 없는 요소라면 초점을 받을 수 있도록 tabindex 속성을 추가해야 합니다.

```
<div role="switch" aria-checked="true" tabIndex={0}>
  이벤트 알림 받기
</div>
```

● 키보드 컨트롤

웹에서 키보드를 통해 switch를 탐색할 때 준수해야 하는 동작입니다. 초점이 switch 요소에 있는 경우 동작해야 합니다.

1. **Space** 또는 **Enter**

   초점이 switch에 있는 경우 switch의 상탯값을 토글합니다.

5.3.22 tab

tab 역할은 활성화 시 관련된 tabpanel 영역을 보여주기 위해 사용합니다.

● 설명

- tab 역할은 tablist 역할 하위 요소로 사용하며, 활성화 시 각각의 tab에 연결된 tabpanel 영역을 노출합니다.
- 현재 선택된 tab을 스크린 리더 사용자도 인지할 수 있도록 `aria-selected="true"` 속성을 추가합니다. 선택되지 않은 tab에도 `aria-selected="false"` 속성을 추가해 선택되지 않았음을 나타내야 합니다.

- tab에 의해 노출되는 tabpanel 요소를 식별할 수 있도록 `aria-controls` 속성을 추가하고, 속성값으로 tabpanel 요소의 `id`값을 참조합니다.

● 초점 처리

- 키보드 `Tab` 키로는 선택된 **tab**으로만 초점이 이동될 수 있도록 선택된 **tab**에는 `tabindex="0"`을, 나머지 **tab**에는 `tabindex="-1"`을 추가합니다.
- 선택된 **tab**에 의해 노출되는 **tabpanel**은 초점을 받을 수 있도록 `tabindex="0"`을 추가합니다. 나머지 **tabpanel**은 HTML `hidden`과 같은 속성을 통해 노출되지 않도록 처리합니다.
- 키보드 화살표키로 **tab** 간 초점을 이동하는 경우 **tab** 내에서 초점이 순환되도록 합니다.
  - 마지막 **tab**에서 다음 **tab**으로 초점 이동 시, 첫 번째 **tab**으로 초점이 이동되어야 합니다. 마찬가지로 첫 번째 **tab**에서 이전 **tab**으로 초점 이동 시, 마지막 **tab**으로 초점이 이동되어야 합니다.

```html
<strong id="tablist-title">뉴스</strong>
<div role="tablist" aria-labelledby="tablist-title">
  <button
    type="button"
    role="tab"
    aria-selected="true"
    tabIndex={0}
    id="tab-1"
    aria-controls="tabpanel-1"
  >
    경제
  </button>
  <button
    type="button"
    role="tab"
    aria-selected="false"
    tabIndex={-1}
    id="tab-2"
    aria-controls="tabpanel-2"
  >
    과학
  </button>
  <button
    type="button"
    role="tab"
    aria-selected="false"
    tabIndex={-1}
    id="tab-3"
```

```
    aria-controls="tabpanel-3"
  >
    스포츠
  </button>
</div>
<div role="tabpanel" id="tabpanel-1" aria-labelledby="tab-1" tabIndex={0}>
  {/* '경제' tab 관련 콘텐츠 */}
  {...}
</div>
<div role="tabpanel" id="tabpanel-2" aria-labelledby="tab-2" hidden>
  {/* '과학' tab 관련 콘텐츠 */}
  {...}
</div>
<div role="tabpanel" id="tabpanel-3" aria-labelledby="tab-3" hidden>
  {/* '스포츠' tab 관련 콘텐츠 */}
  {...}
</div>
```

● **키보드 컨트롤**

- 웹에서 키보드를 통해 **tab**을 탐색할 때 준수해야 하는 동작입니다. 초점이 **tab**에 있는 경우 동작해야 합니다.
- 옵션값은 반드시 제공할 필요는 없습니다.

1. **Arrow Left**(가로 방향으로 나열된 tab 기준)

   이전 **tab**으로 초점을 이동합니다.

2. **Arrow Right**(가로 방향으로 나열된 tab 기준)

   다음 **tab**으로 초점을 이동합니다.

3. **Home**(옵션)

   첫 번째 **tab**으로 초점을 이동합니다.

4. **End**(옵션)

   마지막 **tab**으로 초점을 이동합니다.

5.3.23 tablist

tablist 역할은 동일한 주제의 여러 **tab** 요소를 감싸는 컨테이너 요소를 나타내기 위해 사용합니다.

● 설명

- **tablist**는 기본적으로 가로 방향을 뜻하는 `aria-orientation="horizontal"` 값을 포함하므로, **tab** 목록이 세로로 나열되는 형태라면 `aria-orientation="vertical"` 속성을 반드시 추가해야 합니다.

● 레이블 적용

- 레이블 역할을 하는 텍스트 요소가 있다면, **tablist**에 `aria-labelledby` 속성을 추가하고, 속성값으로 레이블 역할을 하는 요소 `id`값을 참조합니다.
- 레이블 역할을 하는 요소가 없다면, `aria-label` 속성을 추가하여 레이블을 직접 지정합니다.

```
{/* 레이블 역할을 하는 요소가 있는 경우 */}
<strong id="tablist-title">뉴스</strong>
<div role="tablist" aria-labelledby="tablist-title">
  {/* tab 버튼 목록 */}
  {...}
</div>

{/* 레이블 역할을 하는 요소가 없는 경우 */}
<div role="tablist" aria-label="뉴스">
  {/* tab 버튼 목록 */}
  {...}
</div>
```

5.3.24 tabpanel

tabpanel 역할은 연결된 **tab** 요소에 의해 보여지는 콘텐츠 영역을 나타내기 위해 사용합니다.

● 설명

tabpanel 역할은 연결된 **tab**에 의해 활성화된 경우에만 시각적으로 노출되고, 활성화되지 않은 경우에는 숨겨져야 합니다.

● 레이블 적용

tabpanel을 노출시키는 **tab** 요소가 **tabpanel**의 레이블 역할을 하기 때문에, **tabpanel** 요소에 `aria-labelledby` 속성을 추가하고, 속성값으로 **tabpanel**을 노출시키는 **tab** 요소 `id`값을 참조합니다.

● 초점 처리

활성화된 **tabpanel** 요소가 초점을 받을 수 있도록 **tabindex** 속성을 추가하여, 스크린 리더 사용자가 **tabpanel**의 처음부터 콘텐츠를 탐색할 수 있도록 합니다.

> **NOTE** **tabpanel 요소가 초점을 받아야 하는 이유**
>
> **tabpanel** 내부 첫 번째 요소가 초점 가능한 요소라면 **tabpanel**이 반드시 초점을 받을 필요는 없습니다. 하지만 대부분의 경우에는 **tabpanel**의 처음부터 콘텐츠 탐색이 가능하도록 **tabpanel** 자체가 초점을 받는 것이 좋습니다.

```
<strong id="tablist-title">뉴스</strong>
<div role="tablist" aria-labelledby="tablist-title">
  <button
    type="button"
    role="tab"
    aria-selected="true"
    tabIndex={0}
    id="tab-1"
    aria-controls="tabpanel-1"
  >
    경제
  </button>
  <button
    type="button"
    role="tab"
    aria-selected="false"
    tabIndex={-1}
    id="tab-2"
    aria-controls="tabpanel-2"
  >
    과학
  </button>
  <button
    type="button"
    role="tab"
    aria-selected="false"
    tabIndex={-1}
    id="tab-3"
    aria-controls="tabpanel-3"
  >
    스포츠
  </button>
</div>
```

```html
<div role="tabpanel" id="tabpanel-1" aria-labelledby="tab-1" tabIndex={0}>
  {/* '경제' tab 관련 콘텐츠 */}
  {...}
</div>
<div role="tabpanel" id="tabpanel-2" aria-labelledby="tab-2" hidden>
  {/* '과학' tab 관련 콘텐츠 */}
  {...}
</div>
<div role="tabpanel" id="tabpanel-3" aria-labelledby="tab-3" hidden>
  {/* '스포츠' tab 관련 콘텐츠 */}
  {...}
</div>
```

5.3.25 timer

timer 역할은 경과된 시간이나 남은 시간을 숫자 카운터 형태로 나타내는 요소임을 알리기 위해 사용합니다.

● **설명**

- timer 역할은 ARIA 라이브 영역으로 카운트가 일시정지되거나 남은 시간이 0이 되기 전까지는 텍스트 내용이 지속적으로 업데이트되어야 합니다.
- timer 역할은 기본적으로 `aria-live="off"` 속성값을 가집니다. 따라서 timer 요소에 스크린 리더 초점이 가는 경우에만 해당 시점의 텍스트 내용을 읽어줍니다. 이는 timer 역할이 아무런 기능도 하지 않는 것처럼 보이지만 스크린 리더 사용자는 timer 역할임을 인지하여 지속적으로 업데이트되는 카운터 형태라는 것을 알 수 있습니다.

● **레이블 적용**

- 레이블 역할을 하는 텍스트 요소가 있다면 timer에 `aria-labelledby` 속성을 추가하고, 속성값으로 레이블 역할을 하는 요소 id값을 참조합니다.
- 레이블 역할을 하는 요소가 없다면, `aria-label` 속성을 추가하여 레이블을 직접 지정합니다.
- timer에 레이블을 지정하는 것은 필수가 아니므로 페이지 흐름상 레이블이 필요 없다면 생략이 가능합니다.

```
{/* 레이블 역할을 하는 요소가 있는 경우 */}
{/* 스크린 리더 🔊 : 남은 시간, 타이머 */}
<strong id="timer-name">남은 시간</strong>
<div role="timer" aria-labelledby="timer-name">
  30초
</div>
```

```
        </div>

        {/* 레이블 역할을 하는 요소가 없는 경우 */}
        {/* 스크린 리더 ◁ : 남은 시간, 타이머 */}
        <div role="timer" aria-label="남은 시간">
          30초
        </div>
```

5.4 자주 사용하는 ARIA 상태 및 속성

5.4.1 aria-activedescendant

`aria-activedescendant` 속성은 활성화된 하위 항목을 스크린 리더와 같은 보조기술을 통해 전달하기 위해 사용합니다.

● 설명

- `aria-activedescendant` 속성은 **menu** 또는 **combobox**와 같이 하위 항목을 포함하는 요소에서 사용됩니다. 실제 초점은 하위 항목을 트리거하는 상위 요소에 유지된 상태로 활성화된 하위 항목을 스크린 리더를 통해 전달합니다.
- 상위 요소에 `aria-activedescendant` 속성을 추가하고, 속성값으로 활성화된 하위 항목의 `id` 값을 참조합니다.
- 실제 초점은 상위 항목에 유지되어 있어도 스크린 리더를 사용하면 활성화된 하위 항목에 마치 초점을 받은 상태인 것처럼 스크린 리더 초점 표시기가 노출됩니다.
- 스크린 리더를 사용하지 않는 사용자도 현재 활성화된 요소를 식별할 수 있도록 활성화된 요소에 별도의 스타일을 추가해야 합니다.

● 예시

```
{/* 실제 초점은 combobox에 유지 */}
<button
  type="button"
  role="combobox"
  aria-expanded="true"
  aria-haspopup="listbox"
  aria-controls="combobox-popup-id"
```

```
  aria-activedescendant="active-option-id"
>
  미국
</button>
<div role="listbox" id="combobox-popup-id">
  {/* 실제 선택된 항목 */}
  <div role="option" aria-selected="true">미국</div>
  <div role="option" aria-selected="false">일본</div>
  {/* 스크린 리더 초점이 있는 활성화된 항목 */}
  <div role="option" aria-selected="false" id="active-option-id">한국</div>
</div>
```

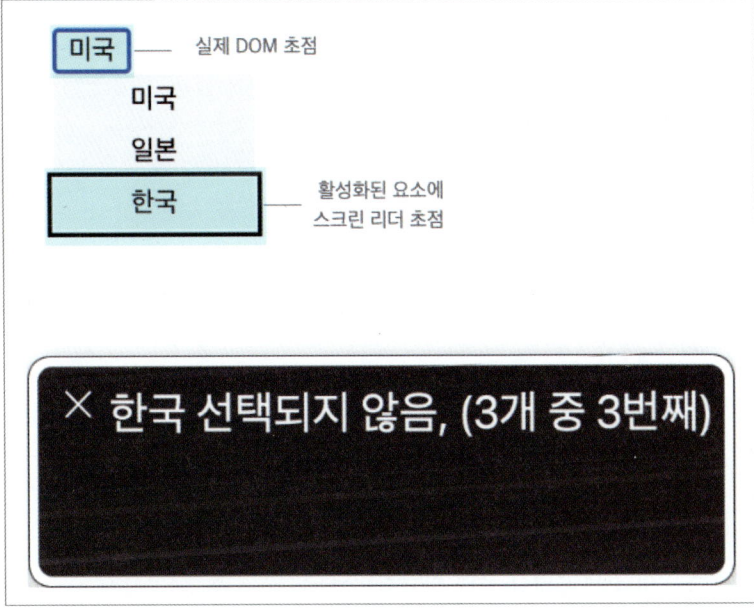

그림 5.14 aria-activedescendant 속성을 활용한 combobox 초점 예시

5.4.2 aria-atomic

`aria-atomic` 속성은 ARIA 라이브 영역의 내용이 변경될 때 스크린 리더가 읽어줄 영역의 범위를 결정하기 위해 사용합니다.

● 설명

- ARIA 라이브 영역의 내용이 변경되면 스크린 리더는 변경된 라이브 영역을 읽어줍니다. 이때 `aria-atomic` 속성을 이용해 변경된 내용만 안내할지 라이브 영역 전체 내용을 안내할지 정할 수 있습니다.

- `aria-atomic` 속성의 기본값은 `false`로, `aria-atomic` 속성이 명시되어 있지 않으면 스크린 리더는 라이브 영역에서 변경된 내용만 읽어줍니다. `aria-atomic` 속성값이 `true`로 명시된 경우 스크린 리더는 라이브 영역 전체 내용을 읽어줍니다.

1. **false**(기본값)

   라이브 영역에서 변경된 내용만 스크린 리더가 읽어줍니다.

2. **true**

   라이브 영역 전체 내용을 스크린 리더가 읽어줍니다.

```
{/* 스크린 리더 🔊 : 고정 텍스트 업데이트된 텍스트 */}
<div aria-live="polite" aria-atomic="true">
  고정 텍스트
  {showUpdatedText && "업데이트된 텍스트"}
</div>

{/* 스크린 리더 🔊 : 업데이트된 텍스트 */}
<div aria-live="polite" aria-atomic="false">
  고정 텍스트
  {showUpdatedText && "업데이트된 텍스트"}
</div>
```

5.4.3 aria-autocomplete

`aria-autocomplete` 속성은 사용자 입력값에 따라 자동 완성 지원 여부와 자동 완성되는 단어들을 어떤 형태로 제공할지를 나타내기 위해 사용합니다.

● 설명

`aria-autocomplete` 속성은 **combobox**, **textbox**, **searchbox**와 같이 사용자 입력과 편집이 가능한 역할에서 사용되며 총 4가지 속성값을 가집니다.

1. **none**(기본값)

   자동 완성 기능을 제공하지 않습니다.

2. **inline**

   사용자가 입력한 값 뒤쪽으로 자동 완성된 값을 제공합니다.

그림 5.15 aria-autocomplete="inline" 사용 예시

3. **list**

   사용자가 입력한 값에 맞는 자동 완성이 가능한 값들을 목록 형태로 제공합니다.

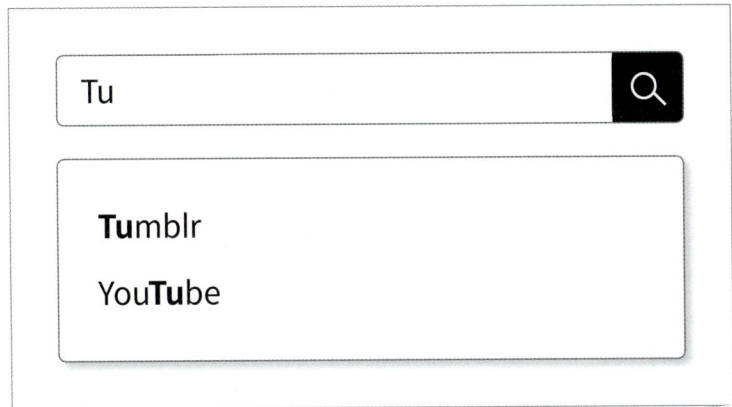

그림 5.16 aria-autocomplete="list" 사용 예시

4. **both**

   inline과 list 형태를 동시에 제공합니다.

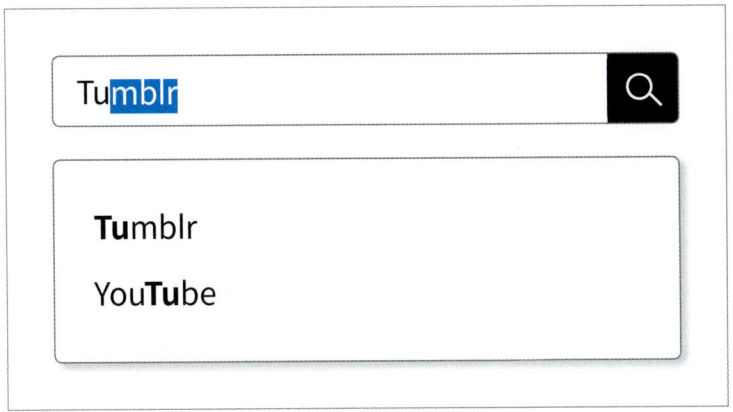

그림 5.17 aria-autocomplete="both" 사용 예시

- 사용자가 입력한 값과 관계없는 값들을 자동 완성으로 제공해서는 안 됩니다.
- `aria-autocomplete` 속성값이 **inline** 형태로 제공되는 경우 사용자가 입력한 값과 자동으로 완성된 값이 구분될 수 있도록 자동으로 완성된 값은 '선택된 텍스트' 형태로 제공해야 합니다. 자동으로 완성된 값이 원하는 값이 아닌 경우 사용자가 한 번에 삭제하거나 대체할 수 있어야 합니다.

● 초점 처리

`aria-autocomplete` 속성값이 **list** 또는 **both**인 경우 자동 완성 목록이 표시되는 동안 실제 초점은 텍스트 입력 필드에 남아 있어야 합니다. 초점이 입력 필드에 남아 있으면서 자동 완성 목록의 항목들을 활성화할 수 있어야 하므로 `aria-activedescendant` 속성이 포함되어 있어야 합니다.

> **NOTE 참고하기**
> 초점 처리에 관한 자세한 내용은 5.3.9절 'combobox'와 5.4.1절 'aria-activedescendant'를 참고합니다.

5.4.4 aria-checked

`aria-checked` 속성은 현재 요소의 '체크된 상태'를 나타내기 위해 사용합니다.

● 설명

- `aria-checked` 속성은 **checkbox** 또는 **radio** 역할 등에 사용하여 요소의 '체크된 상태'를 나타냅니다.
- `aria-checked` 속성은 일반적으로 체크된 상태(**true**)와 체크 해제된 상태(**false**)값을 지원합니다.
- **checkbox** 또는 **menuitemcheckbox** 역할처럼 `tri-state`를 지원하는 역할에서는 결정되지 않은 상태(**mixed**)값을 지원합니다. **mixed**값이 지원되지 않는 역할에서 **mixed**값을 사용하면 **false**값으로 간주됩니다.

● 예시

일반적으로 **mixed**값이 사용되는 경우는 많지 않지만 다음과 같이 하위 체크박스를 가지는 상위 체크박스가 사용되는 경우, 하위 체크박스 중 하나 이상이 체크되어 있을 때 **mixed**값을 사용할 수 있습니다.

1. false

   스크린 리더 🔊 : 전체 선택, 선택 해제됨, 체크박스

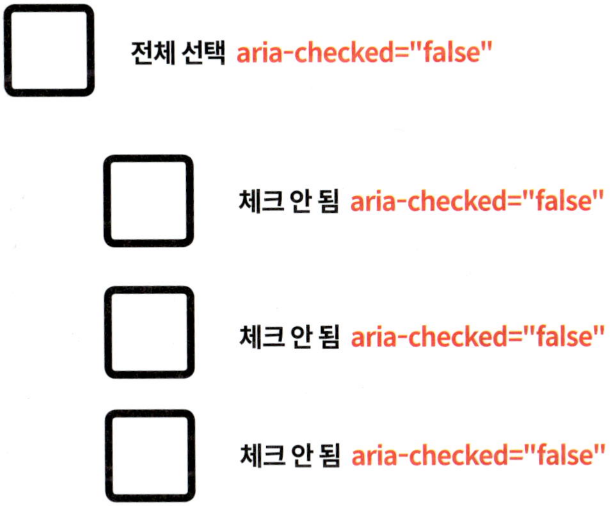

   ☐ 전체 선택 aria-checked="false"

   ☐ 체크 안 됨 aria-checked="false"

   ☐ 체크 안 됨 aria-checked="false"

   ☐ 체크 안 됨 aria-checked="false"

   그림 5.18 aria-checked="false" 사용 예시

2. mixed

   스크린 리더 🔊 : 전체 선택, 섞여 있음, 체크박스

   ⊟ 전체 선택 aria-checked="mixed"

   ☑ 체크됨 aria-checked="true"

   ☐ 체크 안 됨 aria-checked="false"

   ☐ 체크 안 됨 aria-checked="false"

   그림 5.19 aria-checked="mixed" 사용 예시

3. true

   스크린 리더 🔊: 전체 선택, 선택됨, 체크박스

그림 5.20 aria-checked="true" 사용 예시

5.4.5 aria-controls

`aria-controls` 속성은 현재 요소에 의해 제어되는 요소를 식별하기 위해 사용합니다.

● 설명

- `aria-controls` 속성은 특정 요소에 의해 제어되는 요소를 식별하여 요소 간 관계를 나타냅니다.
- 제어하는 요소에 `aria-controls` 속성을 추가하고 속성값으로 제어되는 요소의 `id`값을 참조합니다.

> **NOTE** **aria-controls 속성 사용 시 주의해야 할 점**
>
> 2025년 1월 기준 대부분의 스크린 리더에서 aria-controls 속성을 지원하지 않습니다.
>
> JAWS에서 aria-controls 속성을 부분적으로 지원했으나, 2019년 4월에 발표된 JAWS release notes에 따르면 JAWS에서도 aria-controls 속성이 사용된 요소로 초점이 이동해도 제어되는 요소로 이동이 가능하다는 안내를 하지 않습니다.
>
> 아직까지 aria-controls의 정확한 동작에 대한 표준 가이드는 없으며 그나마 하나의 동작이라도 제공하던 JAWS마저 더 이상 지원하지 않고 있기 때문에 aria-controls 속성 사용 여부에 대한 논의는 아직까지 활발히 진행 중입니다.
>
> **참고문헌**
> - "What to do about aria-controls", w3c/aria, 2019년 1월 13일, https://github.com/w3c/aria/issues/995
> - "What's New in JAWS 2019 Screen Reading Software", freedom scientific, 2019년 4월, https://support.freedomscientific.com/Downloads/JAWS/JAWSWhatsNew?version=2019
> - "aria-controls attribute", a11ysupport, 2021년 7월 15일, https://a11ysupport.io/tech/aria/aria-controls_attribute

5.4.6 aria-current

aria-current 속성은 연관된 요소 그룹 내에서 현재 항목에 해당하는 요소를 나타내기 위해 사용합니다.

● **설명**

- aria-current 속성은 연관된 요소 그룹 내에서 다른 요소들과 시각적으로 다르게 스타일되어 있는 현재 항목을 스크린 리더 사용자도 인지할 수 있도록 하기 위해 사용합니다.
- aria-selected 속성을 사용할 수 있는 역할에서는 aria-current 속성이 aria-selected 속성과 동일한 의미를 가지더라도 aria-selected 속성을 우선적으로 사용해야 합니다.
- aria-current 속성은 용도에 따라 총 7가지 속성값을 가집니다.

1. **page**

   네비게이션 링크 메뉴에서 현재 페이지를 나타낼 때 사용합니다.

   스크린 리더 🔊 : 현재 페이지

   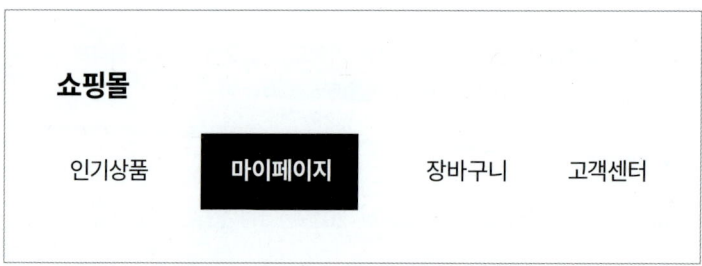

   그림 5.21 aria-current="page" 사용 예시

2. **step**

   단계가 있는 UI에서 현재 단계를 나타낼 때 사용합니다.

   - **스크린 리더** 🔊 : 현재 단계

   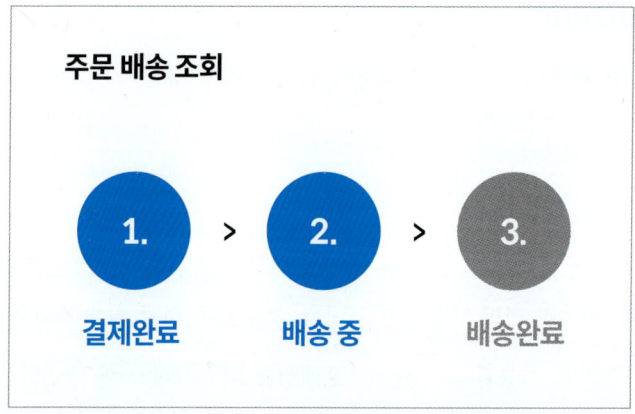

   그림 5.22 aria-current="step" 사용 예시

3. location

계층 구조의 UI에서 현재 위치를 나타낼 때 사용합니다.

- 스크린 리더 🔊: 현재 위치

쇼핑몰 > 고객센터 > **자주 묻는 질문**

그림 5.23 aria-current="location" 사용 예시

4. date

여러 날짜 중에서 현재 날짜를 나타낼 때 사용합니다.

- 스크린 리더 🔊: 현재 날짜

2025년 1월						
일	월	화	수	목	금	토
			1	2	3	4
5	6	7	8	9	10	11
12	13	**14**	15	16	17	18
19	20	21	22	23	24	25
26	27	28	29	30	31	

그림 5.24 aria-current="date" 사용 예시

5. time

여러 시간 중에서 현재 시간을 나타낼 때 사용합니다.

- **스크린 리더** 🔊: 현재 시간

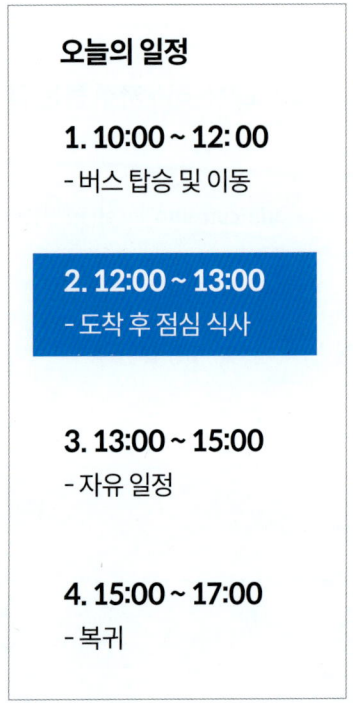

그림 5.25 aria-current="time" 사용 예시

6. true

다른 값들로 특정할 수 없는 현재 항목을 나타낼 때 사용합니다.

- **스크린 리더** 🔊: 현재 항목

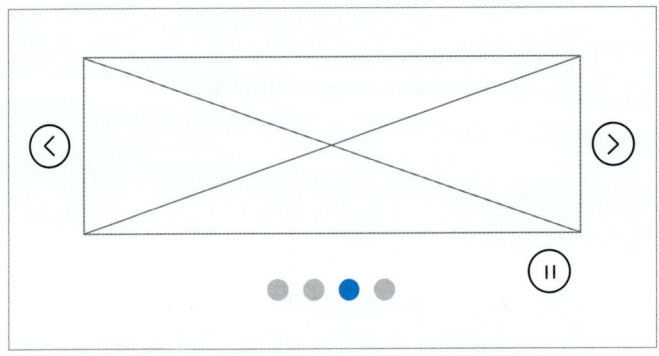

그림 5.26 aria-current="true" 사용 예시

7. **false** (기본값)

   현재 항목을 나타내지 않습니다.

5.4.7 aria-describedby

`aria-describedby` 속성은 현재 요소에 대한 상세한 설명을 다른 요소를 통해 제공하기 위해 사용합니다.

● 설명

- 상세한 설명이 필요한 요소에 `aria-describedby` 속성을 추가하고, 속성값으로 설명을 제공하는 요소의 `id`값을 참조합니다.
- 상세한 설명을 제공하는 요소는 일반적인 텍스트로 이루어져 있어야 하며, 반드시 설명이 필요한 요소와 동일한 페이지에 렌더링되어 있어야 합니다.
- 설명을 제공하는 요소가 반드시 시각적으로 보일 필요는 없습니다. 시각적으로 숨겨져 있어도 참조가 가능하지만, `display: none`이나 `aria-hidden="true"` 등 스크린 리더가 인지할 수 없는 형태로 숨겨져 있다면 설명을 제공하지 못합니다.
- 설명을 제공하는 요소의 `id`값을 참조하여 설명을 제공한다는 점에서 `aria-labelledby` 속성과 유사하지만 `aria-labelledby` 속성은 좀 더 간결하고 본질적인 설명을 제공하는 반면, `aria-describedby` 속성은 좀 더 자세하고 사용자에게 필요한 추가적인 정보를 제공합니다.
- 여러 요소의 `id`값을 참조할 수 있으며 여러 `id`가 참조된 경우 참조된 순서에 따라 레이블이 결합되어 전달됩니다.

속성	목적
aria-labelledby	간결하고 본질적인 설명을 제공하기 위해 사용합니다.
aria-describedby	자세하고 추가적인 정보를 제공하기 위해 사용합니다.

```
{/* 스크린 리더 🔊 : 이벤트 description, 클릭 시 이벤트에 참여됩니다, 버튼 */}
<button type="button" aria-describedby="event-description">이벤트</button>
<p id="event-description">클릭 시 이벤트에 참여됩니다.</p>
```

> **NOTE** aria-describedby 속성 사용 시 주의해야 할 점
>
> `aria-describedby` 속성은 모든 HTML 요소와 모든 ARIA 역할에 사용이 가능하지만, 기본적으로 대화형 요소 또는 그 역할을 가진 요소에서 잘 지원됩니다.
>
> 랜드마크 역할이나 구조적인 ARIA 역할을 가지는 요소에서도 대부분 잘 지원되지만, 스크린 리더 종류에 따라 지원하지 않는 경우도 있습니다. 따라서 대화형 요소에 사용하는 경우가 아니라면 별도의 테스트를 거치는 것이 좋습니다.
>
> 참고: https://www.w3.org/TR/using-aria/#practical-support-aria-label-aria-labelledby-and-aria-describedby

5.4.8 aria-disabled

`aria-disabled` 속성은 현재 요소가 접근 가능하지만 의미적으로 비활성화된 상태임을 알리기 위해 사용합니다.

● 설명

- `aria-disabled` 속성은 HTML `disabled` 속성과 다르게 의미적으로만 비활성화된 것으로 스크린 리더 사용자에게 전달합니다. 따라서 `aria-disabled` 속성이 추가되더라도 요소는 여전히 초점 가능하며 기능도 동작합니다.
- `aria-disabled` 속성을 사용해도 시각적으로는 비활성화된 상태로 보이지 않기 때문에 필요하다면 별도의 CSS를 통해 스타일을 추가해야 합니다.
- 실제로 요소의 모든 기능을 비활성화하기 위해서는 HTML `disabled` 속성을 사용하는 것이 좋습니다.

	disabled	aria-disabled
클릭	불가	가능
초점	불가	가능
기본 CSS 스타일	있음	없음
스크린 리더	비활성화됨	비활성화됨

● 예시

대부분의 경우 `aria-disabled` 속성은 HTML `disabled` 속성으로 대체 가능하지만, 때로 `aria-disabled` 속성을 적용해야만 하는 상황도 있습니다.

1. **기능은 비활성화되지만 사용자가 키보드 `Tab` 키로 해당 요소를 탐색할 수 있기를 원하는 경우**

    HTML `disabled` 속성으로 비활성화된 요소는 `tabindex` 속성을 추가해도 초점 이동이 불가합니다. 키보드 `Tab` 키를 통한 탐색은 가능하고 기능만 비활성화시키고 싶은 경우에는 `aria-disabled` 속성을 사용할 수 있습니다.

2. **요소의 원래 기능은 비활성화되지만 다른 기능의 이벤트를 원하는 경우**

    HTML `disabled` 속성으로 비활성화된 요소는 클릭 이벤트를 받을 수 없으며, 본래의 기능이 제거되어 의미상으로도 비활성화된 것으로 나타납니다. 요소의 본래 기능은 비활성화된 상태이지만 에러 메시지를 노출시키는 등 다른 기능을 사용하고 싶은 경우에는 `aria-disabled` 속성을 사용할 수 있습니다.

3. **HTML `disabled` 속성을 지원하지 않는 요소에 ARIA 역할을 추가해 대화형 요소로 만든 경우**

    ARIA 역할에 의해 만들어진 `<div role="button" />`와 같은 버튼의 경우 `disabled` 속성을 사용할 수 없기 때문에 `aria-disabled` 속성을 사용하여 비활성화시킬 수 있습니다. 이때 실제로 초점과 기능까지 비활성화하기 위해서는 `tabindex` 속성과 별도의 자바스크립트 처리가 필요합니다.

5.4.9 aria-expanded

`aria-expanded` 속성은 현재 요소의 확장/축소 여부를 나타내기 위해 사용합니다.

● **설명**

- `aria-expanded` 속성은 특정 요소를 확장/축소할 수 있는 대화형 요소에 사용되며, 해당 요소의 확장/축소 여부에 따라 `true` 또는 `false`값을 가집니다.
- `aria-expanded` 속성이 추가된 요소가 어떤 요소를 제어하는지 식별할 수 있도록 `aria-controls` 속성을 추가하고, 제어하는 요소의 `id`값을 참조합니다.
- `aria-expanded` 속성을 추가하면 확장/축소 상태를 스크린 리더가 안내하므로 확장/축소 상태에 관한 대체 텍스트를 중복으로 제공할 필요가 없습니다.
- 만약 확장/축소 여부에 따라 레이블이 변경되어 확장/축소 상태를 짐작할 수 있는 형태라면 `aria-expanded` 속성을 반드시 사용할 필요는 없습니다.

● 예시

- ❌ **잘못 사용한 예시:** 확장/축소 상태 여부는 `aria-expanded` 속성을 통해 제공되므로 별도의 대체 텍스트는 필요하지 않음

```jsx
{/* 스크린 리더 🔊 */}
{/* isExpanded="true"인 경우 🔊 : "질문: 배송비는 얼마인가요? 확장됨, 확장됨, 버튼" */}
{/* isExpanded="false"인 경우 🔊 : "질문: 배송비는 얼마인가요? 축소됨, 축소됨, 버튼" */}
<button type="button" aria-expanded={isExpanded} aria-controls="answer">
  질문: 배송비는 얼마인가요?
  {/* 별도 대체 텍스트 필요 X */}
  <span className="visually-hidden">{isExpanded ? "확장됨" : "축소됨"}</span>
</button>
<div id="answer">
  답변: 3만 원 미만 구매 시 3000원, 3만 원 이상 구매 시 무료 배송입니다.
</div>
```

```css
.visually-hidden {
  overflow: hidden;
  position: absolute;
  width: 1px;
  height: 1px;
  margin: -1px;
  padding: 0;
  border: 0;
  white-space: nowrap;
  clip-path: inset(50%);
}
```

- ✅ **aria-expanded 속성이 필요 없는 예시:** 레이블이 변경되어 확장/축소 상태 여부를 짐작할 수 있는 형태는 `aria-expanded` 속성을 반드시 제공할 필요는 없음

```jsx
<h2>자주 묻는 질문</h2>
<ul id="list">
  <li>질문1</li>
  <li>질문2</li>
  <li>질문3</li>
  {isExpanded && (
    <>
      <li>질문4</li>
      <li>질문5</li>
      <li>질문6</li>
    </>
  )}
</ul>
```

```
</ul>
<button
  type="button"
  aria-controls="list"
  onClick={() => setIsExpanded(!isExpanded)}
>
  {isExpanded ? "접기" : "더보기"}
</button>
```

5.4.10 aria-haspopup

`aria-haspopup` 속성은 현재 요소에 의해 어떤 유형의 대화형 팝업 요소가 노출될 것인지를 나타내기 위해 사용합니다.

● 설명

- `aria-haspopup` 속성을 사용하면 현재 요소에 의해 팝업 요소가 노출될 것임을 스크린 리더 사용자에게 알릴 수 있습니다. `aria-haspopup`의 속성값으로 어떤 형태의 팝업 요소가 노출될지 나타내며, 속성값에 존재하지 않는 유형은 팝업으로 간주하지 않습니다.
- `aria-haspopup` 속성은 팝업이 노출될 것이라는 사실과 팝업의 유형에 대해서만 스크린 리더 사용자에게 전달할 뿐 기능적인 부분을 제공하지는 않으므로, `aria-haspopup` 속성을 가지는 요소는 HTML `<button>` 태그와 같이 초점을 받을 수 있고, 팝업을 노출할 수 있는 기능을 제공해야 합니다.

```
<button
  type="button"
  aria-haspopup="menu"
  aria-expanded={isShowMenu}
>
  메뉴
</button>
{isShowMenu && (
  <div role="menu">
    {...}
  </div>
)}
```

값	설명
menu	role="menu" 형태의 팝업이 노출될 것을 알립니다.
listbox	role="listbox" 형태의 팝업이 노출될 것을 알립니다.
tree	role="tree" 형태의 팝업이 노출될 것을 알립니다.
grid	role="grid" 형태의 팝업이 노출될 것을 알립니다.
dialog	role="dialog" 형태의 팝업이 노출될 것을 알립니다.
true	role="menu" 형태의 팝업이 노출될 것을 알립니다.
false(기본값)	팝업이 노출될 것을 알리지 않습니다.

5.4.11 aria-hidden

`aria-hidden` 속성은 스크린 리더와 같은 보조기술 사용자에게 현재 요소를 숨기기 위해 사용합니다.

● 설명

- `aria-hidden="true"` 속성값이 추가된 요소는 스크린 리더가 읽지 못하도록 숨겨 스크린 리더 사용자에게 불필요한 내용을 전달하지 않게 합니다. 스크린 리더가 전달할 수 없지만 시각적으로나 기능적으로는 아무것도 숨겨져 있지 않습니다.

- HTML `hidden` 속성 또는 `display: none, visibility: hidden`과 같이 CSS를 이용해 콘텐츠를 숨기는 경우에는 이미 스크린 리더가 읽을 수 없는 상태이므로 `aria-hidden="true"` 속성을 중복으로 제공할 필요가 없습니다.

- 부모 요소에 `aria-hidden="true"` 속성값이 추가된 경우, 자식 요소에 `aria-hidden="false"` 값을 추가하더라도 스크린 리더가 읽을 수 없습니다.

```
{/* 스크린 리더 ⊲ : ' ' */}
<div aria-hidden="true">
  {/* 부모 요소에 aria-hidden="true" 속성이 있으므로 스크린 리더가 내부 콘텐츠를
읽을 수 없음 */}
  <p aria-hidden="false">스크린 리더 접근 불가능</p>
</div>
```

- **aria-hidden="true" 내부에 초점 가능한 요소가 있는 경우**

`aria-hidden="true"` 속성값이 추가된 요소와 그 하위 요소에는 초점을 받을 수 있는 요소를 포

함하면 안 됩니다.

> **CAUTION**
> 만약 `aria-hidden="true"` 속성값이 추가된 요소의 하위 요소로 초점 가능한 요소가 있다면 키보드 Tab 동작 또는 스크린 리더의 순차 탐색으로 접근이 가능해지므로 주의해야 합니다.
> 참고: https://www.w3.org/WAI/standards-guidelines/act/rules/6cfa84/proposed/

✗ 잘못 사용한 예시:

1. 초점 가능한 요소를 포함하는 경우

```
<div aria-hidden="true">
  <button type="button">{...}</button>
</div>
```

2. 초점 가능하도록 만든 요소를 포함하는 경우

```
<div aria-hidden="true">
  <p tabIndex={0}>{...}</p>
</div>
```

3. 초점 가능한 요소에 `aria-disabled` 속성만 추가해 여전히 접근 가능한 경우

```
<div aria-hidden="true">
  <button type="button" aria-disabled="true">{...}</button>
</div>
```

✓ 올바르게 사용한 예시:

1. 초점 가능한 요소를 포함하지 않는 경우

```
<div aria-hidden="true">
  <p>{...}</p>
</div>
```

2. 초점 가능한 요소를 초점 불가능하게 만든 경우

```
<div aria-hidden="true">
```

```
    <button type="button" tabIndex={-1}>{...}</button>
</div>
```

3. 초점 가능한 요소를 비활성화시킨 경우

```
<div aria-hidden="true">
    <button type="button" disabled>{...}</button>
</div>
```

4. 초점 가능한 요소를 CSS로 숨긴 경우

```
<div aria-hidden="true">
    <button type="button" style={{ display: "none" }}>{...}</button>
</div>
```

5.4.12 aria-label

`aria-label` 속성은 현재 요소의 이름을 문자열 형태로 제공하여 스크린 리더 사용자가 목적을 인식할 수 있도록 하기 위해 사용합니다.

● 설명

- `aria-label` 속성은 기본적으로 요소의 내부 콘텐츠에 접근 가능한 레이블이 없거나 명확하지 않은 경우 직접 레이블값을 문자열로 제공하기 위해 사용합니다.

- 요소의 내부 콘텐츠에는 접근 가능한 레이블이 없지만 외부에 레이블로 지정할 수 있는 텍스트가 표시되는 경우라면, `aria-label` 대신 `aria-labelledby` 속성을 사용하는 것이 좋습니다.

- `aria-label`과 `aria-labelledby` 속성이 동시에 사용된 경우 `aria-labelledby` 속성이 우선적으로 적용됩니다.

- `aria-label` 속성의 값은 시각적으로는 보이지 않으며 스크린 리더를 통해서만 전달받을 수 있습니다. 따라서 스크린 리더 사용자에게 전달할 만큼 중요한 정보라면, 시각적으로도 제공해야 할지 고려해보는 것이 좋습니다.

- `aria-label` 속성을 사용하면 내부 콘텐츠의 내용이 무시될 수 있으므로, 내부 콘텐츠와 함께 추가적인 내용을 제공하고 싶은 경우에는 `aria-describedby` 속성을 사용하는 것이 좋습니다.

● 예시

1. 내부 콘텐츠에 접근 가능한 레이블이 없는 경우

```
{/* 스크린 리더 🔊 : 버튼 */}
<button type="button">
  <img src="close.png" alt="" />
</button>
```

2. `aria-label` 속성을 사용해 레이블을 제공한 경우

```
{/* 스크린 리더 🔊 : 닫기, 버튼 */}
<button type="button" aria-label="닫기">
  <img src="close.png" alt="" />
</button>
```

3. `aria-label` 속성 사용 시 내부 콘텐츠 내용 무시

```
{/* 스크린 리더 🔊 : 닫기, 버튼 */}
<button type="button" aria-label="닫기">
  <img src="close.png" alt="" />
  {/* aria-label 값에 의해 무시 */}
  열기
</button>
```

4. `aria-label` 속성과 `aria-labelledby` 속성 동시에 사용 시 `aria-labelledby` 속성 우선 적용

```
{/* 스크린 리더 🔊 : 열기, 버튼 */}
<button type="button" aria-label="닫기" aria-labelledby="button-label">
  <img src="close.png" alt="" />
</button>
<span id="button-label">열기</span>
```

> **NOTE** aria-label 속성 사용 시 주의해야 할 점
>
> aria-label 속성은 일부 ARIA 역할을 제외한 모든 요소에서 사용이 가능하지만, 기본적으로 대화형 요소 또는 그 역할을 가진 요소에서 잘 지원됩니다. 랜드마크 요소나 구조적인 ARIA 역할을 가지는 요소에서도 대부분 잘 지원되지만, 스크린 리더 종류에 따라 지원하지 않는 경우도 있습니다. 따라서 대화형 요소에 사용하는 경우가 아니라면 별도의 테스트를 거치는 것이 좋습니다.
>
> 참고: https://www.w3.org/TR/using-aria/#practical-support-aria-label-aria-labelledby-and-aria-describedby

5.4.13 aria-labelledby

`aria-labelledby` 속성은 현재 요소의 레이블을 다른 요소를 통해 정의하기 위해 사용합니다.

● 설명

- 레이블이 필요한 요소에 `aria-labelledby` 속성을 추가하고, 속성값으로 레이블을 제공하는 요소의 `id`값을 참조합니다.

- `aria-labelledby` 속성을 사용하면 내부 콘텐츠의 내용이 무시될 수 있으므로, 내부 콘텐츠와 함께 추가적인 내용을 제공하고 싶은 경우에는 `aria-describedby` 속성을 사용하는 것이 좋습니다.

- 설명을 제공하는 요소의 `id`값을 참조하여 설명을 제공한다는 점에서 `aria-describedby` 속성과 유사하지만 `aria-labelledby` 속성은 좀 더 간결하고 본질적인 설명을 제공하는 반면, `aria-describedby` 속성은 좀 더 자세하고 사용자에게 필요한 추가적인 정보를 제공합니다.

- 여러 요소의 `id`값을 참조할 수 있으며 여러 `id`가 참조된 경우 참조된 순서에 따라 레이블이 결합되어 전달됩니다.

```
<strong id="title1">이벤트</strong>
<span id="title2">알림 받기</span>
{/* 스크린 리더 🔊 : 이벤트 알림 받기, 버튼 */}
<button type="button" aria-labelledby="title1 title2">
    <img src="event.png" alt="" />
</button>

<strong id="title1">이벤트</strong>
<span id="title2">알림 받기</span>
{/* 스크린 리더 🔊 : 알림 받기 이벤트, 버튼 */}
<button type="button" aria-labelledby="title2 title1">
    <img src="event.png" alt="" />
</button>
```

> **NOTE** aria-labelledby 속성 사용 시 주의해야 할 점
>
> `aria-labelledby` 속성은 일부 ARIA 역할을 제외한 모든 요소에서 사용이 가능하지만, 기본적으로 대화형 요소 또는 그 역할을 가진 요소에서 잘 지원됩니다. 랜드마크 역할이나 구조적인 ARIA 역할을 가지는 요소에서도 대부분 잘 지원되지만, 스크린 리더 종류에 따라 지원하지 않는 경우도 있습니다. 따라서 대화형 요소에 사용하는 경우가 아니라면 별도의 테스트를 거치는 것이 좋습니다.
>
> 참고: https://www.w3.org/TR/using-aria/#practical-support-aria-label-aria-labelledby-and-aria-describedby

5.4.14 aria-level

`aria-level` 속성은 계층 구조 내에서 현재 요소의 계층적 수준을 나타내기 위해 사용합니다.

● **설명**

- `aria-level` 속성은 계층 구조 내에서 요소 간의 계층 수준을 파악하기 어려운 경우 명시적으로 계층적 수준을 표시합니다. 계층 구조는 제목, 트리, 중첩 그리드, 중첩 탭리스트, 중첩 리스트 등에서 나타납니다.
- `aria-level` 속성은 마크업 구조상 계층 수준을 파악하기 어려운 경우에만 사용해야 합니다. 구조적으로 이미 파악이 가능한 경우 `aria-level` 속성을 추가할 필요가 없습니다. 시맨틱 태그를 사용하거나 마크업 구조를 개선하면 `aria-level` 속성이 필요 없는 경우가 대부분이므로, `aria-level` 속성을 사용할 때는 반드시 필요한 상황인지 고려해보는 것이 좋습니다.

● **예시**

1. 구조적으로 계층 수준 파악이 어려운 경우

```
{/* 구조적으로 계층 수준 파악이 어려운 경우: `aria-level` 사용 */}
<div role="list">
  <div role="listitem" aria-level="1">색상</div>
</div>
<div role="list">
  <div role="listitem" aria-level="2">빨강</div>
  <div role="listitem" aria-level="2">초록</div>
  <div role="listitem" aria-level="2">파랑</div>
</div>
<div role="list">
  <div role="listitem" aria-level="1">사이즈</div>
</div>
<div role="list">
  <div role="listitem" aria-level="2">스몰</div>
  <div role="listitem" aria-level="2">미디움</div>
  <div role="listitem" aria-level="2">라지</div>
</div>

{/* 계층 수준 파악이 가능하도록 구조를 개선한 코드 (aria-level 속성 필요 X) */}
<ul>
  <li>
    색상
    <ul>
      <li>빨강</li>
      <li>초록</li>
```

```
      <li>파랑</li>
    </ul>
  </li>
  <li>
    사이즈
    <ul>
      <li>스몰</li>
      <li>미디움</li>
      <li>라지</li>
    </ul>
  </li>
</ul>
```

2. `aria-level` 속성이 필요한 ARIA 역할을 사용한 경우

```
{/* aria-level 속성이 필요한 ARIA 역할(role="heading") 사용 */}
<main>
  <div role="heading" aria-level="1">제목</div>
  {...}
  <section>
    <div role="heading" aria-level="2">소제목</div>
    {...}
  </section>
</main>

{/* aria-level 속성이 필요하지 않은 시맨틱 태그 사용 */}
<main>
  <h1>제목</h1>
  {...}
  <section>
    <h2>소제목</h2>
    {...}
  </section>
</main>
```

5.4.15 aria-live

`aria-live` 속성은 특정 요소의 내용이 동적으로 변경될 때, 스크린 리더와 같은 보조기술이 이를 사용자에게 알리도록 하기 위해 사용합니다.

● 설명
- 페이지가 로드된 이후 동적으로 변경되는 콘텐츠들은, 시각적으로 페이지를 보기 어려운 스크

린 리더 사용자가 인지하기 어렵습니다. 이러한 경우 `aria-live` 속성을 사용하면 업데이트된 콘텐츠를 스크린 리더를 통해 전달할 수 있습니다.

- `aria-live` 속성을 사용한 요소의 내부 영역은 ARIA 라이브 영역으로 지정되며, ARIA 라이브 영역의 내부 콘텐츠가 변경되면 스크린 리더는 업데이트된 내용을 전달합니다. `aria-live` 속성 자체가 동적으로 추가되거나 속성값이 변경되는 경우에는 내용을 전달하지 않습니다.

- `aria-live` 속성은 속성값에 따라 업데이트된 콘텐츠를 보조기술에 전달할 방식을 결정합니다. 업데이트되는 콘텐츠의 중요도에 따라 어떤 방식으로 전달할지 결정해야 합니다.

값	설명
polite	콘텐츠가 업데이트되면 보조기술이 현재 전달하고 있는 메시지를 모두 전달한 후 업데이트된 콘텐츠를 알립니다.
assertive	콘텐츠가 업데이트되면 보조기술이 현재 전달하고 있는 메시지를 중지하고 즉시 업데이트된 콘텐츠를 알립니다.
off(기본값)	기본값으로 해당 요소 내부가 ARIA 라이브 영역으로 지정되지 않습니다.

> **[NOTE] aria-live 속성 사용 시 주의해야 할 점**
> `assertive`값은 너무 자주 사용하면 보조기술 사용자가 오히려 현재 탐색 위치를 혼란스러워하거나 원하는 작업을 완료하기 어려울 수 있으므로 반드시 필요한 경우에만 사용해야 합니다.
> `polite`값도 너무 많은 내용이 쌓이다 보면 페이지 탐색에 방해가 될 수 있으므로, `aria-live` 속성을 사용할 때는 항상 주의가 필요합니다.

5.4.16 aria-modal

`aria-modal` 속성은 현재 요소의 모달 여부를 나타내기 위해 사용합니다.

● 설명

- 모달이란 모달 영역을 제외한 영역에는 접근할 수 없어 모달 영역으로만 탐색이 제한되는 요소를 말합니다. 보통 **alertdialog**, **dialog** 등의 역할에서 외부 콘텐츠가 비활성 상태임을 알리기 위해 시각적으로 배경을 어둡게 하는 경우가 모달의 대표적인 예시입니다.

- `aria-modal="true"` 속성을 사용하면 해당 요소가 모달이라는 것을 스크린 리더를 통해 전달합니다. 브라우저 환경에 따라 `aria-modal` 속성을 추가하는 것만으로는 실제 모달에 필요한 기능까지 제공하지 않을 수 있습니다. 모든 브라우저에 대응해야 하는 경우 실제 모달의 기능

은 개발자가 직접 구현해야 합니다.
- 해당 요소가 모달이 아닌 경우 `aria-modal="false"`를 추가하거나 속성값을 생략할 수 있습니다.

● 초점 처리
- 모달이 노출되면 초점이 모달 내부로 이동해야 합니다.
- 모달이 닫히기 전까지 초점은 모달 내부에서만 이동 가능하도록 제한되어야 합니다.
- 모달이 닫히는 경우 모달을 노출시킨 트리거 요소로 초점이 복귀해야 합니다.

> **NOTE 참고하기**
> 실제 모달로 사용된 **dialog** 역할의 초점 처리에 관한 자세한 내용은 '7.2 Dialog(Modal)' 절에서 자세히 살펴볼 수 있습니다.

5.4.17 aria-multiselectable

`aria-multiselectable` 속성은 현재 항목의 선택 가능한 하위 항목을 2개 이상 동시에 선택할 수 있는지를 나타내기 위해 사용합니다.

● 설명
- `aria-multiselectable` 속성은 **listbox** 또는 **tablist** 역할과 같이 `aria-selected` 속성을 통해 기본적으로 하나의 항목만 선택 가능한 목록에서 여러 항목을 선택할 수 있다는 것을 보조기술에 전달합니다.
- 선택된 모든 항목에는 `aria-selected="true"` 속성을 추가해야 합니다.
- ARIA 역할을 반드시 사용해야 하는 경우가 아니라면, 여러 항목을 선택할 수 있는 기능을 가진 기본 HTML 태그를 우선적으로 고려해보는 것이 좋습니다.

```
{/* ARIA 사용: role="listbox" */}
<p id="select-food">좋아하는 음식을 선택하세요.</p>
<div role="listbox" aria-multiselectable="true" aria-labelledby="select-food">
  <div role="option" aria-selected="false">햄버거</div>
  <div role="option" aria-selected="false">피자</div>
  <div role="option" aria-selected="true">치킨</div>
  <div role="option" aria-selected="false">라면</div>
```

```html
    <div role="option" aria-selected="true">스테이크</div>
</div>

{/* 기본 HTML 태그 사용: <select multiple> */}
<label for="select-food">좋아하는 음식을 선택하세요.</label>
<select id="select-food" multiple>
  <option value="hamburger">햄버거</option>
  <option value="pizza">피자</option>
  <option value="chicken" selected>치킨</option>
  <option value="ramen">라면</option>
  <option value="steak" selected>스테이크</option>
</select>

{/* 기본 HTML 태그 사용: <input type="checkbox" /> */}
<p>좋아하는 음식을 선택하세요.</p>
<label>
  햄버거
  <input type="checkbox" name="select-food" value="hamburger" />
</label>
<label>
  피자
  <input type="checkbox" name="select-food" value="pizza" />
</label>
<label>
  치킨
  <input type="checkbox" name="select-food" value="chicken" checked />
</label>
<label>
  라면
  <input type="checkbox" name="select-food" value="ramen" />
</label>
<label>
  스테이크
  <input type="checkbox" name="select-food" value="steak" checked />
</label>
```

5.4.18 aria-orientation

`aria-orientation` 속성은 현재 요소의 방향이 가로인지 세로인지를 나타내는 데 사용합니다.

● 설명

- ARIA 역할들 중 키보드 화살표키를 통한 동작이 있는 역할들은 방향을 나타내는 것이 중요합니다. 요소의 방향에 따라 왼쪽, 오른쪽 화살표키를 사용할지 위쪽, 아래쪽 화살표키를 사용할지를 결정하게 됩니다. `aria-orientation` 속성을 사용하면 스크린 리더 사용자에게 요소의

방향을 전달하여 요소를 탐색하는 방법을 제공합니다.
- 요소의 방향이 수평 방향인 경우 **horizontal**, 수직 방향인 경우 **vertical** 속성값을 추가합니다.
- ARIA 역할들 중에는 기본 방향값이 정해져 있는 역할들이 있습니다. 요소의 기본 방향과 다른 방향으로 구현이 필요한 경우 `aria-orientation` 속성을 반드시 추가해야 합니다.

기본값이 수평(horizontal) 방향인 ARIA 역할	기본값이 수직(vertical) 방향인 ARIA 역할
menubar	listbox
slider	menu
tablist	

5.4.19 aria-pressed

`aria-pressed` 속성은 버튼을 토글 버튼 역할로 변경시키고, 토글 버튼이 현재 눌린 상태인지 나타내기 위해 사용합니다.

● 설명

- `aria-pressed` 속성은 `role="button"` 또는 HTML `<button>` 태그에 사용되며 버튼을 토글 버튼 역할로 만듭니다.
- 토글 버튼이란 누를 때마다 눌림/안 눌림 상태가 반복되는 버튼으로, 한 번 누르면 `aria-pressed="true"` 상태가 되고, 다시 누르면 `aria-pressed="false"` 상태로 변해야 합니다.
- `aria-pressed` 속성을 사용하면 버튼이 눌렸을 때의 상태 변화를 스크린 리더 사용자에게 알릴 수 있습니다. 이때 버튼의 레이블을 따로 변경해서는 안 됩니다. `aria-pressed` 속성을 통해 상태가 자동으로 변경되기 때문에 레이블 변경이 동시에 제공되면 사용자는 현재 어떤 상태인지 혼란스러워할 수 있습니다. 만약 눌림 상태에 따라 레이블이 변경되어야 하는 경우라면, 레이블을 통해 버튼의 기능을 파악할 수 있으므로 `aria-pressed` 속성을 별도로 제공할 필요가 없습니다.

● 예시

✗ 잘못 사용한 예시(레이블 변경 O/aria-pressed 사용 O)

```
{/* 스크린 리더 ◁: 재생, 토글 버튼 */}
<button type="button" aria-pressed="false">재생</button>
```

```
{/* 스크린 리더 🔊 : 일시정지, 선택됨, 토글 버튼 */}
<button type="button" aria-pressed="true">일시정지</button>
```

✅ 올바르게 사용한 예시(레이블 변경 X/aria-pressed 사용 O)

```
{/* 스크린 리더 🔊 : 재생, 토글 버튼 */}
<button type="button" aria-pressed="false">재생</button>
{/* 스크린 리더 🔊 : 재생, 선택됨, 토글 버튼 */}
<button type="button" aria-pressed="true">재생</button>
```

✅ 올바르게 사용한 예시(레이블 변경 O/aria-pressed 사용 X)

```
{/* 스크린 리더 🔊 : 재생, 버튼 */}
<button type="button">재생</button>
{/* 스크린 리더 🔊 : 일시정지, 버튼 */}
<button type="button">일시정지</button>
```

> **NOTE** **aria-pressed="mixed" 속성값 지원 여부**
>
> w3c 스펙상 `aria-pressed` 속성값으로 **true**, **false** 외에 `aria-checked` 속성과 동일하게 **mixed**값이 제공됩니다.
>
> 하지만 `aria-checked`와 다르게 단일 버튼으로 사용되는 토글 버튼에 **mixed** 속성값은 현재 유효하게 사용되는 예시가 없습니다.
>
> w3c 문서에도 해당 값과 관련된 예시가 있다는 설명이 있었는데, 실제 예시는 작성된 적이 없었으며, 2020년 7월에는 해당 문장이 삭제되었습니다.
>
> 참고
> - 삭제 관련 PR: https://github.com/w3c/aria/pull/1259
> - mixed 속성값 지원 관련 논의: https://github.com/w3c/aria/issues/1258

5.4.20 aria-readonly

`aria-readonly` 속성은 현재 요소가 편집이 불가능한 읽기 전용 상태임을 나타내기 위해 사용합니다.

● 설명

- `aria-readonly` 속성은 HTML `<input>` 태그의 `readonly` 속성과 유사하게 현재 요소가 읽기

전용 상태임을 나타냅니다.

- `aria-readonly` 속성은 읽기 전용 상태임을 알리는 역할만 수행할 뿐 실제 요소가 편집 불가능한 상태로 변하지는 않습니다. 따라서 편집 불가능하도록 별도의 자바스크립트 처리가 필요합니다. 읽기 전용 상태의 요소는 값의 편집만 불가능한 상태로, 요소의 초점이나 탐색까지 막아서는 안 됩니다.

- 요소가 편집 불가능하고 초점도 받지 못하는 상태라면 `aria-disabled` 속성을 고려해봐야 합니다.

```
{/* aria-readonly 사용 > 편집 불가능하도록 자바스크립트 처리 필요 */}
<input type="text" aria-readonly="true" />

{/* HTML readonly 속성 사용 > 편집 불가 */}
<input type="text" readonly />
```

> **NOTE** **aria-readonly 속성 사용 시 주의해야 할 점**
>
> `aria-readonly` 속성은 현재 대부분의 환경에서 스크린 리더가 별도로 읽어주지 않거나 심지어 '비활성화됨'으로 읽어주는 경우도 있습니다. 따라서 HTML `readonly` 속성을 사용할 수 있는 구조라면 기본 HTML 태그와 속성을 사용하는 것이 바람직합니다.

5.4.21 aria-required

`aria-required` 속성은 양식 제출 전 사용자 입력이 필요한 요소임을 나타내기 위해 사용합니다.

● 설명

- `aria-required` 속성은 HTML `<input>`, `<select>`, `<textarea>` 태그의 `required` 속성과 유사하게 양식을 제출하기 전에 사용자 입력이 필요한 요소임을 나타냅니다.

- HTML `required` 속성이 추가된 요소에 사용자 입력값이 없다면 브라우저에서 자동으로 에러 메시지를 띄워 제출을 방지하지만, `aria-required` 속성은 입력값이 필요하다는 정보 외에 기능을 제공하지 않으므로 별도의 자바스크립트를 통해 제출 방지 기능을 제공해야 합니다.

```
<strong id="listbox-title">국가를 선택하세요.</strong>
{/* 스크린 리더 🔊 : 국가를 선택하세요, 필수사항, 목록상자 */}
<div role="listbox" aria-labelledby="listbox-title" aria-required="true">
```

```html
    <div role="option">미국</div>
    <div role="option">일본</div>
    <div role="option">한국</div>
</div>
```

5.4.22 aria-selected

`aria-selected` 속성은 현재 요소가 선택되었는지 여부를 나타내기 위해 사용합니다.

● 설명

- `aria-selected` 속성은 **option**, **tab** 역할과 같이 선택 가능한 ARIA 역할 요소가 현재 선택되었는지 여부를 나타내기 위해 사용합니다.
- 선택된 요소에는 `aria-selected="true"` 속성을 추가하여 선택되었음을 스크린 리더 사용자에게 알릴 수 있습니다. 선택된 요소가 있는 경우, 나머지 선택되지 않은 요소에는 `aria-selected="false"` 값을 추가해 선택되지 않은 상태임을 알려야 합니다.

aria-selected 속성을 사용해야 하는 ARIA 역할	aria-selected 속성을 사용할 수 있는 ARIA 역할
option tab	columnheader gridcell row rowheader treeitem

```html
<div role="tablist">
    <button type="button" role="tab" aria-selected="true">경제</button>
    <button type="button" role="tab" aria-selected="false">과학</button>
    <button type="button" role="tab" aria-selected="false">스포츠</button>
</div>
```

5.4.23 aria-valuemax

`aria-valuemax` 속성은 범위를 나타내는 현재 요소에서 허용되는 최댓값을 나타내기 위해 사용합니다.

- 설명
  - `aria-valuemax` 속성은 **slider, spinbutton**과 같이 범위를 나타내는 ARIA 역할에서 최댓값을 나타냅니다.
  - `aria-valuemin` 속성으로 나타나는 최솟값보다 크거나 같은 숫자값을 사용해야 합니다.

5.4.24 aria-valuemin

`aria-valuemin` 속성은 범위를 나타내는 현재 요소에서 허용되는 최솟값을 나타내기 위해 사용합니다.

- 설명
  - `aria-valuemin` 속성은 **slider, spinbutton** 역할과 같이 범위를 나타내는 ARIA 역할에서 최솟값을 나타냅니다.
  - `aria-valuemax` 속성으로 나타나는 최댓값보다 작거나 같은 숫자값을 사용해야 합니다.

> **NOTE 참고하기**
> `aria-valuemax`, `aria-valuemin` 속성은 스크린 리더 환경에 따라 속성을 읽어주지 않는 경우가 있습니다.
> 참고: https://github.com/w3c/aria-at/issues/412

5.4.25 aria-valuenow

`aria-valuenow` 속성은 범위를 나타내는 현재 요소에서 현재 값을 나타내기 위해 사용합니다.

- 설명
  - `aria-valuenow` 속성은 **slider, spinbutton** 역할과 같이 범위를 나타내는 ARIA 역할에서 현재 값을 나타냅니다.

- `aria-valuenow` 속성값은 `aria-valuemin`과 `aria-valuemax`의 속성값으로 나타나는 최솟값과 최댓값 사이의 숫자값이어야 합니다.

> **NOTE** 현재 값이 이상하게 안내되는 경우
> `aria-valuemin` 속성과 `aria-valuemax` 속성이 모두 추가되어 있는 경우 스크린 리더 종류에 따라 `aria-valuenow` 속성을 최솟값과 최댓값 사이의 백분율로 계산하여 안내하는 경우도 있기 때문에 반드시 테스트를 거치는 것이 좋습니다. 자동으로 안내되는 값이 아닌 원하는 텍스트 형식으로 안내하고 싶은 경우 `aria-valuetext` 속성을 사용할 수 있습니다.

```
{/* 스크린 리더 🔊 : 4%, 수량, 증감자 */}
<div
  role="spinbutton"
  aria-label="수량"
  aria-valuemin="0"
  aria-valuemax="50"
  aria-valuenow="2"
/>
```

5.4.26 aria-valuetext

`aria-valuetext` 속성은 범위를 나타내는 현재 요소에서 현재 값을 원하는 텍스트 형식으로 나타내기 위해 사용합니다.

● 설명

- **slider**, **spinbutton** 역할과 같이 범위를 나타내는 ARIA 역할에서 `aria-valuenow` 속성을 통해 현재 값을 숫자값으로 나타낼 수 있습니다. 하지만 스크린 리더 종류에 따라 백분율로 계산하여 안내하는 경우도 있으며, 숫자만으로 현재 값을 명확하게 나타낼 수 없는 경우가 있습니다. 이때 `aria-valuetext` 속성을 사용하면 기호나 단위 등을 추가하여 원하는 텍스트 형식으로 현재 값을 제공할 수 있습니다.

```
{/* 스크린 리더 🔊 : 4%, 수량, 증감자 */}
<div
  role="spinbutton"
  aria-label="수량"
  aria-valuemin="0"
```

```
  aria-valuemax="50"
  aria-valuenow="2"
/>

{/* 스크린 리더 🔊 : 2개, 수량, 증감자 */}
<div
  role="spinbutton"
  aria-label="수량"
  aria-valuemin="0"
  aria-valuemax="50"
  aria-valuenow="2"
  aria-valuetext="2개"
/>
```

CHAPTER 6

웹 접근성을 준수한 React 컴포넌트 만들기 part 1

컴포넌트의 접근성을 준수하기 위해서는 WAI-ARIA 속성, 초점 이동, 키보드 컨트롤은 반드시 고려해야 합니다.

장애를 가지지 않은 사용자는 웹페이지의 구성 요소를 시각적으로 보고 해당 요소가 가지고 있는 역할을 이해합니다. 반면 장애를 경험하는 사용자는 보조기술을 통해 웹페이지의 구성 요소를 이해합니다. 따라서 보조기술이 구성 요소의 역할과 상태를 정확히 이해할 수 있도록 개발하는 것이 중요합니다. 이를 위해 웹페이지의 구성 요소를 시맨틱하게 마크업하는 것이 선행되어야 합니다. 만약 시맨틱한 마크업이 어렵거나 추가적인 정보 제공이 필요한 경우에는 반드시 WAI-ARIA를 사용해 역할, 속성, 상태 등의 정보를 제공하여 보조기술이 웹페이지의 구성 요소를 이해할 수 있도록 해야 합니다.

컴포넌트 개발의 복잡도에 따라 6장(part 1)에서는 비교적 단순한 컴포넌트 개발을 다루고, 7장(part 2)에서는 더 복잡한 컴포넌트 개발을 다룹니다. 이를 통해 웹 서비스 개발에서 자주 사용되는 컴포넌트의 접근성을 준수하는 방법을 학습합니다. 컴포넌트의 접근성을 준수하기 위한 방법을 WAI-ARIA 역할, 상태 및 속성, 자바스크립트를 이용한 초점 이동 및 키보드 컨트롤 등의 단계별로 설명하며, 각 단계에 해당하는 예시 코드를 통해 접근성을 쉽게 이해하고 실무에 적용할 수 있도록 돕습니다. 이를 활용해 컴포넌트를 개발한다면 더 나은 사용자 경험을 제공할 수 있으며, 모든 사용자가 동등하게 웹을 이용할 수 있도록 기여할 수 있습니다.

6장과 7장에서 학습하게 될 컴포넌트의 전체 코드는 다음 깃허브 링크에서 확인할 수 있습니다. readme에 설명된 방법을 따라 스크린 리더를 설치하고 사용하는 법을 익혀보세요. 그런 다음, 직접 스크린 리더를 사용해 다음 스토리북에서 제공하는 컴포넌트를 제어해보세요. 이를 통해 스크린 리더 사용자가 콘텐츠를 어떻게 이해하는지 확인할 수 있습니다.

- 깃허브: https://github.com/evie-ooooori/accessibility-guide-book-for-component
- 스토리북: https://evie-ooooori.github.io/accessibility-guide-book-for-component

> **NOTE** **WAI-ARIA를 활용할 때 주의할 점**
>
> WAI-ARIA를 사용할 때는 각 요소에 적절한 역할과 관련 기능을 제공하는 것이 중요합니다. 일부 정보만 부분적으로 제공하거나 잘못된 정보를 제공하는 경우, 웹페이지의 기능이 오히려 제한되거나 오류가 발생할 수 있어, 사용자들이 혼란스러워할 수 있습니다. 예를 들어 버튼 역할을 부여했지만 실제로는 링크로 동작하는 경우, 스크린 리더 사용자는 예상치 못한 결과를 마주할 수 있습니다. 이는 사용자에게 웹페이지를 탐색하는 과정에서 혼란스러움을 줄 수 있고, 결과적으로 사용자의 웹 콘텐츠에 대한 이해도가 감소하게 됩니다.
>
> 따라서 WAI-ARIA 정보를 부분적으로만 제공하거나 잘못된 정보를 제공하는 것은 지양해야 합니다. 올바른 역할과 관련 기능을 정확하게 제공하는 것이 중요하며, 이를 통해 사용자는 웹페이지를 더욱 명확하게 이해하고 조작할 수 있게 됩니다.

또한 키보드 컨트롤은 모든 사용자에게 웹페이지 내의 구성 요소를 쉽게 탐색하고 상호작용할 수 있는 기회를 제공합니다. 사용자는 키보드 컨트롤을 통해 웹페이지를 탐색하고 필요한 기능에 접근할 수 있습니다. 따라서 개발자는 키보드 사용자를 고려하여 모든 상호작용 가능한 요소에 대해 키보드 조작이 가능하도록 제공해야 합니다. 이를 통해 포인팅 디바이스를 사용할 수 없는 사용자, 시각장애를 경험하는 사용자뿐만 아니라 마우스 사용이 어려운 상황에 있는 장애가 없는 사용자도 편리하게 웹페이지를 이용할 수 있습니다.

> **NOTE** **WAI-ARIA를 사용할 때, 스크린 리더가 제공하는 키보드 컨트롤**
>
> 스크린 리더를 사용하여 특정 역할을 하는 요소에 접근하면, 해당 요소와 상호작용할 수 있는 키보드 컨트롤이 음성으로 안내됩니다. 스크린 리더 종류에 따라 특수키(예시: VoiceOver의 VO 키, JAWS의 JAWS 키)를 사용한 키보드 인터랙션을 안내하기도 합니다. 하지만 시맨틱 요소가 아닌 WAI-ARIA를 사용하여 제공된 요소의 경우, 해당 인터랙션이 제대로 동작하지 않을 수 있습니다. 이는 스크린 리더 특수키를 사용하면 스크린 리더 이벤트가 DOM 이벤트보다 우선 동작하며, 시맨틱 요소를 사용하지 않은 경우 스크린 리더 특수키를 사용한 이벤트가 DOM 이벤트를 제대로 트리거하지 못하는 것으로 보입니다. 이러한 경우 개발자가 따로 대응할 수 있는 방법이 없기 때문에, 가능하다면 시맨틱 요소를 우선적으로 사용하는 것이 좋습니다.
>
> (참고: https://github.com/microsoft/fluentui/issues/13606).

키보드 컨트롤을 제공할 때 초점 이동도 함께 고려해야 합니다. 초점 이동은 사용자가 키보드를 통해 웹페이지의 상호작용 가능한 요소를 탐색하고 조작할 수 있게 합니다. 이는 사용자가 키를 누를 때 어떤 요소에 초점이 이동할지 예측할 수 있도록 일관된 순서로 구성되어야 합니다.

> **NOTE 초점 이동 쉽게 확인하는 방법**
>
> 웹페이지 내에서 키보드의 Tab 키를 눌러 초점이 이동하는지 확인할 수 있습니다. 일반적으로 초점은 웹페이지의 상호작용 가능한 요소를 이동하면서 시각적으로 나타납니다. 키보드 사용자는 Tab 키를 사용하여 초점을 이동시키고, Shift + Tab 키를 사용하여 역순으로 이동할 수 있습니다.
>
> 초점이 이동하는 요소는 주로 윤곽선, 배경색 변경, 다른 시각적 표시를 통해 강조됩니다. 이를 통해 사용자는 키보드로 쉽게 초점을 확인하고, 원하는 요소에 접근할 수 있습니다. 키보드 초점 스타일은 일관성 있게 적용되어야 하며, 시각적 표시가 명확하게 구현되어야 웹페이지의 키보드 접근성을 보장할 수 있습니다.

실제 운영 중인 웹 서비스에 이 가이드를 적용할 때는 반드시 별도의 테스트를 거치는 것이 좋습니다. 웹 서비스를 개발할 때는 서비스가 지원하는 브라우저, 운영체제, 보조기술 간의 호환성을 확인해야 합니다. 이들의 다양한 조합으로 인해 WAI-ARIA의 지원 범위나 호환성에 차이가 생길 수 있기 때문입니다. 이 가이드는 주요 브라우저, 운영체제, 보조기술을 기준으로 작성되었기 때문에 가이드에 나와 있는 올바른 동작 설명을 기반으로 코드를 작성하고 테스트하는 것을 권장합니다.

6.1 Accordion

Accordion 컴포넌트 미리 보기
페이지의 전환 없이 제한된 영역에 많은 콘텐츠의 표현이 가능하며, 사용자가 원하는 정보만 선택적으로 확인할 수 있습니다.

Accordion 컴포넌트의 접근성 준수를 위해 미리 알고 있으면 좋은 WAI-ARIA
이 책의 차례에서 다음 WAI-ARIA의 내용을 찾아 미리 학습하면 Accordion 컴포넌트의 접근성 준수에 대해 이해하기 더 쉽습니다.

ARIA 상태 및 속성
- 5.4.5 aria-controls
- 5.4.9 aria-expanded
- 5.4.13 aria-labelledby

이번 장에서 설명하는 Accordion 컴포넌트의 최종 코드는 다음 깃허브에서 확인할 수 있습니다.
https://github.com/evie-ooooori/accessibility-guide-book-for-component/tree/main/src/stories/Accordion

6.1.1 Accordion이란?

Accordion은 사용자의 선택에 의해 콘텐츠를 표시하거나 숨길 수 있는 컴포넌트를 의미합니다. Accordion을 통해 복잡한 트리 구조의 정보를 효과적으로 표현할 수 있습니다. 축소되어 숨겨진 콘텐츠는 불필요한 스크롤을 최소화하여 사용자가 필요한 정보를 쉽게 찾을 수 있게 할 뿐만 아니라 집중할 수 있게 돕습니다.

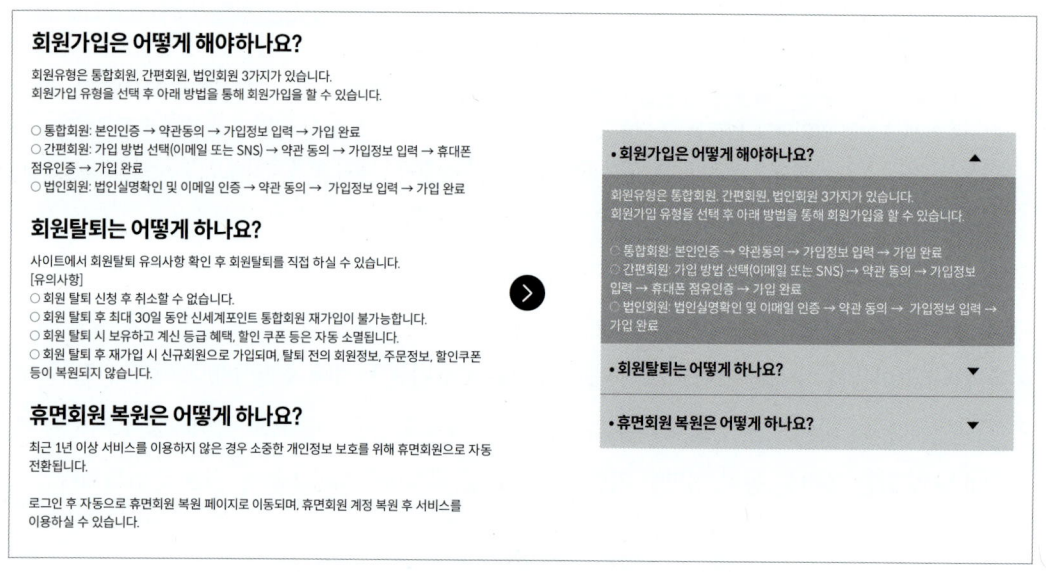

그림 6.1 자주 묻는 질문(Q&A) Accordion 예시

6.1.2 구성 요소

Accordion은 그림 6.2와 같이 크게 2가지 요소로 구성됩니다.

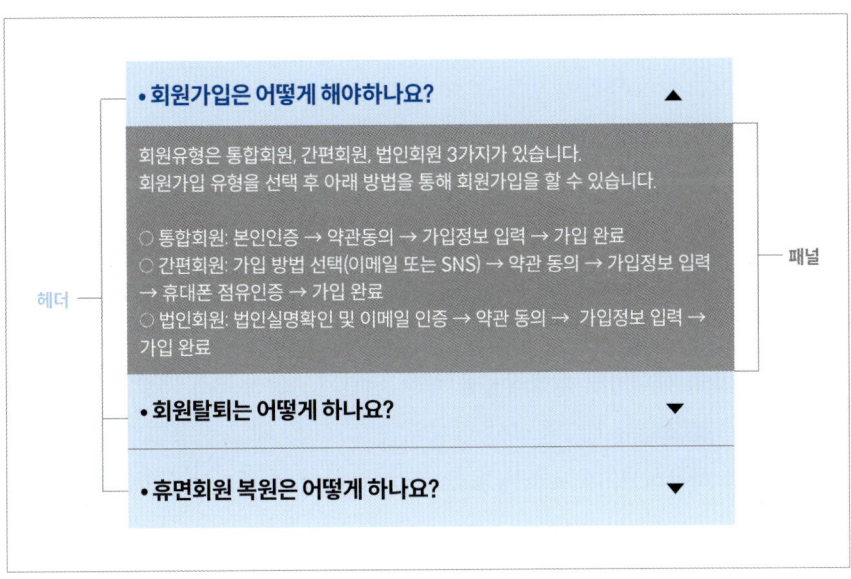

그림 6.2 Accordion 구성 요소

- 헤더

  패널의 요약 내용을 포함하는 제목과 각 항목의 가시성 상태를 시각적으로 표현한 아이콘(예: ▲/▼, +/-)을 포함하는 영역입니다. 사용자는 마우스나 키보드로 헤더를 선택해 헤더와 연관된 콘텐츠를 확인할 수 있습니다.

- 패널

  헤더와 1:1로 연결된 콘텐츠 영역입니다. Accordion 패널이 시각적으로 보이지 않는 상태라면 마우스, 키보드, 스크린 리더를 사용하는 사용자가 해당 패널의 내용을 읽지 못하도록 해야 합니다.

6.1.3 접근성 대응

Accordion 구현을 위해 WAI-ARIA를 활용합니다. Accordion과 유사한 동작을 하는 `<details>`와 `<summary>` 태그가 존재하지만 모바일 기기 스크린 리더 호환성에 문제가 있습니다. iOS 보이스오버는 Accordion 패널의 상태 정보를 제대로 전달하지 못하며, AOS에서는 펼치기/접기 삼각형이라는 불필요한 설명을 함께 전달합니다.

● WAI-ARIA 적용

WAI-ARIA에서는 Accordion 역할이 별도로 정의되어 있지 않습니다. 따라서 개발자는 Accordion을 구현할 때, 상태를 적절하게 정의하여 키보드나 스크린 리더 사용자가 콘텐츠를 탐색할 수 있도록 해야 합니다.

• Accordion 헤더

1. `<button>` 태그를 사용해 Accordion 헤더를 정의합니다.

   사용자가 Accordion 헤더와의 상호작용을 통해 연관된 Accordion 패널의 확장/축소 상태를 변경할 수 있도록 `<button>` 태그를 사용합니다. 만약 다른 태그 사용이 필요하다면 상호작용이 가능한 요소를 사용하고, 이 요소는 Accordion 헤더에 단 하나로 유일해야 합니다.

2. Accordion 헤더에 aria-expanded 속성을 적용합니다.

   시각장애가 없는 사용자는 Accordion이 확장되었는지 축소되었는지 쉽게 확인할 수 있습니다. 하지만 스크린 리더 사용자는 시각적으로 표시된 변화를 인지하기 어렵습니다. 따라서 Accordion 헤더에 `aria-expanded` 속성을 사용해 스크린 리더 사용자에게 Accordion의 현재 상태를 알려주어야 합니다. Accordion이 확장된 경우 `aria-expanded` 속성에 `true`값을 설정하고, Accordion이 축소된 경우 `false`값을 설정하여 스크린 리더가 Accordion의 상태 변화를 인지할 수 있도록 합니다.

3. Accordion 헤더에 aria-controls 속성을 추가합니다.

   Accordion 헤더 요소에 `aria-controls` 속성을 추가하고, 속성값으로 Accordion 헤더와 연관된 Accordion 패널 요소의 `id`값을 참조합니다. Accordion 헤더와 연관된 콘텐츠임을 명시합니다.

```jsx
import { useState, forwardRef } from "react";

export const AccordionItem = forwardRef(function AccordionItem(
  { title, content },
  ref,
) {
  const [isOpen, setIsOpen] = useState(false);

  return (
    <>
      {/* 1. 버튼 태그 사용 */}
      <button ❶
```

```jsx
      type="button"
      /* Accordion 상태 변경 */
      onClick={() => setIsOpen((prev) => !prev)}
      /* 2. Accordion 상태에 따라 aria-expanded 속성값 변경 */
      aria-expanded={isOpen} ②
      /* 3. 노출되는 Accordion 패널 요소 id 참조 */
      aria-controls={`accordion-panel-${title}-id`} ③
      ref={ref}
    >
      {title}
    </button>
    <div
      /* 3. Accordion 패널의 id 정의 */
      id={`accordion-panel-${title}-id`} ③
    >
      {content}
    </div>
    </>
  );
});
```

Accordion 헤더 WAI-ARIA 적용(src/stories/Accordion/AccordionItem.jsx)

- **Accordion 패널**

4. **Accordion 패널의 레이블을 지정합니다.**

    Accordion 패널의 레이블이 다른 DOM 요소에 존재하는 경우, Accordion 패널에 `aria-labelledby` 속성을 사용해 해당 레이블을 제공하는 요소의 `id`값을 지정합니다. 레이블이 다른 DOM 요소에 존재하지 않는 경우에는 `aria-label` 속성을 사용하여 직접 레이블 텍스트를 제공합니다. 이처럼 레이블을 제공하면 스크린 리더 사용자는 Accordion 패널의 제목이나 목적을 이해하고 쉽게 탐색할 수 있습니다.

5. **Accordion 패널 역할을 하는 요소에 role="region"을 명시합니다.**

    Accordion 패널에 `aria-labelledby` 속성과 `role="region"`을 함께 사용하면 스크린 리더 사용자는 Accordion 패널의 노출을 제어하는 버튼(Accordion 헤더)을 기준으로 해당 패널의 콘텐츠를 더 잘 이해할 수 있습니다.

```jsx
import { useState, forwardRef } from "react";

export const AccordionItem = forwardRef(function AccordionItem(
  { title, content },
  ref,
) {
```

```jsx
  const [isOpen, setIsOpen] = useState(false);

  return (
    <>
      <button
        type="button"
        onClick={() => setIsOpen((prev) => !prev)}
        aria-expanded={isOpen}
        aria-controls={`accordion-panel-${title}-id`}
        /* 4. Accordion 헤더의 id 정의 */
        id={`accordion-header-${title}-id`} ④
        ref={ref}
      >
        {title}
      </button>
      <div
        id={`accordion-panel-${title}-id`}
        /* 4. 연관된 Accordion 헤더 요소 id 참조 */
        aria-labelledby={`accordion-header-${title}-id`} ④
        /* 5. role="region" 명시 */
        role="region" ⑤
      >
        {content}
      </div>
    </>
  );
});
```

Accordion 패널 WAI-ARIA 적용(src/stories/Accordion/AccordionItem.jsx)

● **초점 이동 처리**

6. **키보드와 스크린 리더 사용자는 축소된 Accordion 패널에 접근할 수 없어야 합니다.**

   축소된 Accordion 패널을 시각적으로 숨기면서 키보드 및 스크린 리더 사용자가 접근할 수 없도록 하는 방법 중 하나는 `display: none`을 사용하는 것입니다. 이를 통해 축소된 Accordion 패널은 화면에서 시각적으로 숨길 수 있을 뿐만 아니라 접근성 트리에서도 완벽히 제거되어 키보드 및 스크린 리더 사용자는 내용을 읽을 수 없습니다.

```css
/* Accordion 패널 축소 상태인 경우 */
.accordion-header[aria-expanded="false"] + .accordion-panel {
  /* 6. 시각적으로 숨기는 동시에 접근성 트리에서 제거 */
  display: none; ⑥
}

/* Accordion 패널 확장 상태인 경우 */
```

```
.accordion-header[aria-expanded="true"] + .accordion-panel {
  display: block;
}
```

display: none을 사용한 Accordion 패널의 축소/확장 처리(src/stories/Accordion/AccordionItem.module.scss)

> **NOTE** **Accordion 패널 숨기기**
>
> Accordion 패널을 숨기는 방법은 화면 노출/키보드 접근/스크린 리더 접근 여부에 따라 일반적으로 다음과 같은 방법을 많이 사용합니다.
>
> | | 방법 | 화면 노출 | 키보드 접근 | 스크린 리더 접근 |
> |---|---|---|---|---|
> | HTML | hidden | 미노출 | 불가능 | 불가능 |
> | HTML | aria-hidden="true" | 노출 | 가능 | 불가능 |
> | HTML | inert | 가능 | 불가능 | 불가능 |
> | CSS | display: none | 미노출 | 불가능 | 불가능 |
> | CSS | visibility: hidden | 미노출 | 불가능 | 불가능 |
> | CSS | height: 0 | 미노출 | 가능 | 가능 |
>
> Accordion 패널은 화면에 시각적으로 노출되지 않을 뿐만 아니라 키보드 및 스크린 리더를 통한 접근도 불가능해야 합니다. 많은 개발자들이 Accordion 패널을 화면에 시각적으로 노출하지 않지만, 종종 Accordion 패널이 접근성 트리에서 완전히 제거되지 않는 실수를 범하는 경우가 있습니다. 이런 경우 키보드 및 스크린 리더 사용자는 의도치 않은 정보의 전달로 인해 불편함을 겪을 수 있습니다.
>
> 따라서 Accordion 패널에 HTML `hidden` 속성을 사용하거나 CSS로 `display: none` 또는 `visibility: hidden`을 사용하여 화면에서 시각적으로 제거하고, 접근성 트리에서도 제거해야 합니다.

● **키보드 컨트롤**

웹에서 키보드를 통해 Accordion을 탐색할 때 준수해야 하는 동작입니다. 각각의 키보드 동작이 가지고 있는 기본 동작을 실행하지 않기 위해 `preventDefault()`를 호출합니다.

- **초점이 Accordion 헤더 요소에 있는 경우**

  > **NOTE 참고하기**
  >
  > Accordion 헤더의 `<button>` 태그에는 이미 Space 또는 Enter 키에 대한 기본 동작이 적용되어 있습니다. 따라서 별도의 이벤트 핸들러를 추가하지 않아도 Space 또는 Enter 키로 축소된 패널의 Accordion 헤더와 연관된 Accordion 패널을 확장할 수 있습니다. 그리고 확장된 패널의 Accordion 헤더에 초점이 있을 때, 연관된 Accordion 패널을 축소합니다.

7. **Down Arrow**

   Down Arrow 키로 다음 Accordion 헤더로 초점을 이동합니다.

8. **Up Arrow**

   Up Arrow 키로 이전 Accordion 헤더로 초점을 이동합니다.

9. **Home**

   Home 키로 첫 번째 Accordion 헤더로 초점을 이동합니다.

10. **End**

    End 키로 마지막 Accordion 헤더로 초점을 이동합니다.

```jsx
import { useState, useCallback, forwardRef } from "react";

export const AccordionItem = forwardRef(function AccordionItem(
  { title, content, onFocusChange },
  ref,
) {
  const [isOpen, setIsOpen] = useState(false);

  const handleAccordionKeydown = useCallback(
    (event) => {
      switch (event.code) {
        case "ArrowDown":
          event.preventDefault();
          /* 7. 다음 Accordion 헤더로 초점 이동 */
          onFocusChange("next"); // ❼

          break;

        case "ArrowUp":
          event.preventDefault();
          /* 8. 이전 Accordion 헤더로 초점 이동 */
```

```
        onFocusChange("prev"); ❽

       break;

     case "Home":
       event.preventDefault();
       /* 9. 첫 번째 Accordion 헤더로 초점 이동 */
       onFocusChange("first"); ❾

       break;

     case "End":
       event.preventDefault();
       /* 10. 마지막 Accordion 헤더로 초점 이동 */
       onFocusChange("last"); ❿

       break;

     default:
       break;
   }
  },
  [onFocusChange],
);

return (
  <>
    <button
      type="button"
      onClick={() => setIsOpen((prev) => !prev)}
      aria-expanded={isOpen}
      aria-controls={`accordion-panel-${title}-id`}
      id={`accordion-header-${title}-id`}
      /* 7. ~ 10. 키보드 컨트롤 */
      onKeyDown={(event) => handleAccordionKeydown(event)}
      ref={ref}
    >
     {title}
    </button>
    <div
      id={`accordion-panel-${title}-id`}
      aria-labelledby={`accordion-header-${title}-id`}
      role="region"
    >
     {content}
    </div>
  </>
```

```
  );
});
```

Accordion 키보드 컨트롤 적용(src/stories/Accordion/AccordionItem.jsx)

```jsx
import { useRef } from "react";
import { AccordionItem } from "./AccordionItem";

/* Accordion 콘텐츠 */
const ACCORDION_CONTENTS = [
  {
    title: "회원가입은 어떻게 해야 하나요?",
    content: "회원 유형은 통합회원, 간편회원, 법인회원 3가지가 있습니다...",
  },
  {
    title: "회원 탈퇴는 어떻게 하나요?",
    content:
      "사이트에서 회원 탈퇴 유의사항 확인 후 회원 탈퇴를 직접 하실 수 있습니다...",
  },
  {
    title: "휴면회원 복원은 어떻게 하나요?",
    content:
      "최근 1년 이상 서비스를 이용하지 않은 경우 소중한 개인정보 보호를 위해 휴면회원으로 자동 전환됩니다...",
  },
];

function Accordion() {
  const accordionHeaderRefs = useRef([]); /* Accordion 헤더 ref 배열 정의 */

  const handleFocusChange = (direction) => {
    let focusIndex;

    /* 현재 초점이 있는 Accordion 헤더의 인덱스 */
    const currentIndex = accordionHeaderRefs.current.findIndex(
      (ref) => ref === document.activeElement,
    );

    switch (direction) {
      /* 7. 다음 Accordion 헤더로 초점 이동 */
      case "next":
        focusIndex =
          currentIndex < ACCORDION_CONTENTS.length - 1 ? currentIndex + 1 : 0;
        break;
```

❼

```
      /* 8. 이전 Accordion 헤더로 초점 이동 */
      case "prev":
        focusIndex =
          currentIndex > 0 ? currentIndex - 1 : ACCORDION_CONTENTS.length - 1; ❽
        break;
      /* 9. 첫 번째 Accordion 헤더로 초점 이동 */
      case "first":
        focusIndex = 0; ❾
        break;
      /* 10. 마지막 Accordion 헤더로 초점 이동 */
      case "last":
        focusIndex = ACCORDION_CONTENTS.length - 1; ❿
        break;

      default:
        return;
    }

    /* Accordion 헤더 초점 이동 */
    accordionHeaderRefs.current[focusIndex].focus();
  };

  return ACCORDION_CONTENTS.map(({ title, content }, index) => (
    <AccordionItem
      key={index}
      id={index}
      title={title}
      content={content}
      ref={(el) => (accordionHeaderRefs.current[index] = el)}
      onFocusChange={handleFocusChange}
    />
  ));
}

export default Accordion;
```

Accordion 키보드 컨트롤 적용(src/stories/Accordion/Accordion.jsx)

6.2 Loader

> **Loader 컴포넌트 미리 보기**
> 사용자에게 현재 작업이 수행되고 있으므로 기다려야 하는 상태임을 안내합니다.
>
> **Loader 컴포넌트의 접근성 준수를 위해 미리 알고 있으면 좋은 WAI-ARIA**
> 이 책의 차례에서 다음 WAI-ARIA의 내용을 찾아 미리 학습하면 Loader 컴포넌트의 접근성 준수에 대해 더 쉽게 이해할 수 있습니다.
>
> **ARIA 상태 및 속성**
> - 5.4.2 aria-atomic
> - 5.4.12 aria-label
> - 5.4.15 aria-live
>
> 이번 장에서 설명하는 Loader 컴포넌트의 최종 코드는 다음 깃허브에서 확인할 수 있습니다.
> https://github.com/evie-ooooori/accessibility-guide-book-for-component/tree/main/src/stories/Loader

6.2.1 Loader란?

웹페이지나 애플리케이션에서 데이터를 불러오는 등의 작업을 수행하는 동안 사용자에게 현재 기다려야 하는 상태임을 안내합니다. 보통 반복적으로 움직이는 이미지나 애니메이션을 통해 작업이 수행되고 있음을 시각적으로 표현하여 사용자 경험을 향상시킵니다.

그림 6.3 Loader 예시

6.2.2 접근성 대응

페이지가 로딩 중일 때 스크린 리더가 아무 내용도 읽어주지 않으면 스크린 리더 사용자는 오류가 발생해 화면이 정지한 것으로 오해하여 페이지를 새로고침하려고 할 수 있습니다. 마찬가지로 로딩이 완료되었다는 안내가 없다면 스크린 리더 사용자는 계속해서 로딩 중인 것으로 착각할 수 있습니다. 따라서 로딩 중인 상태와 로딩이 완료된 상태 모두 스크린 리더를 통해 명확하게 안내할 수 있도록 제공해야 합니다.

> **CAUTION**
>
> 스크린 리더 사용자뿐만 아니라 일반 사용자들도 화면이 오류로 인해 멈춘 것이 아님을 인지할 수 있어야 합니다. 따라서 시각적으로 제공되는 이미지나 애니메이션은 반복적으로 움직이는 형태로 제공해야 합니다.
>
> 또한 로딩 시간이 매우 짧은 경우 별도의 안내 메시지를 제공하는 것이 오히려 스크린 리더 사용자의 탐색을 지연시키거나 방해할 수 있습니다. 따라서 로딩 시간이 평균 1초 미만인 경우에는 스크린 리더 사용자를 위한 별도의 안내 메시지를 제공하지 않는 것이 좋습니다.

● 전체 페이지 Loader

- **WAI-ARIA 적용**

1. **로딩 상태 메시지를 나타내는 요소에 aria-live="assertive" 속성을 추가합니다.**

    스크린 리더가 로딩 상태 메시지를 즉각적으로 안내할 수 있도록 `aria-live="assertive"` 속성을 추가합니다.

2. **로딩 상태 메시지를 나타내는 요소에 aria-atomic="true" 속성을 추가합니다.**

    스크린 리더가 로딩 상태 메시지의 변경된 부분만 안내하는 것이 아니라 전체 내용을 안내할 수 있도록 `aria-atomic="true"` 속성을 추가합니다.

3. **로딩 중인 경우 '로딩 중' 메시지를 안내합니다.**

    스크린 리더 사용자가 오류로 인해 화면이 정지된 것으로 오해하지 않도록 로딩 중인 경우 '로딩 중' 메시지를 안내합니다.

4. **로딩이 완료되면 '로딩 완료' 메시지를 안내합니다.**

    로딩이 완료된 후 별도의 '로딩 완료' 메시지가 없다면, 스크린 리더 사용자는 직접 스크린 리더 초점을 이동해보지 않는 한 로딩이 완료되었는지를 알기 어렵습니다.

```jsx
import { useEffect, useState } from "react";

function PageLoader() {
  const [isLoading, setIsLoading] = useState(false);
  const [showLoadingMessage, setShowLoadingMessage] = useState(false);
  const [showCompleteMessage, setShowCompleteMessage] = useState(false);

  useEffect(() => {
    if (isLoading) {
      setShowLoadingMessage(true);

      /* 3초 로딩 (예시) */
      const showLoadingTimer = setTimeout(() => {
        setIsLoading(false);
      }, 3000);

      return () => {
        clearTimeout(showLoadingTimer);
      };
    }

    /* 로딩 완료되면 '로딩 중' 제거 */
    setShowLoadingMessage(false);

    /* 로딩 완료되면 '로딩 완료' 안내 */
    setShowCompleteMessage(true);

    /* '로딩 완료' 안내 후 DOM에서 제거 */
    const showCompleteMessageTimer = setTimeout(() => {
      setShowCompleteMessage(false);
    }, 500);

    return () => {
      clearTimeout(showCompleteMessageTimer);
    };
  }, [isLoading]);

  return (
    <>
      <button
        type="button"
        onClick={() => setIsLoading(true)}
      >
        로딩 시작
      </button>

      {!isLoading && (
```

```jsx
      <main>로딩 완료 후 렌더링 되는 페이지</main>
    )}

    <div
      /* 1. 로딩 상태 메시지를 즉각적으로 안내하도록 ARIA 속성 추가 */
      aria-live="assertive" ①
      /* 2. 로딩 상태 메시지 전체를 안내하도록 ARIA 속성 추가 */
      aria-atomic="true" ②
    >
      {showLoadingMessage && (
        <>
          {/* 로딩을 시각적으로 제공하는 UI */}
          <div className="loading-ui" />
          {/* 3. 로딩 중인 경우 '로딩 중' 메시지 안내 */}
          <span className="visually-hidden">로딩 중</span> ③
        </>
      )}

      {/* 4. 로딩이 완료되면 '로딩 완료' 메시지 안내 */}
      {showCompleteMessage && (
        <span className="visually-hidden">로딩 완료</span> ④
      )}
    </div>
  </>
  );
}

export default PageLoader;
```

전체 페이지 Loader WAI-ARIA 적용(src/stories/Loader/PageLoader.jsx)

> **CAUTION**
>
> `<div aria-live="assertive" aria-atomic="true">` 영역은 다시 로딩이 필요하거나 다른 안내 메시지가 필요한 경우 재사용할 수 있기 때문에 로딩이 완료된 후 제거하지 않아도 됩니다. 사용되지 않는 경우 해당 영역은 빈 태그이기 때문에 스크린 리더를 통해 접근되지 않습니다.

● **부분 Loader**

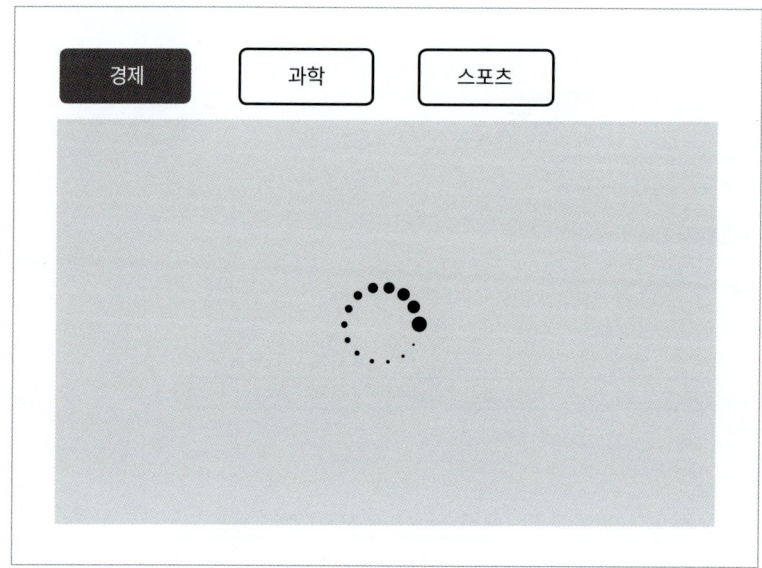

그림 6.4 부분 Loader 예시

• **WAI-ARIA 적용**

전체 페이지가 아니라 그림 6.4와 같이 일부 UI 영역에만 로딩이 필요한 경우도 있습니다. 이러한 경우에도 부분 Loader WAI-ARIA 적용(src/stories/Loader/PartialLoader.jsx)과 같이 로딩이 필요한 UI 영역 내에서 전체 페이지 로딩과 동일한 방법으로 대응할 수 있습니다.

1. **로딩 상태 메시지를 나타내는 요소에 aria-live="assertive" 속성을 추가합니다.**

    스크린 리더가 로딩 상태 메시지를 즉각적으로 안내할 수 있도록 `aria-live="assertive"` 속성을 추가합니다.

2. **로딩 상태 메시지를 나타내는 요소에 aria-atomic="true" 속성을 추가합니다.**

    스크린 리더가 로딩 상태 메시지의 변경된 부분만 안내하는 것이 아니라 전체 내용을 안내할 수 있도록 `aria-atomic="true"` 속성을 추가합니다.

3. **로딩 중인 경우 '로딩 중' 메시지를 안내합니다.**

    스크린 리더 사용자가 오류로 인해 화면이 정지된 것으로 오해하지 않도록 로딩 중인 경우 '로딩 중' 메시지를 안내합니다.

4. **로딩이 완료되면 '로딩 완료' 메시지를 안내합니다.**

   로딩이 완료된 후 별도의 '로딩 완료' 메시지가 없다면, 스크린 리더 사용자는 직접 스크린 리더 초점을 이동해보지 않는 한 로딩이 완료되었는지를 알기 어렵습니다.

```jsx
import { useEffect, useState } from "react";

function PartialLoader() {
  const [isLoading, setIsLoading] = useState(false);
  const [showLoadingMessage, setShowLoadingMessage] = useState(false);
  const [showCompleteMessage, setShowCompleteMessage] = useState(false);

  useEffect(() => {
    if (isLoading) {
      setShowLoadingMessage(true);

      /* 3초 로딩 (예시) */
      const showLoadingTimer = setTimeout(() => {
        setIsLoading(false);
      }, 3000);

      return () => {
        clearTimeout(showLoadingTimer);
      };
    }

    /* 로딩 완료되면 '로딩 중' 제거 */
    setShowLoadingMessage(false);

    /* 로딩 완료되면 '로딩 완료' 안내 */
    setShowCompleteMessage(true);

    /* '로딩 완료' 안내 후 DOM에서 제거 */
    const showCompleteMessageTimer = setTimeout(() => {
      setShowCompleteMessage(false);
    }, 500);

    return () => {
      clearTimeout(showCompleteMessageTimer);
    };
  }, [isLoading]);

  return (
    <>
      <button
        type="button"
```

```jsx
          onClick={() => setIsLoading(true)}
        >
          로딩 시작
        </button>

        <main>
          전체 페이지
          <div>
            {isLoading ? (
              /* 로딩을 시각적으로 제공하는 UI */
              <div className="loading-ui" />
            ) : (
              "로딩 완료 후 렌더링 되는 일부 영역"
            )}
          </div>
        </main>

        <div
          /* 1. 로딩 상태 메시지를 즉각적으로 안내하도록 ARIA 속성 추가 */
          aria-live="assertive"  ①
          /* 2. 로딩 상태 메시지 전체를 안내하도록 ARIA 속성 추가 */
          aria-atomic="true"  ②
        >
          {showLoadingMessage && (
            <>
              {/* 3. 로딩 중인 경우 '로딩 중' 메시지 안내 */}
              <span className="visually-hidden">로딩 중</span>  ③
            </>
          )}

          {/* 4. 로딩이 완료되면 '로딩 완료' 메시지 안내 */}
          {showCompleteMessage && (
            <span className="visually-hidden">로딩 완료</span>  ④
          )}
        </div>
      </>
    );
  }

export default PartialLoader;
```

부분 Loader WAI-ARIA 적용(src/stories/Loader/PartialLoader.jsx)

> **CAUTION**
>
> 전체 페이지가 아니라 일부 UI 영역이 로딩되는 경우, 여러 로딩 메시지가 동시에 안내되지 않도록 주의해야 합니다.
>
> 만약 `aria-live="assertive"` 속성이 추가된 로딩 여러 개가 동시에 동작한다면 로딩 안내 메시지가 스크린 리더 사용자에게 반복 전달되어 콘텐츠 탐색을 방해하거나 혼란을 줄 수 있습니다.
>
> 따라서 부분적으로 로딩이 필요하다면 해당 컴포넌트로 초점이 이동된 경우에만 로딩을 안내하는 등의 방법을 적용하여 스크린 리더 사용자의 콘텐츠 탐색을 방해하지 않아야 합니다.

6.3 Notification

Notification 컴포넌트 미리 보기
사용자에게 중요한 정보를 알리는 컴포넌트로, 특정 액션에 대한 즉각적인 메시지를 제공합니다.

Notification 컴포넌트의 접근성 준수를 위해 미리 알고 있으면 좋은 WAI-ARIA
이 책의 차례에서 다음 WAI-ARIA의 내용을 찾아 미리 학습하면 Notification 컴포넌트의 접근성 준수에 대해 더 쉽게 이해할 수 있습니다.

ARIA 역할
- 5.3.1 alert
- 5.3.2 alertdialog
- 5.3.3 dialog

ARIA 상태 및 속성
- 5.4.2 aria-atomic
- 5.4.7 aria-describedby
- 5.4.10 aria-haspopup
- 5.4.11 aria-hidden
- 5.4.13 aria-labelledby
- 5.4.15 aria-live
- 5.4.16 aria-modal

이번 장에서 설명하는 Notification 컴포넌트의 최종 코드는 다음 깃허브에서 확인할 수 있습니다.

https://github.com/evie-ooooori/accessibility-guide-book-for-component/tree/main/src/stories/Notification

6.3.1 Notification 종류

● role="alert"

Alert 역할은 그림 6.5와 같이 사용자에게 즉각적인 메시지를 전달할 때 사용됩니다. Alert 역할이 부여된 요소가 나타나면, 스크린 리더는 현재 읽고 있던 내용을 중단하고 Alert의 내용을 우선적으로 안내합니다. 따라서 Alert 역할을 사용할 때는 스크린 리더 사용자의 탐색에 방해가 되지 않도록 주의해야 합니다. 특히, Alert 역할을 과도하게 사용하거나 지속적으로 변경되는 요소에 적용하면, 스크린 리더 사용자가 원하는 정보를 탐색하기 어려워질 수 있습니다.

그림 6.5 alert 예시

● WAI-ARIA 적용

1. 사용자가 즉시 안내받아야 하는 메시지 요소에 role="alert" 속성을 명시합니다.

   스크린 리더 사용자가 즉시 안내받아야 하는 메시지에 Alert 역할을 명시합니다. Alert 역할을 명시하면 `aria-live="assertive"` 속성과 `aria-atomic="true"` 속성이 기본적으로 함축되어 있기 때문에, 스크린 리더는 현재 안내 중인 내용을 중단하고 Alert 내용을 우선적으로 안내합니다.

```
/* 1. Alert 역할 명시 */
<p role="alert">네트워크 오류가 발생했습니다.</p>
```

Alert WAI-ARIA 적용(src/stories/Notification/Alert.jsx)

- **초점 이동 처리**

2. **일정 시간 노출 후 Alert 요소를 화면에서 제거해야 합니다.**

   Alert 요소는 전달할 텍스트 메시지를 제외한 별도의 닫기 버튼 등이 없으므로 일정 시간 노출 후 자동으로 화면에서 제거되도록 합니다.

> **CAUTION**
>
> **Alert** 요소가 화면에 표시되면 현재 초점의 위치와 관계없이 스크린 리더가 **Alert** 내용을 우선적으로 안내하기 때문에 **Alert** 요소 자체는 별도의 초점을 받을 필요가 없습니다. 따라서 내부에는 텍스트만 포함해야 하며, 버튼과 같은 대화형 콘텐츠를 사용하지 않아야 합니다. 만약 대화형 콘텐츠가 필요하다면, **Alertdialog** 역할을 사용하는 것이 적절합니다.

```jsx
import { useEffect, useState } from "react";

function Alert() {
  const [showAlert, setShowAlert] = useState(false);

  useEffect(() => {
    if (showAlert) {
      /* 2. 5초 뒤 Alert 제거 */
      const showAlertTimer = setTimeout(() => {
        setShowAlert(false);
      }, 5000);                                    ❷

      return () => {
        clearTimeout(showAlertTimer);
      };
    }
  }, [showAlert]);

  return (
    <>
      {/* Alert 요소를 화면에 노출시키는 트리거 버튼 */}
      <button
        type="button"
        onClick={() => setShowAlert(true)}
      >
        Alert 노출
```

```
      </button>
      {showAlert && <p role="alert">네트워크 오류가 발생했습니다.</p>}
    </>
  );
}

export default Alert;
```
Alert 자동 사라짐(src/stories/Notification/Alert.jsx)

● **role="alertdialog"**

Alertdialog 역할은 **Alert** 역할과 **Dialog** 역할을 모두 포함한 형태로, **Alert**처럼 즉각적인 메시지를 제공하면서 **Dialog**처럼 사용자의 응답을 필요로 할 때 사용됩니다. 그림 6.6과 같이 **Alertdialog** 역할은 사용자에게 전달할 메시지를 포함하는 동시에 사용자의 응답을 받을 수 있는 대화형 요소를 반드시 하나 이상 포함해야 합니다. 보통 '확인', '취소' 등의 버튼을 포함하여 사용자의 응답을 받을 수 있도록 합니다.

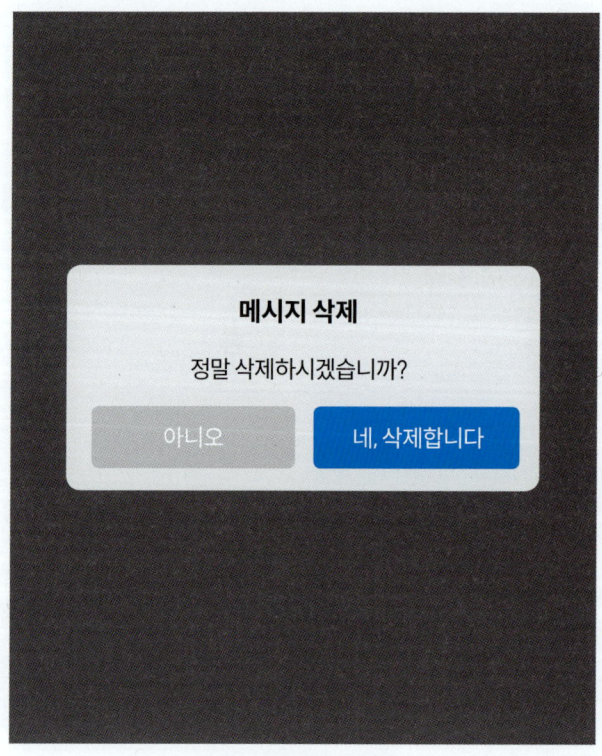

그림 6.6 alertdialog 예시

- **WAI-ARIA 적용**

1. 사용자가 즉시 안내받아야 하는 메시지 요소에 role="alertdialog" 속성을 명시합니다.

    스크린 리더 사용자가 즉시 안내받아야 하는 메시지에 **Alertdialog** 역할을 명시합니다. **Alertdialog** 역할은 **Alert** 역할과 **Dialog** 역할을 모두 포함한 형태로, **Alert**처럼 즉각적인 메시지를 제공하는 동시에 **Dialog**처럼 사용자의 응답을 필요로 할 때 사용됩니다.

2. **Alertdialog** 요소에 aria-modal="true" 속성을 추가합니다.

    사용자의 탐색을 중단하고 즉각적인 메시지를 포함한 **Dialog** 창을 제공해야 하므로, **Alertdialog** 요소는 반드시 모달 형태로 제공되어야 합니다.

3. **Alertdialog** 요소에 aria-labelledby, aria-describedby 속성을 추가합니다.

    Alertdialog 요소에 `aria-labelledby`, `aria-describedby` 속성을 추가하고, 속성값으로 각각 제목과 설명을 나타내는 요소의 `id`값을 참조합니다.

4. **Alertdialog**를 화면에 나타나게 하는 트리거 요소에 aria-haspopup="dialog" 속성을 추가합니다.

    트리거 요소를 클릭하면 **Alertdialog**가 화면에 나타날 것임을 스크린 리더 사용자에게 알려주기 위해 `aria-haspopup="dialog"` 속성을 추가합니다.

```jsx
import { useState } from "react";

function AlertDialog() {
  const [showAlertDialog, setShowAlertDialog] = useState(false);

  return (
    <>
      <button
        type="button"
        /* 4. Dialog가 나타날 것임을 안내 */
        aria-haspopup="dialog" ❹
        onClick={() => setShowAlertDialog(true)}
      >
        AlertDialog 노출
      </button>
      {showAlertDialog && (
        <div
          /* 1. Alertdialog 역할 명시 */
          role="alertdialog" ❶
          /* 2. 모달 형태로 제공 */
          aria-modal="true" ❷
```

```jsx
      /* 3. 제목을 나타내는 텍스트 요소 id 참조 */
      aria-labelledby="alertdialog-title-id" ③
      /* 3. 설명을 나타내는 텍스트 요소 id 참조 */
      aria-describedby="alertdialog-description-id" ③
    >
      <h2 id="alertdialog-title-id">메시지 삭제</h2>
      <p id="alertdialog-description-id">정말 삭제하시겠습니까?</p>
      <button type="button" onClick={() => setShowAlertDialog(false)}>
        아니오
      </button>
      <button type="button">네, 삭제합니다.</button>
    </div>
  )}
  </>
);
}

export default AlertDialog;
```

Alertdialog WAI-ARIA 적용(src/stories/Notification/AlertDialog.jsx)

- **초점 이동 처리**

Alertdialog는 **Dialog** 역할을 포함한 형태이므로, 기본적으로 **Dialog**와 동일하게 초점 이동이 가능해야 합니다.

> **NOTE**
>
> **Dialog** 초점 이동과 관련된 자세한 내용은 7.2절 'Dialog(Modal)'의 초점 이동 처리에 기술되어 있으니 해당 파트를 참고해주시기 바랍니다.

5. **Alertdialog가 열리고 나면 초점이 Alertdialog 내부로 이동되어야 합니다.**

    Alertdialog는 모달 형태이므로 초점이 외부로 이동하지 않아야 합니다. 따라서 **Alertdialog**가 열리면 초점을 내부로 이동시켜야 합니다.

6. **Alertdialog 내에서만 초점이 순환되어야 합니다.**

    Alertdialog 내 마지막 초점 가능한 요소에서 다음 요소로 초점 이동 시, 첫 번째 초점 가능한 요소로 초점이 이동되어야 합니다. 마찬가지로 첫 번째 초점 가능한 요소에서 이전 요소로 초점 이동 시, 마지막 초점 가능한 요소로 초점이 이동되어야 합니다.

7. **Alertdialog 외부로는 초점이 이동하지 않아야 합니다.**

Alertdialog는 반드시 모달 형태로 동작해야 하므로, 외부로는 초점이 이동하지 않도록 해야 합니다.

8. **Alertdialog**가 사라지고 나면 트리거 요소로 초점이 돌아가야 합니다.

    Alertdialog가 사라지고 나면 **Alertdialog**를 화면에 나타나게 한 트리거 요소로 초점이 돌아가야 합니다.

```jsx
import { useEffect, useState } from "react";

const INTERACTIVE_ELEMENTS =
 "a[href]:not([disabled]), button:not([disabled]), textarea:not([disabled]),
input:not([disabled]), select:not([disabled])";

function AlertDialog() {
 const alertDialogRef = useRef(null);
 const contentRef = useRef(null);

 const [showAlertDialog, setShowAlertDialog] = useState(false);

 useEffect(() => {
   if (!showAlertDialog) {
     return;
   }

   const alertDialogContent = contentRef.current;

   /* 열릴 때 활성화된 요소 저장 */
   const prevFocusRef = document.activeElement;

   /* 5. 열릴 때 내부로 초점 이동 */
   alertDialogContent.focus(); ⑤

   /* Alertdialog 형제 요소들 */
   const siblingNodes = alertDialogRef.current.parentNode.childNodes;

   /* Alertdialog 내 초점 가능한 요소들 */
   const focusableElements =
     alertDialogContent.querySelectorAll(INTERACTIVE_ELEMENTS);
   const firstFocusableElement = focusableElements[0];
   const lastFocusableElement =
     focusableElements[focusableElements.length - 1];

   /* 6. 내부 초점 순환 */
```

```jsx
    const focusTrap = (event) => {
      const currentFocusElement = document.activeElement;
      const isFirstFocusableElementActive =
        currentFocusElement === firstFocusableElement;
      const isLastFocusableElementActive =
        currentFocusElement === lastFocusableElement;

      if (event.code === "Tab") {
        /* 첫 번째 요소에서 'Shift + Tab' 키 동작 시 마지막 요소로 초점 이동 */
        if (event.shiftKey && isFirstFocusableElementActive) {
          event.preventDefault();

          lastFocusableElement.focus();
        }

        /* 마지막 요소에서 'Tab' 키 동작 시 첫 번째 요소로 초점 이동 */
        if (isLastFocusableElementActive) {
          event.preventDefault();

          firstFocusableElement.focus();
        }
      }
    };                                                                ❻

    /* 7. Alertdialog 형제 요소들에 aria-hidden="true" 추가 */
    Array.from(siblingNodes).forEach((child) => {
      if (child !== alertDialogRef.current) {
        child.setAttribute("aria-hidden", "true");  ❼
      }
    });

    alertDialogContent.addEventListener("keydown", focusTrap);

    return () => {
      /* 8. 닫힐 때 초점 복귀 */
      prevFocusRef.focus();  ❽

      alertDialogContent.removeEventListener("keydown", focusTrap);
    };
  }, [showAlertDialog]);

  return (
    <>
      <button
        type="button"
        aria-haspopup="dialog"
        onClick={() => setShowAlertDialog(true)}
      >
```

```jsx
      AlertDialog 노출
    </button>
    {showAlertDialog && (
      <div
        ref={alertDialogRef}
        role="alertdialog"
        aria-modal="true"
        aria-labelledby="alertdialog-title-id"
        aria-describedby="alertdialog-description-id"
      >
        <div ref={contentRef} tabIndex={-1}>
          <h2 id="alertdialog-title-id">메시지 삭제</h2>
          <p id="alertdialog-description-id">정말 삭제하시겠습니까?</p>
          <button type="button" onClick={() => setShowAlertDialog(false)}>
            아니오
          </button>
          <button type="button">네, 삭제합니다.</button>
        </div>
      </div>
    )}
    </>
  );
}

export default AlertDialog;
```

Alertdialog 초점 이동 처리(src/stories/Notification/AlertDialog.jsx)

- **키보드 컨트롤**

웹에서 키보드로 **Alertdialog**를 탐색할 때 준수해야 하는 동작입니다. 각각의 키보드 동작이 가지고 있는 기본 동작을 실행하지 않기 위해 `preventDefault()`를 호출합니다.

초점이 Alertdialog 내부에 있는 경우

9. **Shift + Tab**

    Shift + Tab 키 동작을 통해 **Alertdialog** 내부 초점 이동이 가능한 이전 요소로 초점을 이동합니다.

10. **Tab**

    Tab 키 동작을 통해 **Alertdialog** 내부 초점 이동이 가능한 다음 요소로 초점을 이동합니다.

11. **Esc**

    Esc 키로 **Alertdialog**를 닫습니다.

```jsx
import { useEffect, useRef, useState } from "react";

const INTERACTIVE_ELEMENTS =
 "a[href]:not([disabled]), button:not([disabled]), textarea:not([disabled]), input:not([disabled]), select:not([disabled])";

function AlertDialog() {
  const alertDialogRef = useRef(null);
  const contentRef = useRef(null);

  const [showAlertDialog, setShowAlertDialog] = useState(false);

  useEffect(() => {
    if (!showAlertDialog) {
      return;
    }

    const alertDialogContent = contentRef.current;

    const prevFocusRef = document.activeElement;

    alertDialogContent.focus();

    const siblingNodes = alertDialogRef.current.parentNode.childNodes;

    const focusableElements =
      alertDialogContent.querySelectorAll(INTERACTIVE_ELEMENTS);
    const firstFocusableElement = focusableElements[0];
    const lastFocusableElement =
      focusableElements[focusableElements.length - 1];

    const focusTrap = (event) => {
      const currentFocusElement = document.activeElement;
      const isFirstFocusableElementActive =
        currentFocusElement === firstFocusableElement;
      const isLastFocusableElementActive =
        currentFocusElement === lastFocusableElement;

      if (event.code === "Tab") {
        /* 9. 첫 번째 요소에서 'Shift + Tab' 키 동작 시 마지막 요소로 초점 이동 */
        if (event.shiftKey && isFirstFocusableElementActive) {
          event.preventDefault();

          lastFocusableElement.focus();
        }                                                                    ❾

        /* 10. 마지막 요소에서 'Tab' 키 동작 시 첫 번째 요소로 초점 이동 */
        if (isLastFocusableElementActive) {
```

```
        event.preventDefault();

        firstFocusableElement.focus();   ⑩
      }
    }
  };

  Array.from(siblingNodes).forEach((child) => {
    if (child !== alertDialogRef.current) {
      child.setAttribute("aria-hidden", "true");
    }
  });

  /* 11. Esc 키로 Alertdialog 닫기 */
  const close = (event) => {
    if (event.code === "Escape") {
      event.preventDefault();
                                  ⑪
      setShowAlertDialog(false);
    }
  };

  alertDialogContent.addEventListener("keydown", focusTrap);
  alertDialogContent.addEventListener("keydown", close);

  return () => {
    prevFocusRef.focus();

    alertDialogContent.removeEventListener("keydown", focusTrap);
    alertDialogContent.removeEventListener("keydown", close);
  };
}, [showAlertDialog]);

return (
  <>
    <button
      type="button"
      aria-haspopup="dialog"
      onClick={() => setShowAlertDialog(true)}
    >
      AlertDialog 노출
    </button>
    {showAlertDialog && (
      <div
        ref={alertDialogRef}
        role="alertdialog"
        aria-modal="true"
        aria-labelledby="alertdialog-title-id"
```

```jsx
          aria-describedby="alertdialog-description-id"
        >
          <div ref={contentRef} tabIndex={-1}>
            <h2 id="alertdialog-title-id">메시지 삭제</h2>
            <p id="alertdialog-description-id">정말 삭제하시겠습니까?</p>
            <button type="button" onClick={() => setShowAlertDialog(false)}>
              아니오
            </button>
            <button type="button">네, 삭제합니다.</button>
          </div>
        </div>
      )}
    </>
  );
}

export default AlertDialog;
```

AlertDialog 키보드 컨트롤 적용(src/stories/Notification/AlertDialog.jsx)

6.4 Tab

Tab 컴포넌트 미리 보기
동일한 페이지 내에서 한 주제에 대해 여러 하위 콘텐츠를 표시할 때 사용합니다.

Tab 컴포넌트의 접근성 준수를 위해 미리 알고 있으면 좋은 WAI-ARIA
이 책의 차례에서 다음 WAI-ARIA의 내용을 찾아 미리 학습하면 Tab 컴포넌트의 접근성 준수에 대해 더 쉽게 이해할 수 있습니다.

ARIA 역할
- 5.3.22 tab
- 5.3.23 tablist
- 5.3.24 tabpanel

ARIA 상태 및 속성
- 5.4.5 aria-controls
- 5.4.12 aria-label
- 5.4.13 aria-labelledby
- 5.4.18 aria-orientation
- 5.4.22 aria-selected

이번 장에서 설명하는 Tab 컴포넌트의 최종 코드는 다음 깃허브에서 확인할 수 있습니다.

https://github.com/evie-ooooori/accessibility-guide-book-for-component/tree/main/src/stories/Tab

6.4.1 Tab이란?

동일한 페이지 내에서 한 주제에 대한 여러 하위 콘텐츠를 페이지 이동 없이 표현할 때 사용되는 UI입니다. 선택된 **Tab**에 따라 하위 콘텐츠가 변경되며, 한 번에 하나씩만 표시됩니다. 페이지 변화가 없으므로 하위 콘텐츠 간 빠른 전환이 가능합니다.

6.4.2 구성 요소

Tab은 그림 6.7과 같이 크게 3가지 요소로 구성됩니다.

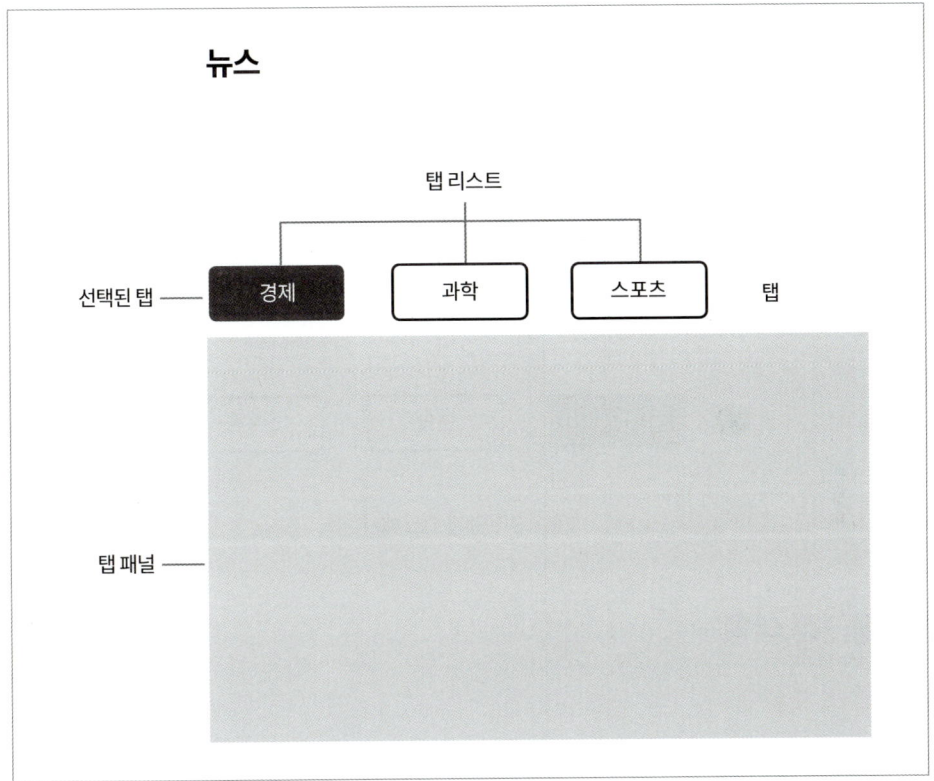

그림 6.7 **Tab** 구성 요소

- **Tablist**

    모든 **Tab**을 감싸는 컨테이너 역할을 하는 요소입니다. 일반적으로 현재 표시된 **Tabpanel**의 위쪽에 가로 형태 혹은 **Tabpanel**의 왼쪽에 세로 형태로 정렬됩니다.

- **Tab**

  하위 콘텐츠 각각에 대한 레이블 역할을 하는 버튼입니다. **Tab**을 선택하여 해당하는 하위 콘텐츠(Tabpanel)를 표시할 수 있습니다.

- **Tabpanel**

  선택된 **Tab**의 하위 콘텐츠를 나타내는 요소입니다. 한 번에 하나의 **Tabpanel**만 화면에 표시됩니다.

> **NOTE 참고하기**
>
> 인지장애를 경험하는 사용자를 위해 선택(활성화)된 Tab의 구분을 단순히 색상만을 가지고 전달하지 않아야 합니다.

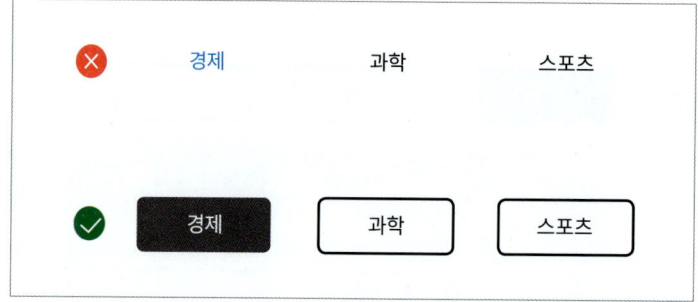

그림 6.8 선택된 Tab 예시

6.4.3 접근성 대응

● **WAI-ARIA 적용**

- **Tablist**

1. **Tablist 역할을 하는 요소에 role="tablist"를 명시합니다.**

   스크린 리더 사용자가 해당 요소를 **Tablis**t로 인식할 수 있도록 ARIA 역할을 명시합니다.

2. **Tablist 요소에 aria-labelledby 속성을 추가합니다.**

   Tablist 요소에 `aria-labelledby` 속성을 추가하고, 속성값으로 레이블 역할을 하는 요소의 `id` 값을 참조합니다. 레이블 역할을 하는 요소가 존재하지 않는 경우에는 `aria-label` 속성을 통해 직접 레이블을 추가할 수 있습니다.

3. Tablist 요소에 aria-orientation 속성을 추가합니다.

   Tablist 내부 Tab 버튼들이 나열되어 있는 방향을 스크린 리더 사용자들이 인지할 수 있도록 `aria-orientation` 속성을 추가합니다. Tablist 역할이 명시된 요소는 기본적으로 `aria-orientation="horizontal"`이 지정되기 때문에 Tab이 가로로 나열된 경우에는 속성을 생략할 수 있습니다.

```jsx
<>
  {/* 2. Tablist 레이블 제공 */}
  <strong id="tablist-title-id">❷
    뉴스
  </strong>
  <div
    /* 1. Tablist 역할 명시 */
    role="tablist" ❶
    /* 2. 레이블 역할을 하는 요소 id 참조 */
    aria-labelledby="tablist-title-id" ❷
    /* 3. Tab 나열 방향 명시 */
    aria-orientation="horizontal" ❸
  >
    {/* Tab 나열 */}
  </div>
</>
```

Tablist WAI-ARIA 적용(src/stories/Tab/Tab.jsx)

- **Tab**

4. Tab 역할을 하는 요소에 role="tab"을 명시합니다.

   스크린 리더 사용자가 해당 요소를 Tab으로 인식할 수 있도록 ARIA 역할을 명시합니다.

5. 선택된 Tab 요소에 aria-selected="true", 나머지 Tab 요소에 aria-selected="false"를 추가합니다.

   어떤 Tab이 선택되었는지 스크린 리더 사용자가 인지할 수 있도록 선택된 Tab 요소에는 `aria-selected="true"` 속성을 추가하고, 나머지 선택되지 않은 나머지 Tab 요소에는 `aria-selected="false"` 속성을 추가합니다.

6. Tab 요소에 aria-controls 속성을 추가합니다.

   Tab 요소에 `aria-controls` 속성을 추가하고, 속성값으로 Tab 요소에 의해 나타날 Tabpanel `id`값을 참조합니다.

```jsx
import { useEffect, useRef, useState } from "react";

const TAB_LIST = [
  {
    tab: "경제",
    tabPanel: <EconomyContent />,
  },
  {
    tab: "과학",
    tabPanel: <ScienceContent />,
  },
  {
    tab: "스포츠",
    tabPanel: <SportsContent />,
  },
];

function Tab() {
  const [selectedIndex, setSelectedIndex] = useState(0);

  return (
    <>
      <strong id="tablist-title-id">뉴스</strong>
      <div
        role="tablist"
        aria-labelledby="tablist-title-id"
        aria-orientation="horizontal"
      >
        {TAB_LIST.map(({ tab }, index) => {
          const isSelected = selectedIndex === index;

          return (
            <button
              key={index}
              type="button"
              /* 4. Tab 역할 명시 */
              role="tab" ❹
              id={`tab-${index}-id`}
              /* 5. 선택된 Tab인 경우에만 true */
              aria-selected={isSelected} ❺
              /* 6. Tab 패널 id 참조 */
              aria-controls={`tabpanel-${index}-id`} ❻
              /* 클릭 시 해당 Tab 선택 */
              onClick={() => setSelectedIndex(index)}
            >
              {tab}
            </button>
          );
```

```
      })}
    </div>
   </>
 );
}

export default Tab;

function EconomyContent() {
 return <div>경제 콘텐츠</div>;
}

function ScienceContent() {
 return <div>과학 콘텐츠</div>;
}

function SportsContent() {
 return <div>스포츠 콘텐츠</div>;
}
```

Tab WAI-ARIA 적용(src/stories/Tab/Tab.jsx)

- **Tabpanel**

7. **Tabpanel 역할을 하는 요소에 role="tabpanel"을 명시합니다.**

   스크린 리더 사용자가 해당 요소를 Tabpanel로 인식할 수 있도록 ARIA 역할을 명시합니다.

8. **Tabpanel 요소에 aria-labelledby 속성을 추가합니다.**

   Tabpanel 요소에 `aria-labelledby` 속성을 추가하고, 속성값으로 해당 Tabpanel을 나타나게 하는 Tab 요소의 `id`값을 참조합니다.

```
<div
  /* 7. Tabpanel 역할 명시 */
  role="tabpanel" ❼
  id={`tabpanel-${selectedIndex}-id`}
  /* 8. Tabpanel을 나타나게 하는 Tab 요소 id 참조 */
  aria-labelledby={`tab-${selectedIndex}-id`} ❽
>
  {TAB_LIST[selectedIndex].tabPanel}
</div>
```

Tabpanel WAI-ARIA 적용(src/stories/Tab/Tab.jsx)

- **초점 이동 처리**

9. **Tablist 내부로 초점이 이동되는 경우 선택된 Tab으로 초점이 이동해야 합니다.**

   키보드 `Tab` 키 동작에 의해 **Tablist** 내부로 초점이 이동되는 경우, 선택된 **Tab**으로 초점이 이동되어야 합니다.

```jsx
import { useState } from "react";

const TAB_LIST = [...];

function Tab() {
  const [selectedIndex, setSelectedIndex] = useState(0);

  return (
    <>
      <strong id="tablist-title-id">뉴스</strong>
      <div
        role="tablist"
        aria-labelledby="tablist-title-id"
        aria-orientation="horizontal"
      >
        {TAB_LIST.map(({ tab }, index) => {
          const isSelected = selectedIndex === index;

          return (
            <button
              key={index}
              type="button"
              role="tab"
              id={`tab-${index}-id`}
              aria-selected={isSelected}
              aria-controls={`tabpanel-${index}-id`}
              onClick={() => setSelectedIndex(index)}
              /* 9. 키보드 'Tab' 키 동작으로는 선택된 Tab으로만 초점 이동 가능하도록 적용 */
              tabIndex={isSelected ? 0 : -1} ❾
            >
              {tab}
            </button>
          );
        })}
      </div>
      <div
        role="tabpanel"
        id={`tabpanel-${selectedIndex}-id`}
        aria-labelledby={`tab-${selectedIndex}-id`}
      >
```

```
            {TAB_LIST[selectedIndex].tabPanel}
        </div>
    </>
  );
}

export default Tab;

function EconomyContent() {...}

function ScienceContent() {...}

function SportsContent() {...}
```
Tablist 내부로 초점 이동되는 경우(src/stories/Tab/Tab.jsx)

10. **Tablist 내부 Tab 버튼 사이 초점 이동은 키보드의 Arrow Left, Arrow Right 키를 사용합니다.**

    Tab 요소간 초점을 이동할 때는 키보드의 `Tab` 키가 아닌 **Arrow Left**, **Arrow Right** 키를 사용합니다(**Tab**이 세로로 나열된 경우에는 Arrow Up, Arrow Down). **Arrow Left**, **Arrow Right** 키로는 **Tablist** 내부에서 초점이 순환되도록 합니다. 첫 번째 **Tab**에서 이전 **Tab**으로 초점 이동 시 마지막 **Tab**으로, 마지막 **Tab**에서 다음 **Tab**으로 초점 이동 시 첫 번째 **Tab**으로 초점이 이동되도록 합니다.

> **NOTE 초점 이동에 따른 탭 활성화**
>
> 초점을 받은 Tab이 자동으로 선택(활성화)되게 할 수도 있습니다.
>
> 키보드 사용자 또는 키보드나 마우스 사용이 불편한 사용자는 Tab을 선택하는 동작 자체가 불편할 수 있습니다. 따라서 Tabpanel이 지연 없이 표시될 수 있다면, 초점을 받은 Tab이 자동으로 선택되어 해당 Tabpanel이 표시되는 것이 좋습니다.
>
> 그러나 다음과 같은 경우에는 사용자 경험 향상을 위해 수동으로 Tab을 선택한 경우에만 Tabpanel이 표시되게 하는 것이 좋습니다.
>
> - Tab이 선택될 때 Tabpanel 표시가 지연되는 경우
> - Tabpanel이 표시되었을 때 화면 전체가 새로고침되는 경우
> - Tabpanel이 표시되었을 때 `aria-live` 속성과 같이 의도하지 않은 스크린 리더 음성이 출력되는 경우
>
> 이런 방법 모두 W3C 공식 문서 기준으로 허용되는 방식이지만, 상황에 따라 알맞은 방식으로 대응하여 사용자 경험을 향상시킬 수 있습니다.

```jsx
import { useEffect, useRef, useState } from "react";

const TAB_LIST = [...];

function Tab() {
  const tablistRef = useRef(null);

  const [selectedIndex, setSelectedIndex] = useState(0);
  const [focusedIndex, setFocusedIndex] = useState(0);

  useEffect(() => {
    const tablistElement = tablistRef.current;
    const tabElements = tablistElement.childNodes;
    const lastIndex = tabElements.length - 1;

    /* targetIndex에 해당하는 Tab으로 초점 이동 */
    const focusToTab = (targetIndex) => {
      const targetTab = tabElements[targetIndex];
      setFocusedIndex(targetIndex);

      targetTab.focus();
    };

    /* 10. 초점 이동 처리 */
    const moveFocus = (event) => {
      switch (event.code) {
        /* 'ArrowLeft' 키로 이전 Tab으로 초점 이동 */
        case "ArrowLeft":
          event.preventDefault();

          const prevIndex = focusedIndex - 1 < 0 ? lastIndex : focusedIndex - 1;

          focusToTab(prevIndex);
          break;

        /* 'ArrowRight' 키로 다음 Tab으로 초점 이동 */
        case "ArrowRight":
          event.preventDefault();

          const nextIndex = focusedIndex + 1 > lastIndex ? 0 : focusedIndex + 1;

          focusToTab(nextIndex);
          break;
      }
    };

    tablistElement.addEventListener("keydown", moveFocus);
```

```jsx
    return () => {
      tablistElement.removeEventListener("keydown", moveFocus);
    };
  }, [focusedIndex]);

  return (
    <>
      <strong id="tablist-title-id">뉴스</strong>
      <div
        ref={tablistRef}
        role="tablist"
        aria-labelledby="tablist-title-id"
        aria-orientation="horizontal"
      >
        {TAB_LIST.map(({ tab }, index) => {
          {/* 탭 요소 */}
        })}
      </div>
      <div
        role="tabpanel"
        id={`tabpanel-${selectedIndex}-id`}
        aria-labelledby={`tab-${selectedIndex}-id`}
      >
        {TAB_LIST[selectedIndex].tabPanel}
      </div>
    </>
  );
}

export default Tab;

function EconomyContent() {...}

function ScienceContent() {...}

function SportsContent() {...}
```

Tab 버튼 사이 초점 이동 처리 예시 코드(src/stories/Tab/Tab.jsx)

11. **Tabpanel 요소로 초점이 이동될 수 있도록 tabindex="0" 속성을 추가합니다.**

    Tab 버튼에 초점이 있을 때 키보드 `Tab` 키 동작 시, 다음 **Tab**이 아니라 **Tablist** 외부에서 초점 이동이 가능한 다음 요소(일반적으로는 Tabpanel)로 초점 이동이 이뤄져야 합니다. 만약 **Tabpanel** 내부의 첫 번째 요소가 초점 이동이 가능한 요소라면 해당 요소로 초점이 이동되어야 하며, 그렇지 않은 경우라면 **Tabpanel**에 `tabindex`값을 추가하여 **Tabpanel**로 초점이 이동할 수 있도록 해야 합니다.

> **CAUTION**
>
> Tabpanel 내부의 첫 번째 요소가 초점 가능한 경우는 많지 않습니다. 따라서 내부 콘텐츠가 어떻게 구성될지 미리 알 수 없는 경우, 다음 'Tabpanel로 초점 이동 처리 예시 코드(src/stories/Tab/Tab.jsx)'처럼 Tabpanel 내부 콘텐츠를 처음부터 탐색할 수 있도록 Tabpanel 자체에 `tabIndex="0"` 값을 추가하는 것이 좋습니다.

```
<div
  role="tabpanel"
  id={`tabpanel-${selectedIndex}-id`}
  aria-labelledby={`tab-${selectedIndex}-id`}
  /* 11. Tabpanel이 초점을 받을 수 있도록 처리 */
  tabIndex={0} ⑪
>
  {TAB_LIST[selectedIndex].tabPanel}
</div>
```

Tabpanel로 초점 이동 처리 예시 코드(src/stories/Tab/Tab.jsx)

● 키보드 컨트롤

웹에서 키보드를 통해 **Tab** 그룹을 탐색할 때 준수해야 하는 동작입니다. 각각의 키보드 동작이 가지고 있는 기본 동작을 실행하지 않기 위해 `preventDefault()`를 호출합니다.

- **초점이 Tab 요소에 있는 경우**

12. **Arrow Left**

    Arrow Left 키로 이전 **Tab**으로 초점을 이동합니다(Tab 버튼이 세로로 나열된 경우에는 Arrow Up). 첫 번째 탭에서 **Arrow Left** 키를 누르면 마지막 **Tab**으로 초점을 이동해 **Tablist** 내에서 초점이 순환되도록 합니다.

13. **Arrow Right**

    Arrow Right 키로 다음 **Tab**으로 초점을 이동합니다(Tab 버튼이 세로로 나열된 경우에는 Arrow Down). 마지막 **Tab**에서 **Arrow Right** 키를 누르면 첫 번째 **Tab**으로 초점을 이동해 **Tablist** 내에서 초점이 순환되도록 합니다.

14. **Home**

    Home 키로 첫 번째 **Tab**으로 초점을 이동합니다.

15. **End**

    End 키로 마지막 **Tab**으로 초점을 이동합니다.

```
import { useEffect, useRef, useState } from "react";

const TAB_LIST = [...];

function Tab() {
  const tablistRef = useRef(null);

  const [selectedIndex, setSelectedIndex] = useState(0);
  const [focusedIndex, setFocusedIndex] = useState(0);

  useEffect(() => {
    const tablistElement = tablistRef.current;
    const tabElements = tablistElement.childNodes;
    const lastIndex = tabElements.length - 1;

    const focusToTab = (targetIndex) => {...};

    const moveFocus = (event) => {
      switch (event.code) {
        /* 12. 'ArrowLeft' 키로 이전 Tab으로 초점 이동 */
        case "ArrowLeft":
          event.preventDefault();

          const prevIndex = focusedIndex - 1 < 0 ? lastIndex : focusedIndex - 1;  ⑫

          focusToTab(prevIndex);
          break;

        /* 13. 'ArrowRight' 키로 다음 Tab으로 초점 이동 */
        case "ArrowRight":
          event.preventDefault();

          const nextIndex = focusedIndex + 1 > lastIndex ? 0 : focusedIndex + 1;  ⑬

          focusToTab(nextIndex);
          break;

        /* 14. 'Home' 키로 첫 번째 Tab으로 초점 이동 */
        case "Home":
          event.preventDefault();
                                    ⑭
          focusToTab(0);
          break;
```

```jsx
      /* 15. 'End' 키로 마지막 Tab으로 초점 이동 */
      case "End":
        event.preventDefault();
                                        ⑮
        focusToTab(lastIndex);
        break;
    }
  };

  tablistElement.addEventListener("keydown", moveFocus);

  return () => {
    tablistElement.removeEventListener("keydown", moveFocus);
  };
}, [focusedIndex]);

return (
  <>
    <strong id="tablist-title-id">뉴스</strong>
    <div
      ref={tablistRef}
      role="tablist"
      aria-labelledby="tablist-title-id"
      aria-orientation="horizontal"
    >
      {TAB_LIST.map(({ tab }, index) => {
        {/* 탭 요소 */}
      })}
    </div>
    <div
      role="tabpanel"
      id={`tabpanel-${selectedIndex}-id`}
      aria-labelledby={`tab-${selectedIndex}-id`}
      tabIndex={0}
    >
      {TAB_LIST[selectedIndex].tabPanel}
    </div>
  </>
);
}

export default Tab;

function EconomyContent() {...}
```

```
function ScienceContent() {...}

function SportsContent() {...}
```
Tab 키보드 컨트롤 적용(src/stories/Tab/Tab.jsx)

6.5 Toggle

Toggle 컴포넌트 미리 보기
스위치를 켜고 끄는 것처럼 두 가지 상태(켜짐/꺼짐) 중 하나의 설정값을 다른 값으로 쉽게 전환할 수 있습니다.

Toggle 컴포넌트의 접근성 준수를 위해 미리 알고 있으면 좋은 WAI-ARIA
이 책의 차례에서 다음 WAI-ARIA의 내용을 찾아 미리 학습하면 Toggle 컴포넌트의 접근성 준수에 대해 더 쉽게 이해할 수 있습니다.

ARIA 역할
- 5.3.6 group
- 5.3.21 switch

ARIA 상태 및 속성
- 5.4.4 aria-checked
- 5.4.7 aria-describedby
- 5.4.11 aria-hidden
- 5.4.12 aria-label
- 5.4.13 aria-labelledby
- 5.4.19 aria-pressed

이번 장에서 설명하는 Toggle 컴포넌트의 최종 코드는 다음 깃허브에서 확인할 수 있습니다.

https://github.com/evie-ooooori/accessibility-guide-book-for-component/tree/main/src/stories/Toggle

6.5.1 Toggle이란?

Toggle은 주로 켜짐/꺼짐의 2가지 상태를 나타내는 데 사용합니다. Toggle의 형태에 따라 스위치와 버튼 타입으로 구분할 수 있습니다. 사용자가 하나의 상탯값을 선택하거나 즉각적으로 상태를 전환할 수 있는 UI 요소로 활용됩니다.

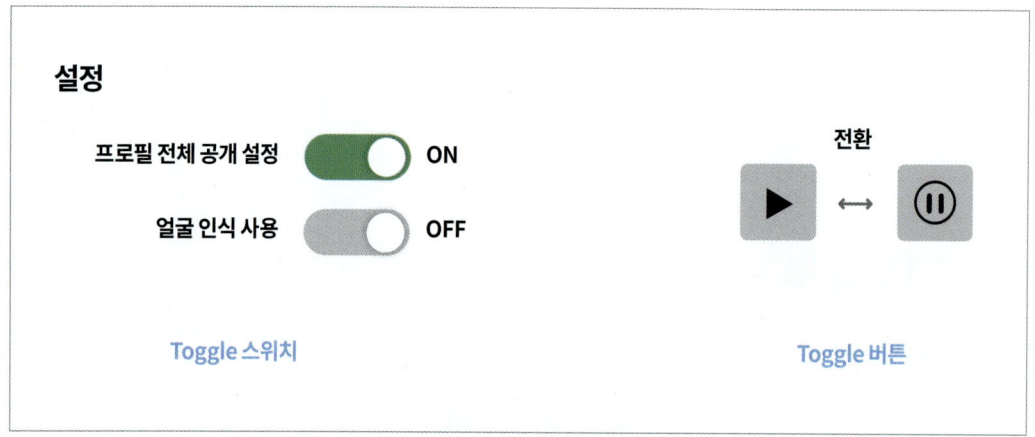

그림 6.9 Toggle 스위치와 Toggle 버튼 예시

먼저 Toggle을 마크업하기 전 체크박스와 Toggle의 차이점에 대해 이해해야 합니다. Toggle은 위에서 설명한 것처럼 상태 전환에 따른 즉각적인 동작이 발생합니다. 반면 체크박스는 사용자가 선택한 하나 이상의 옵션을 양식으로 제출하기 위한 용도로 사용됩니다. 시각적으로는 체크박스나 Toggle이 유사하게 보일 수 있지만, 용도에 따라 다르게 사용되어야 합니다.

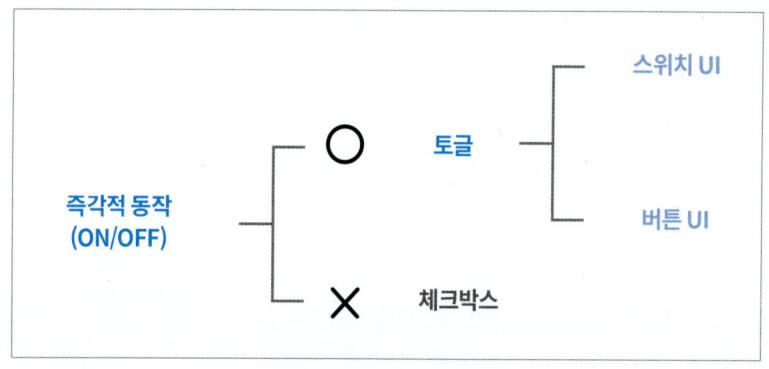

그림 6.10 체크박스와 Toggle의 차이

Toggle 종류

- **Toggle 스위치**

Toggle 스위치는 주로 시스템 설정 메뉴나 애플리케이션 설정에서 전체적인 시스템 상태를 전환하는 데 사용됩니다. 예를 들어 사용자가 특정 설정을 활성화/비활성화하거나, 특정 모드로 전환하는 데 효과적으로 활용됩니다. 일반적으로 전등 스위치와 유사한 켜짐/꺼짐을 표현할 수 있는 스위치 스타일이 적용됩니다. Toggle 스위치는 그림 6.11과 같이 크게 3가지 요소로 구성됩니다.

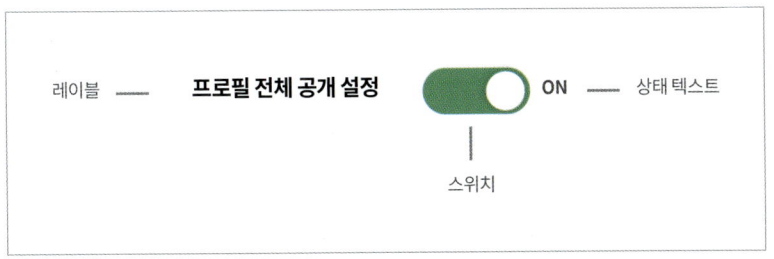

그림 6.11 Toggle 스위치 구성 요소

- **레이블**

    사용자에게 Toggle의 상태 전환 목적이나 기능을 명확하게 전달합니다. 레이블은 Toggle의 상태에 따라 변경되지 않습니다.

- **상태 텍스트**

    글의 켜짐/꺼짐 상태를 시각적으로 나타내며 상태에 따라 변경됩니다.

- **스위치**

    사용자가 Toggle의 상태를 전환할 수 있는 시각적인 요소입니다.

● **Toggle 버튼**

Toggle 버튼은 사용자가 현재 보고 있는 화면에 영향을 주는 옵션을 켜거나 끌 때 사용되며, 주로 버튼 형태의 스타일이 적용됩니다. Toggle 버튼은 그림 6.12와 같이 크게 3가지 요소로 구성됩니다.

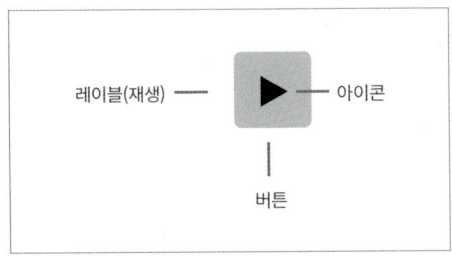

그림 6.12 Toggle 버튼 구성 요소

- **레이블**

    사용자에게 Toggle의 상태 전환 목적이나 기능을 명확하게 전달합니다. 레이블은 Toggle의 상태에 따라 변경되지 않습니다.

- 아이콘

  Toggle의 켜짐/꺼짐 상태를 시각적으로 나타내며 상태에 따라 변경됩니다.

- 버튼

  사용자가 Toggle의 상태를 전환할 수 있는 시각적인 요소입니다.

6.5.2 접근성 대응

기본적으로 Toggle과 유사한 스타일을 가지거나 Toggle 역할을 하는 HTML 태그는 없기 때문에 WAI-ARIA를 사용해 Toggle을 구현해야 합니다. 구성 요소에서 설명한 것처럼 Toggle에는 Toggle 스위치와 Toggle 버튼이 존재하며, 목적에 따라 두 가지 UI 요소를 명확하게 구분하여 서로 다른 방식으로 대응할 필요가 있습니다.

● Toggle 스위치

- `<input type="checkbox" />`으로 만들기

WAI-ARIA 적용

1. `<input type="checkbox" />` 태그에 `role="switch"`을 명시합니다.

   `<input type="checkbox" />` 태그를 사용하면 Toggle과 유사한 전환 효과를 활용할 수 있습니다. 여기에 `role="switch"` 속성을 명시하면 스크린 리더는 해당 요소를 스위치로 인식하게 됩니다.

2. 상태 텍스트 요소에 `aria-hidden="true"`를 적용해 스크린 리더가 스위치의 상태를 사용자에게 중복으로 전달하지 않도록 주의해야 합니다.

   상태 텍스트가 변경된다면 체크박스의 상태 정보와 중복되어 전달되기 때문에 스크린 리더 사용자는 중복된 정보를 전달받아 오히려 정보 탐색에 불편함을 느낄 수 있습니다.

3. 스위치 요소에 `aria-describedby` 또는 `aria-labelledby` 속성을 추가합니다.

   `aria-describedby` 또는 `aria-labelledby` 속성을 사용해 스위치나 스위치 그룹에 부가적인 설명이나 힌트를 제공할 수 있습니다. `aria-labelledby` 속성은 간결한 설명을 제공할 때 사용되며, `aria-describedby` 속성은 좀 더 자세한 설명이나 추가적인 정보를 제공할 때 사용합니다. 속성값으로 연관된 설명 요소의 `id`를 정의합니다.

그림 6.13 Toggle 스위치에 대한 설명을 제공하는 경우 예시

```jsx
import { useState } from "react";

function InputToggleSwitch() {
  const [isChecked, setIsChecked] = useState(false);
  /* 스위치 상태를 시각적으로 구분 가능하도록 스타일을 적용하기 위한 포커스 여부 */
  const [isFocused, setFocused] = useState(false);

  return (
    <>
      <label className={`label ${isFocused ? "focus" : ""}`}>
        <span>프로필 전체 공개 설정</span>
        <input
          type="checkbox"
          /* 1. Toggle 스위치 정의 */
          role="switch" ①
          checked={isChecked}
          /* 켜짐/꺼짐 상탯값 변경 */
          onChange={() => setIsChecked((prev) => !prev)}
          onFocus={() => setFocused(true)}
          onBlur={() => setFocused(false)}
          /* 3. 스위치 설명 요소 id 참조 */
          aria-describedby="switch-hint-id" ③
          onKeyDown={handleKeyDown}
        />
        {/* 2. 중복된 정보 전달 방지를 위해 상태 텍스트 요소에 aria-hidden 속성 추가 */}
        <span aria-hidden="true">{isChecked ? "ON" : "OFF"}</span> ②
      </label>
      <p id="switch-hint-id">
        내 프로필(배경사진 및 동영상, 상태 메시지)을 친구들에게 전체 공개합니다.
      </p>
    </>
  );
}

export default InputToggleSwitch;
```

`<input type="checkbox" />` 태그를 활용해 만든 Toggle 스위치에 WAI-ARIA 적용(src/stories/Toggle/InputToggleSwitch.jsx)

초점 이동 처리

4. **초점 이동이 가능한 요소를 사용해 초점 이동이 가능하게 합니다.**

   `<input type="checkbox" />` 태그를 사용하여 키보드 Tab 키를 이용해 초점 이동이 가능하도록 합니다.

   ```jsx
   {/* 4. 초점 이동이 가능한 input 태그 사용 */}
   <input
     type="checkbox"
     role="switch"
     checked={isChecked}
     onChange={() => setIsChecked((prev) => !prev)}
     onFocus={() => setFocused(true)}
     onBlur={() => setFocused(false)}
     aria-describedby="switch-hint-id"
     onKeyDown={handleKeyDown}
   />
   ```

   `<input type="checkbox" />` 태그를 활용해 초점 이동 가능하게 만든 스위치(src/stories/Toggle/InputToggleSwitch.jsx)

키보드 컨트롤

웹에서 키보드를 통해 Toggle을 탐색할 때 준수해야 하는 동작입니다.

5. **Enter**

   Enter 키로 스위치에 초점이 있을 때, Toggle의 상태를 전환합니다.

> **NOTE 참고하기**
>
> `<input>` 태그에는 이미 Space 키에 대한 기본 동작이 적용되어 있습니다. 따라서 별도의 이벤트 핸들러를 추가하지 않아도 Space 키를 누르면 Toggle이 켜짐/꺼짐되는 동작을 할 수 있습니다.

```jsx
import { useState } from "react";

function InputToggleSwitch() {
  const [isChecked, setIsChecked] = useState(false);
  const [isFocused, setFocused] = useState(false);

  const handleKeyDown = (event) => {
    /* 5. Enter 키 눌렀을 때 스위치 상태 변경 */
```

```
    if (event.code === "Enter") {
      setIsChecked((prev) => !prev); ❺
    }
  };

  return (
    <>
      <label className={`label ${isFocused ? "focus" : ""}`}>
        <span>프로필 전체 공개 설정</span>
        <input
          type="checkbox"
          role="switch"
          checked={isChecked}
          onChange={() => setIsChecked((prev) => !prev)}
          onFocus={() => setFocused(true)}
          onBlur={() => setFocused(false)}
          aria-describedby="switch-hint-id"
          onKeyDown={handleKeyDown}
        />
        <span aria-hidden="true">{isChecked ? "ON" : "OFF"}</span>
      </label>
      <p id="switch-hint-id">
        내 프로필(배경사진 및 동영상, 상태 메시지)을 친구들에게 전체 공개합니다.
      </p>
    </>
  );
}

export default InputToggleSwitch;
```

ToggleSwitch 키보드 컨트롤 적용(src/stories/Toggle/InputToggleSwitch.jsx)

- **<button>으로 만들기**

WAI-ARIA 적용

1. **<button> 태그에 role="switch"을 명시합니다.**

   사용자와 상호작용이 가능한 `<button>` 태그를 사용해 Toggle 스위치를 구현할 수 있습니다. `<input type="checkbox" />` 태그로 구현한 Toggle 스위치와 동일한 방식으로 `role="switch"`, `aria-hidden="true"` 속성을 추가합니다.

2. **aria-checked 속성을 추가해 스위치의 켜짐/꺼짐 상태를 나타냅니다.**

   `<button>` 태그를 사용할 경우, 스위치의 기능과 동일하게 켜짐/꺼짐 상태를 나타내야 합니다. `aria-checked` 속성을 통해 스크린 리더 사용자가 스위치의 켜짐/꺼짐 상태를 이해할 수 있게

도와야 합니다.

```jsx
import { useState } from "react";

function ToggleButtonSwitch({ label }) {
 const [isChecked, setIsChecked] = useState(false);

 return (
   <button
     type="button"
     /* 1. 스위치 역할 정의 */
     role="switch" ①
     /* 2. 켜짐/꺼짐 상탯값 변경 */
     aria-checked={isChecked} ②
     onClick={() => setIsChecked((prev) => !prev)}
   >
     {label}
     <span className="switch" />
     {/* 1. 중복된 정보 전달 방지를 위해 상태 텍스트 요소에 aria-hidden 속성 추가 */}
     <span aria-hidden="true">{isChecked ? "ON" : "OFF"}</span> ①
   </button>
 );
}

export default ToggleButtonSwitch;
```

<button> 태그로 구현한 Toggle 스위치(src/stories/Toggle/ToggleButtonSwitch.jsx)

3. **여러 개의 Toggle 스위치를 제공할 경우, 모든 Toggle을 감싸는 컨테이너 요소에 role="group"을 명시합니다.**

하나의 그룹에 속한다는 것을 전달하기 위해 모든 Toggle 버튼 컴포넌트를 감싸는 컨테이너에 `role="group"`을 명시합니다. 이때 `aria-labelledby` 속성을 사용하여 그룹의 목적을 나타내는 레이블과 연결해 사용자가 옵션 선택을 쉽게 할 수 있도록 도와야 합니다.

```jsx
import ToggleButtonSwitch from "./ToggleButtonSwitch";

function ToggleButtonSwitchGroup() {
 return (
   <>
     {/* 3. Toggle 버튼 컴포넌트를 감싸는 컨테이너 요소의 id 참조 */}
     <div role="group" aria-labelledby="toggle-buttons-id">
       <h3 id="toggle-buttons-id">설정</h3> ③
```

```
      <ToggleButtonSwitch label="프로필 전체 공개" />
      <ToggleButtonSwitch label="얼굴 인식 사용" />
    </div>
   </>
  );
}

export default ToggleButtonSwitchGroup;
```

모든 <ToggleSwitch>를 감싸는 컨테이너 역할을 하는 <ToggleGroup>(src/stories/Toggle/ToggleButtonSwitchGroup.jsx)

> **NOTE** **Toggle 레이블에 <h3>를 사용하는 이유?**
>
> 위의 예시 코드에서 Toggle 그룹의 목적을 나타내는 레이블을 <h3> 태그로 제공했습니다. 이는 예시 코드로 무조건 <h3> 태그를 사용해야 하는 것이 아닙니다. 개발자가 페이지에서 사용되는 콘텐츠 중요도를 고려해 헤딩 태그 레벨을 올바르게 선택해 적용해야 합니다.

초점 이동 처리

4. **초점 이동이 가능한 요소를 사용해 초점 이동이 가능하게 합니다.**

   `<button>` 태그를 사용하여 키보드 Tab 키를 이용해 초점 이동이 가능하도록 합니다.

```
/* 4. 초점 이동이 가능한 button 태그 사용 */
<button
  type="button"
  role="switch"
  aria-checked={isChecked}
  onClick={() => setIsChecked((prev) => !prev)}
>
  {label}
  <span className="switch" />
  <span aria-hidden="true">{isChecked ? "ON" : "OFF"}</span>
</button>
```

<button> 태그를 활용해 초점 이동 가능하게 만든 스위치(src/stories/Toggle/ToggleButtonSwitch.jsx)

키보드 컨트롤

웹에서 키보드를 통해 Toggle을 탐색할 때 준수해야 하는 동작입니다.

- 초점이 스위치 요소에 있는 경우

> **NOTE 참고하기**
> `<button>` 태그에는 이미 Space 나 Enter 키에 대한 기본 동작이 적용되어 있습니다. 따라서 별도의 이벤트 핸들러를 추가하지 않아도 Space 나 Enter 키로 스위치에 초점이 있을 때, Toggle의 상태를 전환할 수 있습니다.

● Toggle 버튼

- **WAI-ARIA 적용**

1. **aria-pressed 속성을 추가해 Toggle 버튼으로 변경합니다.**

   `<button>` 태그에 `aria-pressed` 속성을 추가하면 스크린 리더는 버튼이 아닌 Toggle 버튼으로 자동 인식합니다. `aria-pressed` 속성의 값이 `true`인 경우 눌린 상태, `false`인 경우 눌리지 않은 상태를 나타냅니다.

2. **상태가 변경될 때 Toggle의 레이블 텍스트를 변경하지 않습니다.**

   스크린 리더는 `aria-pressed` 속성을 통해 Toggle 버튼의 누름 상태를 명확하게 인식하기 때문에 레이블 텍스트는 변경하지 않고 그대로 유지해야 합니다.

```
import { useState } from "react";

function ToggleButton() {
  const [isPressed, setIsPressed] = useState(false);

  return (
    <button
      type="button"
      /* 1. Toggle 버튼으로 전환 */
      aria-pressed={isPressed} ①
      /* 2. 레이블 텍스트 고정 */
      aria-label="재생" ②
      onClick={() => {
        setIsPressed((prev) => !prev);
      }}
    >
      {/* 시각적인 상태 변화 표현 */}
      {isPressed ? "▶" : "ıı"}
    </button>
  );
```

```
}

export default ToggleButton;
```

<button> 태그로 구현한 <ToggleButton>(src/stories/Toggle/ToggleButton.jsx)

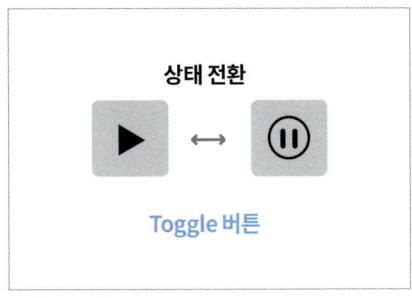

그림 6.14 상태전환이 가능한 Toggle 버튼

초점 이동 처리

3. **초점 이동이 가능한 요소를 사용해 초점 이동을 가능하게 합니다.**

    `<button>` 태그를 사용하여 키보드 Tab 키를 이용해 초점 이동이 가능하도록 합니다.

```jsx
/* 3. 초점 이동이 가능한 button 태그 사용 */
<button
  type="button"
  aria-pressed={isPressed}
  aria-label="재생"
  onClick={() => {
    setIsPressed((prev) => !prev);
  }}
>
  {isPressed ? "▶︎" : "ⅠⅠ"}
</button>
```

<button> 태그를 활용해 초점 이동 가능하게 만든 버튼(src/stories/Toggle/ToggleButton.jsx)

키보드 컨트롤

- 초점이 버튼 요소에 있는 경우

> **NOTE 참고하기**
>
> `<button>` 태그에는 이미 Space 나 Enter 키에 대한 기본 동작이 적용되어 있습니다. 따라서 별도의 이벤트 핸들러를 추가하지 않아도 Space 나 Enter 키로 버튼에 초점이 있을 때, Toggle의 상태를 전환할 수 있습니다.

CHAPTER 7

웹 접근성을 준수한 React 컴포넌트 만들기 part 2

7.1 Carousel

Carousel 컴포넌트 미리 보기
여러 개의 슬라이드를 순차적으로 전환하면서 사용자에게 콘텐츠를 보여줍니다.

Carousel 컴포넌트의 접근성 준수를 위해 미리 알고 있으면 좋은 WAI-ARIA
이 책의 차례에서 다음 WAI-ARIA의 내용을 찾아 미리 학습하면 Carousel 컴포넌트의 접근성 준수에 대해 더 쉽게 이해할 수 있습니다.

ARIA 역할
- 5.3.6 group
- 5.3.18 region
- 5.3.22 tab
- 5.3.23 tablist
- 5.3.24 tabpanel

ARIA 상태 및 속성
- 5.4.5 aria-controls
- 5.4.6 aria-current
- 5.4.12 aria-label
- 5.4.15 aria-live
- 5.4.22 aria-selected

이번 장에서 설명하는 Carousel 컴포넌트의 최종 코드는 다음 깃허브에서 확인할 수 있습니다.
https://github.com/evie-ooooori/accessibility-guide-book-for-component/tree/main/src/stories/Carousel

7.1.1 Carousel이란?

Carousel은 일반적으로 여러 개의 슬라이드가 수평으로 나란히 나열되어 있으며, 한 번에 하나의 슬라이드가 노출됩니다. 사용자는 이전/다음 슬라이드로 이동하는 버튼, 슬라이드 자동 전환 설정 등과 같은 다양한 방법으로 Carousel을 조작하여 원하는 콘텐츠를 쉽게 탐색할 수 있습니다.

7.1.2 구성 요소

Carousel은 그림 7.1과 같이 크게 2가지 요소로 구성됩니다.

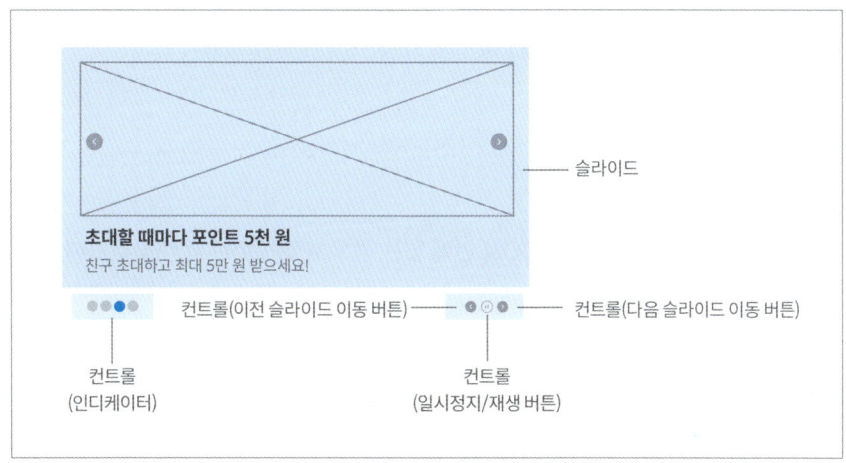

그림 7.1 Carousel 구성 요소

- **컨트롤**

  사용자가 Carousel을 제어 가능하도록 돕는 여러 구성 요소를 포함합니다. 일반적으로 이전/다음 슬라이드로 이동하는 버튼, 슬라이드의 자동 재생을 일시정지하거나 재생하는 버튼, 그리고 종종 특정 슬라이드로 직접 이동할 수 있는 인디케이터 등을 포함합니다.

- **슬라이드**

  Carousel에서 표시하고자 하는 콘텐츠가 포함된 개별 항목입니다. 각 슬라이드는 모든 슬라이드를 포함하는 슬라이드 컨테이너 안에 위치하게 됩니다.

7.1.3 접근성 대응

Carousel은 다양한 형태로 사용하기 때문에 모든 경우의 Carousel을 설명하기에는 어려움이 있습니다. 또한 실무에서는 대부분 Carousel을 직접 개발하기보다는 라이브러리를 활용하는 경우가 많습니다. 따라서 기본적인 컨트롤 요소들을 포함하는 Carousel의 접근성 향상 방법을 설명하고자 합니다. Carousel의 각 구성 요소의 역할을 이해하고, 접근성 준수 방법을 학습한다면 어떤 라이브러리를 사용하더라도 유연하고 쉽게 접근성 준수가 가능할 것입니다. Carousel의 기능 구현에 대한 설명보다는 인디케이터의 슬라이드의 이동 동작 컨트롤 유무에 따른 Carousel의 접근성 준수 방법에 대해 중점적으로 설명하도록 하겠습니다.

● **슬라이드 위치를 나타내는 인디케이터가 포함된 Carousel**

인디케이터가 단순히 현재 표시되는 슬라이드의 위치를 사용자에게 알려주는 UI 요소로서의 역할을 할 경우의 접근성 준수 방법에 대해 알아봅시다.

• **WAI-ARIA 적용**

일시정지/재생 버튼

1. 일시정지/재생 버튼에 대한 레이블이 DOM 안에 없는 경우, **aria-label 속성을** 추가해 해당 버튼이 어떤 작업을 수행하는지 설명합니다.

   Carousel의 일시정지/재생 버튼은 사용자에게 현재 진행 중인 동작을 명확하게 전달하기 위해 해당 버튼이 수행하는 작업에 따라 레이블을 동적으로 변경해야 합니다. 이때 사용자에게는 슬라이드의 내용이 자동으로 변경될 수 있다는 사실과 변경되는 시점을 명확하게 전달해야 합니다. 예를 들어 슬라이드 재생 일시정지 또는 슬라이드 재생과 같이 작업에 맞게 레이블을 동적으로 변경합니다.

```
import { useState } from "react";

function NoTabsIndicatorCarousel() {
  const [isAutoPlay, setIsAutoPlay] = useState(true); // Carousel 재생 여부
  const [isRotation, setIsRotation] = useState(isAutoPlay); // 일시정지/재생 버튼 레이블 전환

  return (
    <button
      type="button"
      onClick={() => {
        /* Carousel의 일시정지/재생 상태 전환 */
        setIsAutoPlay((prev) => !prev);
        /* 일시정지/재생 버튼 레이블 전환 */
        setIsRotation((prev) => !prev);
```

```
      }}
      /* 1. Carousel 재생 상태에 따른 버튼 대체 텍스트 변경 */
      aria-label={isRotation ? "일시정지" : "재생"} ①
    />
  );
}

export default NoTabsIndicatorCarousel;
```

aria-label 속성을 통해 일시정지/재생 버튼의 레이블 제공(src/stories/Carousel/NoTabsIndicatorCarousel.jsx)

이전/다음 슬라이드 이동 버튼

2. **이전/다음 슬라이드 이동 버튼에 aria-controls 속성을 추가합니다.**

   이전/다음 슬라이드 이동 버튼 요소에 `aria-controls` 속성을 추가하고, 속성값으로 각 슬라이드를 포함하는 컨테이너 역할을 하는 요소의 `id`값을 참조합니다. 이를 통해 이전/다음 슬라이드 버튼이 어떤 슬라이드를 조작하는지 명확하게 나타낼 수 있습니다.

```jsx
import { useState } from "react";

// 슬라이드 내부 콘텐츠
const SLIDE_CONTENTS = [
  {
    title: "초대할 때마다 포인트 5천 원",
    description: "친구 초대하고 최대 5만 원 받으세요!",
    imageUrl: "https://via.placeholder.com/2400x1200/eee/000?text=",
  },
  {
    title: "역시즌 세일",
    description: "인기 브랜드 미리 준비하는 역시즌 특가!",
    imageUrl: "https://via.placeholder.com/2400x1200/eee/000?text=",
  },
  {
    title: "여름 디저트 대전",
    description: "시원한 디저트를 먹으면 여름 바캉스 경품까지!",
    imageUrl: "https://via.placeholder.com/2400x1200/eee/000?text=",
  },
];

function NoTabsIndicatorCarousel() {
  const [isAutoPlay, setIsAutoPlay] = useState(true);
  const [isRotation, setIsRotation] = useState(isAutoPlay);

  return (
    <>
```

```jsx
    <div className="controls">
      <button
        type="button"
        onClick={() => {
          setIsAutoPlay((prev) => !prev);
          setIsRotation((prev) => !prev);
        }}
        aria-label={isRotation ? "일시정지" : "재생"}
      />

      <button
        type="button"
        onClick={() => handleClickControls("prev")}
        /* 2. 슬라이드 컨테이너 요소 id 참조 */
        aria-controls="slide-container-id" ❷
      >
        이전 슬라이드
      </button>
      <button
        type="button"
        onClick={() => handleClickControls("next")}
        /* 2. 슬라이드 컨테이너 요소 id 참조 */
        aria-controls="slide-container-id" ❸
      >
        다음 슬라이드
      </button>
    </div>

    <div
      className="slide-container"
      /* 2. 슬라이드 컨테이너의 id 정의 */
      id="slide-container-id" ❷
    >
      {SLIDE_CONTENTS.map((item, index) => (
        <div className="slide-item" key={index}>
          <a href="/">
            <img src={item.imageUrl} alt="" />
            <p>
              <strong>{item.title}</strong>
              <span>{item.description}</span>
            </p>
          </a>
        </div>
      ))}
    </div>
  </>
);
```

```
}

export default NoTabsIndicatorCarousel;
```

이전/다음 슬라이드 이동 버튼에 aria-controls 속성을 추가한 예시 코드(src/stories/Carousel/NoTabsIndicator Carousel.jsx)

인디케이터

3. **현재 보이는 슬라이드와 연관된 인디케이터에 요소에 aria-current="true"를 추가합니다.**

현재 보이는 슬라이드와 연관된 인디케이터 요소에 `aria-current="true"`를 추가하면, 스크린 리더 사용자는 현재 화면에 어떤 슬라이드가 보이는지 알 수 있습니다.

```css
.slide-item {
  display: none;
}

.slide-item.active {
  display: block;
}
```

```jsx
import { useCallback, useEffect, useRef, useState } from "react";

// 슬라이드 내부 콘텐츠
const SLIDE_CONTENTS = [...];

const SLIDE_LENGTH = SLIDE_CONTENTS.length; /* 전체 슬라이드 개수 */
const LAST_INDEX = SLIDE_LENGTH - 1; /* 마지막 슬라이드의 인덱스 */
const SLIDE_INTERVAL_TIME = 5000; /* 자동 재생 지연 시간: 5초 */

function NoTabsIndicatorCarousel() {
  const [activeIndex, setActiveIndex] = useState(0); // 현재 노출되고 있는 슬라이드의 인덱스
  const [isAutoPlay, setIsAutoPlay] = useState(true);
  const [isRotation, setIsRotation] = useState(isAutoPlay);
  const intervalRef = useRef(null);

  const moveToNextSlide = useCallback(() => {
    const nextIndex = activeIndex < LAST_INDEX ? activeIndex + 1 : 0;

    setActiveIndex(nextIndex); /* 다음 슬라이드 표시 */
  }, [activeIndex]);

  useEffect(() => {
```

```jsx
      /* Carousel을 자동 재생하는 경우 */
      if (isAutoPlay) {
        /* 5초 후 다음 슬라이드를 표시 */
        intervalRef.current = setInterval(moveToNextSlide, SLIDE_INTERVAL_TIME);

        return () => clearInterval(intervalRef.current);
      }
    }, [isAutoPlay, moveToNextSlide]);

    const handleClickControls = useCallback(
      (direction, index) => {
        /* 사용자가 컨트롤 요소를 조작했을 때, 기존 interval 중단 */
        clearInterval(intervalRef.current);

        switch (direction) {
          case "prev":
            const prevIndex = activeIndex > 0 ? activeIndex - 1 : LAST_INDEX;
            setActiveIndex(prevIndex); /* 이전 슬라이드 표시 */

            break;
          case "next":
            moveToNextSlide(); /* 다음 슬라이드 표시 */

            break;
          default:
            setActiveIndex(index); /* 선택한 슬라이드 표시 */

            break;
        }

        if (isAutoPlay) {
          /* interval 재시작 */
          intervalRef.current = setInterval(moveToNextSlide, SLIDE_INTERVAL_TIME);
        }
      },
      [activeIndex, isAutoPlay, moveToNextSlide],
    );

    return (
      <>
        <div className="controls">
          <button
            type="button"
            onClick={() => {
              setIsAutoPlay((prev) => !prev);
              setIsRotation((prev) => !prev);
            }}
```

```jsx
      aria-label={isRotation ? "일시정지" : "재생"}
    />

    <button
      type="button"
      onClick={() => handleClickControls("prev")}
      aria-controls="slide-container-id"
    >
      이전 슬라이드
    </button>
    <button
      type="button"
      onClick={() => handleClickControls("next")}
      aria-controls="slide-container-id"
    >
      다음 슬라이드
    </button>
  </div>

  <div
    className="slide-container"
    id="slide-container-id"
  >
    {SLIDE_CONTENTS.map((item, index) => (
      <div
        className={`slide-item ${index === activeIndex ? "active" : ""}`}
        key={index}
      >
        <a href="/">
          <img src={item.imageUrl} alt="" />
          <p>
            <strong>{item.title}</strong>
            <span>{item.description}</span>
          </p>
        </a>
      </div>
    ))}
  </div>

  <div className="indicators">
    {Array.from({ length: SLIDE_LENGTH }, (_, index) => (
      <div
        key={index}
        /* 3. 현재 화면에 보이는 슬라이드에 aria-current="true" 추가 */
        aria-current={index === activeIndex ? "true" : undefined} ❸
      />
    ))}
  </div>
```

```
    </>
  );
}

export default NoTabsIndicatorCarousel;
```

현재 보이는 슬라이드와 연관된 인디케이터에 요소에 aria-current="true" 추가(src/stories/Carousel/NoTabsIndicatorCarousel.jsx)

슬라이드

4. **Carousel이 자동 재생 중인 경우에는 슬라이드 컨테이너 요소의 aria-live 속성을 off로 설정하고, 정지된 경우에는 polite로 설정합니다.**

   Carousel이 자동 재생되는 상태인 경우 슬라이드가 정해진 시간마다 자동으로 변경되면서 새로운 콘텐츠를 노출합니다. 만약 슬라이드가 변경될 때마다 스크린 리더 사용자에게 변경 내용을 즉시 전달한다면 사용자는 내용을 이해하기 어려울 수 있습니다. 따라서 Carousel이 자동 재생되는 상태인 경우, 슬라이드 컨테이너 요소에 `aria-live="off"`를 추가하여 스크린 리더가 자동 재생으로 인한 변경사항을 즉시 알리지 않도록 설정합니다. 이를 통해 슬라이드가 변경되는 동안에도 사용자는 현재 집중하고 있는 콘텐츠를 방해받지 않고 계속해서 읽을 수 있습니다. 반대로 Carousel이 정지된 상태라면 `aria-live` 속성의 값을 `polite`로 설정해 스크린 리더가 현재 읽고 있는 내용을 끊지 않고 먼저 읽은 후, 변경된 내용을 읽을 수 있도록 해야 합니다. 이를 통해 스크린 리더 사용자는 슬라이드의 내용을 쉽게 이해할 수 있습니다.

5. **슬라이드 컨테이너 요소와 각 슬라이드에 aria-label 속성을 추가합니다. 슬라이드 컨테이너에 Carousel의 콘텐츠를 설명하는 레이블을 제공합니다.**

   마찬가지로 각 슬라이드에도 전체 슬라이드 중 어떤 슬라이드가 표시되는지 이해하는 데 도움이 되도록 고유한 레이블을 제공합니다. 레이블은 시각적으로는 표시되지 않지만 스크린 리더 사용자가 Carousel의 콘텐츠를 이해하고, 개별 슬라이드를 구분할 수 있게 돕습니다.

> **CAUTION**
>
> 자동 재생되는 Carousel은 사용자가 Carousel의 내용을 충분히 파악하고 컨트롤 요소를 조작할 수 있도록 다음 슬라이드가 표시되기까지의 지연 시간을 최소 5초 이상으로 설정하는 것이 좋습니다.

6. **각 슬라이드 요소에 group 역할을 추가합니다.**

   스크린 리더 사용자가 슬라이드의 시작과 끝을 인식할 수 있도록 합니다.

```
<div
  className="slide-container"
  id="slide-container-id"
  /* 4. Carousel의 자동 재생/정지 상태에 따라 aria-live 속성값 설정 */
  aria-live={isAutoPlay ? "off" : "polite"} ④
  /* 5. Carousel의 콘텐츠 설명하는 레이블 텍스트 제공 */
  aria-label="7월 주요 이벤트" ⑤
>
  {SLIDE_CONTENTS.map((item, index) => (
    <div
      className={`slide-item ${index === activeIndex ? "active" : ""}`}
      key={index}
      /* 5. 총 3개의 슬라이드 중 어떤 슬라이드가 표시되는지 레이블 텍스트 제공 */
      aria-label={`총 ${SLIDE_LENGTH}개의 슬라이드 중 ${index + 1} 번째 슬라이드`} ⑤
      /* 6. 슬라이드의 시작과 끝을 인식할 수 있도록 각 슬라이드에 group 추가 */
      role="group" ⑥
    >
      <a href="/">
        <img src={item.imageUrl} alt="" />
        <p>
          <strong>{item.title}</strong>
          <span>{item.description}</span>
        </p>
      </a>
    </div>
  ))}
</div>
```

슬라이드 컨테이너, 슬라이드 WAI-ARIA 적용(src/stories/Carousel/NoTabsIndicatorCarousel.jsx)

Carousel

7. Carousel 역할을 하는 요소에 role="region"과 aria-label 속성을 함께 사용해 Carousel에 대한 설명을 제공합니다.

> `role="region"`을 통해 해당 Carousel이 중요한 의미를 갖는 콘텐츠임을 스크린 리더 사용자에게 알릴 수 있습니다. 보통 Carousel의 경우 많은 양의 콘텐츠를 포함하고 있으며, 자동 재생이 되기 때문에 어떤 종류의 콘텐츠를 확인할 수 있는지 사용자에게 미리 알려주는 것이 바람직합니다. 이를 위해 `aria-label` 속성을 통해 Carousel에 대한 명확하고 간결한 설명을 제공하여 스크린 리더 사용자가 Carousel의 콘텐츠를 쉽게 이해하고 탐색할 수 있도록 돕습니다.

```
// 7. Carousel 요소에 역할과 설명 제공
<div role="region" aria-label="이달의 이벤트"> ⑦
  <div className="controls">
```

```jsx
      {/* 컨트롤 요소 ... */}
    </div>

    <div
      className="slide-container"
      id="slide-container-id"
      aria-live={isAutoPlay ? "off" : "polite"}
      aria-label="7월 주요 이벤트"
    >
      {SLIDE_CONTENTS.map((item, index) => (
        {/* 슬라이드 콘텐츠 ... */}
      ))}
    </div>

    <div className="indicators">
      {Array.from({ length: SLIDE_LENGTH }, (_, index) => (
        <div
          key={index}
          aria-current={index === activeIndex ? "true" : undefined}
        />
      ))}
    </div>
  </div>
</div>
```

Carousel WAI-ARIA 적용(src/stories/Carousel/NoTabsIndicatorCarousel.jsx)

> **NOTE 참고하기**
>
> `<section>` 태그를 사용하면 태그 자체가 `region`의 역할을 가지고 있기 때문에 해당 속성을 추가하지 않아도 됩니다.

- **초점 이동 처리**

일시정지/재생 버튼

8. **일시정지/재생 버튼은 슬라이드보다 먼저 제공해야 합니다.**

    키보드 또는 스크린 리더 사용자가 슬라이드보다 일시정지/재생 버튼에 먼저 접근할 수 있도록 일시정지/재생 버튼의 마크업이 우선되어야 합니다. 자동 재생되는 Carousel은 사용자의 의사와 관계없이 슬라이드가 전환되어 사용자가 콘텐츠를 이해하는 데 어려움을 겪을 수 있습니다. 따라서 사용자가 Carousel의 자동 전환을 제어할 수 있는 수단을 먼저 제공해야 합니다.

> **NOTE** 일시정지/재생 버튼을 꼭 제공해야 할까요?
>
> 서비스 관점에서 자동 재생되는 Carousel은 사용자의 주의를 끄는 데 효과적인 UI 요소로 활용할 수 있습니다. 하지만 모든 사용자가 자동 재생되는 Carousel을 선호하는 것은 아닙니다.
>
> 일부 사용자는 시각 처리나 읽기에 더 많은 시간이 필요하며, 또 다른 사용자는 슬라이드의 전환 속도가 너무 빠르거나 갑작스럽게 변경되면 심각한 경우 현기증, 메스꺼움, 두통 등의 증상을 겪을 수 있습니다.
>
> 따라서 슬라이드 간의 전환 속도를 느리게 조절하거나 사용자가 직접 전환을 제어할 수 있는 기능을 제공해 모든 사용자가 콘텐츠를 탐색할 수 있는 충분한 시간을 제공하는 것이 바람직합니다.

```jsx
<div role="region" aria-label="이달의 이벤트">
  <div className="controls">
    {/* 8. 일시정지/재생 버튼을 슬라이드 컨테이너보다 먼저 마크업 */}
    <button
      type="button"
      onClick={() => {
        setIsAutoPlay((prev) => !prev);
        setIsRotation((prev) => !prev);
      }}
      aria-label={isRotation ? "일시정지" : "재생"}
    />

    <button
      type="button"
      onClick={() => handleClickControls("prev")}
      aria-controls="slide-container-id"
    >
      이전 슬라이드
    </button>
    <button
      type="button"
      onClick={() => handleClickControls("next")}
      aria-controls="slide-container-id"
    >
      다음 슬라이드
    </button>
  </div>

  <div
    className="slide-container"
    id="slide-container-id"
    aria-live={isAutoPlay ? "off" : "polite"}
    aria-label="7월 주요 이벤트"
  >
    {SLIDE_CONTENTS.map((item, index) => (
```

```
          {/* 슬라이드 콘텐츠 ... */}
        ))}
      </div>

      <div className="indicators">
        {Array.from({ length: SLIDE_LENGTH }, (_, index) => (
          <div
            key={index}
            aria-current={index === activeIndex ? "true" : undefined}
          />
        ))}
      </div>
    </div>
  </div>
```

일시정지/재생 버튼 마크업(src/stories/Carousel/NoTabsIndicatorCarousel.jsx)

이전/다음 슬라이드 이동 버튼

9. **이전/다음 슬라이드 이동 버튼은 슬라이드보다 먼저 제공해야 합니다.**

    키보드 또는 스크린 리더 사용자가 슬라이드보다 이전/다음 슬라이드 이동 버튼에 먼저 접근할 수 있도록 이전/다음 슬라이드 이동 버튼의 마크업이 우선되어야 합니다. 자동 재생되는 Carousel은 사용자의 의사와 관계없이 슬라이드가 전환되어 사용자가 콘텐츠를 이해하는 데 어려움을 겪을 수 있습니다. 따라서 사용자가 원하는 슬라이드의 콘텐츠를 빠르게 탐색할 수 있는 수단을 먼저 제공해야 합니다.

10. **이전/다음 슬라이드 이동 버튼으로 마우스 포인터를 올리거나 초점을 이동한 경우, Carousel은 일시정지되어야 합니다.**

    사용자가 이전/다음 슬라이드 이동 버튼으로 마우스 포인터를 올리거나 초점을 이동한 경우에는 현재 표시되는 슬라이드의 콘텐츠를 탐색하고 이해하기 위한 의도를 가지고 있는 것으로 간주합니다. 따라서 사용자가 집중하여 콘텐츠의 내용을 이해할 수 있도록 Carousel이 자동으로 전환되면 안 됩니다.

```
import { useCallback, useEffect, useRef, useState } from "react";

const SLIDE_CONTENTS = [...];

const SLIDE_LENGTH = SLIDE_CONTENTS.length;
const LAST_INDEX = SLIDE_LENGTH - 1;
const SLIDE_INTERVAL_TIME = 5000;
```

```jsx
function NoTabsIndicatorCarousel() {
  const [activeIndex, setActiveIndex] = useState(0);
  const [isAutoPlay, setIsAutoPlay] = useState(true);
  const [isRotation, setIsRotation] = useState(isAutoPlay);
  const intervalRef = useRef(null);

  const playCarousel = useCallback(() => {
    if (!isRotation) {
      return;
    }

    setIsAutoPlay(true);
  }, [isRotation]);

  const moveToNextSlide = useCallback(() => {...}, [activeIndex]);

  useEffect(() => {
    if (isAutoPlay) {
      intervalRef.current = setInterval(moveToNextSlide, SLIDE_INTERVAL_TIME);

      return () => clearInterval(intervalRef.current);
    }
  }, [isAutoPlay, moveToNextSlide]);

  const handleClickControls = useCallback(
    (direction, index) => {...}, [activeIndex, isAutoPlay, moveToNextSlide]);

  return (
    <div role="region" aria-label="이달의 이벤트">
      <div className="controls">
        <button
          type="button"
          onClick={() => {
            setIsAutoPlay((prev) => !prev);
            setIsRotation((prev) => !prev);
          }}
          aria-label={isRotation ? "일시정지" : "재생"}
        />

        {/* 9. 이전/다음 슬라이드 이동 버튼을 슬라이드 컨테이너보다 먼저 마크업 */}
        <button
          type="button"
          onClick={() => handleClickControls("prev")}  ❾
          aria-controls="slide-container-id"
          /* 10. 이전 슬라이드 이동 버튼에 마우스 포인터를 올리거나 초점을 이동한 경우
          Carousel의 재생 상태 전환 */
          onMouseOver={() => setIsAutoPlay(false)}
          onMouseOut={playCarousel}  ❿
```

```jsx
          onFocus={() => setIsAutoPlay(false)}
          onBlur={playCarousel}                         ❿
        >
          이전 슬라이드
        </button>
        <button
          type="button"
          onClick={() => handleClickControls("next")}
          /* 2. 슬라이드 컨테이너 요소 id 참조 */
          aria-controls="slide-container-id"  ❷
          /* 10. 다음 슬라이드 이동 버튼에 마우스 포인터를 올리거나 초점을 이동한 경우
  Carousel의 재생 상태 전환 */
          onMouseOver={() => setIsAutoPlay(false)}
          onMouseOut={playCarousel}
          onFocus={() => setIsAutoPlay(false)}
          onBlur={playCarousel}
        >
          다음 슬라이드
        </button>
      </div>

      <div
        className="slide-container"
        id="slide-container-id"
        aria-live={isAutoPlay ? "off" : "polite"}
        aria-label="7월 주요 이벤트"
      >
        {SLIDE_CONTENTS.map((item, index) => (
          {/* 슬라이드 콘텐츠 ... */}
        ))}
      </div>

      <div className="indicators">
        {Array.from({ length: SLIDE_LENGTH }, (_, index) => (
          <div
            key={index}
            aria-current={index === activeIndex ? "true" : undefined}
          />
        ))}
      </div>
    </div>
  );
}

export default NoTabsIndicatorCarousel;
```

이전/다음 슬라이드 이동 버튼 마크업, 이전/다음 슬라이드 이동 버튼의 초점 이동 처리(src/stories/Carousel/NoTabsIndicatorCarousel.jsx)

슬라이드

11. **슬라이드에 마우스 포인터를 올리거나 초점을 이동한 경우, Carousel은 일시정지되어야 합니다.**

    사용자가 슬라이드에 마우스 포인터를 올리거나 초점을 이동한 경우에는 현재 표시되는 슬라이드의 콘텐츠를 탐색하고 이해하기 위한 의도를 가지고 있는 것으로 간주합니다. 따라서 사용자가 집중하여 콘텐츠의 내용을 이해할 수 있도록 Carousel이 자동으로 전환되면 안 됩니다.

```jsx
import { useCallback, useEffect, useRef, useState } from "react";

const SLIDE_CONTENTS = [...];

const SLIDE_LENGTH = SLIDE_CONTENTS.length;
const LAST_INDEX = SLIDE_LENGTH - 1;
const SLIDE_INTERVAL_TIME = 5000;

function NoTabsIndicatorCarousel() {
  const [activeIndex, setActiveIndex] = useState(0);
  const [isAutoPlay, setIsAutoPlay] = useState(true);
  const [isRotation, setIsRotation] = useState(isAutoPlay);
  const intervalRef = useRef(null);

  const playCarousel = useCallback(() => {...}, [isRotation]);
  const moveToNextSlide = useCallback(() => {...}, [activeIndex]);

  useEffect(() => {
    if (isAutoPlay) {
      intervalRef.current = setInterval(moveToNextSlide, SLIDE_INTERVAL_TIME);

      return () => clearInterval(intervalRef.current);
    }
  }, [isAutoPlay, moveToNextSlide]);

  const handleClickControls = useCallback(
    (direction, index) => {...}, [activeIndex, isAutoPlay, moveToNextSlide]);

  return (
    <div role="region" aria-label="이달의 이벤트">
      <div className="controls">
          {/* 컨트롤 요소 ... */}
      </div>

      <div
        className="slide-container"
        id="slide-container-id"
```

```jsx
      aria-live={isAutoPlay ? "off" : "polite"}
      aria-label="7월 주요 이벤트"
    >
      {SLIDE_CONTENTS.map((item, index) => (
        <div
          className={`slide-item ${index === activeIndex ? "active" : ""}`}
          key={index}
          aria-label={`총 ${SLIDE_LENGTH}개의 슬라이드 중 ${index + 1} 번째 슬라이드`}
          role="group"
        >
          <a
            href="/"
            /* 11. 마우스 포인터를 올리거나 초점을 이동한 경우 Carousel의 재생 상태 전환 */
            onMouseOver={() => setIsAutoPlay(false)}
            onMouseOut={playCarousel}
            onFocus={() => setIsAutoPlay(false)}
            onBlur={playCarousel}
          >
            <img src={item.imageUrl} alt="" />
            <p>
              <strong>{item.title}</strong>
              <span>{item.description}</span>
            </p>
          </a>
        </div>
      ))}
    </div>

    <div className="indicators">
      {Array.from({ length: SLIDE_LENGTH }, (_, index) => (
        <div
          key={index}
          aria-current={index === activeIndex ? "true" : undefined}
        />
      ))}
    </div>
  </div>
  );
}

export default NoTabsIndicatorCarousel;
```

슬라이드에 대한 포인터 및 초점 이동 처리(src/stories/Carousel/NoTabsIndicatorCarousel.jsx)

- **키보드 컨트롤**

웹에서 키보드를 통해 Carousel을 탐색할 때 준수해야 하는 동작입니다. 각각의 키보드 동작이 가지고 있는 기본 동작을 실행하지 않기 위해 `preventDefault()`를 호출합니다.

12. **Shift + Tab**

    Shift + Tab 키로 Carousel 내부 초점 이동이 가능한 이전 요소로 초점을 이동합니다.

13. **Tab**

    Tab 키로 Carousel 내부 초점 이동이 가능한 이전 요소로 초점을 이동합니다.

- **초점이 일시정지/재생 버튼 요소에 있는 경우**

14. **Space** 또는 **Enter**

    Carousel의 일시정지/재생 상태를 전환합니다.

- **초점이 이전/다음 슬라이드 이동 버튼 요소에 있는 경우**

15. **Space** 또는 **Enter**

    슬라이드의 다음 또는 이전 슬라이드를 표시합니다.

> **NOTE 참고하기**
>
> `<button>` 태그에는 이미 Space 또는 Enter 키에 대한 기본 동작이 적용되어 있습니다. 따라서 별도의 이벤트 핸들러를 추가하지 않아도 Space 또는 Enter 키를 누르면 일시정지/재생 버튼, 이전/다음 슬라이드 이동 버튼으로 Carousel을 제어할 수 있습니다.

● 슬라이드 이동이 가능한 인디케이터가 포함된 Carousel

인디케이터는 현재 위치를 알려주는 것뿐만 아니라 사용자가 다른 슬라이드로 쉽게 이동하거나 특정 슬라이드로 이동할 수 있도록 도와주는 컨트롤 요소로 사용됩니다. 사용자가 인디케이터를 통해 Carousel을 더 효과적으로 제어할 수 있도록 접근성을 준수하는 방법에 대해 알아봅시다.

- **WAI-ARIA 적용**

일시정지/재생 버튼

1. **일시정지/재생 버튼에 대한 레이블이 DOM 안에 없는 경우, aria-label 속성을 추가해 해당 버튼이 어떤 작업을 수행하는지 설명합니다.**

    Carousel의 일시정지/재생 버튼은 사용자에게 현재 진행 중인 동작을 명확하게 전달하기 위해 해당 버튼이 수행하는 작업에 따라 레이블을 동적으로 변경해야 합니다. 이때 사용자에게는 슬라이드의 내용이 자동으로 변경될 수 있다는 사실과 변경되는 시점을 명확하게 전달해야 합니다. 예를 들어 슬라이드 일시정지 또는 슬라이드 재생과 같이 작업에 맞게 레이블을 동적으로 변경합니다.

```jsx
import { useState } from "react";

function TabsIndicatorCarousel() {
  const [isAutoPlay, setIsAutoPlay] = useState(true);
  const [isRotation, setIsRotation] = useState(isAutoPlay);

  return (
    <div className="controls">
      <button
        type="button"
        onClick={() => {
          /* Carousel의 일시정지/재생 상태 전환 */
          setIsAutoPlay((prev) => !prev);
          /* 일시정지/재생 버튼 레이블 전환 */
          setIsRotation((prev) => !prev);
        }}
        /* 1. Carousel 재생 상태에 따른 버튼 대체 텍스트 변경 */
        aria-label={isRotation ? "일시정지" : "재생"} ❶
      />
    </div>
  );
}

export default TabsIndicatorCarousel;
```

aria-label 속성을 통해 일시정지/재생 버튼의 레이블 제공(src/stories/Carousel/TabsIndicatorCarousel.jsx)

이전/다음 슬라이드 이동 버튼

2. **이전/다음 슬라이드 이동 버튼에 aria-controls 속성을 추가합니다.**

   이전/다음 슬라이드 이동 버튼 요소에 `aria-controls` 속성을 추가하고, 속성값으로 각 슬라이드를 포함하는 컨테이너 역할을 하는 요소의 `id`값을 참조합니다. 이를 통해 이전/다음 슬라이드 버튼이 어떤 슬라이드를 조작하는지 명시합니다.

```jsx
import { useState } from "react";

// 슬라이드 내부 콘텐츠
```

```
const SLIDE_CONTENTS = [
  {
    title: "초대할 때마다 포인트 5천 원",
    description: "친구 초대하고 최대 5만 원 받으세요!",
    imageUrl: "https://via.placeholder.com/2400x1200/eee/000?text=",
  },
  {
    title: "역시즌 세일",
    description: "인기 브랜드 미리 준비하는 역시즌 특가!",
    imageUrl: "https://via.placeholder.com/2400x1200/eee/000?text=",
  },
  {
    title: "여름 디저트 대전",
    description: "시원한 디저트를 먹으면 여름 바캉스 경품까지!",
    imageUrl: "https://via.placeholder.com/2400x1200/eee/000?text=",
  },
];

function TabsIndicatorCarousel() {
  const [isAutoPlay, setIsAutoPlay] = useState(true); // Carousel 재생 여부
  const [isRotation, setIsRotation] = useState(isAutoPlay); // 일시정지/재생 버튼 레이블 전환

  return (
    <>
      <div className="controls">
        <button
          type="button"
          onClick={() => {
            setIsAutoPlay((prev) => !prev);
            setIsRotation((prev) => !prev);
          }}
          aria-label={isRotation ? "일시정지" : "재생"}
        />

        <button
          type="button"
          onClick={() => handleClickControls("prev")}
          /* 2. 슬라이드 컨테이너 요소 id 참조 */
          aria-controls="slide-container-id" ❷
        >
          이전 슬라이드
        </button>
        <button
          type="button"
          onClick={() => handleClickControls("next")}
          /* 2. 슬라이드 컨테이너 요소 id 참조 */
          aria-controls="slide-container-id" ❷
```

```
          >
            다음 슬라이드
          </button>
        </div>

        <div
          className="slide-container"
          /* 2. 슬라이드 컨테이너의 id 정의 */
          id="slide-container-id" ❷
        >
          {SLIDE_CONTENTS.map(
            (item, index) =>
              index === activeIndex && (
                <div
                  key={index}
                >
                  <a href="/">
                    <img src={item.imageUrl} alt="" />
                    <p>
                      <strong>{item.title}</strong>
                      <span>{item.description}</span>
                    </p>
                  </a>
                </div>
              ),
          )}
        </div>
      </>
    );
  }

export default TabsIndicatorCarousel;
```

이전/다음 슬라이드 이동 버튼에 aria-controls 속성 추가(src/stories/Carousel/TabsIndicatorCarousel.jsx)

인디케이터

3. 모든 인디케이터 버튼을 감싸는 컨테이너 요소에 role="tablist"를 명시하고, 각 인디케이터 버튼에는 role="tab"을 명시합니다.

스크린 리더가 인디케이터 컨테이너는 Tab 목록, 각 인디케이터 버튼은 Tab으로 인식하도록 ARIA 역할을 명시합니다. 이를 통해 스크린 리더 사용자들은 인디케이터를 Tab으로 인식하고 각각의 버튼을 선택해 원하는 슬라이드의 내용을 확인할 수 있습니다.

4. **인디케이터 버튼 요소에 aria-selected 속성을 추가합니다.**

    `aria-selected`가 **true**인 경우 해당 버튼은 현재 선택된 상태를 나타내고, **false**인 경우에는 선택되지 않은 상태를 나타냅니다. 스크린 리더 사용자는 인디케이터 버튼의 `aria-selected` 속성을 통해 현재 선택된 슬라이드를 정확하게 인식할 수 있습니다.

5. **모든 인디케이터 버튼을 감싸는 컨테이너 요소에 aria-label 속성을 추가합니다.**

    `aria-label` 속성을 통해 인디케이터 컨테이너의 목적을 명시합니다. 컨테이너의 목적에 대해 명확하고 간결한 설명을 제공함으로써 사용자는 탭 목록을 이해하고 콘텐츠를 쉽게 탐색할 수 있습니다.

6. **인디케이터 버튼 요소에 aria-controls 속성을 추가합니다.**

    인디케이터 버튼 요소에 `aria-controls` 속성을 추가하고, 속성값으로 인디케이션 버튼과 연관된 슬라이드 요소의 `id`값을 참조합니다. 이를 통해 인디케이터 버튼과 연관된 슬라이드를 명시합니다.

```jsx
import { useCallback, useEffect, useRef, useState } from "react";

const SLIDE_CONTENTS = [...];

const SLIDE_LENGTH = SLIDE_CONTENTS.length; /* 전체 슬라이드 개수 */
const LAST_INDEX = SLIDE_LENGTH - 1; /* 마지막 슬라이드의 인덱스 */
const SLIDE_INTERVAL_TIME = 5000; /* 자동 재생 지연 시간: 5초 */

function TabsIndicatorCarousel() {
  const [activeIndex, setActiveIndex] = useState(0); // 현재 노출되고 있는 슬라이드의 인덱스
  const [isAutoPlay, setIsAutoPlay] = useState(true); // Carousel 재생 여부
  const [isRotation, setIsRotation] = useState(isAutoPlay); // 일시정지/재생 버튼 레이블 전환
  const intervalRef = useRef(null);

  /* 인디케이터 버튼 ref 배열 정의 */
  const indicatorButtonRefs = useRef(Array.from({ length: SLIDE_LENGTH }));

  const moveToNextSlide = useCallback(() => {
    const nextIndex = activeIndex < LAST_INDEX ? activeIndex + 1 : 0;

    setActiveIndex(nextIndex); /* 다음 슬라이드 표시 */
  }, [activeIndex]);
```

```jsx
useEffect(() => {
  /* Carousel을 자동 재생하는 경우 */
  if (isAutoPlay) {
    /* 5초 후 다음 슬라이드를 표시 */
    intervalRef.current = setInterval(moveToNextSlide, SLIDE_INTERVAL_TIME);

    return () => clearInterval(intervalRef.current);
  }
}, [isAutoPlay, moveToNextSlide]);

const handleClickControls = useCallback(
  (direction, index) => {
    /* 사용자가 컨트롤 요소를 조작했을 때, 기존 interval 중단 */
    clearInterval(intervalRef.current);

    switch (direction) {
      case "prev":
        const prevIndex = activeIndex > 0 ? activeIndex - 1 : LAST_INDEX;
        setActiveIndex(prevIndex); /* 이전 슬라이드 표시 */

        break;
      case "next":
        moveToNextSlide(); /* 다음 슬라이드 표시 */

        break;
      default:
        setActiveIndex(index); /* 선택한 슬라이드 표시 */

        break;
    }

    if (isAutoPlay) {
      /* interval 재시작 */
      intervalRef.current = setInterval(moveToNextSlide, SLIDE_INTERVAL_TIME);
    }
  },
  [activeIndex, isAutoPlay, moveToNextSlide],
);

return (
  <>
    <div className="controls">
      <button
        type="button"
        onClick={() => {
          setIsAutoPlay((prev) => !prev);
          setIsRotation((prev) => !prev);
        }}
```

```jsx
      aria-label={isRotation ? "일시정지" : "재생"}
    />

    <button
      type="button"
      onClick={() => handleClickControls("prev")}
      aria-controls="slide-container-id"
    >
      이전 슬라이드
    </button>
    <button
      type="button"
      onClick={() => handleClickControls("next")}
      aria-controls="slide-container-id"
    >
      다음 슬라이드
    </button>

    {/* 3. Tablist 역할 명시, 5. 인디케이터 컨테이너의 목적 명시*/}
    <div
      className="indicators"
      role="tablist" ③
      aria-label="이미지 슬라이드" ⑤
    >
      {Array.from({ length: SLIDE_LENGTH }, (_, index) => (
        <button
          type="button"
          key={index}
          /* 3. Tab 역할 명시 */
          role="tab" ③
          /* 6. 인디케이터 버튼과 연관된 슬라이드 요소의 id 참조 */
          aria-controls={`slide-item-${index + 1}`} ⑥
          /* 4. 현재 선택된 슬라이드인 경우 true, 아닌 경우 false */
          aria-selected={index === activeIndex} ④
          /* 선택한 슬라이드 노출 */
          onClick={() => handleClickControls(_, index)}
          ref={(el) => (indicatorButtonRefs.current[index] = el)}
        >
          슬라이드 {index + 1}
        </button>
      ))}
    </div>
  </div>

  <div
    className="slide-container"
    id="slide-container-id"
  >
```

```
      {SLIDE_CONTENTS.map(
        (item, index) =>
          index === activeIndex && (
            {/* 슬라이드 콘텐츠... */}
          ),
      )}
    </div>
  </>
 );
}

export default TabsIndicatorCarousel;
```

인디케이터 WAI-ARIA 적용(src/stories/Carousel/TabsIndicatorCarousel.jsx)

슬라이드

7. **Carousel이 자동 재생 중인 경우에는 슬라이드 컨테이너 요소의 aria-live 속성을 off로 설정하고, 정지된 경우에는 polite로 설정합니다.**

   Carousel이 자동 재생되는 상태인 경우 슬라이드가 정해진 시간마다 자동으로 변경되면서 새로운 콘텐츠를 노출합니다. 만약 슬라이드가 변경될 때마다 스크린 리더 사용자에게 변경 내용을 즉시 전달한다면 사용자는 내용을 이해하기 어려울 수 있습니다. 따라서 Carousel이 자동 재생되는 상태인 경우, 슬라이드 컨테이너 요소에 `aria-live="off"`를 추가하여 스크린 리더가 자동 재생으로 인한 변경사항을 즉시 알리지 않도록 설정합니다. 이를 통해 슬라이드가 변경되는 동안에도 사용자는 현재 집중하고 있는 콘텐츠를 방해받지 않고 계속해서 읽을 수 있습니다. 반대로 Carousel이 정지된 상태라면 `aria-live` 속성의 값을 `polite`로 설정해 스크린 리더가 현재 읽고 있는 내용을 끊지 않고 먼저 읽은 후, 변경된 내용을 읽을 수 있도록 해야 합니다. 이를 통해 스크린 리더 사용자는 슬라이드의 내용을 쉽게 이해할 수 있습니다.

8. **슬라이드 컨테이너 요소와 각 슬라이드에 aria-label 속성을 추가합니다.**

   슬라이드 컨테이너에 Carousel의 콘텐츠를 설명하는 레이블을 제공합니다. 마찬가지로 각 슬라이드에도 전체 슬라이드 중 어떤 슬라이드가 표시되는지 이해하는 데 도움이 되도록 고유한 레이블을 제공합니다. 레이블은 시각적으로는 표시되지 않지만 스크린 리더 사용자가 Carousel의 콘텐츠를 이해하고, 개별 슬라이드를 구분할 수 있게 돕습니다.

> **CAUTION**
> 자동 재생되는 Carousel은 사용자가 Carousel의 내용을 충분히 파악하고 컨트롤 요소를 조작할 수 있도록 다음 슬라이드가 표시되기까지의 지연 시간을 최소 5초 이상으로 설정하는 것이 좋습니다.

9. **각 슬라이드 요소에 tabpanel 역할을 명시합니다.**

   인디케이터 버튼을 누르면 연관된 슬라이드가 노출되는데, 이때 각 버튼은 탭 역할을 하며 각 슬라이드가 해당 탭에 대응하여 탭 패널의 역할을 합니다. 각 슬라이드 요소에 `tabpanel` 역할을 명시하면 스크린 리더 사용자는 해당 슬라이드가 탭 패널의 역할을 하고 있음을 알 수 있습니다.

```jsx
<div
  className="slide-container"
  id="slide-container-id"
  /* 7. 자동 재생인 경우 off, 일시정지인 경우 polite */
  aria-live={isAutoPlay ? "off" : "polite"} ❼
  /* 8. Carousel의 콘텐츠 설명하는 레이블 텍스트 제공 */
  aria-label="7월 주요 이벤트" ❽
>
  {SLIDE_CONTENTS.map(
    (item, index) =>
      index === activeIndex && (
        <div
          key={index}
          id={`slide-item-${index + 1}`}
          /* 8. 총 3개의 슬라이드 중 어떤 슬라이드가 표시되는지 레이블 텍스트 제공 */
          aria-label={`총 ${SLIDE_LENGTH}개의 슬라이드 중 ${
            index + 1
          }번째 슬라이드`} ❽
          /* 9. 탭 패널 역할 명시 */
          role="tabpanel" ❾
        >
          <a href="/">
            <img src={item.imageUrl} alt="" />
            <p>
              <strong>{item.title}</strong>
              <span>{item.description}</span>
            </p>
          </a>
        </div>
      ),
  )}
</div>
```

슬라이드 WAI-ARIA 적용(src/stories/Carousel/TabsIndicatorCarousel.jsx)

Carousel

10. Carousel 역할을 하는 요소에 role="region"과 aria-label 속성을 함께 사용해 Carousel에 대한 설명을 제공합니다.

    `role="region"`을 통해 해당 Carousel이 중요한 의미를 갖는 콘텐츠임을 스크린 리더 사용자에게 알릴 수 있습니다. 보통 Carousel의 경우 많은 양의 콘텐츠를 포함하고 있으며, 자동 재생이 되기 때문에 어떤 종류의 콘텐츠를 확인할 수 있는지 사용자에게 미리 알려주는 것이 바람직합니다. 이를 위해 `aria-label` 속성을 통해 Carousel에 대한 명확하고 간결한 설명을 제공하여 스크린 리더 사용자가 Carousel의 콘텐츠를 쉽게 이해하고 탐색할 수 있도록 돕습니다.

```jsx
/* 10. Carousel 요소에 역할과 설명 제공 */
<div role="region" aria-label="이달의 이벤트"> ❿
  <div className="controls">
    {/* 컨트롤 요소 ... */}
  </div>

  <div
    className="slide-container"
    id="slide-container-id"
    aria-live={isAutoPlay ? "off" : "polite"}
    aria-label="7월 주요 이벤트"
  >
    {SLIDE_CONTENTS.map(
      (item, index) =>
        index === activeIndex && (
          {/* 슬라이드 콘텐츠... */}
        ),
    )}
  </div>
</div>
);
}

export default TabsIndicatorCarousel;
```

Carousel WAI-ARIA 적용(src/stories/Carousel/TabsIndicatorCarousel.jsx)

> **NOTE 참고하기**
>
> `section` 태그를 사용하면 태그 자체가 region의 역할을 가지고 있기 때문에 해당 속성을 추가하지 않아도 됩니다.

- **초점 이동 처리**

일시정지/재생 버튼

11. **일시정지/재생 버튼은 슬라이드보다 먼저 제공해야 합니다.**

    키보드 또는 스크린 리더 사용자가 슬라이드보다 일시정지/재생 버튼에 먼저 접근할 수 있도록 일시정지/재생 버튼의 마크업이 우선되어야 합니다. 자동 재생되는 Carousel은 사용자의 의사와 관계없이 슬라이드가 전환되어 사용자가 콘텐츠를 이해하는 데 어려움을 겪을 수 있습니다. 따라서 사용자가 Carousel의 자동 전환을 제어할 수 있는 수단을 먼저 제공해야 합니다.

```jsx
<div role="region" aria-label="이달의 이벤트">
    <div className="controls">
      {/* 11. 일시정지/재생 버튼을 슬라이드 컨테이너보다 먼저 마크업 */}
      <button
        type="button"        ⑪
        onClick={() => {
          setIsAutoPlay((prev) => !prev);
          setIsRotation((prev) => !prev);
        }}
        aria-label={isRotation ? "일시정지" : "재생"}
      />

      <button
        type="button"
        onClick={() => handleClickControls("prev")}
        aria-controls="slide-container-id"
      >
        이전 슬라이드
      </button>
      <button
        type="button"
        onClick={() => handleClickControls("next")}
        aria-controls="slide-container-id"
      >
        다음 슬라이드
      </button>
```

```jsx
      <div
        className="indicators"
        role="tablist"
        aria-label="이미지 슬라이드"
      >
        {Array.from({ length: SLIDE_LENGTH }, (_, index) => (
          {/* 인디케이터 요소 ... */}
        ))}
      </div>
    </div>

    <div
      className="slide-container"
      id="slide-container-id"
      aria-live={isAutoPlay ? "off" : "polite"}
      aria-label="7월 주요 이벤트"
    >
      {SLIDE_CONTENTS.map(
        (item, index) =>
          index === activeIndex && (
            {/* 슬라이드 콘텐츠... */}
          ),
      )}
    </div>

  </div>
 );
}

export default TabsIndicatorCarousel;
```

일시정지/재생 버튼 마크업(src/stories/Carousel/TabsIndicatorCarousel.jsx)

12. **이전/다음 슬라이드 이동 버튼은 슬라이드보다 먼저 제공해야 합니다.**

    키보드 또는 스크린 리더 사용자가 슬라이드보다 이전/다음 슬라이드 이동 버튼에 먼저 접근할 수 있도록 이전/다음 슬라이드 이동 버튼의 마크업이 우선되어야 합니다. 자동 재생되는 Carousel은 사용자의 의사와 관계없이 슬라이드가 전환되어 사용자가 콘텐츠를 이해하는 데 어려움을 겪을 수 있습니다. 따라서 사용자가 원하는 슬라이드의 콘텐츠를 빠르게 탐색할 수 있는 수단을 먼저 제공해야 합니다.

13. **이전/다음 슬라이드 이동 버튼으로 마우스 포인터를 올리거나 초점을 이동한 경우, Carousel은 일시정지되어야 합니다.**

    사용자가 이전/다음 슬라이드 이동 버튼으로 마우스 포인터를 올리거나 초점을 이동한 경우는 현재 표시되는 슬라이드의 콘텐츠를 탐색하고 이해하기 위한 의도를 가지고 있는 것으로 간주합니다. 따라서 사용자가 집중하여 콘텐츠의 내용을 이해할 수 있도록 Carousel이 자동으로 전환되면 안 됩니다.

```jsx
import { useCallback, useEffect, useRef, useState } from "react";

const SLIDE_CONTENTS = [...];

const SLIDE_LENGTH = SLIDE_CONTENTS.length;
const LAST_INDEX = SLIDE_LENGTH - 1;
const SLIDE_INTERVAL_TIME = 5000;

function TabsIndicatorCarousel() {
  const [activeIndex, setActiveIndex] = useState(0);
  const [isAutoPlay, setIsAutoPlay] = useState(true);
  const [isRotation, setIsRotation] = useState(isAutoPlay);
  const intervalRef = useRef(null);

  const indicatorButtonRefs = useRef(Array.from({ length: SLIDE_LENGTH }));

  const playCarousel = useCallback(() => {
    if (!isRotation) {
      return;
    }

    setIsAutoPlay(true);
  }, [isRotation]);

  const moveToNextSlide = useCallback(() => {...}, [activeIndex]);

  useEffect(() => {
    if (isAutoPlay) {
      intervalRef.current = setInterval(moveToNextSlide, SLIDE_INTERVAL_TIME);

      return () => clearInterval(intervalRef.current);
    }
  }, [isAutoPlay, moveToNextSlide]);

  const handleClickControls = useCallback(
    (direction, index) => {...}, [activeIndex, isAutoPlay, moveToNextSlide]);

  return (
    <div role="region" aria-label="이달의 이벤트">
      <div className="controls">
        <button
```

```jsx
            type="button"
            onClick={() => {
              setIsAutoPlay((prev) => !prev);
              setIsRotation((prev) => !prev);
            }}
            aria-label={isRotation ? "일시정지" : "재생"}
          />

          {/* 12. 이전/다음 슬라이드 이동 버튼을 슬라이드 컨테이너보다 먼저 마크업 */}
          <button
            type="button"
            onClick={() => handleClickControls("prev")}
            aria-controls="slide-container-id"
            /* 13. 이전 슬라이드 이동 버튼에 마우스 포인터를 올리거나 초점을 이동한 경우
Carousel의 재생 상태 전환 */
            onMouseOver={() => setIsAutoPlay(false)}
            onMouseOut={playCarousel}
            onFocus={() => setIsAutoPlay(false)}
            onBlur={playCarousel}
          >
            이전 슬라이드
          </button>
          <button
            type="button"
            onClick={() => handleClickControls("next")}
            aria-controls="slide-container-id"
            /* 13. 다음 슬라이드 이동 버튼에 마우스 포인터를 올리거나 초점을 이동한 경우
Carousel의 재생 상태 전환 */
            onMouseOver={() => setIsAutoPlay(false)}
            onMouseOut={playCarousel}
            onFocus={() => setIsAutoPlay(false)}
            onBlur={playCarousel}
          >
            다음 슬라이드
          </button>

          <div
            className="indicators"
            role="tablist"
            aria-label="이미지 슬라이드"
          >
            {Array.from({ length: SLIDE_LENGTH }, (_, index) => (
              {/* 인디케이터 요소... */}
            ))}
          </div>
        </div>

        <div
```

```
      className="slide-container"
      id="slide-container-id"
      aria-live={isAutoPlay ? "off" : "polite"}
      aria-label="7월 주요 이벤트"
    >
      {SLIDE_CONTENTS.map(
        (item, index) =>
          index === activeIndex && (
            {/* 슬라이드 콘텐츠... */}
          ),
      )}
    </div>
  </div>
  );
}

export default TabsIndicatorCarousel;
```

이전/다음 슬라이드 이동 버튼 마크업, 이전/다음 슬라이드 이동 버튼의 초점 이동 처리(src/stories/Carousel/TabsIndicatorCarousel.jsx)

14. **슬라이드에 마우스 포인터를 올리거나 초점을 이동한 경우, Carousel은 일시정지 되어야 합니다.**

    사용자가 슬라이드에 마우스 포인터를 올리거나 초점을 이동한 경우는 현재 표시되는 슬라이드의 콘텐츠를 탐색하고 이해하기 위한 의도를 가지고 있는 것으로 간주합니다. 따라서 사용자가 집중하여 콘텐츠의 내용을 이해할 수 있도록 Carousel이 자동으로 전환되면 안 됩니다.

15. **현재 보이는 슬라이드와 연관된 인디케이터 버튼에만 초점 이동 가능합니다.**

    현재 보이는 슬라이드와 연관된 인디케이터 버튼에는 `tabindex="1"`, 그 외 나머지 인디케이터 버튼에는 초점이 이동되지 않도록 `tabindex="-1"`을 설정합니다. 이를 통해 사용자는 키보드 Tab 키로 현재 슬라이드와 연관된 인디케이터 버튼으로 쉽게 초점을 이동할 수 있습니다. 또한 초점이 이동하는 순서를 일관성 있게 유지하여 사용자가 현재 어느 버튼이 선택되어 있는지 쉽게 파악할 수 있습니다.

```
import { useCallback, useEffect, useRef, useState } from "react";

const SLIDE_CONTENTS = [...];

const SLIDE_LENGTH = SLIDE_CONTENTS.length;
const LAST_INDEX = SLIDE_LENGTH - 1;
const SLIDE_INTERVAL_TIME = 5000;
```

```jsx
function TabsIndicatorCarousel() {
  const [activeIndex, setActiveIndex] = useState(0);
  const [isAutoPlay, setIsAutoPlay] = useState(true);
  const [isRotation, setIsRotation] = useState(isAutoPlay);
  const intervalRef = useRef(null);

  const indicatorButtonRefs = useRef(Array.from({ length: SLIDE_LENGTH }));

  const playCarousel = useCallback(() => {...}, [isRotation]);
  const moveToNextSlide = useCallback(() => {... }, [activeIndex]);

  useEffect(() => {
    if (isAutoPlay) {
      intervalRef.current = setInterval(moveToNextSlide, SLIDE_INTERVAL_TIME);

      return () => clearInterval(intervalRef.current);
    }
  }, [isAutoPlay, moveToNextSlide]);

  const handleClickControls = useCallback(
    (direction, index) => {...},[activeIndex, isAutoPlay, moveToNextSlide]);

  return (
    <div role="region" aria-label="이달의 이벤트">
      <div className="controls">
        {/* 일시정지/재생 버튼, 이전/다음 슬라이드 이동 버튼 ... */}

        <div
          className="indicators"
          role="tablist"
          aria-label="이미지 슬라이드"
        >
          {Array.from({ length: SLIDE_LENGTH }, (_, index) => (
            <button
              type="button"
              key={index}
              role="tab"
              aria-controls={`slide-item-${index + 1}`}
              aria-selected={index === activeIndex}
              onClick={() => handleClickControls(_, index)}
              /* 14. 인디케이터 버튼에 마우스 포인터를 올리거나 초점을 이동한 경우
Carousel의 재생 상태 전환 */
              onMouseOver={() => setIsAutoPlay(false)}
              onMouseOut={playCarousel}
              onFocus={() => setIsAutoPlay(false)}
              onBlur={playCarousel}
              ref={(el) => (indicatorButtonRefs.current[index] = el)}
              /* 15. 현재 표시되는 슬라이드와 연관된 인디케이터 버튼에만 초점 이동 가능 */
```

```
          tabIndex={activeIndex === index ? undefined : -1} ⑮
        >
          슬라이드 {index + 1}
        </button>
      ))}
    </div>
  </div>

  <div
    className="slide-container"
    id="slide-container-id"
    aria-live={isAutoPlay ? "off" : "polite"}
    aria-label="7월 주요 이벤트"
  >
    {SLIDE_CONTENTS.map(
      (item, index) =>
        index === activeIndex && (
          {/* 슬라이드 콘텐츠... */}
        ),
    )}
  </div>
 </div>
 );
}

export default TabsIndicatorCarousel;
```

인디케이터에 대한 포인터 및 초점 이동 처리(src/stories/Carousel/TabsIndicatorCarousel.jsx)

슬라이드

16. **슬라이드에 마우스 포인터를 올리거나 초점을 이동한 경우, Carousel은 일시정지되어야 합니다.**

    사용자가 슬라이드에 마우스 포인터를 올리거나 초점을 이동한 경우는 현재 표시되는 슬라이드의 콘텐츠를 탐색하고 이해하기 위한 의도를 가지고 있는 것으로 간주합니다. 따라서 사용자가 집중하여 콘텐츠의 내용을 이해할 수 있도록 Carousel이 자동으로 전환되면 안 됩니다.

```
import { useCallback, useEffect, useRef, useState } from "react";

const SLIDE_CONTENTS = [...];

const SLIDE_LENGTH = SLIDE_CONTENTS.length;
const LAST_INDEX = SLIDE_LENGTH - 1;
const SLIDE_INTERVAL_TIME = 5000;

function TabsIndicatorCarousel() {
```

```jsx
const [activeIndex, setActiveIndex] = useState(0);
const [isAutoPlay, setIsAutoPlay] = useState(true);
const [isRotation, setIsRotation] = useState(isAutoPlay);
const intervalRef = useRef(null);

const indicatorButtonRefs = useRef(Array.from({ length: SLIDE_LENGTH }));

const playCarousel = useCallback(() => {...}, [isRotation]);
const moveToNextSlide = useCallback(() => {...}, [activeIndex]);

useEffect(() => {
  if (isAutoPlay) {
    intervalRef.current = setInterval(moveToNextSlide, SLIDE_INTERVAL_TIME);

    return () => clearInterval(intervalRef.current);
  }
}, [isAutoPlay, moveToNextSlide]);

const handleClickControls = useCallback(
  (direction, index) => {...}, [activeIndex, isAutoPlay, moveToNextSlide]);

return (
  <div role="region" aria-label="이달의 이벤트">
    <div className="controls">
      {/* 컨트롤 요소 ... */}
    </div>

    <div
      id="slide-container-id"
      aria-live={isAutoPlay ? "off" : "polite"}
      aria-label="7월 주요 이벤트"
    >
      {SLIDE_CONTENTS.map(
        (item, index) =>
          index === activeIndex && (
            <div
              className={`slide-item ${index === activeIndex ? "active" : ""}`}
              key={index}
              id={`slide-item-${index + 1}`}
              aria-label={`총 ${SLIDE_LENGTH}개의 슬라이드 중 ${index + 1}번째 슬라이드`}
              role="tabpanel"
            >
              <a
                href="/"
                /* 16. 슬라이드에 마우스 포인터를 올리거나 초점을 이동한 경우
                Carousel의 재생 상태 전환 */
```

```jsx
          onMouseOver={() => setIsAutoPlay(false)}
          onMouseOut={playCarousel}
          onFocus={() => setIsAutoPlay(false)}                    ⓰
          onBlur={playCarousel}
        >
          <img src={item.imageUrl} alt="" />
          <p>
            <strong>{item.title}</strong>
            <span>{item.description}</span>
          </p>
        </a>
      </div>
    ),
  )}
    </div>
  </div>
  );
}

export default TabsIndicatorCarousel;
```

슬라이드에 대한 포인터 및 초점 이동 처리(src/stories/Carousel/TabsIndicatorCarousel.jsx)

- **키보드 컨트롤**

웹에서 키보드를 통해 Carousel을 탐색할 때 준수해야 하는 동작입니다. 각각의 키보드 동작이 가지고 있는 기본 동작을 실행하지 않기 위해 `preventDefault()`를 호출합니다.

> **NOTE 안드로이드와 웹 버전**
>
> 일시정지/재생 버튼, 이전/다음 슬라이드 이동 버튼으로 사용되는 `<button>` 태그에는 이미 Space 또는 Enter 키에 대한 기본 동작이 적용되어 있습니다. 따라서 별도의 이벤트 핸들러를 추가하지 않아도 Space 또는 Enter 키로 일시정지/재생 버튼, 이전/다음 슬라이드 이동 버튼으로 Carousel을 제어할 수 있습니다.

- **Shift + Tab**

  Shift + Tab 키로 Carousel 내부 초점 이동이 가능한 이전 요소로 초점을 이동합니다.

- **Tab**

  Tab 키로 Carousel 내부 초점 이동이 가능한 이전 요소로 초점을 이동합니다.

초점이 인디케이터 요소에 있는 경우

17. **Left Arrow**

    이전 인디케이터 버튼으로 초점을 이동합니다. 초점이 첫 번째 인디케이터 버튼에 있는 경우 초점을 마지막 인디케이터 버튼으로 이동합니다. 초점이 변경되면 인디케이터 버튼과 연관된 슬라이드를 표시합니다.

18. **Right Arrow**

    다음 인디케이터 버튼으로 초점을 이동합니다. 초점이 마지막 인디케이터 버튼에 있는 경우 초점을 첫 번째 인디케이터 버튼으로 이동합니다. 초점이 변경되면 인디케이터 버튼과 연관된 슬라이드를 표시합니다.

19. **Home**

    첫 번째 인디케이터 버튼으로 초점을 이동하고, 첫 번째 슬라이드를 표시합니다.

20. **End**

    마지막 인디케이터 버튼으로 초점을 이동하고, 마지막 슬라이드를 표시합니다.

```jsx
import { useCallback, useEffect, useRef, useState } from "react";

const SLIDE_CONTENTS = [...];

const SLIDE_LENGTH = SLIDE_CONTENTS.length;
const LAST_INDEX = SLIDE_LENGTH - 1;
const SLIDE_INTERVAL_TIME = 5000;

function TabsIndicatorCarousel() {
  const [activeIndex, setActiveIndex] = useState(0);
  const [isAutoPlay, setIsAutoPlay] = useState(true);
  const [isRotation, setIsRotation] = useState(isAutoPlay);
  const intervalRef = useRef(null);

  const indicatorButtonRefs = useRef(Array.from({ length: SLIDE_LENGTH }));

  const playCarousel = useCallback(() => {...}, [isRotation]);
  const moveToNextSlide = useCallback(() => {...}, [activeIndex]);

  useEffect(() => {
    if (isAutoPlay) {
      intervalRef.current = setInterval(moveToNextSlide, SLIDE_INTERVAL_TIME);
```

```jsx
    return () => clearInterval(intervalRef.current);
  }
}, [isAutoPlay, moveToNextSlide]);

const handleClickControls = useCallback(
  (direction, index) => {...}, [activeIndex, isAutoPlay, moveToNextSlide]);

const handleIndicatorKeydown = useCallback((event) => {
  let nextIndex;

  const currentIndex = indicatorButtonRefs.current.findIndex(
    (ref) => ref === document.activeElement,
  );

  switch (event.code) {
    /* 17. 이전 슬라이드 표시 및 이전 인디케이터 버튼으로 초점 이동 */
    case "ArrowLeft":
      event.preventDefault();
      nextIndex = currentIndex > 0 ? currentIndex - 1 : LAST_INDEX; ⓱

      break;

    /* 18. 다음 슬라이드 표시 및 다음 인디케이터 버튼으로 초점 이동 */
    case "ArrowRight":
      event.preventDefault();
      nextIndex = currentIndex < LAST_INDEX ? currentIndex + 1 : 0; ⓲

      break;

    /* 19. 첫 번째 슬라이드 표시 및 첫 번째 인디케이터 버튼으로 초점 이동 */
    case "Home":
      event.preventDefault();
      nextIndex = 0;           ⓳

      break;

    /* 20. 마지막 슬라이드 표시 및 마지막 인디케이터 버튼으로 초점 이동 */
    case "End":
      event.preventDefault(); ⓴
      nextIndex = LAST_INDEX;
      break;

    default:
      break;
  }

  if (nextIndex === null || nextIndex === undefined) return;
```

```jsx
      setActiveIndex(nextIndex);
      /* 인디케이터 버튼 초점 이동 */
      indicatorButtonRefs.current[nextIndex].focus();
    }, []);

    return (
      <div role="region" aria-label="이달의 이벤트">
        <div className="controls">
          {/* 일시정지/재생 버튼, 이전/다음 슬라이드 이동 버튼 ... */}

          <div
            className="indicators"
            role="tablist"
            aria-label="이미지 슬라이드"
          >
            {Array.from({ length: SLIDE_LENGTH }, (_, index) => (
              <button
                type="button"
                key={index}
                role="tab"
                aria-controls={`slide-item-${index + 1}`}
                aria-selected={index === activeIndex}
                onClick={() => handleClickControls(_, index)}
                onMouseOver={() => setIsAutoPlay(false)}
                onMouseOut={playCarousel}
                onFocus={() => setIsAutoPlay(false)}
                onBlur={playCarousel}
                ref={(el) => (indicatorButtonRefs.current[index] = el)}
                /* 17. ~ 20. 키보드 컨트롤 */
                onKeyDown={(event) => handleIndicatorKeydown(event)}
                tabIndex={activeIndex === index ? undefined : -1}
              >
                슬라이드 {index + 1}
              </button>
            ))}
          </div>
        </div>

        <div
          id="slide-container-id"
          aria-live={isAutoPlay ? "off" : "polite"}
          aria-label="7월 주요 이벤트"
        >
          {SLIDE_CONTENTS.map(
            (item, index) =>
              index === activeIndex && (
                {/* 슬라이드 콘텐츠... */}
```

```
      ),
    )}
   </div>
  </div>
 );
}

export default TabsIndicatorCarousel;
```

키보드 컨트롤 가능한 <Carousel>(src/stories/Carousel/TabsIndicatorCarousel.jsx)

7.2 Dialog(Modal)

Dialog 컴포넌트 미리 보기
페이지 위에 배치되는 대화상자로 사용자 입력을 반드시 포함해야 합니다.

Dialog 컴포넌트의 접근성 준수를 위해 미리 알고 있으면 좋은 WAI-ARIA
이 책의 차례에서 다음 WAI-ARIA의 내용을 찾아 미리 학습하면 Dialog 컴포넌트의 접근성 준수를 더 쉽게 이해할 수 있습니다.

ARIA 역할
- 5.3.3 dialog

ARIA 상태 및 속성
- 5.4.7 aria-describedby
- 5.4.10 aria-haspopup
- 5.4.11 aria-hidden
- 5.4.13 aria-labelledby
- 5.4.16 aria-modal

이번 장에서 설명하는 Dialog 컴포넌트의 최종 코드는 다음 깃허브에서 확인할 수 있습니다.

https://github.com/evie-ooooori/accessibility-guide-book-for-component/tree/main/src/stories/Dialog

7.2.1 Dialog란?

Dialog는 페이지 위에 배치되는 대화상자를 나타냅니다. 사용자가 정보를 입력하거나 응답할 수 있도록 하는 **대화형 콘텐츠**(input, textarea, select, button, a)를 하나 이상 포함해야 합니다. 모달은 모달창을 제외한 영역에는 접근이 불가능한 형태를 나타냅니다. 그림 7.2와 그림 7.3처럼 모달창을 제외한 영역에 어두운 배경을 적용하여 비활성화된 콘텐츠임을 시각적으로 나타냅니다.

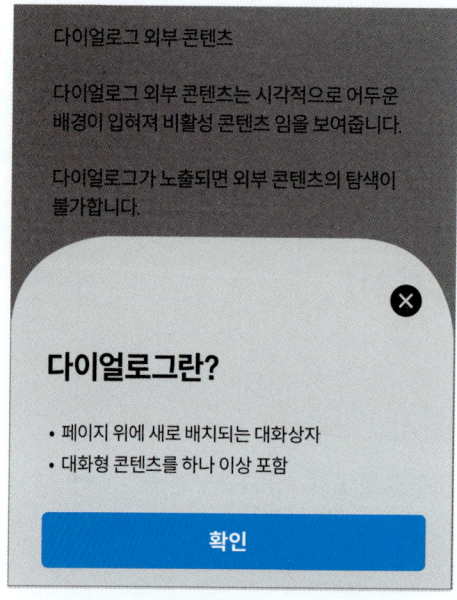

그림 7.2 하단에 노출되는 Dialog

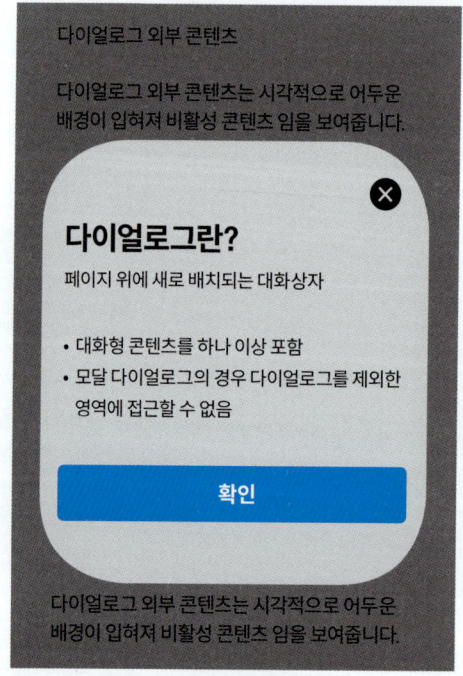

그림 7.3 중앙에 노출되는 Dialog

7.2.2 접근성 대응

● **WAI-ARIA 적용**

1. **Dialog 역할을 하는 요소에 role="dialog" 속성을 명시합니다.**

   스크린 리더 사용자가 해당 요소를 Dialog로 인식할 수 있도록 ARIA 역할을 명시합니다.

2. **Dialog 요소에 aria-modal="true" 속성을 추가합니다.**

   Dialog가 모달 형태로 사용되는 경우 `aria-modal="true"` 속성을 추가합니다. 모달 형태로 사용되지 않는 경우에는 해당 속성을 추가할 필요가 없습니다.

3. **Dialog 요소에 aria-labelledby, aria-describedby 속성을 추가합니다.**

   Dialog 요소에 `aria-labelledby`, `aria-describedby` 속성을 추가하고, 속성값으로 각각 제목과 설명을 나타내는 요소의 `id`값을 참조합니다.

4. **Dialog를 화면에 나타나게 하는 트리거 요소에 aria-haspopup="dialog" 속성을 추가합니다.**

   트리거 요소를 클릭하면 Dialog가 화면에 배치될 것임을 스크린 리더 사용자에게 안내하기 위해 `aria-haspopup="dialog"` 속성을 추가합니다.

```jsx
import { useState } from "react";

function Dialog() {
  const [showDialog, setShowDialog] = useState(false);

  return (
    <>
      {/* Dialog를 화면에 나타나게 하는 트리거 요소 */}
      <button
        type="button"
        /* 4. Dialog가 나타날 것임을 안내 */
        aria-haspopup="dialog" ❹
        onClick={() => setShowDialog(true)}
      >
        Dialog 노출
      </button>
      {showDialog && (
        <div
          /* 1. Dialog 역할 명시 */
          role="dialog" ❶
          /* 2. 모달 형태로 제공 */
          aria-modal="true" ❷
```

```
            /* 3. 제목을 나타내는 텍스트 요소 id 참조 */
            aria-labelledby="dialog-title-id" ❸
            /* 3. 설명을 나타내는 텍스트 요소 id 참조 */
            aria-describedby="dialog-description-id" ❸
          >
            <h2 id="dialog-title-id">Dialog란?</h2>
            <p id="dialog-description-id">페이지 위에 새로 배치되는 대화상자</p>
            <button type="button" onClick={() => setShowDialog(false)}>
              확인
            </button>
          </div>
        )}
      </>
    );
}

export default Dialog;
```

Dialog WAI-ARIA 적용(src/stories/Dialog/Dialog.jsx)

> **NOTE** **Dialog 타이틀에 <h2>를 사용하는 이유?**
> 모달 Dialog의 경우 모달 외 콘텐츠에 대한 접근을 막기 때문에 스크린 리더가 접근할 수 있는 헤딩 태그가 없어 Dialog에 <h1>을 써야 한다는 의견도 있습니다.
> 하지만 <h1>을 사용하면 스크린 리더 사용자는 새로운 페이지에 접근했다고 착각하여 혼란을 겪을 수 있습니다. Dialog 또한 현재 페이지의 일부이기 때문에 <h2> 태그를 사용하여 제목을 제공하는 것이 적절합니다. 이를 통해 스크린 리더 사용자가 새로운 페이지에 접근한 것으로 오해하는 혼동을 최소화할 수 있습니다.

● 초점 이동 처리

5. **Dialog가 나타난 후, 초점은 Dialog 내부로 이동되어야 합니다.**

    일반적으로 **Dialog**가 나타나면 초점은 **Dialog** 내부 초점 이동이 가능한 첫 번째 요소로 이동해야 합니다. 그러나 **Dialog** 내부 콘텐츠 내용이 너무 길거나 구조가 복잡하다면 'Dialog가 나타날 때 초점 이동 처리(src/stories/Dialog/Dialog.jsx) 코드'처럼 스크린리더 사용자들이 콘텐츠의 첫 부분부터 탐색할 수 있도록 콘텐츠를 감싸는 컨테이너 요소로 초점을 이동시키는 것이 좋습니다. 또한 내부 콘텐츠가 어떤 구조인지 알 수 없어 모든 케이스에 대한 대응이 필요한 경우에도 동일하게 대응하는 것이 좋습니다. 이를 위해 **Dialog** 콘텐츠를 감싸는 컨테이너 요소에 `tabindex="-1"` 속성을 추가하고 자바스크립트를 통해 해당 요소에 초점을 맞춰줍니다.

> **NOTE** **Dialog 콘텐츠를 감싸는 컨테이너 요소에 tabindex="0"이 아닌 tabindex="-1"을 사용하는 이유**
>
> Dialog 콘텐츠를 감싸는 컨테이너 요소인 `<div>` 태그는 기본적으로 키보드 Tab 키로 초점을 이동할 수 없는 요소이므로 Dialog가 열릴 때 자바스크립트에 의해서만 해당 요소로 초점이 이동되고, 이후에는 초점이 이동되지 않도록 `tabindex="-1"`을 추가합니다. `tabindex="-1"` 속성이 추가된 요소는 키보드 Tab 키로 초점을 이동할 수 없지만, 자바스크립트 `focus()` 메서드를 호출하면 초점을 이동할 수 있습니다.

```jsx
import { useEffect, useRef, useState } from "react";

function Dialog() {
  const contentRef = useRef(null);

  const [showDialog, setShowDialog] = useState(false);

  useEffect(() => {
    if (!showDialog) {
      return;
    }

    const dialogContent = contentRef.current;

    /* 5. 열릴 때 내부로 초점 이동 */
    dialogContent.focus(); ❺
  }, [showDialog]);

  return (
    <>
      <button
        type="button"
        aria-haspopup="dialog"
        onClick={() => setShowDialog(true)}
      >
        Dialog 노출
      </button>
      {showDialog && (
        <div
          role="dialog"
          aria-modal="true"
          aria-labelledby="dialog-title-id"
          aria-describedby="dialog-description-id"
        >
          <div ref={contentRef} tabIndex={-1}>
            <h2 id="dialog-title-id">Dialog란?</h2>
            <p id="dialog-description-id">페이지 위에 새로 배치되는 대화상자</p>
```

```
        <button type="button" onClick={() => setShowDialog(false)}>
          확인
        </button>
      </div>
    </div>
  )}
  </>
  );
}

export default Dialog;
```

Dialog가 나타날 때 초점 이동 처리(src/stories/Dialog/Dialog.jsx)

6. **Dialog 내에서만 초점이 순환되어야 합니다.**

   Dialog 내 마지막 초점 가능한 요소에서 다음 요소로 초점 이동 시, 첫 번째 초점 가능한 요소로 초점이 이동되어야 합니다. 마찬가지로 첫 번째 초점 가능한 요소에서 이전 요소로 초점 이동 시, 마지막 초점 가능한 요소로 초점이 이동되어야 합니다.

7. **Dialog 외부로는 초점이 이동되지 않아야 합니다.**

   모달의 경우 모달 외부로 초점이 이동할 수 없어야 합니다.

> **NOTE 모달 Dialog 외부 초점 이동 제한 처리**
>
> `aria-modal="true"` 속성을 사용하면 별도의 처리 없이도 스크린 리더에서 모달 외부로의 초점 이동이 불가능합니다. 하지만 브라우저별로 지원 범위가 다르므로 모든 브라우저를 대응하기 위해서는 모달을 제외한 모든 요소에 `aria-hidden="true"` 속성을 추가해 주는 것이 좋습니다.
>
> Dialog를 제외한 모든 요소에 `aria-hidden="true"` 속성을 적용하기 위해서는 'Dialog 내에서만 초점 순환 처리(src/stories/Dialog/Dialog.jsx) 코드'와 같이 Dialog의 모든 형제 요소들에 `aria-hidden="true"` 속성을 추가해야 합니다. 이때 Dialog를 포함하고 있는 부모 요소에 `aria-hidden="true"` 속성을 추가할 수는 없으므로, Dialog는 마크업 구조상 최상위에 위치해야 합니다.

```
import { useEffect, useRef, useState } from "react";

const INTERACTIVE_ELEMENTS =
  "a[href]:not([disabled]), button:not([disabled]), textarea:not([disabled]), input:not([disabled]), select:not([disabled])";

function Dialog() {
  const dialogRef = useRef(null);
```

```jsx
const contentRef = useRef(null);

const [showDialog, setShowDialog] = useState(false);

useEffect(() => {
  if (!showDialog) {
    return;
  }

  const dialogContent = contentRef.current;

  dialogContent.focus();

  /* Dialog 형제 요소들 */
  const siblingNodes = dialogRef.current.parentNode.childNodes;

  /* Dialog 내 초점 가능한 요소들 */
  const focusableElements =
    dialogContent.querySelectorAll(INTERACTIVE_ELEMENTS);
  const firstFocusableElement = focusableElements[0];
  const lastFocusableElement =
    focusableElements[focusableElements.length - 1];

  /* 6. 내부 초점 순환 */
  const focusTrap = (event) => {
    const currentFocusElement = document.activeElement;
    const isFirstFocusableElementActive =
      currentFocusElement === firstFocusableElement;
    const isLastFocusableElementActive =
      currentFocusElement === lastFocusableElement;

    if (event.code === "Tab") {
      /* 첫 번째 요소에서 'Shift + Tab' 키 동작 시 마지막 요소로 초점 이동 */
      if (event.shiftKey && isFirstFocusableElementActive) {
        event.preventDefault();

        lastFocusableElement.focus();
      }

      /* 마지막 요소에서 'Tab' 키 동작 시 첫 번째 요소로 초점 이동 */
      if (isLastFocusableElementActive) {
        event.preventDefault();

        firstFocusableElement.focus();
      }
    }
  };
```

❻

```jsx
    /* 7. Dialog 형제 요소들에 aria-hidden="true" 추가 */
    Array.from(siblingNodes).forEach((child) => {
      if (child !== dialogRef.current) {
        child.setAttribute("aria-hidden", "true"); ❼
      }
    });

    dialogContent.addEventListener("keydown", focusTrap);

    return () => {
      dialogContent.removeEventListener("keydown", focusTrap);
    };
  }, [showDialog]);

  return (
    <>
      <button
        type="button"
        aria-haspopup="dialog"
        onClick={() => setShowDialog(true)}
      >
        Dialog 노출
      </button>
      {showDialog && (
        <div
          ref={dialogRef}
          role="dialog"
          aria-modal="true"
          aria-labelledby="dialog-title-id"
          aria-describedby="dialog-description-id"
        >
          <div ref={contentRef} tabIndex={-1}>
            <h2 id="dialog-title-id">Dialog란?</h2>
            <p id="dialog-description-id">페이지 위에 새로 배치되는 대화상자</p>
            <button type="button" onClick={() => setShowDialog(false)}>
              확인
            </button>
          </div>
        </div>
      )}
    </>
  );
}

export default Dialog;
```

Dialog 내에서만 초점 순환 처리(src/stories/Dialog/Dialog.jsx)

8. **Dialog가 사라지면 트리거 요소로 초점이 돌아가야 합니다.**

   Dialog가 화면에서 사라지고 나면, Dialog를 화면에 나타나게 한 트리거 요소로 초점이 돌아가야 합니다.

9. **초점 탐색 내 Dialog 닫기 버튼을 포함하는 것이 좋습니다.**

> **NOTE** Dialog 내부 닫기 버튼을 초점 이동 순서에서 가장 먼저 노출하면 좋은 점
>
> 보통 Dialog 내부 닫기 버튼은 그림 7.2와 같이 시각적으로 Dialog 내 최상단에 배치되는 경우가 많은데, 초점 이동 순서에서도 가장 먼저 노출되는 것이 좋습니다. 이유는 다음과 같습니다.
>
> 1. Dialog 내부 콘텐츠가 너무 길거나 혹은 사용자가 실수로 Dialog를 나타나게 한 경우, 사용자는 전체 콘텐츠를 탐색하지 않고 Dialog를 바로 닫고 싶을 수 있습니다.
> 2. Dialog 내에서 초점이 순환되어야 하므로 모든 내용을 탐색하고 나면 상단 닫기 버튼으로 초점이 자연스럽게 이동합니다.
> 3. 시각적으로도 가장 상단에 노출됩니다.
>
> Dialog 닫기 버튼의 구조적인 위치는 상황에 따라 명확한 정답이 없을 수 있습니다. 하지만 초점 이동 순서를 고려해봐도, 시각적으로 상단에 위치한 버튼을 구조적으로 하단에 배치할 필요는 없습니다.

```javascript
import { useEffect, useRef, useState } from "react";

const INTERACTIVE_ELEMENTS =
 "a[href]:not([disabled]), button:not([disabled]), textarea:not([disabled]),
input:not([disabled]), select:not([disabled])";

function Dialog() {
 const dialogRef = useRef(null);
 const contentRef = useRef(null);

 const [showDialog, setShowDialog] = useState(false);

 useEffect(() => {
   if (!showDialog) {
     return;
   }

   const dialogContent = contentRef.current;

   const prevFocusRef = document.activeElement;

   dialogContent.focus();

   const siblingNodes = dialogRef.current.parentNode.childNodes;
```

```
  const focusableElements =
    dialogContent.querySelectorAll(INTERACTIVE_ELEMENTS);
  const firstFocusableElement = focusableElements[0];
  const lastFocusableElement =
    focusableElements[focusableElements.length - 1];

  const focusTrap = (event) => {...};

  Array.from(siblingNodes).forEach((child) => {
    if (child !== dialogRef.current) {
      child.setAttribute("aria-hidden", "true");
    }
  });

  dialogContent.addEventListener("keydown", focusTrap);

  return () => {
    /* 8. 닫힐 때 초점 복귀 */
    prevFocusRef.focus(); ❽

    dialogContent.removeEventListener("keydown", focusTrap);
  };
}, [showDialog]);

return (
  <>
    <button
      type="button"
      aria-haspopup="dialog"
      onClick={() => setShowDialog(true)}
    >
      Dialog 노출
    </button>
    {showDialog && (
      <div
        ref={dialogRef}
        role="dialog"
        aria-modal="true"
        aria-labelledby="dialog-title-id"
        aria-describedby="dialog-description-id"
      >
        <div ref={contentRef} tabIndex={-1}>
          {/* 9. Dialog 내부 닫기 버튼 */}
          <button
            type="button"
            aria-label="닫기"                    ❾
            onClick={() => setShowDialog(false)}
          />
```

```jsx
          <h2 id="dialog-title-id">Dialog란?</h2>
          <p id="dialog-description-id">페이지 위에 새로 배치되는 대화상자</p>
          <button type="button" onClick={() => setShowDialog(false)}>
            확인
          </button>
        </div>
      </div>
    )}
   </>
 );
}

export default Dialog;
```

Dialog 닫힐 때 초점 복귀 처리(src/stories/Dialog/Dialog.jsx)

● **키보드 컨트롤**

웹에서 키보드를 통해 **Dialog**를 탐색할 때 준수해야 하는 동작입니다. 각각의 키보드 동작이 가지고 있는 기본 동작을 실행하지 않기 위해 `preventDefault()`를 호출합니다.

- **초점이 Dialog 내부에 있는 경우**

10. **Shift + Tab**

    Shift + Tab 키로 **Dialog** 내부 초점 이동이 가능한 이전 요소로 초점을 이동합니다.

11. **Tab**

    Tab 키로 **Dialog** 내부 초점 이동이 가능한 다음 요소로 초점을 이동합니다.

12. **Esc**

    Esc 키로 **Dialog**를 닫습니다.

```jsx
import { useEffect, useRef, useState } from "react";

const INTERACTIVE_ELEMENTS =
 "a[href]:not([disabled]), button:not([disabled]), textarea:not([disabled]), input:not([disabled]), select:not([disabled])";

function Dialog() {
 const dialogRef = useRef(null);
 const contentRef = useRef(null);

 const [showDialog, setShowDialog] = useState(false);
```

```
useEffect(() => {
  if (!showDialog) {
    return;
  }

  const dialogContent = contentRef.current;

  const prevFocusRef = document.activeElement;

  dialogContent.focus();

  const siblingNodes = dialogRef.current.parentNode.childNodes;

  const focusableElements =
    dialogContent.querySelectorAll(INTERACTIVE_ELEMENTS);
  const firstFocusableElement = focusableElements[0];
  const lastFocusableElement =
    focusableElements[focusableElements.length - 1];

  const focusTrap = (event) => {
    const currentFocusElement = document.activeElement;
    const isFirstFocusableElementActive =
      currentFocusElement === firstFocusableElement;
    const isLastFocusableElementActive =
      currentFocusElement === lastFocusableElement;

    if (event.code === "Tab") {
      /* 10. 첫 번째 요소에서 'Shift + Tab' 키 동작 시 마지막 요소로 초점 이동 */
      if (event.shiftKey && isFirstFocusableElementActive) {
        event.preventDefault();

        lastFocusableElement.focus();
      }

      /* 11. 마지막 요소에서 'Tab' 키 동작 시 첫 번째 요소로 초점 이동 */
      if (isLastFocusableElementActive) {
        event.preventDefault();

        firstFocusableElement.focus();
      }
    }
  };

  Array.from(siblingNodes).forEach((child) => {
    if (child !== dialogRef.current) {
      child.setAttribute("aria-hidden", "true");
    }
```

```
    });

    /* 12. Esc 키로 Dialog 닫기 */
    const closeDialog = (event) => {
      if (event.code === "Escape") {
        event.preventDefault();

        setShowDialog(false);
      }
    };

    dialogContent.addEventListener("keydown", focusTrap);
    dialogContent.addEventListener("keydown", closeDialog);

    return () => {
      prevFocusRef.focus();

      dialogContent.removeEventListener("keydown", focusTrap);
      dialogContent.removeEventListener("keydown", closeDialog);
    };
  }, [showDialog]);

  return (
    <>
      <button
        type="button"
        aria-haspopup="dialog"
        onClick={() => setShowDialog(true)}
      >
        Dialog 노출
      </button>
      {showDialog && (
        <div
          ref={dialogRef}
          role="dialog"
          aria-modal="true"
          aria-labelledby="dialog-title-id"
          aria-describedby="dialog-description-id"
        >
          <div ref={contentRef} tabIndex={-1}>
            <button
              type="button"
              aria-label="닫기"
              onClick={() => setShowDialog(false)}
            />
            <h2 id="dialog-title-id">Dialog란?</h2>
            <p id="dialog-description-id">페이지 위에 새로 배치되는 대화상자</p>
            <button type="button" onClick={() => setShowDialog(false)}>
```

```
            확인
          </button>
        </div>
      </div>
    )}
  </>
 );
}

export default Dialog;
```
Dialog 키보드 컨트롤 적용(src/stories/Dialog/Dialog.jsx)

7.3 MenuBar

MenuBar 컴포넌트 미리 보기
사용자가 쉽게 페이지를 이동할 수 있도록 돕는 네비게이션 메뉴를 나타냅니다.

MenuBar 컴포넌트의 접근성 준수를 위해 미리 알고 있으면 좋은 WAI-ARIA
이 책의 차례에서 다음 WAI-ARIA의 내용을 찾아 미리 학습하면 MenuBar 컴포넌트의 접근성 준수에 대해 더 쉽게 이해할 수 있습니다.

ARIA 역할
- 5.3.12 menu
- 5.3.13 menubar
- 5.3.14 menuitem

ARIA 상태 및 속성
- 5.4.6 aria-current
- 5.4.9 aria-expanded
- 5.4.10 aria-haspopup
- 5.4.12 aria-label

이번 장에서 설명하는 MenuBar 컴포넌트의 최종 코드는 다음 깃허브에서 확인할 수 있습니다.

https://github.com/evie-ooooori/accessibility-guide-book-for-component/tree/main/src/stories/MenuBar

7.3.1 MenuBar란?

MenuBar는 주로 웹 애플리케이션 또는 웹사이트의 최상단에 가로 방향으로 배치되며 링크를 포함하는 메뉴 항목들로 구성됩니다. 메뉴 항목들은 숨길 수 있으며 사용자가 메뉴 항목을 클릭하거나 마우스를 오버했을 때 숨겨진 메뉴 항목이 펼쳐지면서 노출됩니다. **MenuBar**를 통해 사용자들은 원하는 페이지로 바로 이동할 수 있어 찾고자 하는 콘텐츠에 쉽고 빠르게 접근할 수 있습니다.

7.3.2 구성 요소

MenuBar는 그림 7.4와 같이 구성됩니다.

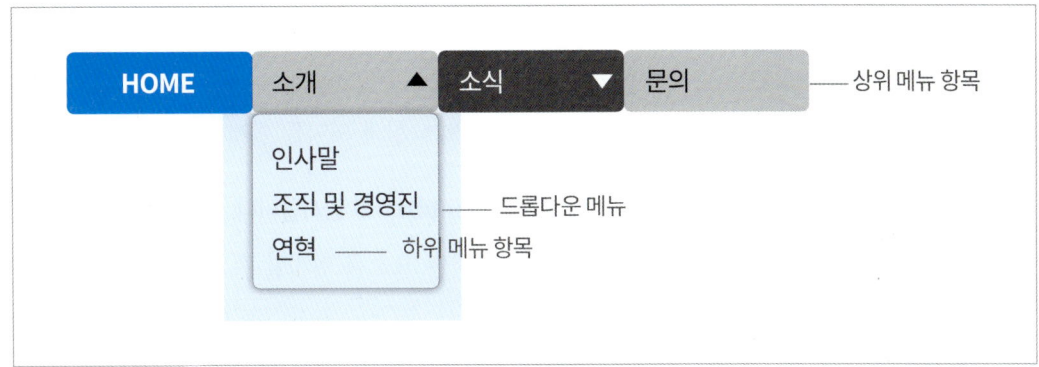

그림 7.4 MenuBar 구성 요소

- **메뉴 항목**

  MenuBar에 표시되는 각각의 네비게이션 링크 항목입니다. 사용자는 메뉴 항목을 클릭해 해당 페이지로 이동할 수 있습니다. 각 메뉴 항목은 중첩된 구조에 따라 상위 메뉴 항목과 하위 메뉴 항목으로 구분됩니다. 상위 메뉴 항목이 하위 메뉴 항목을 포함하는 경우, 상위 메뉴 항목을 활성화하면 하위 메뉴 항목이 드롭다운 형태로 노출됩니다. 하위 메뉴 항목은 상위 메뉴 항목과 관련된 세부적인 선택이 필요한 경우에 사용됩니다.

- **드롭다운 메뉴**

  그룹화된 하위 메뉴 항목을 포함하는 드롭다운 형태의 메뉴입니다.

7.3.3 접근성 대응

● 1뎁스 MenuBar

1뎁스 MenuBar는 각 메뉴 항목이 하위 메뉴 항목을 포함하지 않는 MenuBar입니다. 2뎁스만 되어도 MenuBar의 구조가 복잡해지기 때문에 비교적 간단한 구조인 1뎁스 MenuBar를 먼저 익히고 나서 2뎁스 MenuBar를 살펴보도록 하겠습니다.

- **WAI-ARIA 적용**

1. **MenuBar의 컨테이너 태그로 `<nav>` 태그를 사용합니다.**

   `<nav>` 태그는 네비게이션 링크 목록을 의미하는 시맨틱 태그로 스크린 리더 사용자가 내부 메뉴 항목들의 역할과 의미를 유추할 수 있습니다. 또한 `<nav>` 태그는 랜드마크 역할을 하는 태그로, 스크린 리더 사용자들이 랜드마크 탐색을 통해 쉽게 접근할 수 있습니다.

2. **`<nav>` 태그에 aria-label 속성을 추가합니다.**

   네비게이션이 어떤 목적을 가지고 있는지 설명하기 위해 `aria-label` 속성을 `<nav>` 태그에 추가합니다. 이를 통해 스크린 리더 사용자는 MenuBar의 역할과 의미를 쉽게 이해할 수 있습니다.

3. **메뉴 항목 전체를 포함하는 컨테이너 요소에 role="menubar"를 명시합니다.**

   스크린 리더 사용자들이 `role="menubar"` 역할을 하는 요소를 인지할 수 있도록 ARIA 역할을 명시합니다.

4. **role="menubar" 요소에 aria-label 속성을 추가합니다.**

   `<nav>` 태그와 동일하게 MenuBar가 어떤 목적을 가지고 있는지 설명하기 위해 `aria-label` 속성을 추가합니다. 스크린리더를 통해 `<nav>`와 `role="menubar"` 각각을 모두 탐색할 수 있으므로, 어떠한 목적을 가지고 있는지 동일하게 설명합니다.

5. **메뉴 항목 요소에는 role="menuitem"을 명시합니다.**

   스크린 리더 사용자들이 `role="menuitem"` 역할을 하는 요소를 인지할 수 있도록 ARIA 역할을 명시합니다.

6. **선택된 메뉴 항목에는 aria-current="page" 속성을 추가합니다.**

   시각적으로 선택한 메뉴임을 인지할 수 없는 스크린 리더 사용자를 위해 추가되는 속성입니다. `aria-current="page"` 속성을 통해 스크린 리더 사용자는 음성으로 현재 활성화된 항목임을 안내받을 수 있고, 동시에 현재 표시되고 있는 페이지에 대한 메뉴 항목임을 인지할 수 있습니다.

7. **메뉴 항목 클릭 시 해당 메뉴 항목을 선택합니다.**

```jsx
import { useState } from "react";

const MENU_LIST = ["홈", "소개", "소식", "문의"];

function MenuBar1Depth() {
  /* 6. 선택된 메뉴 항목 index */
  const [selectedMenuItem, setSelectedMenuItem] = useState(0); ❻

  return (
    /* 1. <nav> 태그 사용 */
    /* 2. aria-label 추가 (스크린 리더 🔊: 메인, 탐색) */
    ❶<nav aria-label="메인">❷
      <div
        /* 3. Menubar 역할 명시 */
        role="menubar" ❸
        /* 4. aria-label 추가 (스크린 리더 🔊: 메뉴 표시줄 메인 4개의 항목) */
        aria-label="메인"❹
      >
        {MENU_LIST.map((menuItem, menuIndex) => (
          <a
            key={menuIndex}
            href="#"
            /* 5. Menuitem 역할 명시 */
            role="menuitem" ❺
            /* 6. 선택된 메뉴 항목에 aria-current="page" 속성 추가 */
            aria-current={menuIndex === selectedMenuItem ? "page" : undefined}❻
            /* 7. 메뉴 항목 클릭 시 해당 메뉴 항목 선택 */
            onClick={(event) => setSelectedMenuItem(menuIndex)}❼
          >
            {menuItem}
          </a>
        ))}
      </div>
    </nav>
  );
}

export default MenuBar1Depth;
```

1뎁스 MenuBar WAI-ARIA 적용(src/stories/MenuBar/MenuBar1Depth.jsx)

- **초점 이동 처리**

8. **활성화된 메뉴 항목에만 tabindex="0" 값을 추가합니다.**

   키보드 `Tab` 키로 초기에 MenuBar 내부 메뉴 항목으로 초점이 이동되는 경우 마지막으로 활성화되었던 메뉴 항목으로 초점이 이동되어야 합니다.

9. **현재 초점이 MenuBar 내부에 있는지를 감지합니다.**

   현재 초점이 MenuBar 내부에 있는 경우에만 필요한 동작을 위해 MenuBar 내부(메뉴 항목)에 초점이 있는지를 감지합니다.

10. **마우스 또는 포인팅 장치가 메뉴 항목으로 이동한 경우 해당 메뉴 항목으로 초점을 이동합니다.**

    이 동작은 현재 초점이 MenuBar 내부에 있는 경우에만 동작해야 합니다.

```jsx
import { useEffect, useState, useRef } from "react";

const MENU_LIST = ["홈", "소개", "소식", "문의"];

function MenuBar1Depth() {
  const menubarRef = useRef(null);
  const menuItemRefs = useRef([]);

  /* 9. 메뉴 항목에 초점이 있는지 여부 */
  const [hasFocus, setHasFocus] = useState(false); // 9

  useEffect(() => {
    const menubarElement = menubarRef.current;

    if (!menubarElement) {
      return;
    }

    /* 9. 메뉴 항목에 초점이 존재하는지 여부 체크 */
    const checkMenubarHasFocus = () => {
      setHasFocus(menubarElement.contains(document.activeElement)); // 9
    };

    menubarElement.addEventListener("focusin", checkMenubarHasFocus);
    menubarElement.addEventListener("focusout", checkMenubarHasFocus);

    return () => {
      menubarElement.removeEventListener("focusin", checkMenubarHasFocus);
      menubarElement.removeEventListener("focusout", checkMenubarHasFocus);
    };
  }, []);

  /* 8. 활성화된 메뉴 항목 index */
  const [activeMenuItem, setActiveMenuItem] = useState(0); // 8
  const [selectedMenuItem, setSelectedMenuItem] = useState(0);

  /* 10. pointerover 이벤트 발생 시 해당 메뉴 항목 활성화 및 초점 이동 */
```

```jsx
const moveFocusToMenuItem = (targetIndex) => {
  if (!hasFocus) {
    return;
  }

  setActiveMenuItem(targetIndex);                              ⑩

  const targetMenuItem = menuItemRefs.current[targetIndex];
  targetMenuItem.focus();
};

return (
  <nav aria-label="메인">
    <div
      ref={menubarRef}
      role="menubar"
      aria-label="메인"
    >
      {MENU_LIST.map((menuItem, menuIndex) => (
        <a
          ref={(element) => (menuItemRefs.current[menuIndex] = element)}
          key={menuIndex}
          href="#"
          role="menuitem"
          aria-current={menuIndex === selectedMenuItem ? "page" : undefined}
          onClick={(event) => setSelectedMenuItem(menuIndex)}
          /* 8. 활성화된 메뉴 항목에만 tabindex="0" 추가 */
          tabIndex={menuIndex === activeMenuItem ? 0 : -1} ⑧
          /* 10. pointerover 이벤트 발생 시 해당 메뉴 항목으로 초점 이동 */
          onPointerOver={() => moveFocusToMenuItem(menuIndex)} ⑩
        >
          {menuItem}
        </a>
      ))}
    </div>
  </nav>
);
}

export default MenuBar1Depth;
```

1뎁스 MenuBar 초점 이동 처리(src/stories/MenuBar/MenuBar1Depth.jsx)

- **키보드 컨트롤**

웹에서 키보드로 1뎁스 MenuBar를 탐색할 때 준수해야 하는 동작입니다. 각 컨트롤 동작은 현재 초점이 메뉴 항목에 있는 경우 동작해야 합니다.

11. **Arrow Left**

    Arrow Left 키로 이전 메뉴 항목으로 초점을 이동합니다. 첫 번째 메뉴 항목에서 **Arrow Left** 키를 누르면 마지막 메뉴 항목으로 초점을 이동해 메뉴 항목 내에서 초점이 순환되도록 합니다.

12. **Arrow Right**

    Arrow Right 키로 다음 메뉴 항목으로 초점을 이동합니다. 마지막 메뉴 항목에서 **Arrow Right** 키를 누르면 첫 번째 메뉴 항목으로 초점을 이동해 메뉴 항목 내에서 초점이 순환되도록 합니다.

13. **Home**

    Home 키로 첫 번째 메뉴 항목으로 초점을 이동합니다.

14. **End**

    End 키로 마지막 메뉴 항목으로 초점을 이동합니다.

15. **Enter 또는 Space**

    Enter 또는 **Space** 키로 해당 메뉴 항목을 선택합니다.

```
import { useEffect, useState, useRef } from "react";

const MENU_LIST = ["홈", "소개", "소식", "문의"];

function MenuBar1Depth() {
  const menubarRef = useRef(null);
  const menuItemRefs = useRef([]);

  const [hasFocus, setHasFocus] = useState(false);

  useEffect(() => {
    const menubarElement = menubarRef.current;

    if (!menubarElement) {
      return;
    }

    const checkMenubarHasFocus = () => {...};

    menubarElement.addEventListener("focusin", checkMenubarHasFocus);
    menubarElement.addEventListener("focusout", checkMenubarHasFocus);
```

```
  return () => {
    menubarElement.removeEventListener("focusin", checkMenubarHasFocus);
    menubarElement.removeEventListener("focusout", checkMenubarHasFocus);
  };
}, []);

const [activeMenuItem, setActiveMenuItem] = useState(0);
const [selectedMenuItem, setSelectedMenuItem] = useState(0);

const moveFocusToMenuItem = (targetIndex) => {...};

const handleKeyDownMenuItem = (event) => {
  switch (event.code) {
    /* 11. ArrowLeft 키로 이전 메뉴 항목으로 초점 이동 */
    case "ArrowLeft":
      event.preventDefault();

      const prevIndex =
        activeMenuItem > 0 ? activeMenuItem - 1 : MENU_LIST.length - 1;
      moveFocusToMenuItem(prevIndex);
      break;

    /* 12. ArrowRight 키로 다음 메뉴 항목으로 초점 이동 */
    case "ArrowRight":
      event.preventDefault();

      const nextIndex =
        activeMenuItem < MENU_LIST.length - 1 ? activeMenuItem + 1 : 0;
      moveFocusToMenuItem(nextIndex);
      break;

    /* 13. Home 키로 첫 번째 메뉴 항목으로 초점 이동 */
    case "Home":
      event.preventDefault();

      moveFocusToMenuItem(0);
      break;

    /* 14. End 키로 마지막 메뉴 항목으로 초점 이동 */
    case "End":
      event.preventDefault();

      moveFocusToMenuItem(MENU_LIST.length - 1);
      break;

    /* 15. Enter 또는 Spcae 키로 해당 메뉴 항목 선택 */
```

```jsx
      case "Enter":
      case "Space":
        event.preventDefault();                    ⑮
        setSelectedMenuItem(activeMenuItem);
        break;
    }
  };

  return (
    <nav aria-label="메인">
      <div
        ref={menubarRef}
        role="menubar"
        aria-label="메인"
      >
        {MENU_LIST.map((menuItem, menuIndex) => (
          <a
            ref={(element) => (menuItemRefs.current[menuIndex] = element)}
            key={menuIndex}
            href="#"
            role="menuitem"
            aria-current={menuIndex === selectedMenuItem ? "page" : undefined}
            onClick={(event) => setSelectedMenuItem(menuIndex)}
            tabIndex={menuIndex === activeMenuItem ? 0 : -1}
            onPointerOver={() => moveFocusToMenuItem(menuIndex)}
            /* 11. ~ 15. 키보드 컨트롤 */
            onKeyDown={handleKeyDownMenuItem}
          >
            {menuItem}
          </a>
        ))}
      </div>
    </nav>
  );
}

export default MenuBar1Depth;
```

1뎁스 MenuBar 키보드 컨트롤 적용(src/stories/MenuBar/MenuBar1Depth.jsx)

● 2뎁스 MenuBar

2뎁스 MenuBar는 메뉴 항목이 하위 메뉴 항목을 포함할 수 있는 MenuBar입니다. 1뎁스에 비해 구조가 복잡하지만 상위 메뉴 항목 및 하위 메뉴 항목 각각은 결국 1뎁스 MenuBar의 메뉴 항목과 유사한 구조를 가지므로 1뎁스 MenuBar를 먼저 익히고 시작하면 좋습니다.

- **WAI-ARIA 적용**

상위 메뉴 항목(하위 메뉴 항목 유무와 관계없이 적용되는 항목)

1. **MenuBar의 컨테이너로 `<nav>` 태그를 사용합니다.**

    `<nav>` 태그는 네비게이션 링크 목록을 의미하는 시맨틱 태그로, 스크린 리더 사용자가 내부 메뉴 항목들의 역할과 의미를 유추할 수 있습니다. 또한 `<nav>` 태그는 랜드마크 역할을 하는 태그로, 스크린 리더 사용자들이 랜드마크 탐색을 통해 쉽게 접근할 수 있습니다.

2. **`<nav>` 태그에 aria-label 속성을 추가합니다.**

    네비게이션이 어떤 목적을 가지고 있는지 설명하기 위해 `aria-label` 속성을 `<nav>` 태그에 추가합니다. 이를 통해 스크린리더 사용자는 MenuBar의 역할과 의미를 쉽게 이해할 수 있습니다.

3. **메뉴 항목 전체를 포함하는 컨테이너 요소에 role="menubar"를 명시합니다.**

    스크린 리더 사용자들이 `role="menubar"` 역할을 하는 요소를 인지할 수 있도록 ARIA 역할을 명시합니다.

4. **role="menubar" 요소에 aria-label 속성을 추가합니다.**

    `<nav>` 태그와 동일하게 MenuBar가 어떤 목적을 가지고 있는지 설명하기 위해 `aria-label` 속성을 추가합니다. 스크린 리더를 통해 `<nav>`와 `role="menubar"` 각각을 모두 탐색할 수 있으므로, 어떠한 목적을 가지고 있는지 동일하게 설명합니다.

5. **메뉴 항목 요소에는 role="menuitem"을 명시합니다.**

    스크린 리더 사용자들이 `role="menuitem"` 역할을 하는 요소를 인지할 수 있도록 ARIA 역할을 명시합니다.

```
const MENU_LIST = [
  {
    menuItem: "홈",
  },
  {
    menuItem: "소개",
    subMenu: ["인사말", "조직 및 경영진", "연혁"],
  },
  {
    menuItem: "소식",
    subMenu: ["공지사항", "보도자료"],
  },
```

```jsx
  {
    menuItem: "문의",
    subMenu: ["자주 묻는 질문", "고객센터"],
  },
];

function MenuBar2Depth() {
  return (
    /* 1. <nav> 태그 사용 */
    /* 2. aria-label 추가 (스크린 리더 🔊 : 메인, 탐색) */
    ❶<nav aria-label="메인">❷
      <div
        /* 3. Menubar 역할 명시 */
        role="menubar"❸
        /* 4. aria-label 추가 (스크린 리더 🔊 : 메뉴 표시줄 메인 4개의 항목) */
        aria-label="메인"❹
      >
        {MENU_LIST.map(({ menuItem, subMenu }, menuIndex) => {
          const hasSubMenu = !!subMenu;

          return (
            <div key={menuIndex}>
              <a
                href="#"
                /* 5. Menuitem 역할 명시 */
                role="menuitem"
              >
                {menuItem} ❺
              </a>
              {hasSubMenu && (
                /* 하위 메뉴 항목 (드롭다운 메뉴) */
              )}
            </div>
          );
        })}
      </div>
    </nav>
  );
}

export default MenuBar2Depth;
```

하위 메뉴 항목 유무와 관계없이 적용되는 2뎁스 MenuBar 상위 메뉴 항목 WAI-ARIA 적용(src/stories/MenuBar/MenuBar2Depth.jsx)

상위 메뉴 항목(하위 메뉴 항목에 따라 다르게 적용되는 항목)

6. **드롭다운 메뉴를 가지는 상위 메뉴 항목에 aria-haspopup 속성을 추가합니다.**

   하위 메뉴 항목을 포함하고 있는 상위 메뉴 항목에는 스크린 리더 사용자에게 드롭다운 메뉴가 열릴 것임을 알리기 위해 `aria-haspopup="menu"` 또는 동일한 의미를 가지는 `aria-haspopup="true"` 속성을 추가합니다.

7. **드롭다운 메뉴를 가지는 상위 메뉴 항목에 aria-expanded 속성을 추가합니다.**

   드롭다운 메뉴가 펼쳐져 있는지를 스크린리더 사용자가 알 수 있도록 `aria-expanded` 속성을 추가합니다. 메뉴가 펼쳐진 경우 `aria-expanded="true"`, 닫힌 경우 `aria-expanded="false"` 값을 추가합니다.

8. **선택된 상위 메뉴 항목에는 aria-current="page" 속성을 추가합니다.**

   하위 메뉴 항목을 가지는 상위 메뉴 항목의 경우 해당 메뉴를 선택해 페이지를 이동하는 동작이 아닌 하위 메뉴 항목을 펼치는 동작을 수행하게 됩니다. 따라서 하위 메뉴 항목을 가지지 않는 상위 메뉴 항목에 한해서 선택된 경우 `aria-current="page"` 속성을 추가합니다.

9. **상위 메뉴 항목 클릭 시 하위 메뉴 항목 유무에 따라 다음 동작을 수행합니다.**

   - 하위 메뉴 항목을 가지는 경우: 드롭다운 메뉴를 노출하거나 노출하지 않습니다.
   - 하위 메뉴 항목을 가지지 않는 경우: 해당 메뉴 항목을 선택하고 모든 드롭다운 메뉴를 닫습니다.

```jsx
import { useState } from "react";

const MENU_LIST = [...];

/* 초기 하위 메뉴 펼쳐짐 여부(초기에는 펼쳐진 메뉴 없음) */
const INITIAL_EXPANDED_SUB_MENU = new Array(MENU_LIST.length).fill(false);

function MenuBar2Depth() {
  const [expandedSubMenu, setExpandedSubMenu] = useState(
    INITIAL_EXPANDED_SUB_MENU,
  );

  /* 8. 선택된 상위 메뉴 항목 index */
  const [selectedMenuItem, setSelectedMenuItem] = useState(0); // ⑧

  /* 드롭다운 메뉴 펼치기 */
```

```
const openSubMenu = (index) => {
  if (!hasFocus) {
    return;
  }

  const newExpandedSubMenu = [...INITIAL_EXPANDED_SUB_MENU];
  newExpandedSubMenu[index] = true;

  setExpandedSubMenu(newExpandedSubMenu);
};

const closeSubMenu = () => {
  setExpandedSubMenu(INITIAL_EXPANDED_SUB_MENU);
};

const toggleSubMenu = (index) => {
  const newExpandedSubMenu = [...INITIAL_EXPANDED_SUB_MENU];
  newExpandedSubMenu[index] = !expandedSubMenu[index];

  setExpandedSubMenu(newExpandedSubMenu);
};

/* 9. 상위 메뉴 항목 클릭 시 동작 */
const handleClickMenuItem = (index, hasSubMenu) => {
  if (hasSubMenu) {
    toggleSubMenu(index);
  } else {
    setSelectedMenuItem(index);
    /* 상위 메뉴 항목 선택 시 하위 메뉴 항목 선택 초기화 */   ❾
    setSelectedSubMenuItem(INITIAL_SELECTED_SUB_MENU_ITEM);
    closeSubMenu();
  }
};

return (
  <nav aria-label="메인">
    <div
      role="menubar"
      aria-label="메인"
    >
      {MENU_LIST.map(({ menuItem, subMenu }, menuIndex) => {
        const hasSubMenu = !!subMenu;

        return (
          <div key={menuIndex}>
            <a
              href="#"
```

```
              role="menuitem"
              /* 6. 하위 메뉴 항목을 가지는 경우 aria-haspopup="menu" 속성 추가 */
              aria-haspopup={hasSubMenu ? "menu" : undefined}  ⑥
              /* 7. 하위 메뉴 항목 펼쳐짐 여부 */
              aria-expanded={
                hasSubMenu ? expandedSubMenu[menuIndex] : undefined  ⑦
              }
              /* 8. 하위 메뉴 항목을 가지지 않는 상위 메뉴 항목이 선택되면 aria-
              current="page" 속성 추가 */
              aria-current={
                !hasSubMenu && menuIndex === selectedMenuItem
                  ? "page"                                            ⑧
                  : undefined
              }
              /* 9. 상위 메뉴 항목 클릭 시 동작 */
              onClick={(event) => handleClickMenuItem(menuIndex, hasSubMenu)}  ⑨
            >
              {menuItem}
            </a>
            {hasSubMenu && (
              /* 하위 메뉴 항목 (드롭다운 메뉴) */
            )}
          </div>
        );
      })}
    </div>
  </nav>
  );
}

export default MenuBar2Depth;
```

하위 메뉴 항목 유무에 따라 다르게 적용되는 2뎁스 MenuBar 상위 메뉴 항목 WAI-ARIA 적용(src/stories/MenuBar/MenuBar2Depth.jsx)

하위 메뉴 항목

10. **드롭다운 메뉴 요소에 role="menu"를 명시합니다.**

    하위 메뉴 항목을 감싸는 드롭다운 메뉴 요소에는 하위 메뉴 항목들의 그룹임을 의미하는 `role="menu"`를 명시합니다.

11. **드롭다운 메뉴 요소에 aria-label 속성을 추가합니다.**

    어떤 상위 메뉴 항목에 의한 드롭다운 메뉴인지 스크린 리더 사용자가 안내받을 수 있도록 `aria-label` 값으로 상위 메뉴 항목의 레이블을 명시합니다.

12. 하위 메뉴 항목 요소에는 role="menuitem"을 명시합니다.

13. **선택된 하위 메뉴 항목에는 aria-current="page" 속성을 추가합니다.**

    시각적으로 선택한 메뉴임을 인지할 수 없는 스크린 리더 사용자를 위해 추가되는 속성입니다. `aria-current="page"` 속성을 통해 스크린 리더 사용자는 음성으로 현재 활성화된 항목임을 안내받을 수 있고, 동시에 현재 표시되고 있는 페이지에 대한 메뉴 항목임을 인지할 수 있습니다.

14. 하위 메뉴 항목 클릭 시 다음 동작을 수행합니다.
    - 해당 메뉴 항목을 선택합니다.
    - 상위 메뉴 항목을 초기화합니다.
    - 모든 드롭다운 메뉴를 닫습니다.

```
import { useState } from "react";

const MENU_LIST = [...];

const INITIAL_EXPANDED_SUB_MENU = new Array(MENU_LIST.length).fill(false);
const INITIAL_SELECTED_SUB_MENU_ITEM = new Array(MENU_LIST.length).fill(-1);

function MenuBar2Depth() {
  const [expandedSubMenu, setExpandedSubMenu] = useState(
    INITIAL_EXPANDED_SUB_MENU,
  );

  const [selectedMenuItem, setSelectedMenuItem] = useState(0);
  /* 13. 상위 메뉴 항목 index에 해당하는 선택된 하위 메뉴 항목 index */
  const [selectedSubMenuItem, setSelectedSubMenuItem] = useState(
    INITIAL_SELECTED_SUB_MENU_ITEM,
  );                                                                 ⑬

  const openSubMenu = (index) => {...};

  const closeSubMenu = () => {...};

  const toggleSubMenu = (index) => {...};

  const handleClickMenuItem = (index, hasSubMenu) => {...};

  /* 14. 하위 메뉴 항목 클릭 시 동작 */
```

```jsx
const handleClickSubMenuItem = (index) => {
  const newSubMenuItemList = [...INITIAL_SELECTED_SUB_MENU_ITEM];
  newSubMenuItemList[activeMenuItem] = index;

  setSelectedSubMenuItem(newSubMenuItemList);
  setSelectedMenuItem(activeMenuItem);
  closeSubMenu();
};

return (
  <nav aria-label="메인">
    <div
      role="menubar"
      aria-label="메인"
    >
      {MENU_LIST.map(({ menuItem, subMenu }, menuIndex) => {
        const hasSubMenu = !!subMenu;

        return (
          <div key={menuIndex}>
            <a
              role="menuitem"
              {...}
            >
              {/* 상위 메뉴 항목 */}
            </a>
            {hasSubMenu && (
              <div
                /* 10. 하위 메뉴 항목 그룹에 Menu 역할 명시 */
                role="menu"
                /* 11. 상위 메뉴 항목의 레이블 추가 */
                aria-label={menuItem}
              >
                {subMenu.map((subMenuItem, subMenuIndex) => (
                  <a
                    key={subMenuIndex}
                    href="#"
                    /* 12. 하위 메뉴 항목에 Menuitem 역할 명시 */
                    role="menuitem"
                    /* 13. 선택된 하위 메뉴 항목에 aria-current="page" 속성 추가 */
                    aria-current={
                      subMenuIndex === selectedSubMenuItem[menuIndex]
                        ? "page"
                        : undefined
                    }
                    /* 14. 하위 메뉴 항목 클릭 시 동작 */
                    onClick={(event) => handleClickSubMenuItem(subMenuIndex)}
                  >
```

```
                    {subMenuItem}
                  </a>
                ))}
              </div>
            )}
          </div>
        );
      })}
    </div>
  </nav>
);
}

export default MenuBar2Depth;
```

2뎁스 MenuBar 하위 메뉴 항목 WAI-ARIA 적용(src/stories/MenuBar/MenuBar2Depth.jsx)

- **초점 이동 처리**

15. **활성화된 메뉴 항목에만 tabindex="0" 값을 추가합니다.**

    키보드 Tab 키로 초기에 MenuBar 내부 메뉴 항목으로 초점이 이동되는 경우, 마지막으로 활성화되었던 메뉴 항목으로 초점이 이동되어야 합니다.

16. **현재 초점이 MenuBar 내부에 있는지를 감지합니다.**

    현재 초점이 MenuBar 내부에 있는 경우에만 필요한 동작을 위해 MenuBar 내부(메뉴 항목)에 초점이 있는지를 감지합니다.

17. **마우스 또는 포인팅 장치가 메뉴 항목으로 이동된 경우 해당 메뉴 항목으로 초점을 이동합니다.**

    동시에 드롭다운 메뉴를 가지는 상위 메뉴인 경우 드롭다운 메뉴를 펼칩니다. 이 동작은 현재 초점이 MenuBar 내부에 있는 경우에만 동작해야 합니다.

18. **MenuBar 외부 영역을 클릭한 경우 모든 드롭다운 메뉴를 닫습니다.**

```
import { useEffect, useState, useRef } from "react";

const MENU_LIST = [...];

const INITIAL_EXPANDED_SUB_MENU = new Array(MENU_LIST.length).fill(false);
const INITIAL_SELECTED_SUB_MENU_ITEM = new Array(MENU_LIST.length).fill(-1);

function MenuBar2Depth() {
```

```javascript
  const menubarRef = useRef(null);
  const menuItemRefs = useRef([]);
  const subMenuItemRefs = useRef([]);

  /* 16. 메뉴 항목에 초점이 있는지 여부 */
  const [hasFocus, setHasFocus] = useState(false); // ⓰

  useEffect(() => {
    const menubarElement = menubarRef.current;

    if (!menubarElement) {
      return;
    }

    /* 16. 메뉴 항목에 초점이 존재하는지 여부 체크 */
    const checkMenubarHasFocus = () => {
      setHasFocus(menubarElement.contains(document.activeElement)); // ⓰
    };

    /* 18. 메뉴바 외부 영역을 클릭한 경우 모든 드롭다운 메뉴 닫기 */
    const handleOutsideClick = (event) => {
      if (!menubarElement.contains(event.target)) {
        closeSubMenu();
      } // ⓲
    };

    menubarElement.addEventListener("focusin", checkMenubarHasFocus);
    menubarElement.addEventListener("focusout", checkMenubarHasFocus);
    window.addEventListener("pointerdown", handleOutsideClick);

    return () => {
      menubarElement.removeEventListener("focusin", checkMenubarHasFocus);
      menubarElement.removeEventListener("focusout", checkMenubarHasFocus);
      window.removeEventListener("pointerdown", handleOutsideClick);
    };
  }, []);

  const [expandedSubMenu, setExpandedSubMenu] = useState(
    INITIAL_EXPANDED_SUB_MENU,
  );
  const [canExpandedDropDown, setCanExpandedDropDown] = useState(true);

  /* 15. 활성화된 상위 메뉴 항목 index */
  const [activeMenuItem, setActiveMenuItem] = useState(0); // ⓯
  const [selectedMenuItem, setSelectedMenuItem] = useState(0);

  /* 15. 활성화된 하위 메뉴 항목 index */
```

```
const [activeSubMenuItem, setActiveSubMenuItem] = useState(
  INITIAL_SELECTED_SUB_MENU_ITEM,                              ⑮
);
const [selectedSubMenuItem, setSelectedSubMenuItem] = useState(
  INITIAL_SELECTED_SUB_MENU_ITEM,
);

const openSubMenu = (index) => {...};

const closeSubMenu = () => {...};

const toggleSubMenu = (index) => {...};

const handleClickMenuItem = (index, hasSubMenu) => {...};

const handleClickSubMenuItem = (index) => {...};

const moveFocusToMenuItem = (targetIndex) => {...};

const moveFocusToSubMenuItem = (targetIndex) => {...};

return (
  <nav aria-label="메인">
    <div
      ref={menubarRef}
      role="menubar"
      aria-label="메인"
    >
      {MENU_LIST.map(({ menuItem, subMenu }, menuIndex) => {
        const hasSubMenu = !!subMenu;

        return (
          <div key={menuIndex}>
            <a
              ref={(element) => (menuItemRefs.current[menuIndex] = element)}
              href="#"
              role="menuitem"
              aria-haspopup={hasSubMenu ? "menu" : undefined}
              aria-expanded={
                hasSubMenu ? expandedSubMenu[menuIndex] : undefined
              }
              aria-current={
                !hasSubMenu && menuIndex === selectedMenuItem
                  ? "page"
                  : undefined
              }
              onClick={(event) => handleClickMenuItem(menuIndex, hasSubMenu)}
```

```jsx
          /* 15. 활성화된 메뉴 항목에만 tabindex="0" 추가 */
          tabIndex={menuIndex === activeMenuItem ? 0 : -1} ⑮
          /* 17. 상위 메뉴 항목 pointerover 이벤트 발생 시 동작 */
          onPointerOver={() => {
            openSubMenu(menuIndex);
            moveFocusToMenuItem(menuIndex);    ⑰
          }}
          /* 초점을 받은 상위 메뉴 항목 활성화 */
          onFocus={() => setActiveMenuItem(menuIndex)}
        >
          {menuItem}
        </a>
        {hasSubMenu && (
          <div
            role="menu"
            aria-label={menuItem}
          >
            {subMenu.map((subMenuItem, subMenuIndex) => (
              <a
                ref={(element) => {
                  subMenuItemRefs.current[menuIndex] =
                    subMenuItemRefs.current[menuIndex] || [];
                  subMenuItemRefs.current[menuIndex][subMenuIndex] =
                    element;
                }}
                key={subMenuIndex}
                href="#"
                role="menuitem"
                aria-current={
                  subMenuIndex === selectedSubMenuItem[menuIndex]
                    ? "page"
                    : undefined
                }
                onClick={(event) => handleClickSubMenuItem(subMenuIndex)}
                /* 15. 활성화된 메뉴 항목에만 tabindex="0" 추가 */
                tabIndex={
                  subMenuIndex === activeSubMenuItem[menuIndex] ? 0 : -1 ⑮
                }
                /* 17. 상위 메뉴 항목 pointerover 이벤트 발생 시 동작 */
                onPointerOver={() => moveFocusToSubMenuItem(subMenuIndex)} ⑰
                /* 초점을 받은 하위 메뉴 항목 활성화 */
                onFocus={() => {
                  const newActiveSubMenuItem = [
                    ...INITIAL_SELECTED_SUB_MENU_ITEM,
                  ];
                  newActiveSubMenuItem[activeMenuItem] = subMenuIndex;

                  setActiveSubMenuItem(newActiveSubMenuItem);
```

```
                    }}
                >
                    {subMenuItem}
                </a>
            ))}
        </div>
    )}
        </div>
    );
})}
        </div>
    </nav>
);
}

export default MenuBar2Depth;
```

2뎁스 MenuBar 초점 이동 처리(src/stories/MenuBar/MenuBar2Depth.jsx)

- **키보드 컨트롤**

웹에서 키보드를 통해 2뎁스 MenuBar를 탐색할 때 준수해야 하는 동작입니다. 각 컨트롤 동작은 현재 초점이 메뉴 항목에 있는 경우 동작해야 합니다.

상위 메뉴 항목에 초점이 있는 경우

19. **Arrow Left**

    Arrow Left 키로 이전 상위 메뉴 항목으로 초점을 이동합니다. 첫 번째 상위 메뉴 항목에서 **Arrow Left** 키를 누르면 마지막 상위 메뉴 항목으로 초점을 이동해 상위 메뉴 항목 내에서 초점이 순환되도록 합니다.

20. **Arrow Right**

    Arrow Right 키로 다음 상위 메뉴 항목으로 초점을 이동합니다. 마지막 상위 메뉴 항목에서 **Arrow Right** 키를 누르면 첫 번째 상위 메뉴 항목으로 초점을 이동해 상위 메뉴 항목 내에서 초점이 순환되도록 합니다.

21. **Home**

    Home 키로 첫 번째 상위 메뉴 항목으로 초점을 이동합니다.

22. **End**

    End 키로 마지막 상위 메뉴 항목으로 초점을 이동합니다.

23. **Arrow Down**

    드롭다운 메뉴가 있는 상위 메뉴 항목의 경우 **Arrow Down** 키로 드롭다운 메뉴를 펼칩니다. 동시에 **Arrow Down** 키로 드롭다운 메뉴가 열린 경우에는 첫 번째 하위 메뉴 항목으로 초점이 이동됩니다.

24. **Arrow Up**

    드롭다운 메뉴가 있는 상위 메뉴 항목의 경우 **Arrow Up** 키로 드롭다운 메뉴를 펼칩니다. 동시에 **Arrow Up** 키로 드롭다운 메뉴가 열린 경우에는 마지막 하위 메뉴 항목으로 초점이 이동됩니다.

25. **Esc**

    드롭다운 메뉴가 열려 있는 상위 메뉴 항목에서 **Esc** 키를 누르면 드롭다운 메뉴를 닫습니다. 이때 초점은 해당 상위 메뉴 항목으로 이동됩니다. **Esc** 키로 드롭다운 메뉴를 닫는 경우 사용자의 의지에 의해 닫힌 것으로 생각하여 다시 드롭다운 메뉴를 펼치는 키보드 동작을 하지 않는 한 드롭다운 메뉴가 자동으로 열리지 않도록 합니다. 예를 들어 **Arrow Left**와 **Arrow Right** 키로 상위 메뉴 항목 간 초점을 이동해도 드롭다운 메뉴가 자동으로 열리지 않습니다.

26. **Tab**

    드롭다운 메뉴가 열려 있는 상위 메뉴 항목에서 **Tab** 키를 누르면 MenuBar 외부 초점이 가능한 요소로 초점이 이동하고 드롭다운 메뉴를 닫습니다. **Tab** 키로 드롭다운 메뉴가 닫히고 나면 **Esc** 키와 동일하게 다시 드롭다운 메뉴를 펼치는 키보드 동작을 하지 않는 한 드롭다운 메뉴가 자동으로 열리지 않도록 합니다.

27. **Enter 또는 Space**

    드롭다운 메뉴가 없는 상위 메뉴 항목의 경우 **Enter** 또는 **Space** 키로 해당 상위 메뉴 항목을 선택합니다. 드롭다운 메뉴가 있는 상위 메뉴 항목의 경우 **Enter** 또는 **Space** 키로 드롭다운 메뉴를 열고 첫 번째 하위 메뉴 항목으로 초점을 이동합니다. 이미 드롭다운 메뉴가 열려 있는 경우에도 동일하게 첫 번째 하위 메뉴 항목으로 초점을 이동합니다.

```js
import { useEffect, useState, useRef } from "react";

const MENU_LIST = [...];

const INITIAL_EXPANDED_SUB_MENU = new Array(MENU_LIST.length).fill(false);
const INITIAL_SELECTED_SUB_MENU_ITEM = new Array(MENU_LIST.length).fill(-1);

function MenuBar2Depth() {
  const menubarRef = useRef(null);
  const menuItemRefs = useRef([]);
  const subMenuItemRefs = useRef([]);

  const [hasFocus, setHasFocus] = useState(false);

  useEffect(() => {
    const menubarElement = menubarRef.current;

    if (!menubarElement) {
      return;
    }

    const checkMenubarHasFocus = () => {...};

    const handleOutsideClick = (event) => {...};

    menubarElement.addEventListener("focusin", checkMenubarHasFocus);
    menubarElement.addEventListener("focusout", checkMenubarHasFocus);
    window.addEventListener("pointerdown", handleOutsideClick);

    return () => {
      menubarElement.removeEventListener("focusin", checkMenubarHasFocus);
      menubarElement.removeEventListener("focusout", checkMenubarHasFocus);
      window.removeEventListener("pointerdown", handleOutsideClick);
    };
  }, []);

  const [expandedSubMenu, setExpandedSubMenu] = useState(
    INITIAL_EXPANDED_SUB_MENU,
  );
  const [canExpandedDropDown, setCanExpandedDropDown] = useState(true);

  const [activeMenuItem, setActiveMenuItem] = useState(0);
  const [selectedMenuItem, setSelectedMenuItem] = useState(0);

  const [activeSubMenuItem, setActiveSubMenuItem] = useState(
    INITIAL_SELECTED_SUB_MENU_ITEM,
  );
  const [selectedSubMenuItem, setSelectedSubMenuItem] = useState(
```

```
    INITIAL_SELECTED_SUB_MENU_ITEM,
);

const openSubMenu = (index) => {...};

const closeSubMenu = () => {...};

const toggleSubMenu = (index) => {...};

const handleClickMenuItem = (index, hasSubMenu) => {...};

const handleClickSubMenuItem = (index) => {...};

const moveFocusToMenuItem = (targetIndex) => {...};

const moveFocusToSubMenuItem = (targetIndex) => {...};

/* 드롭다운 메뉴를 열고난 후 하위 메뉴 항목으로 초점 이동 */
const moveFocusToSubMenuItemAfterOpenSubMenu = (index) => {
  openSubMenu(activeMenuItem);

  /* 드롭다운 메뉴가 열리고 나서 초점이 이동될 수 있도록 적용 */
  setTimeout(() => moveFocusToSubMenuItem(index));
};

/* 19. ~ 27. 상위 메뉴 항목 키보드 컨트롤 */
const handleKeyDownMenuItem = (event, hasSubMenu) => {
  switch (event.code) {
    /* 19. ArrowLeft 키로 이전 상위 메뉴 항목으로 초점 이동 */
    case "ArrowLeft":
      event.preventDefault();

      const prevIndex =
        activeMenuItem > 0 ? activeMenuItem - 1 : MENU_LIST.length - 1;
      moveFocusToMenuItem(prevIndex);
      break;

    /* 20. ArrowRight 키로 다음 상위 메뉴 항목으로 초점 이동 */
    case "ArrowRight":
      event.preventDefault();

      const nextIndex =
        activeMenuItem < MENU_LIST.length - 1 ? activeMenuItem + 1 : 0;
      moveFocusToMenuItem(nextIndex);
      break;

    /* 21. Home 키로 첫 번째 상위 메뉴 항목으로 초점 이동 */
```

```
    case "Home":
      event.preventDefault();                    ㉑
      moveFocusToMenuItem(0);
      break;

    /* 22. End 키로 마지막 상위 메뉴 항목으로 초점 이동 */
    case "End":
      event.preventDefault();                    ㉒
      moveFocusToMenuItem(MENU_LIST.length - 1);
      break;

    /* 23. ArrowDown 키로 드롭다운 메뉴를 펼치고, 첫 번째 하위 메뉴 항목으로 초점 이동 */
    case "ArrowDown":
      /* 하위 메뉴 항목이 있는 경우에만 적용 */
      if (!hasSubMenu) {
        return;
      }
                                                 ㉓
      event.preventDefault();

      moveFocusToSubMenuItemAfterOpenSubMenu(0);
      setCanExpandedDropDown(true);
      break;

    /* 24. ArrowUp 키로 드롭다운 메뉴를 펼치고, 마지막 하위 메뉴 항목으로 초점 이동 */
    case "ArrowUp":
      /* 하위 메뉴 항목이 있는 경우에만 적용 */
      if (!hasSubMenu) {
        return;
      }
                                                 ㉔
      event.preventDefault();

      moveFocusToSubMenuItemAfterOpenSubMenu(
        MENU_LIST[activeMenuItem].subMenu.length - 1,
      );
      setCanExpandedDropDown(true);
      break;

    /* 25. Esc 키로 드롭다운 메뉴를 닫고, 상위 메뉴 항목으로 초점 이동 */
    case "Escape":
      event.preventDefault();
                                                 ㉕
      /* Esc 키로 드롭다운 메뉴가 닫힌 경우, 드롭다운 메뉴가 자동으로 열릴 수 없는
```

```
   상태로 변경 */
   setCanExpandedDropDown(false);
   closeSubMenu();

   const targetMenuItem = menuItemRefs.current[activeMenuItem];
   targetMenuItem.focus();
   break;
```

/* 26. Tab 키로 드롭다운 메뉴를 닫고, 원래의 Tab 키 동작 수행 */
```
   case "Tab":
     /* Tab 키로 드롭다운 메뉴가 닫힌 경우, 드롭다운 메뉴가 자동으로 열릴 수 없는
상태로 변경 */
     setCanExpandedDropDown(false);
     closeSubMenu();
     break;
```

/* 27. Enter 또는 Space 키 동작 */
```
   case "Enter":
   case "Space":
     event.preventDefault();

     /* 드롭다운 메뉴가 있는 경우 드롭다운 메뉴를 펼치고 첫 번째 하위 메뉴 항목으로
초점 이동 */
     if (hasSubMenu) {
       moveFocusToSubMenuItemAfterOpenSubMenu(0);
       setCanExpandedDropDown(true);
     } else {
       /* 드롭다운 메뉴가 없는 경우 해당 메뉴 항목 선택 및 하위 메뉴 항목 선택 초기화 */
       setSelectedMenuItem(activeMenuItem);
       setSelectedSubMenuItem(INITIAL_SELECTED_SUB_MENU_ITEM);
     }
     break;
   }
 };

 return (
   <nav aria-label="메인">
     <div
       ref={menubarRef}
       role="menubar"
       aria-label="메인"
     >
       {MENU_LIST.map((({ menuItem, subMenu }, menuIndex) => {
         const hasSubMenu = !!subMenu;

         return (
           <div key={menuIndex}>
             <a
```

```jsx
          ref={(element) => (menuItemRefs.current[menuIndex] = element)}
          href="#"
          role="menuitem"
          aria-haspopup={hasSubMenu ? "menu" : undefined}
          aria-expanded={
            hasSubMenu ? expandedSubMenu[menuIndex] : undefined
          }
          aria-current={
            !hasSubMenu && menuIndex === selectedMenuItem
              ? "page"
              : undefined
          }
          onClick={(event) => handleClickMenuItem(menuIndex, hasSubMenu)}
          tabIndex={menuIndex === activeMenuItem ? 0 : -1}
          onPointerOver={() => {...}}
          onFocus={() => setActiveMenuItem(menuIndex)}
          // 19. ~ 27. 상위 메뉴 항목 키보드 컨트롤
          onKeyDown={(event) => handleKeyDownMenuItem(event, hasSubMenu)}
        >
          {menuItem}
        </a>
        {hasSubMenu && (
          <div
            role="menu"
            aria-label={menuItem}
          >
            {subMenu.map((subMenuItem, subMenuIndex) => (
              {/* 하위 메뉴 항목 */}
            ))}
          </div>
        )}
      </div>
    );
   })}
   </div>
  </nav>
 );
}

export default MenuBar2Depth;
```

2뎁스 MenuBar 상위 메뉴 항목 키보드 컨트롤(src/stories/MenuBar/MenuBar2Depth.jsx)

하위 메뉴 항목에 초점이 있는 경우

28. **Arrow Up**

    Arrow Up 키로 이전 하위 메뉴 항목으로 초점을 이동합니다. 첫 번째 하위 메뉴 항목에서

Arrow Up 키를 누르면 마지막 하위 메뉴 항목으로 초점을 이동해 하위 메뉴 항목 내에서 초점이 순환되도록 합니다.

29. **Arrow Down**

    Arrow Down 키로 다음 하위 메뉴 항목으로 초점을 이동합니다. 마지막 하위 메뉴 항목에서 **Arrow Down** 키를 누르면 첫 번째 하위 메뉴 항목으로 초점을 이동해 하위 메뉴 항목 내에서 초점이 순환되도록 합니다.

30. **Home**

    Home 키로 첫 번째 하위 메뉴 항목으로 초점을 이동합니다.

31. **End**

    End 키로 마지막 하위 메뉴 항목으로 초점을 이동합니다.

32. **Arrow Left**

    Arrow Left 키로 현재 펼쳐져 있는 드롭다운 메뉴를 닫고 이전 상위 메뉴 항목으로 초점을 이동합니다. 이때 이전 상위 메뉴 항목에 드롭다운 메뉴가 있는 경우 초점 이동과 동시에 해당 상위 메뉴 항목의 드롭다운 메뉴를 펼칩니다.

33. **Arrow Right**

    Arrow Right 키로 현재 펼쳐져 있는 드롭다운 메뉴를 닫고 다음 상위 메뉴 항목으로 초점을 이동합니다. 이때 다음 상위 메뉴 항목에 드롭다운 메뉴가 있는 경우 초점 이동과 동시에 해당 상위 메뉴 항목의 드롭다운 메뉴를 펼칩니다.

34. **Esc**

    Esc 키를 누르면 드롭다운 메뉴를 닫습니다. 이때 초점은 해당 상위 메뉴 항목으로 이동합니다. **Esc** 키로 드롭다운 메뉴가 닫히고 나면 상위 메뉴 항목에서의 **Esc** 키 동작과 동일하게 다시 드롭다운 메뉴를 펼치는 키보드 동작을 하지 않는 한 드롭다운 메뉴가 자동으로 열리지 않도록 합니다.

35. **Tab**

    하위 메뉴 항목에서 **Tab** 키를 누르면 MenuBar 외부 초점이 가능한 요소로 초점이 이동하고 드롭다운 메뉴를 닫습니다. **Tab** 키로 드롭다운 메뉴가 닫히고 나면 **Esc** 키와 동일하게 다시 드롭다운 메뉴를 펼치는 키보드 동작을 하지 않는 한 드롭다운 메뉴가 자동으로 열리지 않도록 합니다.

36. **Enter 또는 Space**

    Enter 또는 **Space** 키로 해당 하위 메뉴 항목을 선택합니다.

```jsx
import { useEffect, useState, useRef } from "react";

const MENU_LIST = [...];

const INITIAL_EXPANDED_SUB_MENU = new Array(MENU_LIST.length).fill(false);
const INITIAL_SELECTED_SUB_MENU_ITEM = new Array(MENU_LIST.length).fill(-1);

function MenuBar2Depth() {
  const menubarRef = useRef(null);
  const menuItemRefs = useRef([]);
  const subMenuItemRefs = useRef([]);

  const [hasFocus, setHasFocus] = useState(false);

  useEffect(() => {
    const menubarElement = menubarRef.current;

    if (!menubarElement) {
      return;
    }

    const checkMenubarHasFocus = () => {...};

    const handleOutsideClick = (event) => {...};

    menubarElement.addEventListener("focusin", checkMenubarHasFocus);
    menubarElement.addEventListener("focusout", checkMenubarHasFocus);
    window.addEventListener("pointerdown", handleOutsideClick);

    return () => {
      menubarElement.removeEventListener("focusin", checkMenubarHasFocus);
      menubarElement.removeEventListener("focusout", checkMenubarHasFocus);
      window.removeEventListener("pointerdown", handleOutsideClick);
    };
  }, []);

  const [expandedSubMenu, setExpandedSubMenu] = useState(
    INITIAL_EXPANDED_SUB_MENU,
  );
```

```
const [canExpandedDropDown, setCanExpandedDropDown] = useState(true);

const [activeMenuItem, setActiveMenuItem] = useState(0);
const [selectedMenuItem, setSelectedMenuItem] = useState(0);

const [activeSubMenuItem, setActiveSubMenuItem] = useState(
  INITIAL_SELECTED_SUB_MENU_ITEM,
);
const [selectedSubMenuItem, setSelectedSubMenuItem] = useState(
  INITIAL_SELECTED_SUB_MENU_ITEM,
);

const openSubMenu = (index) => {...};

const closeSubMenu = () => {...};

const toggleSubMenu = (index) => {...};

const handleClickMenuItem = (index, hasSubMenu) => {...};

const handleClickSubMenuItem = (index) => {...};

const moveFocusToMenuItem = (targetIndex) => {...};

const moveFocusToSubMenuItem = (targetIndex) => {...};

const moveFocusToSubMenuItemAfterOpenSubMenu = (index) => {...};

const handleKeyDownMenuItem = (event, hasSubMenu) => {...};

/* 28. ~ 36. 하위 메뉴 항목 키보드 컨트롤 */
const handleKeyDownSubMenuItem = (event) => {
  switch (event.code) {
    /* 28. ArrowUp 키로 이전 하위 메뉴 항목으로 초점 이동 */
    case "ArrowUp":
      event.preventDefault();

      const prevSubMenuIndex =
        activeSubMenuItem[activeMenuItem] > 0
          ? activeSubMenuItem[activeMenuItem] - 1
          : MENU_LIST[activeMenuItem].subMenu.length - 1;
      moveFocusToSubMenuItem(prevSubMenuIndex);
      break;

    /* 29. ArrowDown 키로 다음 하위 메뉴 항목으로 초점 이동 */
    case "ArrowDown":
      event.preventDefault();
```

```
      const nextSubMenuIndex =
        activeSubMenuItem[activeMenuItem] <
        MENU_LIST[activeMenuItem].subMenu.length - 1
          ? activeSubMenuItem[activeMenuItem] + 1                    ㉙
          : 0;
      moveFocusToSubMenuItem(nextSubMenuIndex);
      break;

    /* 30. Home 키로 첫 번째 하위 메뉴 항목으로 초점 이동 */
    case "Home":
      event.preventDefault();
                                                                     ㉚
      moveFocusToSubMenuItem(0);
      break;

    /* 31. End 키로 첫 번째 하위 메뉴 항목으로 초점 이동 */
    case "End":
      event.preventDefault();
                                                                     ㉛
      moveFocusToSubMenuItem(MENU_LIST[activeMenuItem].subMenu.length - 1);
      break;

    /* 32. ArrowLeft 키로 이전 상위 메뉴 항목으로 초점 이동 */
    case "ArrowLeft":
      event.preventDefault();

      const prevMenuIndex =                                          ㉜
        activeMenuItem > 0 ? activeMenuItem - 1 : MENU_LIST.length - 1;
      moveFocusToMenuItem(prevMenuIndex);
      break;

    /* 33. ArrowRight 키로 다음 상위 메뉴 항목으로 초점 이동 */
    case "ArrowRight":
      event.preventDefault();

      const nextMenuIndex =                                          ㉝
        activeMenuItem < MENU_LIST.length - 1 ? activeMenuItem + 1 : 0;
      moveFocusToMenuItem(nextMenuIndex);
      break;

    /* 34. Esc 키로 드롭다운 메뉴를 닫고, 상위 메뉴 항목으로 초점 이동 */
    case "Escape":
      event.preventDefault();
                                                                     ㉞
      setCanExpandedDropDown(false);
      closeSubMenu();

      const targetMenuItem = menuItemRefs.current[activeMenuItem];
```

```jsx
      targetMenuItem.focus();
      break;

    /* 35. Tab 키로 드롭다운 메뉴를 닫고, 원래의 Tab 키 동작 수행 */
    case "Tab":
      setCanExpandedDropDown(false);
      closeSubMenu();
      break;

    /* 36. Enter 또는 Space 키로 해당 하위 메뉴 항목 선택 */
    case "Enter":
    case "Space":
      event.preventDefault();

      handleClickSubMenuItem(activeSubMenuItem[activeMenuItem]);
      break;
  }
};

return (
  <nav aria-label="메인">
    <div
      ref={menubarRef}
      role="menubar"
      aria-label="메인"
    >
      {MENU_LIST.map(({ menuItem, subMenu }, menuIndex) => {
        const hasSubMenu = !!subMenu;

        return (
          <div key={menuIndex}>
            <a
              role="menuitem"
              {...}
            >
              {/* 상위 메뉴 항목 */}
            </a>
            {hasSubMenu && (
              <div
                role="menu"
                aria-label={menuItem}
              >
                {subMenu.map((subMenuItem, subMenuIndex) => (
                  <a
                    ref={(element) => {...}}
                    key={subMenuIndex}
                    href="#"
                    role="menuitem"
```

```
                    aria-current={
                      subMenuIndex === selectedSubMenuItem[menuIndex]
                        ? "page"
                        : undefined
                    }
                    onClick={(event) => handleClickSubMenuItem(subMenuIndex)}
                    tabIndex={
                      subMenuIndex === activeSubMenuItem[menuIndex] ? 0 : -1
                    }
                    onPointerOver={() => moveFocusToSubMenuItem(subMenuIndex)}
                    onFocus={() => {...}}
                    // 28. ~ 36. 하위 메뉴 항목 키보드 컨트롤
                    onKeyDown={handleKeyDownSubMenuItem}
                  >
                    {subMenuItem}
                  </a>
                ))}
              </div>
            )}
          </div>
        );
      })}
    </div>
  </nav>
  );
}

export default MenuBar2Depth;
```

2뎁스 MenuBar 하위 메뉴 항목 키보드 컨트롤(src/stories/MenuBar/MenuBar2Depth.jsx)

7.4 SelectMenu

SelectMenu 컴포넌트 미리 보기
사용자가 전체 값을 입력할 필요 없이 유효한 값만 선택할 수 있도록 옵션값들의 목록을 제공합니다.

SelectMenu 컴포넌트의 접근성 준수를 위해 미리 알고 있으면 좋은 WAI-ARIA
이 책의 차례에서 다음 WAI-ARIA의 내용을 찾아 미리 학습하면 SelectMenu 컴포넌트의 접근성 준수에 대해 더 쉽게 이해할 수 있습니다.

ARIA 역할
- 5.3.9 combobox
- 5.3.10 listbox
- 5.3.11 option

ARIA 상태 및 속성
- 5.4.1 aria-activedescendant
- 5.4.5 aria-controls
- 5.4.9 aria-expanded
- 5.4.10 aria-haspopup
- 5.4.18 aria-orientation
- 5.4.22 aria-selected

이번 장에서 설명하는 SelectMenu 컴포넌트의 최종 코드는 다음 깃허브에서 확인할 수 있습니다.

https://github.com/evie-ooooori/accessibility-guide-book-for-component/tree/main/src/stories/SelectMenu

7.4.1 SelectMenu란?

입력 필드에 가능한 옵션값들의 목록을 제공하여 사용자가 제공되는 옵션 중에서 값을 선택하도록 합니다. 유효하지 않은 값이나 지원되지 않는 값의 입력을 방지하여 사용자 경험을 개선할 수 있습니다.

7.4.2 구성 요소

SelectMenu는 그림 7.5와 같이 크게 3가지 요소로 구성됩니다.

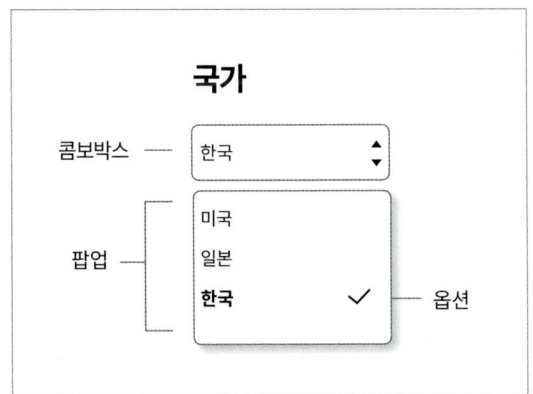

그림 7.5 SelectMenu 구성 요소

- **콤보박스**

  선택 가능한 옵션값들이 나열된 옵션 목록 팝업을 호출하는 트리거 요소입니다. 대부분의 경우 현재 선택된 옵션값을 단순히 보여주는 역할만 하지만, 상황에 따라 사용자의 입력과 편집을 제공할 수도 있습니다.

- **옵션 목록 팝업**

  선택 가능한 옵션값들의 목록을 나타내는 팝업 요소입니다. 콤보박스에 의해 숨겨지고 노출될 수 있습니다.

- **옵션**

  옵션 목록 팝업 내부에서 선택할 수 있는 값을 나타내는 요소입니다.

> **CAUTION**
>
> 인지장애를 경험하는 사용자를 위해 선택한 옵션값을 단순히 색상만을 가지고 구분해서는 안 됩니다. 그림 7.5와 같이 선택한 옵션에 체크 아이콘을 추가하는 등 색상 외에 다른 방법을 추가해서 전달해야 합니다.

7.4.3 접근성 대응

● WAI-ARIA 적용

- **콤보박스**

1. **콤보박스 역할을 하는 요소에 role="combobox"를 명시합니다.**

   스크린 리더 사용자가 해당 요소를 콤보박스로 인식할 수 있도록 ARIA 역할을 명시합니다.

2. **콤보박스 요소에 aria-haspopup 속성을 추가합니다.**

   콤보박스 요소를 클릭하면 옵션 목록 팝업이 나타날 것임을 스크린 리더 사용자가 인지할 수 있도록 `aria-haspopup` 속성을 추가합니다. 콤보박스 역할에는 기본적으로 `aria-haspopup="listbox"` 속성이 함축되어 있습니다. 따라서 옵션 목록 팝업이 `listbox` 역할을 한다면 `aria-haspopup` 속성을 생략할 수 있습니다.

3. **콤보박스 요소에 aria-expanded 속성을 추가합니다.**

   시각적으로 현재 옵션 목록 팝업이 나타난 상태인지를 알 수 없는 스크린 리더 사용자를 위해 `aria-expanded` 속성을 추가합니다.

4. **콤보박스 요소에 aria-controls 속성을 추가합니다.**

콤보박스 요소에 `aria-controls` 속성을 추가하고, 속성값으로 콤보박스에 의해 나타날 옵션 목록 팝업 id값을 참조합니다.

5. **콤보박스 요소에 aria-activedescendant 속성을 추가합니다.**

   콤보박스에 초점이 유지된 상태로 옵션값들을 탐색할 수 있도록 `aria-activedescendant` 속성을 추가하고, 속성값으로 현재 활성화된 옵션의 id값을 참조합니다.

   > **NOTE** **aria-activedescendant 속성 사용 시 주의해야 할 점**
   >
   > `aria-activedescendant` 속성은 주로 `listbox` 역할과 같이 옵션 목록 팝업이 열려도 초점이 옵션 목록 팝업을 나타나게 한 콤보박스에 남아 있는 경우에 사용됩니다.
   >
   > 만약 dialog와 같이 초점이 dialog 내부로 이동되어야 하는 경우에는 `aria-activedescendant` 속성을 추가할 필요가 없습니다.

   ```
   <button
     type="button"
     /* 1. Combobox 역할 명시 */
     role="combobox" ①
     /* 2. Listbox가 노출될 것을 명시 */
     aria-haspopup="listbox" ②
     /* 3. 옵션 목록 팝업의 열림/닫힘 상태 여부 */
     aria-expanded={isExpanded} ③
     /* 4. 옵션 목록 팝업 id값 참조 */
     aria-controls="listbox-id" ④
     /* 5. 활성화된 옵션 id값 참조 */
     aria-activedescendant={`option-${activeIndex}-id`} ⑤
   >
     {/* 현재 선택된 옵션값 */}
   </button>
   ```

   콤보박스 WAI-ARIA 적용(src/stories/SelectMenu/SelectMenu.jsx)

- **옵션 목록 팝업**

6. **옵션 목록 팝업의 역할을 명시합니다.**

   스크린 리더 사용자들이 옵션 목록 팝업의 역할을 인지할 수 있도록 ARIA 역할을 명시합니다. 여기에서는 `role="listbox"` 역할을 예시로 설명합니다.

7. **옵션 목록 팝업 요소에 aria-orientation 속성을 추가합니다.**

   옵션 목록 팝업 내 옵션들이 나열되어 있는 방향을 스크린 리더 사용자들이 인지할 수 있도록 `aria-orientation` 속성을 추가합니다. `role="listbox"`의 경우 `aria-orientation="vertical"`이 기본값으로 적용되기 때문에 옵션들이 세로로 나열된 경우 `aria-orientation` 속성은 생략할 수 있습니다.

   ```jsx
   <div
     /* 6. Listbox 역할 명시 */
     role="listbox" ❻
     id="listbox-id"
     /* 7. 옵션 나열 방향 명시 */
     aria-orientation="vertical" ❼
   >
     {/* 옵션값 나열 */}
   </div>
   ```

   옵션 목록 팝업 WAI-ARIA 적용(src/stories/SelectMenu/SelectMenu.jsx)

- **옵션**

8. **옵션 역할을 하는 요소에 role="option"을 명시합니다.**

   스크린 리더 사용자들이 `role="option"` 역할을 하는 요소를 인지할 수 있도록 ARIA 역할을 명시합니다.

9. **옵션 요소에 aria-selected 속성을 추가합니다.**

   옵션 요소가 선택되었는지 여부를 스크린 리더 사용자들이 인지할 수 있도록 `aria-selected` 속성을 추가합니다. 선택된 옵션에는 `aria-selected="true"`를, 선택되지 않은 옵션에는 `aria-selected="false"`를 추가합니다.

   ```jsx
   <button
     type="button"
     /* 8. Option 역할 명시 */
     role="option" ❽
     id={`option-${index}-id`}
     /* 9. 옵션이 선택되었는지 여부 */
     aria-selected={index === selectedIndex} ❾
   >
     {option}
   </button>
   ```

   옵션 WAI-ARIA 적용(src/stories/SelectMenu/SelectMenu.jsx)

● 초점 이동 처리

- **콤보박스**

10. **옵션 목록 팝업이 노출되어도 콤보박스에 초점이 남아 있어야 합니다.**

    콤보박스에 초점이 있는 상태에서 옵션 목록 팝업을 노출하는 키보드 동작을 수행하면 옵션 목록 팝업이 나타나고 마지막으로 활성화된 옵션이 활성화됩니다. 이때 실제 초점은 콤보박스에 남아 있어야 합니다.

11. **초점이 콤보박스를 벗어나면 현재 활성화된 옵션을 선택하고 옵션 목록 팝업을 닫아야 합니다.**

    콤보박스 외부 영역을 클릭하거나 키보드 Tab 키 동작을 통해 초점이 콤보박스를 벗어나는 경우, 현재 활성화된 옵션값을 선택하고 옵션 목록 팝업을 닫아야 합니다.

> **CAUTION**
> 여기서 옵션이 활성화되었다는 것이 초점이 옵션으로 이동되었다는 말은 아닙니다. 활성화된 옵션값은 시각적으로 알아볼 수 있도록 테두리 등을 이용해 표현하고, 실제 초점은 콤보박스에 남아 있어야 합니다.

```jsx
import { useEffect, useRef } from "react";

const OPTIONS = ["미국", "대한민국", "일본"];

function SelectMenu() {
  const comboboxRef = useRef(null);

  /* 옵션 목록 팝업 열림/닫힘 여부 */
  const [isExpanded, setIsExpanded] = useState(false);
  /* 활성화된 옵션 index */
  const [activeIndex, setActiveIndex] = useState(0);
  /* 선택된 옵션 index */
  const [selectedIndex, setSelectedIndex] = useState(0);

  /* 10. 콤보박스 클릭 시 동작 */
  const handleClickCombobox = () => {
    /* 옵션 목록 팝업 열림/닫힘 토글 */
    setIsExpanded(!isExpanded);
    /* 초점은 콤보박스에 유지 */        ⑩
    comboboxRef.current.focus();
  };

  /* 11. 초점이 콤보박스를 벗어날 시 동작 */
```

```jsx
  const handleBlurCombobox = () => {
    if (!isExpanded) {
      return;
    }

    /* 현재 활성화된 옵션 선택 */
    setSelectedIndex(activeIndex);      ⑪
    /* 옵션 목록 팝업 닫기 */
    setIsExpanded(false);
  };

  return (
    <>
      <button
        ref={comboboxRef}
        type="button"
        role="combobox"
        aria-haspopup="listbox"
        aria-expanded={isExpanded}
        aria-controls="listbox-id"
        aria-activedescendant={`option-${activeIndex}-id`}
        /* 10. 콤보박스 클릭 시 동작 */
        onClick={() => handleClickCombobox()} ⑩
        /* 11. 초점이 콤보박스를 벗어날 시 동작 */
        onBlur={handleBlurCombobox} ⑪
      >
        {OPTIONS[selectedIndex]}
      </button>
      {isExpanded && (
        <div
          role="listbox"
          id="listbox-id"
          aria-orientation="vertical"
        >
          {OPTIONS.map((option, index) => (
            {/* 옵션 */}
          ))}
        </div>
      )}
    </>
  );
}

export default SelectMenu;
```

콤보박스 초점 이동 처리(src/stories/SelectMenu/SelectMenu.jsx)

- **옵션**

12. **키보드 동작을 통해 옵션으로 초점이 이동되지 않도록 tabIndex="-1" 속성을 추가합니다.**

    실제 초점은 콤보박스에 유지된 채로, `aria-activedescendant` 속성을 통해 현재 활성화된 옵션을 탐색할 수 있습니다. 따라서 옵션 자체로는 초점이 이동되지 않도록 `tabIndex="-1"` 속성을 추가합니다.

    > **NOTE** aria-activedescendant 속성 사용 시 주의해야 할 점
    >
    > 스크린 리더를 사용하는 경우 `aria-activedescendant` 속성을 통해 현재 활성화된 옵션을 안내받을 수 있습니다. 또한 스크린 리더 초점을 통해 시각적으로도 현재 활성화된 옵션을 확인할 수 있습니다. 이때 스크린 리더를 사용하지 않는 사용자도 활성화된 옵션을 인지할 수 있도록 활성화된 옵션에 시각적으로 알아볼 수 있는 스타일을 적용해야 합니다.
    >
    > 또한 현재 활성화된 옵셥으로 초점이 이동한 것처럼 옵션을 탐색할 수 있는데, 이때 스크린 리더를 사용하지 않는 사용자를 위해 활성화된 옵션에 시각적으로 알아볼 수 있는 스타일을 적용해야 합니다.

13. **옵션을 클릭해서 선택한 경우에도 콤보박스에 초점이 남아 있어야 합니다.**

    클릭으로 옵션을 선택한 경우, 해당 옵션을 활성화하고 선택한 후 옵션 목록 팝업을 닫습니다. 팝업이 닫힌 후에도 초점은 계속해서 콤보박스에 남아 있어야 합니다.

14. **옵션을 클릭하는 동작에서는 '11. 초점이 콤보박스를 벗어날 시 동작'을 무시해야 합니다.**

    사용자가 포인터 장치로 직접 옵션을 선택할 때는 초점이 콤보박스를 벗어난 것으로 동작하지 않도록 '11. 초점이 콤보박스를 벗어날 시 동작'을 무시해야 합니다.

```jsx
import { useEffect, useRef, useState } from "react";

const OPTIONS = [...];

function SelectMenu() {
  const comboboxRef = useRef(null);

  const [isExpanded, setIsExpanded] = useState(false);
  const [activeIndex, setActiveIndex] = useState(0);
  const [selectedIndex, setSelectedIndex] = useState(0);
  /* 14. 옵션을 클릭하는 중인지 여부 */
  const [isOptionPointerDown, setIsOptionPointerDown] = useState(false);

  const handleClickCombobox = () => {...};
```

```jsx
const handleBlurCombobox = () => {
  /* 14. isOptionPointerDown 인 경우 > 11. 초점이 콤보박스를 벗어날 시 동작 무시 */
  if (isOptionPointerDown || !isExpanded) {
    return;
  }

  setSelectedIndex(activeIndex);
  setIsExpanded(false);
};

/* 13. 옵션 클릭 시 동작 */
const handleClickOption = (index) => {
  setSelectedIndex(index);
  setActiveIndex(index);
  setIsExpanded(false);
  comboboxRef.current?.focus();
};

return (
  <>
    <button
      ref={comboboxRef}
      type="button"
      role="combobox"
      aria-haspopup="listbox"
      aria-expanded={isExpanded}
      aria-controls="listbox-id"
      aria-activedescendant={`option-${activeIndex}-id`}
      onClick={() => handleClickCombobox()}
      onBlur={handleBlurCombobox}
    >
      {OPTIONS[selectedIndex]}
    </button>
    {isExpanded && (
      <div
        role="listbox"
        id="listbox-id"
        aria-orientation="vertical"
      >
        {OPTIONS.map((option, index) => (
          <button
            key={index}
            type="button"
            role="option"
            id={`option-${index}-id`}
            aria-selected={index === selectedIndex}
            /* 12. 키보드 'Tab' 동작으로 인한 초점 이동 방지 */
```

```
              tabIndex={-1} ⑫
              /* 13. 옵션 클릭 시 동작 */
              onClick={() => handleClickOption(index)} ⑬
              /* 14. 옵션을 클릭하는 동작 중에는 11. 초점이 콤보박스를 벗어날 시 동작 무시 */
              onPointerDown={() => setIsOptionPointerDown(true)}
              onPointerUp={() => setIsOptionPointerDown(false)} ⑭
            >
              {option}
            </button>
          ))}
        </div>
      )}
    </>
  );
}

export default SelectMenu;
```

옵션 초점 이동 처리(src/stories/SelectMenu/SelectMenu.jsx)

● 키보드 컨트롤

웹에서 키보드로 콤보박스를 탐색할 때 준수해야 하는 동작입니다. 각각의 키보드 동작이 가지고 있는 기본 동작을 실행하지 않기 위해 `preventDefault()`를 호출합니다. 옵션값을 반드시 제공할 필요는 없습니다.

- **옵션 목록 팝업이 닫혀 있는 경우**

15. **Arrow Down, Arrow Up, Space, Enter**

    4개의 키 동작 모두 옵션 목록 팝업을 열고 마지막으로 활성화되었던 옵션이 활성화되도록 합니다.

```
import { useEffect, useRef, useState } from "react";

const OPTIONS = [...];

function SelectMenu() {
  const comboboxRef = useRef(null);

  const [isExpanded, setIsExpanded] = useState(false);
  const [activeIndex, setActiveIndex] = useState(0);
  const [selectedIndex, setSelectedIndex] = useState(0);
  const [isOptionPointerDown, setIsOptionPointerDown] = useState(false);
```

```
const handleClickCombobox = () => {...};

const handleBlurCombobox = () => {...};

const handleClickOption = (index) => {...};

const handleKeyDownCombobox = (event) => {
  if (isExpanded) {
    /* 옵션 목록 팝업이 열려 있는 경우 키보드 컨트롤 */
  } else {
    /* 옵션 목록 팝업이 닫혀 있는 경우 키보드 컨트롤 */
    /* 15. 옵션 목록 팝업을 열리게 하는 키보드 동작 */
    switch (event.code) {
      case "ArrowDown":
      case "ArrowUp":
      case "Space":
      case "Enter":
        event.preventDefault();

        setIsExpanded(true);
        break;
    }
  }
};

return (
  <>
    <button
      ref={comboboxRef}
      type="button"
      role="combobox"
      aria-haspopup="listbox"
      aria-expanded={isExpanded}
      aria-controls="listbox-id"
      aria-activedescendant={`option-${activeIndex}-id`}
      onClick={() => handleClickCombobox()}
      onBlur={handleBlurCombobox}
      /* 15. 키보드 컨트롤 */
      onKeyDown={handleKeyDownCombobox}
    >
      {OPTIONS[selectedIndex]}
    </button>
    {isExpanded && (
      <div
        role="listbox"
        id="listbox-id"
        aria-orientation="vertical"
```

```jsx
      >
        {OPTIONS.map((option, index) => (
          {/* 옵션 */}
        ))}
      </div>
    )}
  </>
);
}

export default SelectMenu;
```

옵션 목록 팝업이 닫혀 있는 경우 키보드 컨트롤 적용(src/stories/SelectMenu/SelectMenu.jsx)

- **옵션 목록 팝업이 열려 있는 경우**

16. **Arrow Up**

    Arrow Up 키로 이전 옵션을 활성화시킵니다.

17. **Arrow Down**

    Arrow Down 키로 다음 옵션을 활성화시킵니다.

18. **Home(옵션)**

    Home 키로 첫 번째 옵션을 활성화시킵니다.

19. **End(옵션)**

    End 키로 마지막 옵션을 활성화시킵니다.

20. **Page Up(옵션)**

    Page Up 키로 현재 활성화된 옵션으로부터 10번째 이전 옵션을 활성화시킵니다. 남아 있는 이전 옵션의 개수가 10개 미만인 경우, 첫 번째 옵션을 활성화시킵니다.

21. **Page Down(옵션)**

    Page Down 키로 현재 활성화된 옵션으로부터 10번째 다음 옵션을 활성화시킵니다. 남아 있는 다음 옵션의 개수가 10개 미만인 경우, 마지막 옵션을 활성화시킵니다.

22. **Space 또는 Enter**

    Space 또는 **Enter** 키로 현재 활성화되어 있는 옵션값을 선택하고 옵션 목록 팝업을 닫습니다.

23. **Esc**

    Esc 키로 옵션 목록 팝업을 닫습니다.

24. **활성화된 옵션이 시각적으로 보이게 해야 합니다.**

    옵션 목록 팝업의 스크롤에 의해 활성화된 옵션이 시각적으로 보이지 않는 경우, 활성화된 옵션이 항상 시각적으로 보이도록 팝업의 스크롤을 조정해야 합니다.

```jsx
import { useEffect, useRef, useState } from "react";

const OPTIONS = [...];

function SelectMenu() {
 const comboboxRef = useRef(null);
 const listboxRef = useRef(null);

 const [isExpanded, setIsExpanded] = useState(false);
 const [activeIndex, setActiveIndex] = useState(0);
 const [selectedIndex, setSelectedIndex] = useState(0);
 const [isOptionPointerDown, setIsOptionPointerDown] = useState(false);

 const handleClickCombobox = () => {...};

 const handleBlurCombobox = () => {...};

 const handleClickOption = (index) => {...};

 /* step 크기만큼 이전 옵션 활성화 */
 const activePrevOption = (activeIndex, step = 1) => {
   const prevIndex = Math.max(0, activeIndex - step);

   setActiveIndex(prevIndex);
 };

 /* step 크기만큼 다음 옵션 활성화 */
 const activeNextOption = (activeIndex, step = 1) => {
   const nextIndex = Math.min(OPTIONS.length - 1, activeIndex + step);

   setActiveIndex(nextIndex);
 };

 const handleKeyDownCombobox = (event) => {
   /* 옵션 목록 팝업이 열려 있는 경우 키보드 컨트롤 */
   if (isExpanded) {
     switch (event.code) {
```

```
/* 16. ArrowUp 키로 이전 옵션 활성화 */
case "ArrowUp":
  event.preventDefault();

  activePrevOption(activeIndex);
  break;


/* 17. ArrowDown 키로 다음 옵션 활성화 */
case "ArrowDown":
  event.preventDefault();

  activeNextOption(activeIndex);
  break;


/* 18. Home 키로 첫 번째 옵션 활성화 */
case "Home":
  event.preventDefault();

  setActiveIndex(0);
  break;


/* 19. End 키로 마지막 옵션 활성화 */
case "End":
  event.preventDefault();

  setActiveIndex(OPTIONS.length - 1);
  break;


/* 20. PageDown 키로 현재 활성화된 옵션에서 10번째 이전 옵션 활성화 */
case "PageDown":
  event.preventDefault();

  activeNextOption(activeIndex, 10);
  break;


/* 21. PageUp 키로 현재 활성화된 옵션에서 10번째 다음 옵션 활성화 */
case "PageUp":
  event.preventDefault();

  activePrevOption(activeIndex, 10);
  break;


/* 22. Space, Enter 키로 현재 활성화된 옵션을 선택하고 옵션 목록 팝업 닫기 */
case "Space":
case "Enter":
  event.preventDefault();
```

```
        setSelectedIndex(activeIndex);
        setIsExpanded(false);           ㉒
        break;

      /* 23. Esc 키로 옵션 목록 팝업 닫기 */
      case "Escape":
        event.preventDefault();
                                        ㉓
        setIsExpanded(false);
        break;
    }
  } else {
    /* 옵션 목록 팝업이 닫혀 있는 경우 키보드 컨트롤 */
  }
};

useEffect(() => {
  if (!isExpanded) {
    return;
  }

  /* 24. 활성화된 옵션이 시각적으로 보이도록 처리 */
  const listboxElement = listboxRef.current;
  const options = listboxElement.childNodes;
  const activeOption = options[activeIndex];

  const listboxHeight = listboxElement.offsetHeight;
  const optionHeight = activeOption.offsetHeight;
  const scrollTop = listboxElement.scrollTop;
  const activeOptionTop = activeIndex * optionHeight;

  /* 활성화된 옵션이 스크롤 위쪽에 가려져 있는 경우 */
  const isOptionHiddenAtTopSide = activeOptionTop < scrollTop;
  /* 활성화된 옵션이 스크롤 아래쪽에 가려져 있는 경우 */
  const isOptionHiddenAtBottomSide =                        ㉔
    activeOptionTop + optionHeight > scrollTop + listboxHeight;

  if (isOptionHiddenAtTopSide) {
    listboxElement.scrollTo(0, activeOptionTop);
  }
  if (isOptionHiddenAtBottomSide) {
    listboxElement.scrollTo(
      0,
      activeOptionTop - listboxHeight + optionHeight,
    );
  }
}, [isExpanded, activeIndex]);
```

```jsx
  return (
    <>
      <button
        ref={comboboxRef}
        type="button"
        role="combobox"
        aria-haspopup="listbox"
        aria-expanded={isExpanded}
        aria-controls="listbox-id"
        aria-activedescendant={`option-${activeIndex}-id`}
        onClick={() => handleClickCombobox()}
        onBlur={handleBlurCombobox}
        /* 15. ~ 23. 키보드 컨트롤 */
        onKeyDown={handleKeyDownCombobox}
      >
        {OPTIONS[selectedIndex]}
      </button>
      {isExpanded && (
        <div
          ref={listboxRef}
          role="listbox"
          id="listbox-id"
          aria-orientation="vertical"
        >
          {OPTIONS.map((option, index) => (
            {/* 옵션 */}
          ))}
        </div>
      )}
    </>
  );
}

export default SelectMenu;
```

옵션 목록 팝업이 열려 있는 경우 키보드 컨트롤 적용(src/stories/SelectMenu/SelectMenu.jsx)

7.5 Slider

> **Slider 컴포넌트 미리 보기**
> 사용자가 원하는 값을 선택하거나 조절할 수 있습니다.
>
> **Slider 컴포넌트의 접근성 준수를 위해 미리 알고 있으면 좋은 WAI-ARIA**
> 이 책의 차례에서 다음 WAI-ARIA의 내용을 찾아 미리 학습하면 Slider 컴포넌트의 접근성 준수에 대해 쉽게 이해할 수 있습니다.
>
> **ARIA 역할**
> - 5.3.19 slider
>
> **ARIA 상태 및 속성**
> - 5.4.13 aria-labelledby
> - 5.4.18 aria-orientation
> - 5.4.23 aria-valuemax
> - 5.4.24 aria-valuemin
> - 5.4.25 aria-valuenow
> - 5.4.26 aria-valuetext
>
> 이번 장에서 설명하는 Slider 컴포넌트의 최종 코드는 다음 깃허브에서 확인할 수 있습니다.
> https://github.com/evie-ooooori/accessibility-guide-book-for-component/tree/main/src/stories/Slider

7.5.1 Slider란?

Slider는 사용자가 제한된 범위 내에서 원하는 값을 쉽게 입력할 수 있으며, 주로 수평 또는 수직 형태로 표시됩니다. Slider의 위치, 모양, 텍스트 등은 사용자에게 현재 선택한 값에 대한 정보를 제공하여 사용자가 제한된 범위 내에서 값을 정확하게 인식하고 조절하여 입력할 수 있습니다.

7.5.2 구성 요소

Slider는 그림 7.6과 같이 크게 4가지 요소로 구성됩니다.

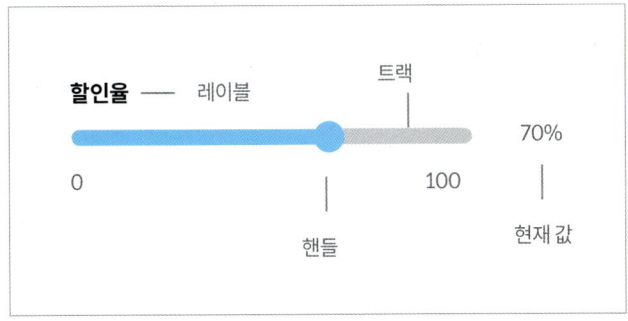

그림 7.6 Slider 구성 요소

- **레이블**

  Slider가 어떤 목적을 가지고 있는지 설명하는 텍스트입니다. 레이블을 통해 사용자는 Slider가 어떤 값을 나타내는지 쉽게 이해할 수 있습니다.

- **트랙**

  사용자가 입력 가능한 실제 값의 범위를 시각적으로 나타냅니다.

- **핸들**

  핸들은 트랙 위에 존재하며 트랙을 따라 Slider 핸들을 드래그하거나 클릭하여 이동시켜 값을 선택하거나 조절할 수 있습니다.

- **현재 값**

  사용자가 Slider를 조작하여 선택한 값을 의미합니다.

7.5.3 접근성 대응

Slider를 구현하기에 앞서 특정 기능이나 동작, 지원 브라우저를 고려하여 `<input type="range" />` 태그를 사용할지, 아니면 Slider의 모든 기능과 스타일을 직접 구현할지 결정해야 합니다. `<input type="range" />` 태그는 기본 기능이 내장된 HTML 요소로 Slider의 기본 스타일과 함께 마우스, 터치, 키보드 이벤트를 자동으로 처리하여 개발자가 Slider 구현에 소요되는 시간과 노력을 줄일 수 있다는 장점이 있습니다. 하지만 `<input type="range" />` 태그는 각 브라우저에서 서로 다른 스타일과 동작 차이가 있어 크로스 브라우징cross browsing 이슈가 발생할 수 있습니다. 이는 개발자가 Slider에 원하는 스타일을 적용하는 데 어려움이 있을 수 있다는 것을 뜻합니다. 따라서 프로젝트의 요구사항과 개발 목표에 따라 어떤 방식을 선택할지 신중하게 고려해야 합니다.

● **`<input type="range" />`으로 만들기**

1. **레이블을 제공합니다.**

   레이블은 스크린 리더 사용자에게 Slider의 목적을 명확하게 전달하여 사용자가 Slider를 어떤 용도로 조작해야 하는지 쉽게 이해할 수 있도록 돕습니다. `<label>` 요소의 `for` 속성값으로 `<input>` 요소의 `id`를 참조하도록 지정하면 스크린 리더는 사용자에게 해당 입력 요소와 관련된 설명을 제공할 수 있습니다.

```jsx
import { useState } from "react";

const MIN = 0;
const MAX = 100;
const STEP = 5;

function Slider() {
  const [sliderValue, setSliderValue] = useState(70);

  const handleChangeValue = (event) => {
    setSliderValue(event.target.value);
  };

  return (
    <>
      <div className="slider">
        {/* 1. 레이블 제공: input 요소의 id값 참조 */}
        <label htmlFor="slider-id">할인율</label> ❶
        <input
          type="range"
          id="slider-id"
          min={MIN}
          max={MAX}
          step={STEP}
          value={sliderValue}
          onChange={handleChangeValue}
        />
      </div>
      <div className="slider-value">{sliderValue}%</div>
    </>
  );
}

export default Slider;
```

`<label>` 태그를 사용해 Slider 레이블 제공(src/stories/Slider/Slider.jsx)

• 초점 이동 처리

2. **초점 이동이 가능한 요소를 사용해 초점 이동이 가능하게 합니다.**

`<input>`을 사용하여 키보드 Tab 키를 이용해 초점 이동이 가능하도록 합니다.

```jsx
import { useState } from "react";

const MIN = 0;
const MAX = 100;
const STEP = 5;

function Slider() {
  const [sliderValue, setSliderValue] = useState(70);

  const handleChangeValue = (event) => {
    setSliderValue(event.target.value);
  };

  return (
    <>
      <div className="slider">
        <label htmlFor="slider-id">할인율</label>
        {/* 2. 초점 이동이 가능한 input 태그 사용 */}
        <input
          type="range"
          id="slider-id"
          min={MIN}
          max={MAX}
          step={STEP}
          value={sliderValue}
          onChange={handleChangeValue}
        />
      </div>
      <div className="slider-value">{sliderValue}%</div>
    </>
  );
}

export default Slider;
```

`<input type="range" />` 태그를 사용해 초점 이동 가능하게 만든 Slider(src/stories/Slider/Slider.jsx)

- **WAI-ARIA 적용**

  3. **Slider 역할을 하는 요소에 aria-valuetext 속성을 추가합니다.**

     사용자가 Slider의 값에 대해 쉽게 이해할 수 있도록 `aria-valuetext` 속성을 통해 별도의 기호나 단위 등과 함께 현재 값을 자세히 제공합니다.

```jsx
import { useState } from "react";

const MIN = 0;
const MAX = 100;
const STEP = 5;

function Slider() {
  const [sliderValue, setSliderValue] = useState(70);

  const handleChangeValue = (event) => {
    setSliderValue(event.target.value);
  };

  return (
    <>
      <div className="slider">
        <label htmlFor="slider-id">할인율</label>
        <input
          type="range"
          id="slider-id"
          min={MIN}
          max={MAX}
          step={STEP}
          value={sliderValue}
          /* 3. Slider의 현재 값에 대한 더 자세한 정보 전달 */
          aria-valuetext={`${sliderValue}%`} ❸
          onChange={handleChangeValue}
        />
      </div>
      <div className="slider-value">{sliderValue}%</div>
    </>
  );
}

export default Slider;
```

aria-valuetext 속성을 통해 현재 값에 대한 더 자세한 정보 제공(src/stories/Slider/Slider.jsx)

- **키보드 컨트롤**

웹에서 키보드로 Slider를 탐색할 때 준수해야 하는 동작입니다. 각각의 키보드 동작이 가지고 있는 기본 동작을 실행하지 않기 위해 `preventDefault()`를 호출합니다.

> **CAUTION**
> `<input>` 태그에는 이미 **Arrow Left, Arrow Down, Arrow Right, Arrow Up, Home, End, Page Up, Page Down 키**에 대한 기본 동작이 적용되어 있습니다. 따라서 별도의 이벤트 핸들러를 추가하지 않아도 **Space 키**를 누르면 토글이 켜짐/꺼짐되는 동작을 할 수 있습니다.

초점이 <input type="range" /> 요소에 있는 경우

4. **Arrow Left 또는 Arrow Down**

   Arrow Left 또는 **Arrow Down** 키로 Slider 현재 값을 감소시킵니다. Slider의 최솟값 범위에 도달할 때까지 값을 감소시킬 수 있습니다.

5. **Arrow Right 또는 Arrow Up**

   Arrow Right 또는 **Arrow Up** 키로 Slider 현재 값을 감소시킵니다. Slider의 최솟값 범위에 도달할 때까지 값을 감소시킬 수 있습니다.

6. **Home**

   Home 키로 핸들이 Slider의 최솟값으로 이동합니다. 사용자는 Slider에서 허용되는 가장 작은 값을 선택할 수 있습니다.

7. **End**

   End 키로 핸들이 Slider의 최댓값으로 이동합니다. 사용자는 Slider에서 허용되는 가장 큰 값을 선택할 수 있습니다.

8. **Page Up**

   Page Up 키로 현재 값이 전체 범위의 10%만큼 증가합니다.

9. **Page Down**

   Page Down 키로 현재 값이 전체 범위의 10%만큼 감소합니다.

● **직접 구현하기**

`<input type="range" />` 태그를 사용하지 않고 Slider를 구현하고자 하는 경우, `<input type="range" />` 태그를 사용했을 때와 동일하게 동작하도록 기능을 구현해야 합니다.

- **WAI-ARIA 적용**

1. **Slider 역할을 하는 요소에 role="slider"를 명시합니다.**

   `role="slider"` 속성으로 ARIA 역할을 명시하면 스크린 리더는 해당 요소를 Slider로 인식하게 됩니다.

2. **Slider 역할을 하는 요소에 aria-valuenow 속성을 추가합니다.**

   `aria-valuenow` 속성을 통해 Slider의 현재 값에 대한 정보를 사용자에게 제공합니다. Slider를 조작할 때 `aria-valuenow` 속성의 값이 변경되면 스크린 리더는 사용자에게 현재 값의 변화를 읽어주므로, 사용자는 실시간으로 Slider의 현재 위치 또는 값의 변화를 확인할 수 있습니다.

3. **Slider 역할을 하는 요소에 aria-valuetext 속성을 추가합니다.**

   사용자가 Slider의 값에 대해 쉽게 이해할 수 있도록 `aria-valuetext` 속성을 통해 별도의 기호나 단위 등과 함께 현재 값을 자세히 제공합니다.

4. **Slider 역할을 하는 요소에 aria-valuemin 속성과 aria-valuemax 속성을 추가합니다.**

   `aria-valuemin`, `aria-valuemax` 속성은 Slider의 최솟값과 최댓값을 나타내며, 스크린 리더 사용자에게 Slider의 범위에 대한 정보를 제공합니다. 이 두 속성은 `<input type="range" />`의 `min`, `max` 속성과 동일한 기능을 하며, 스크린 리더 사용자가 Slider의 범위를 이해하고 현재 값을 정확히 파악하고 조절할 수 있게 도와줍니다.

5. **Slider 역할을 하는 요소에 레이블을 지정합니다.**

   Slider의 레이블이 다른 DOM 요소에 존재하는 경우, Slider에 `aria-labelledby` 속성을 사용해 해당 레이블을 제공하는 요소의 `id`를 값을 지정합니다. 레이블이 다른 DOM 요소에 존재하지 않는 경우에는 `aria-label` 속성을 사용하여 직접 레이블 텍스트를 제공합니다. 이처럼 레이블을 제공하면 스크린 리더 사용자는 Slider의 목적을 명확하게 이해하고 어떤 용도로 조작해야 하는지 쉽게 이해할 수 있습니다.

6. **Slider 역할을 하는 요소에 aria-orientation 속성을 추가합니다.**

스크린 리더는 `aria-orientation` 속성을 통해 Slider의 수평 또는 수직 방향을 인식할 수 있습니다. 이를 통해 스크린 리더 사용자는 어떤 방향으로 슬라이드를 조작해야 값을 변경할 수 있는지 알 수 있습니다. `aria-orientation` 속성은 선택적으로 사용 가능하며, 명시적으로 지정하지 않으면 기본값인 `aria-orientation="horizontal"`이 적용됩니다. `role="slider"`의 경우 기본값이 `aria-orientation="horizontal"`로 적용되어 있기 때문에 슬라이드의 방향이 수직인 경우에는 `aria-orientation="vertical"`로 명시해주어야 합니다.

```jsx
import { useState, useRef } from "react";

const min = 0;
const max = 100;
const step = 5;

function CustomSlider() {
  const [sliderValue, setSliderValue] = useState(70);
  const sliderRef = useRef(null);

  const moveSliderTo = (offsetX) => {
    const sliderWidth = sliderRef.current?.clientWidth;

    const percentage = offsetX / sliderWidth;
    const range = max - min;
    const steppedValue = Math.round((percentage * range) / step) * step;
    const newValue = steppedValue + min;

    if (newValue >= min && newValue <= max) {
      setSliderValue(newValue);
    }
  };

  const handleClickTrack = (event) => {
    if (isDragging) return;

    const sliderOffsetX = sliderRef.current.getBoundingClientRect().left;
    const offsetX = event.clientX - sliderOffsetX;

    moveSliderTo(offsetX);
  };

  return (
    <div className="slider-container">
      <div className="slider" ref={sliderRef}>
        <div id="slider-id" className="slider-label">
```

```jsx
              할인율
            </div>
            <div className="slider-track" onClick={handleClickTrack}>
              <div
                className="progress"
                style={{
                  width: `${sliderValue}%`,
                }}
              />
            </div>
            <div
              className="slider-handle"
              /* 1. slider 역할 명시 */
              role="slider" ①
              /* 2. Slider의 현재 값 제공 */
              aria-valuenow={sliderValue} ②
              /* 3. Slider의 현재 값에 대한 더 자세한 정보 전달 */
              aria-valuetext={`${sliderValue}%`} ③
              /* 4. Slider의 최솟값 설정 */
              aria-valuemin={min} ④
              /* 4. Slider의 최댓값 설정 */
              aria-valuemax={max} ④
              /* 5. 레이블 지정 */
              aria-labelledby="slider-id" ⑤
              /* 6. Slider의 조작 방향 설정 */
              aria-orientation="horizontal" ⑥
              style={{
                left: `${sliderValue}%`,
              }}
            />
          </div>
          <div className="slider-value">{sliderValue}%</div>
        </div>
      );
    }

    export default CustomSlider;
```

Slider WAI-ARIA 적용(src/stories/Slider/CustomSlider.jsx)

- 초점 이동 처리

7. **Slider 역할을 하는 요소에 tabIndex="0" 속성을 추가합니다.**

   Slider 역할을 하는 요소에 `tabIndex="0"` 속성을 추가해 키보드 동작으로 초점 이동이 가능하도록 설정합니다.

```jsx
import { useState, useRef } from "react";

const min = 0;
const max = 100;
const step = 5;

function CustomSlider() {
  const [sliderValue, setSliderValue] = useState(70);
  const sliderRef = useRef(null);

  const moveSliderTo = (offsetX) => {...};

  const handleClickTrack = (event) => {...};

  return (
    <div className="slider-container">
      <div className="slider" ref={sliderRef}>
        <div id="slider-id" className="slider-label">
          할인율
        </div>
        <div className="slider-track" onClick={handleClickTrack}>
          <div
            className="progress"
            style={{
              width: `${sliderValue}%`,
            }}
          />
        </div>
        <div
          className="slider-handle"
          role="slider"
          aria-valuenow={sliderValue}
          aria-valuetext={`${sliderValue}%`}
          aria-valuemin={min}
          aria-valuemax={max}
          aria-labelledby="slider-id"
          aria-orientation="horizontal"
          /* 7. 초점 이동이 가능하도록 tabIndex 설정 */
          tabIndex={0} ❼
          style={{
            left: `${sliderValue}%`,
          }}
        />
      </div>
      <div className="slider-value">{sliderValue}%</div>
    </div>
  );
```

```
    }

export default CustomSlider;
```

초점 이동이 가능한 Slider(src/stories/Slider/CustomSlider.jsx)

- **키보드 컨트롤**

웹에서 키보드로 Slider를 탐색할 때 준수해야 하는 동작입니다. 각각의 키보드 동작이 가지고 있는 기본 동작을 실행하지 않기 위해 `preventDefault()`를 호출합니다. 옵션값을 반드시 제공할 필요는 없습니다.

초점이 핸들 요소에 있는 경우

8. **Arrow Left 또는 Arrow Down**

    Arrow Left 또는 **Arrow Down** 키로 Slider의 현재 값을 감소시킵니다. Slider의 최솟값 범위에 도달할 때까지 값을 감소시킬 수 있습니다.

9. **Arrow Right 또는 Arrow Up**

    Arrow Right 또는 **Arrow Up** 키로 Slider의 현재 값을 감소시킵니다. Slider의 최솟값 범위에 도달할 때까지 값을 감소시킬 수 있습니다.

10. **Home**

    Home 키로 핸들이 Slider의 최솟값으로 이동합니다. 사용자는 Slider에서 허용되는 가장 작은 값을 선택할 수 있습니다.

11. **End**

    End 키로 핸들이 Slider의 최댓값으로 이동합니다. 사용자는 Slider에서 허용되는 가장 큰 값을 선택할 수 있습니다.

12. **Page Up(옵션)**

    Page Up 키로 현재 값이 전체 범위의 10%만큼 증가합니다.

13. **Page Down(옵션)**

    Page Down 키로 현재 값이 전체 범위의 10%만큼 감소합니다.

> **NOTE** **Page Up 및 Page Down 키로 Slider를 조작하면 좋은 점**
> **Page Up** 및 **Page Down** 키를 누를 때 Slider값이 10% 단위로 증가 또는 감소하게 되면 사용자는 좀 더 정밀한 조작을 할 수 있으며, 더 큰 범위의 조정을 해야 하는 경우 편리하게 사용할 수 있어 사용자 경험에 좋습니다.

```jsx
import { useState, useRef } from "react";

const min = 0;
const max = 100;
const step = 5;

function CustomSlider() {
  const [sliderValue, setSliderValue] = useState(70);
  const sliderRef = useRef(null);

  const moveSliderTo = (offsetX) => {...};
  const handleClickTrack = (event) => {...};

  const handleKeyDown = (event) => {
    switch (event.code) {
      /* 8. ArrowLeft 또는 ArrowDown 키로 현재 값 감소 */
      case "ArrowLeft":
      case "ArrowDown":
        event.preventDefault();                              ❽
        setSliderValue(Math.max(min, sliderValue - step));
        break;
      /* 9. ArrowRight 또는 ArrowUp 키로 현재 값 감소 */
      case "ArrowRight":
      case "ArrowUp":
        event.preventDefault();                              ❾
        setSliderValue(Math.min(max, sliderValue + step));
        break;
      /* 10. End 키로 Slider의 현재 값을 최솟값으로 변경 */
      case "Home":
        event.preventDefault();
        setSliderValue(min);                                 ❿
        break;
      /* 11. End 키로 Slider의 현재 값을 최댓값으로 변경 */
      case "End":
        event.preventDefault();
        setSliderValue(max);                                 ⓫
        break;
      /* 12. PageUp 키로 현재 값을 전체 범위의 10%만큼 증가 */
      case "PageUp": {
        event.preventDefault();                              ⓬
```

```
      /* 전체 범위 */
      const range = max - min;
      /* 전체 범위(100)의 10%인 10 증가 */
      setSliderValue(Math.min(sliderValue + range * 0.1, max));      ⑫
      break;
    }
    /* 13. PageUp 키로 현재 값을 전체 범위의 10%만큼 감소 */
    case "PageDown": {
      event.preventDefault();
      /* 전체 범위 */
      const range = max - min;
      /* 전체 범위(100)의 10%인 10 감소 */
      setSliderValue(Math.max(sliderValue - range * 0.1, min));      ⑬
      break;
    }
    default:
      return;
  }
};

return (
  <div className="slider-container">
    <div className="slider" ref={sliderRef}>
      <div id="slider-id" className="slider-label">
        할인율
      </div>
      <div className="slider-track") onClick={handleClickTrack}>
        <div
          className="progress"
          style={{
            width: `${sliderValue}%`,
          }}
        />
      </div>
      <div
        className="slider-handle"
        role="slider"
        aria-valuenow={sliderValue}
        aria-valuetext={`${sliderValue}%`}
        aria-valuemin={min}
        aria-valuemax={max}
        aria-labelledby="slider-id"
        aria-orientation="horizontal"
        tabIndex={0}
        /* 8. ~ 13. 키보드 컨트롤 */
        onKeyDown={handleKeyDown}
        style={{
```

```
        left: `${sliderValue}%`,
      }}
    />
    </div>
    <div className="slider-value">{sliderValue}%</div>
  </div>
 );
}

export default CustomSlider;
```

키보드 컨트롤이 가능한 Slider(src/stories/Slider/CustomSlider.jsx)

- **기타 컨트롤**

14. **다양한 입력장치를 통해 Slider의 값 조절이 가능해야 합니다.**

    다양한 입력장치(마우스, 터치, 펜 등)의 포인터 기반 입력에 대한 처리를 위해 `PointerEvent`를 적용해야 합니다. Slider는 일반적으로 키보드로 조작하지만, `PointerEvent`를 통해 터치 기능이 있는 디바이스에서 Slider를 조작하거나, 마우스로 Slider를 드래그하는 경우에도 Slider를 조작할 수 있습니다.

```
import { useState, useRef } from "react";

const min = 0;
const max = 100;
const step = 5;

function CustomSlider() {
  const [sliderValue, setSliderValue] = useState(70);
  const [isDragging, setIsDragging] = useState(false);
  const sliderRef = useRef(null);

  const moveSliderTo = (offsetX) => {...};

  const handleClickTrack = (event) => {
    if (isDragging) return;

    const sliderOffsetX = sliderRef.current.getBoundingClientRect().left;
    const offsetX = event.clientX - sliderOffsetX;

    moveSliderTo(offsetX);
  };

  /* 14. 포인터 이동 이벤트 */
```

```jsx
const handlePointerMove = (event) => {
  const sliderOffsetX = sliderRef.current?.getBoundingClientRect().left;
  const clientX =
    event instanceof MouseEvent ? event.clientX : event.touches[0].clientX; // ⑭

  moveSliderTo(clientX - sliderOffsetX);
};

/* 14. 포인터 이동 이벤트 */
const handlePointerDown = () => {
  setIsDragging(true);

  window.addEventListener("pointermove", handlePointerMove); // ⑭
  window.addEventListener("pointerup", handlePointerUp);
};

/* 14. 포인터 이동 이벤트 */
const handlePointerUp = () => {
  setIsDragging(false);

  window.removeEventListener("pointermove", handlePointerMove); // ⑭
  window.removeEventListener("pointerup", handlePointerUp);
};

const handleKeyDown = (event) => {...};

return (
  <div className="slider-container">
    <div className="slider" ref={sliderRef}>
      <div id="slider-id" className="slider-label">
        할인율
      </div>
      <div className="slider-track" onClick={handleClickTrack}>
        <div
          className="progress"
          style={{
            width: `${sliderValue}%`,
          }}
        />
      </div>
      <div
        className="slider-handle"
        role="slider"
        aria-valuenow={sliderValue}
        aria-valuetext={`${sliderValue}%`}
        aria-valuemin={min}
        aria-valuemax={max}
        aria-labelledby="slider-id"
```

```
      aria-orientation="horizontal"
      tabIndex={0}
      /* 14. 포인터 이동 이벤트 */
      onPointerDown={handlePointerDown} ⑭
      onKeyDown={handleKeyDown}
      style={{
        left: `${sliderValue}%`,
      }}
    />
    </div>
    <div className="slider-value">{sliderValue}%</div>
   </div>
  );
}

export default CustomSlider;
```

다양한 입력장치를 통해 조작 가능한 Slider(src/stories/Slider/CustomSlider.jsx)

15. **Slider 컨테이너 요소에 touch-action: none을 적용합니다.**

   Slider를 감싸는 부모 요소에 `touch-events: none`을 적용해 터치 이벤트를 강제로 비활성화하여 Slider 외의 영역에서의 스크롤 동작을 방지해야 합니다. 이는 터치 기능이 있는 디바이스에서 사용자가 스와이프로 Slider의 값을 변경하고자 할 때 Slider를 정확하게 조작할 수 있도록 도와줍니다.

```
/* 15. 터치 이벤트 비활성화 */
.slider-container {
  touch-action: "none"; ⑮
}
```

Slider 컨테이너에 스타일 적용(src/stories/Slider/CustomSlider.module.scss)

7.6 SpinButton

SpinButton 컴포넌트 미리 보기
정해진 범위 내에서 사용자가 옵션값을 선택할 수 있도록 제공합니다.

SpinButton 컴포넌트의 접근성 준수를 위해 미리 알고 있으면 좋은 WAI-ARIA
이 책의 차례에서 다음 WAI-ARIA의 내용을 찾아 미리 학습하면 SpinButton 컴포넌트의 접근성 준수에 대해 더 쉽게 이해할 수 있습니다.

> **ARIA 역할**
> - 5.3.20 spinbutton
>
> **ARIA 상태 및 속성**
> - 5.4.11 aria-hidden
> - 5.4.12 aria-label
> - 5.4.13 aria-labelledby
> - 5.4.23 aria-valuemax
> - 5.4.24 aria-valuemin
> - 5.4.25 aria-valuenow
> - 5.4.26 aria-valuetext
>
> 이번 장에서 설명하는 SpinButton 컴포넌트의 최종 코드는 다음 깃허브에서 확인할 수 있습니다.
> https://github.com/evie-ooooori/accessibility-guide-book-for-component/tree/main/src/stories/SpinButton

7.6.1 SpinButton이란?

SpinButton은 사용자가 정해진 범위 내에서 값을 선택할 수 있도록 도와주는 컴포넌트로 불연속적인 값들 중에서 원하는 옵션값을 선택할 수 있습니다.

7.6.2 구성 요소

SpinButton은 일반적으로 레이블, 텍스트 필드, 감소/증가 버튼을 포함하여 그림 7.7과 같이 4가지 요소로 구성됩니다.

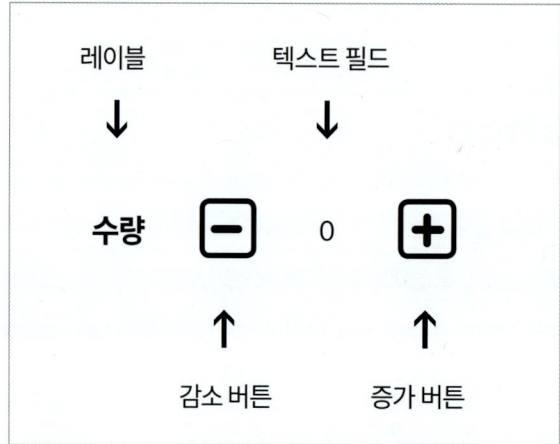

그림 7.7 SpinButton 구성 요소

- **레이블**

  레이블은 입력할 값이 어떤 의미를 나타내는지 설명하는 텍스트입니다.

- **텍스트 필드**

  텍스트 필드는 사용자가 직접 값을 입력하거나 수정할 수 있는 요소입니다. 텍스트 필드에는 현재 입력된 값이 나타나며, 감소/증가 버튼으로 값을 변경할 때 텍스트 필드에 나타나는 값이 안내되어야 합니다.

- **감소/증가 버튼**

  현재 입력된 값을 감소/증가시키는 버튼입니다.

7.6.3 접근성 대응

● 시맨틱 태그를 사용하여 SpinButton 만들기

- **레이블, 텍스트 필드**

1. **`<input type="number" />` 태그를 사용하여 SpinButton을 마크업합니다.**

   `<input type="number" />`는 SpinButton과 유사한 역할을 하는 시맨틱 태그입니다. `<input type="number" />` 태그를 사용하면 브라우저에서 자동으로 감소/증가 버튼을 제공하기 때문에 반드시 별도의 감소/증가 버튼을 제공할 필요는 없습니다.

2. **`<label>` 태그를 사용하여 SpinButton 요소의 레이블을 제공합니다.**

3. **min, max 속성을 사용하여 사용자가 선택할 수 있는 값의 범위를 제한합니다.**

   사용자가 SpinButton으로 선택할 수 있는 값의 범위를 제한하고 싶다면 `min`과 `max` 속성을 추가해 각각 최소 및 최대 범위를 제한합니다. 만약 범위 제한이 필요하지 않다면 해당 속성을 사용할 필요는 없습니다.

4. **사용자가 직접 입력하거나 수정하는 경우에도 SpinButton값을 min과 max 사이 범위로 제한합니다.**

   브라우저가 기본으로 제공하는 버튼을 사용하지 않고 사용자가 직접 값을 입력하거나 수정하는 경우에는 `min`과 `max` 사이의 범위로 값이 자동으로 제한되지 않습니다. 따라서 자바스크립트를 사용해 사용자가 지정된 `min`과 `max` 사이의 범위를 벗어나는 값을 입력하지 못하도록 제한합니다.

5. **step 속성을 사용하여 한 번에 감소/증가시킬 값의 크기를 지정합니다.**

step 속성값으로 한 번에 조절할 값의 크기를 지정할 수 있습니다. 조절할 값의 크기를 step 속성의 기본값인 1로 지정하고자 한다면 해당 속성을 생략할 수 있습니다.

> **NOTE** step 속성 사용 시 주의사항
>
> step 속성은 단순히 조절되는 값의 크기를 제어하는 속성입니다. 감소/증가 버튼으로 변경하는 값의 크기는 이미 시각적으로 화면에 표시되고, 값이 변경될 때마다 스크린 리더를 통해서도 안내되기 때문에 사용자에게 step 속성값 자체를 안내할 필요는 없습니다.

```jsx
import { useEffect, useState } from "react";

const MIN = 0;
const MAX = 100;
const STEP = 1;

function SemanticSpinButton() {
  const [value, setValue] = useState(0);

  /* 4. 사용자가 직접 입력하거나 수정하는 경우에도 선택할 수 있는 값의 범위 제한 */
  useEffect(() => {
    if (value > MAX) {
      setValue(MAX);
    }
    if (value < MIN) {
      setValue(MIN);
    }
  }, [value]);                              ❹

  return (
    <>
      {/* 2. SpinButton 요소 레이블 제공 */}
      <label htmlFor="spinbutton-id">수량</label>  ❷
      {/* 1. 시맨틱 태그를 사용하여 SpinButton 제공 */}
      <input
        type="number"  ❶
        id="spinbutton-id"
        /* 3. 선택할 수 있는 최솟값 지정 */
        min={MIN}  ❸
        /* 3. 선택할 수 있는 최댓값 지정 */
        max={MAX}  ❸
        /* 5. 한 번에 감소/증가시킬 크기 지정 */
        step={STEP}  ❺
```

```
      value={value}
      onChange={(event) => setValue(Number(event.target.value))}
    />
   </>
  );
}

export default SemanticSpinButton;
```

시맨틱 태그를 사용한 SpinButton 예시 코드(src/stories/SpinButton/SemanticSpinButton.jsx)

> **NOTE** `<input type="number" />` 태그를 사용하면 좋은 점
>
> `<input type="number" />` 태그를 사용하면 브라우저에서 기본적으로 제공하는 감소/증가 버튼이나 키보드의 **Arrow Down / Arrow Up** 키로 값이 변경될 때, 스크린 리더가 변경된 현재 값을 음성으로 안내합니다.

- **감소/증가 버튼**

`<input type="number" />` 태그를 사용할 때, 브라우저가 기본으로 제공하는 감소/증가 버튼은 브라우저의 종류에 따라 스타일이 다르게 나타날 수 있습니다. 또한 이러한 버튼은 `<input type="number" />` 태그에 초점이 있거나 마우스를 올려야만 화면에 시각적으로 표시됩니다. 따라서 일관된 디자인과 항상 화면에 표시되는 버튼을 제공하기 위해서는 감소/증가 버튼을 직접 마크업해야 합니다.

6. **감소/증가 버튼에 tabindex="-1" 속성을 추가합니다.**

    `<input type="number" />` 태그를 사용하면 키보드 화살표키로 SpinButton값을 감소/증가시킬 수 있습니다. 따라서 별도의 마크업으로 제공되는 감소/증가 버튼은 키보드 사용자나 스크린 리더 사용자는 중복된 기능이 제공된다고 생각할 수 있습니다. 이를 방지하기 위해 `tabindex="-1"` 속성을 추가하여 키보드 Tab 키로 해당 버튼에 접근할 수 없도록 처리해야 합니다.

7. **감소/증가 버튼에 aria-label 속성을 추가합니다.**

    감소/증가 버튼이 어떠한 목적을 가지고 있는지 설명하기 위해 `aria-label` 속성을 추가합니다.

8. **감소/증가 버튼을 통해 값이 변경될 때도 스크린 리더를 통해 현재 값이 안내되도록 합니다.**

    별도의 마크업으로 제공되는 감소/증가 버튼으로 인해 SpinButton값이 변경되어도 스크린 리더를 통해 현재 값이 자동으로 안내되지 않습니다. 따라서 별도의 버튼으로 값이 변경되어도

스크린 리더를 통해 현재 값이 안내되도록 합니다.

> **NOTE** **tabindex="-1" 속성이 추가되어 있는데 스크린 리더 대응을 해주는 이유**
> tabindex="-1" 속성을 추가하면 키보드 Tab 키로는 접근할 수 없지만, 스크린 리더 탐색을 통해서는 여전히 버튼에 접근할 수 있습니다. 따라서 감소/증가 버튼의 레이블이나 현재 값의 안내 기능 등을 추가해주는 것이 좋습니다.

9. **감소/증가 버튼에 의한 값이 min과 max 범위를 벗어나지 않도록 처리합니다.**

   별도로 마크업된 버튼은 브라우저가 기본으로 제공하는 버튼과 다르게 `min`과 `max` 사이 범위로 값을 자동으로 제한하지 않습니다. 따라서 자바스크립트를 통해 감소/증가 버튼으로 값이 지정된 `min`과 `max` 사이의 범위를 벗어나지 못하도록 제한해야 합니다.

```jsx
import { useEffect, useState } from "react";

const MIN = 0;
const MAX = 100;
const STEP = 1;

function SemanticSpinButton() {
  const [value, setValue] = useState(0);

  useEffect(() => {
    /* 사용자가 직접 입력하거나 수정하는 경우에도 선택할 수 있는 값의 범위 제한 */
  }, [value]);

  const handleClickMinusButton = () => {
    /* 8. 스크린 리더를 통해 현재 값이 안내되도록 처리 */
    setShouldReadValue(true); ❽

    /* 9. 감소 버튼에 의해서는 값이 MIN보다 작아지지 않도록 처리 */
    setValue(Math.max(value - STEP, MIN)); ❾
  };

  const handleClickPlusButton = () => {
    /* 8. 스크린 리더를 통해 현재 값이 안내되도록 처리 */
    setShouldReadValue(true); ❽

    /* 9. 증가 버튼에 의해서는 값이 MAX보다 커지지 않도록 처리 */
    setValue(Math.min(value + STEP, MAX)); ❾
  };
```

```jsx
/* 8. 스크린 리더를 통해 현재 값 안내 후 DOM에서 제거 */
useEffect(() => {
  if (setShouldReadValue) {
    setTimeout(() => {
      setShouldReadValue(false); // ⑧
    }, 100);
  }
}, [shouldReadValue]);

return (
  <>
    <label htmlFor="spinbutton-id">수량</label>
    <div>
      <button
        type="button"
        /* 6. 중복된 기능은 키보드 초점을 받지 않도록 처리 */
        tabIndex={-1} // ⑥
        /* 7. 감소 버튼 레이블 추가 */
        aria-label={`수량 ${STEP}개 빼기`} // ⑦
        onClick={handleClickMinusButton}
      >
        -
      </button>
      <input
        type="number"
        id="spinbutton-id"
        min={MIN}
        max={MAX}
        step={STEP}
        value={value}
        onChange={(event) => setValue(Number(event.target.value))}
      />
      <button
        type="button"
        /* 6. 중복된 기능은 키보드 초점을 받지 않도록 처리 */
        tabIndex={-1} // ⑥
        /* 7. 증가 버튼 레이블 추가 */
        aria-label={`수량 ${STEP}개 더하기`} // ⑦
        onClick={handleClickPlusButton}
      >
        +
      </button>
      {/* 8. 감소/증가 버튼을 통해 현재 값이 변경될 때, 스크린 리더를 통해 현재 값을 안내 */}
      {shouldReadValue && (
        <span
          aria-live="assertive" // ⑧
          aria-atomic="true"
          aria-label={`${value}개`}
        />
      )}
```

```
            className="visually-hidden"
          />
        )}                                                    ⑧
      </div>
    </>
  );
}

export default SemanticSpinButton;
```

시맨틱 태그를 사용한 SpinButton의 커스텀 감소/증가 버튼(src/stories/SpinButton/SemanticSpinButton.jsx)

● **WAI-ARIA 역할 및 속성을 사용하여 SpinButton 만들기**

• **WAI-ARIA 적용**

레이블, 텍스트 필드

1. **SpinButton 역할을 하는 요소에 role="spinbutton" 속성을 명시합니다.**

   스크린 리더 사용자가 해당 요소를 SpinButton으로 인식할 수 있도록 ARIA 역할을 명시합니다.

2. **SpinButton 요소에 aria-labelledby 속성을 추가합니다.**

   SpinButton 요소에 `aria-labelledby` 속성을 추가하고, 속성값으로 레이블 역할을 하는 요소의 `id`값을 참조합니다.

3. **aria-valuenow 속성을 통해 SpinButton의 현재 값을 나타냅니다.**

   `aria-valuenow` 속성을 통해 SpinButton의 현재 값을 숫자 형태로 명시합니다. `aria-valuenow` 속성을 사용하면 시맨틱 태그를 사용할 때와 마찬가지로 스크린 리더가 SpinButton의 변경된 현재 값에 대한 정보를 음성으로 안내합니다.

4. **현재 값을 명확하게 나타내기 위해 aria-valuetext 속성을 추가합니다.**

   현재 값을 숫자만으로 명확하게 표현할 수 없는 경우, `aria-valuetext` 속성을 사용하면 스크린 리더 사용자에게 현재 값을 명확한 텍스트 형태로 제공할 수 있습니다.

5. **aria-valuemin, aria-valuemax 속성을 사용하여 사용자가 선택할 수 있는 값의 범위를 제한합니다.**

```jsx
import { useState } from "react";

const MIN = 0;
const MAX = 100;

function AriaSpinButton() {
  const [value, setValue] = useState(0);

  return (
    <>
      {/* 2. SpinButton 요소 레이블 제공 */}
      <strong id="spinbutton-label-id">수량</strong> ❷
      <div
        /* 1. SpinButton 역할 명시 */
        role="spinbutton" ❶
        /* 2. 레이블 역할을 하는 요소 id 참조 */
        aria-labelledby="spinbutton-label-id" ❷
        /* 3. 현재 값 */
        aria-valuenow={value} ❸
        /* 4. 현재 값을 명확한 텍스트 형식으로 제공 */
        aria-valuetext={`${value}개`} ❹
        /* 5. 최솟값 */
        aria-valuemin={MIN} ❺
        /* 5. 최댓값 */
        aria-valuemax={MAX} ❺
      >
        {value}
      </div>
    </>
  );
}

export default AriaSpinButton;
```

WAI-ARIA를 사용한 SpinButton > 텍스트 필드, 레이블 WAI-ARIA 적용(src/stories/SpinButton/AriaSpinButton.jsx)

감소/증가 버튼

시맨틱 태그를 사용하지 않는 경우 기본으로 제공되는 감소/증가 버튼이 없습니다. 따라서 키보드나 스크린 리더를 사용하지 않는 사용자를 위해 별도의 감소/증가 버튼을 직접 마크업해야 합니다.

6. **감소/증가 버튼에 aria-label 속성을 추가합니다.**

    감소/증가 버튼이 어떠한 목적을 가지고 있는지 설명하기 위해 `aria-label` 속성을 추가합니다.

7. **감소/증가 버튼을 통해 값이 변경될 때도 스크린 리더를 통해 현재 값이 안내되도록 합니다.**

   별도의 마크업으로 제공되는 감소/증가 버튼을 통해 SpinButton값이 변경되어도 스크린 리더를 통해 현재 값이 자동으로 안내되지 않습니다. 따라서 별도 버튼으로 값이 변경되어도 스크린 리더를 통해 현재 값이 안내되도록 합니다.

8. **감소/증가 버튼에 의한 값이 min과 max 범위를 벗어나지 않도록 처리합니다.**

   별도로 마크업된 버튼은 브라우저가 기본으로 제공하는 버튼과 다르게 min과 max 사이의 범위로 값이 자동으로 제한되지 않습니다. 따라서 자바스크립트를 통해 감소/증가 버튼으로 값이 지정된 min과 max 사이의 범위를 벗어나지 못하도록 제한해야 합니다.

```
import { useState } from "react";

const MIN = 0;
const MAX = 100;
const STEP = 1;

function AriaSpinButton() {
  const [value, setValue] = useState(0);
  const [shouldReadValue, setShouldReadValue] = useState(false);

  const handleClickMinusButton = () => {
    /* 7. 스크린 리더를 통해 현재 값이 안내되도록 처리 */
    setShouldReadValue(true); ❼

    /* 8. 감소 버튼에 의해서는 값이 MIN보다 작아지지 않도록 처리 */
    setValue(Math.max(value - STEP, MIN)); ❽
  };

  const handleClickPlusButton = () => {
    /* 7. 스크린 리더를 통해 현재 값이 안내되도록 처리 */
    setShouldReadValue(true); ❼

    /* 8. 증가 버튼에 의해서는 값이 MAX보다 커지지 않도록 처리 */
    setValue(Math.min(value + STEP, MAX)); ❽
  };

  /* 8. 스크린 리더를 통해 현재 값 안내 후 DOM에서 제거 */
  useEffect(() => {
    if (setShouldReadValue) {
      setTimeout(() => {         ❽
        setShouldReadValue(false);
      }, 100);
```

```jsx
  }
}, [shouldReadValue]);            ⑧

return (
  <>
    <strong id="spinbutton-label-id">수량</strong>
    <div>
      <button
        type="button"
        /* 6. 감소 버튼 레이블 추가 */
        aria-label={`수량 ${STEP}개 빼기`}            ⑥
        onClick={handleClickMinusButton}
      >
        -
      </button>
      <div
        role="spinbutton"
        aria-labelledby="spinbutton-label-id"
        aria-valuenow={value}
        aria-valuetext={`${value}개`}
        aria-valuemin={MIN}
        aria-valuemax={MAX}
      >
        {value}
      </div>
      <button
        type="button"
        /* 6. 증가 버튼 레이블 추가 */
        aria-label={`수량 ${STEP}개 더하기`}            ⑥
        onClick={handleClickPlusButton}
      >
        +
      </button>
      {/* 7. 감소/증가 버튼으로 현재 값이 변경될 때, 스크린 리더를 통해 현재 값을 안내 */}
      {shouldReadValue && (
        <span
          aria-live="assertive"
          aria-atomic="true"                           ⑦
          aria-label={`${value}개`}
          className="visually-hidden"
        />
      )}
    </div>
  </>
);
}
```

```
export default AriaSpinButton;
```

WAI-ARIA를 사용한 SpinButton > 감소/증가 버튼 WAI-ARIA 적용(src/stories/SpinButton/AriaSpinButton.jsx)

> **NOTE 참고하기**
>
> 사용자가 직접 SpinButton값을 입력하거나 편집할 수 있도록 제공하고 싶다면 '시맨틱 태그를 사용한 SpinButton 예시 코드(src/stories/SpinButton/SemanticSpinButton.jsx)'와 같이 시맨틱 태그를 사용하여 SpinButton을 작업하는 것이 좋습니다. 따라서 'WAI-ARIA를 사용한 SpinButton' 예시에서는 사용자가 직접 입력하거나 편집하는 경우는 다루지 않았습니다.

- **초점 이동 처리**

9. SpinButton 요소가 초점을 받을 수 있도록 tabindex="0" 속성을 추가합니다.

10. 감소/증가 버튼에 tabindex="-1" 속성을 추가합니다.

    SpinButton 요소에 초점이 있는 경우, 키보드 화살표 키를 사용하여 값을 감소/증가시킬 수 있도록 해야 합니다. 따라서 감소/증가 버튼은 키보드 사용자나 스크린 리더 사용자에게 중복된 기능이 될 수 있습니다. 이를 방지하기 위해, `tabindex="-1"` 속성을 추가하여 키보드 Tab 키 동작을 통해 해당 버튼에 접근할 수 없도록 처리해야 합니다.

```jsx
import { useState } from "react";

const MIN = 0;
const MAX = 100;
const STEP = 1;

function AriaSpinButton() {
  const [value, setValue] = useState(0);
  const [shouldReadValue, setShouldReadValue] = useState(false);

  const handleClickMinusButton = () => {...};

  const handleClickPlusButton = () => {...};

  useEffect(() => {
    /* 스크린 리더를 통해 현재 값 안내 후 DOM에서 제거 */
  }, [shouldReadValue]);

  return (
    <>
```

```jsx
      <strong id="spinbutton-label-id">수량</strong>
      <div>
        <button
          type="button"
          aria-label={`수량 ${STEP}개 빼기`}
          onClick={handleClickMinusButton}
          /* 10. 중복된 기능은 키보드 초점을 받지 않도록 처리 */
          tabIndex={-1} ⓾
        >
          -
        </button>
        <div
          role="spinbutton"
          aria-labelledby="spinbutton-label-id"
          aria-valuenow={value}
          aria-valuetext={`${value}개`}
          aria-valuemin={MIN}
          aria-valuemax={MAX}
          /* 9. SpinButton이 초점을 받을 수 있도록 처리 */
          tabIndex={0} ⑨
        >
          {value}
        </div>
        <button
          type="button"
          aria-label={`수량 ${STEP}개 더하기`}
          onClick={handleClickPlusButton}
          /* 10. 중복된 기능은 키보드 초점을 받지 않도록 처리 */
          tabIndex={-1} ⓾
        >
          +
        </button>
        {shouldReadValue && (
          {/* 감소/증가 버튼으로 현재 값이 변경될 때, 스크린 리더를 통해 현재 값을 안내 */}
        )}
      </div>
    </>
  );
}

export default AriaSpinButton;
```

WAI-ARIA를 사용한 SpinButton > 초점 이동 처리(src/stories/SpinButton/AriaSpinButton.jsx)

- **키보드 컨트롤**

웹에서 키보드를 통해 SpinButton을 탐색할 때 준수해야 하는 동작입니다. 각각의 키보드 동작이 가지고 있는 기본 동작을 실행하지 않기 위해 `preventDefault()`를 호출합니다. 옵션값은 반드시 제공할 필요는 없습니다.

> **NOTE 알아두기**
>
> `<input type="number" />` 태그를 사용하여 SpinButton을 작업할 때는 기본적으로 키보드 동작이 제공됩니다(**Home, End** 키와 옵션 값인 **Page Down, Page Up** 키는 기본적으로 제공되지 않으므로 동작을 원한다면 별도 처리가 필요합니다). 따라서 키보드 컨트롤에 대한 예시 코드는 'WAI-ARIA 역할 및 속성을 사용하여 SpinButton 만들기'를 기준으로 제공합니다.

초점이 SpinButton에 있는 경우

11. **Arrow Down**

    Arrow Down 키로 현재 값을 감소시킵니다.

12. **Arrow Up**

    Arrow Up 키로 현재 값을 증가시킵니다.

13. **Home**

    Home 키로 현재 값을 최솟값으로 만듭니다.

14. **End**

    End 키로 현재 값을 최댓값으로 만듭니다.

15. **Page Down(옵션)**

    Page Down 키로 현재 값을 **Arrow Down** 키를 통한 감소보다 큰 간격으로 값을 감소시킵니다.

16. **Page Up(옵션)**

    Page Up 키로 현재 값을 **Arrow Up** 키를 통한 증가보다 큰 간격으로 값을 증가시킵니다.

```
import { useState } from "react";

const MIN = 0;
const MAX = 100;
const STEP = 1;
```

```
/* 15. ~ 16. 키보드 Page Down, Page Up 키로 감소, 증가시킬 간격(1보다 크게 지정) */
const PAGE_STEP = 5;

function AriaSpinButton() {
  const [value, setValue] = useState(0);
  const [shouldReadValue, setShouldReadValue] = useState(false);

  const handleClickMinusButton = () => {...};

  const handleClickPlusButton = () => {...};

  useEffect(() => {
    /* 스크린 리더를 통해 현재 값 안내 후 DOM에서 제거 */
  }, [shouldReadValue]);

  const handleKeyDown = (event) => {
    switch (event.code) {
      /* 11. Arrow Down 키로 현재 값 1만큼 감소 */
      case "ArrowDown":
        event.preventDefault();                      ⓫
        setValue(Math.max(value - STEP, MIN));
        break;

      /* 12. Arrow Up 키로 현재 값 1만큼 증가 */
      case "ArrowUp":
        event.preventDefault();                      ⓬
        setValue(Math.min(value + STEP, MAX));
        break;

      /* 13. Home 키로 현재 값을 최솟값으로 지정 */
      case "Home":
        event.preventDefault();                      ⓭
        setValue(MIN);
        break;

      /* 14. End 키로 현재 값을 최댓값으로 지정 */
      case "End":
        event.preventDefault();                      ⓮
        setValue(MAX);
        break;

      /* 15. Page Down 키로 현재 값 5만큼 감소 */
```

```
      case "PageDown":
        event.preventDefault();
                                                    ⑮
        setValue(Math.max(value - PAGE_STEP, MIN));
        break;

      /* 16. Page Up 키로 현재 값 5만큼 증가 */
      case "PageUp":
        event.preventDefault();
                                                    ⑯
        setValue(Math.min(value + PAGE_STEP, MAX));
        break;
    }
  };

  return (
    <>
      <strong id="spinbutton-label-id">수량</strong>
      <div>
        <button
          type="button"
          aria-label={`수량 ${STEP}개 빼기`}
          onClick={handleClickMinusButton}
          tabIndex={-1}
        >
          -
        </button>
        <div
          role="spinbutton"
          aria-labelledby="spinbutton-label-id"
          aria-valuenow={value}
          aria-valuetext={`${value}개`}
          aria-valuemin={MIN}
          aria-valuemax={MAX}
          tabIndex={0}
          /* 11. ~ 16. 키보드 컨트롤 동작 */
          onKeyDown={handleKeyDown}
        >
          {value}
        </div>
        <button
          type="button"
          aria-label={`수량 ${STEP}개 더하기`}
          onClick={handleClickPlusButton}
          tabIndex={-1}
        >
          +
```

```jsx
        </button>
        {shouldReadValue && (
          {/* 감소/증가 버튼으로 현재 값이 변경될 때, 스크린 리더를 통해 현재 값을 안내 */}
        )}
      </div>
    </>
  );
}

export default AriaSpinButton;
```
WAI-ARIA를 사용한 SpinButton 키보드 컨트롤 적용(src/stories/SpinButton/AriaSpinButton.jsx)

CHAPTER 8
놓치기 쉬운 사례들로 알아보는 접근성

웹페이지를 개발하면서 접근성을 제대로 준수하지 못하는 이유는 다양합니다. 접근성에 대한 인식 자체가 부족하거나, 다른 요구사항들 때문에 우선순위가 뒤로 밀리는 경우가 대부분입니다. 이런 일반적인 이유 외에도 가끔은 접근성을 충분히 고려했음에도 제대로 준수하지 못하는 경우가 있습니다. 이런 경우에는 어떤 부분이 문제인지를 파악하지 못할 수도 있습니다. 접근성 작업을 자주 접하다 보면 시맨틱 마크업이나 ARIA 역할 및 속성을 사용하는 데 익숙해지고, 코드에서 기술적인 누락은 점점 줄어듭니다. 그러나 기술적인 부분뿐만 아니라 스크린 리더로 직접 테스트하지 않으면 파악하기 어려운 상황도 있으며, 스크린 리더 사용자 입장에서 생각해보고 고려해야 하는 상황도 있습니다. 그렇다면 기술적인 측면 외에 무엇을 고려해야 하는지 여러 사례를 통해 살펴보도록 하겠습니다.

8.1 놓치기 쉬운 접근성 사례

8.1.1 눌리면 다 똑같은 거 아니야? 🤔

웹페이지를 개발하면서 사용자와 상호작용하기 위해 가장 흔히 사용되는 요소가 `<button>`과 `<a>` 태그입니다. CSS를 사용하면 시각적으로 동일한 디자인을 적용할 수 있기 때문에, 간혹 버튼과 링크를 구분하지 않고 혼합해서 사용하는 경우가 있습니다. 하지만 버튼과 링크는 역할과 기능이 완전히 다릅니다. 만약 용도에 부합하지 않는 방식으로 사용한다면, 음성 안내만으로 태그의 용도를 유추하는 스크린 리더 사용자에게 혼란을 줄 수 있습니다.

● 어떤 태그를 사용해야 할까?

기본적으로 버튼과 링크는 용도에 맞게 구분해야 합니다. 이를 위해서는 먼저 버튼인지 링크인지를 판단할 수 있어야 합니다. 링크의 특수한 기능(이메일, 전화, 다운로드 등)을 제외하고는 간단하게 페이지 이동 여부(URL 변경 여부)로 구분할 수 있습니다.

구분	버튼 <button>	링크 <a>
기본 용도	URL 변경 없이 현재 페이지 내에서 특정 기능을 하는 경우	특정 URL로 페이지 이동을 하는 경우
스크린 리더	버튼	링크

● ARIA 역할 지정

버튼과 링크를 구분하는 가장 좋은 방법은 용도에 맞게 `<button>` 또는 `<a>` 태그를 사용하는 것입니다. 하지만 부득이하게 버튼을 `<a>` 태그로, 또는 그 반대로 사용해야 하는 경우가 있을 수 있습니다. 이때 접근성에 관심이 있는 개발자라면 ARIA 역할을 통해 버튼과 링크를 구분하기도 합니다.

- `<a>` 태그에 ARIA 버튼 역할 명시

```
<a href="#" role="button">
  버튼
</a>
```

`<a>` 태그에 ARIA 버튼 역할을 명시하면 스크린 리더 사용자도 해당 요소를 버튼으로 인식할 수 있습니다. 그럼 ARIA 역할만 알맞게 명시하면 괜찮은 걸까요? 아쉽게도 ARIA 역할은 스크린 리더의 안내 음성을 바꿔줄 뿐, 실제 태그의 본질적인 기능에는 아무런 영향을 미치지 않습니다.

구분	버튼 <button>	링크 <a>
키보드 컨트롤	Space 또는 Enter 키로 활성화	Enter 키로 활성화

위의 표처럼 버튼과 링크는 단순히 용도뿐만 아니라, 각각을 활성화하는 키보드 동작도 다릅니다. 그러므로 ARIA 역할만 제공한다면 키보드 사용자나 스크린 리더 사용자는 해당 요소를 활성화

하는 데 어려움을 겪을 수 있습니다. 따라서 위의 예시처럼 `<a>` 태그를 버튼으로 사용해야 한다면, Space 키로도 요소를 활성화할 수 있도록 자바스크립트 이벤트를 반드시 제공해야 합니다.

앞에서도 설명했지만 ARIA 역할은 태그의 본질적인 기능에는 아무런 영향을 미치지 않습니다. 아무리 ARIA 역할을 명시하고 자바스크립트로 동일한 기능을 제공해도, 브라우저는 HTML 태그로만 해당 요소를 판단합니다. 따라서 다음과 같이 브라우저가 제공하는 기능은 ARIA 역할과 무관하게 태그에 의해서만 구분됩니다.

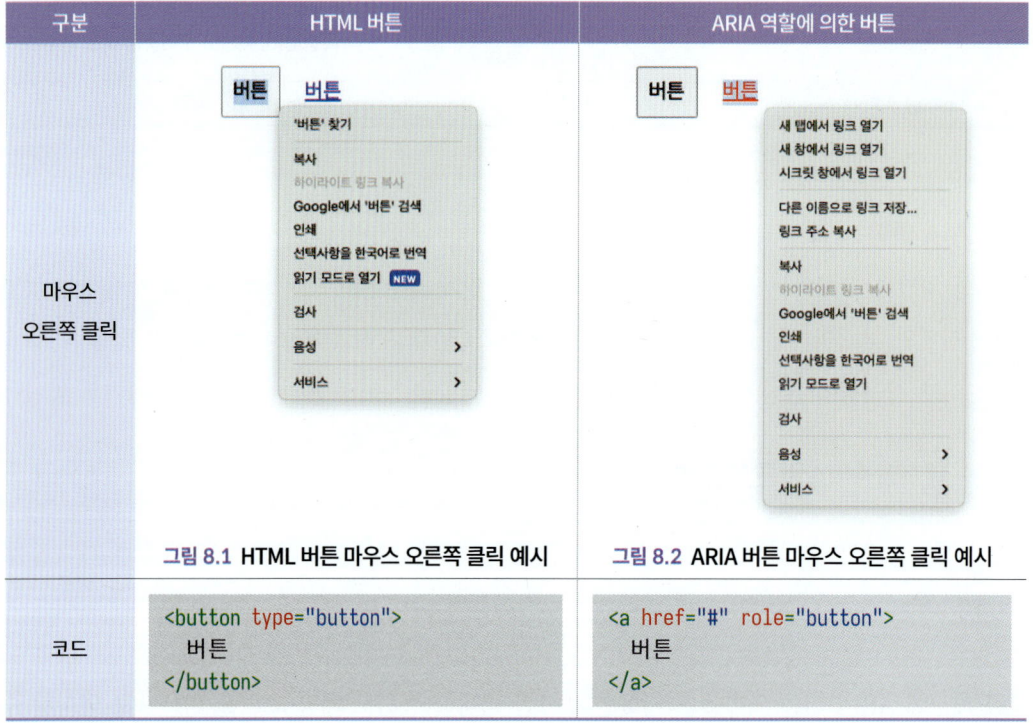

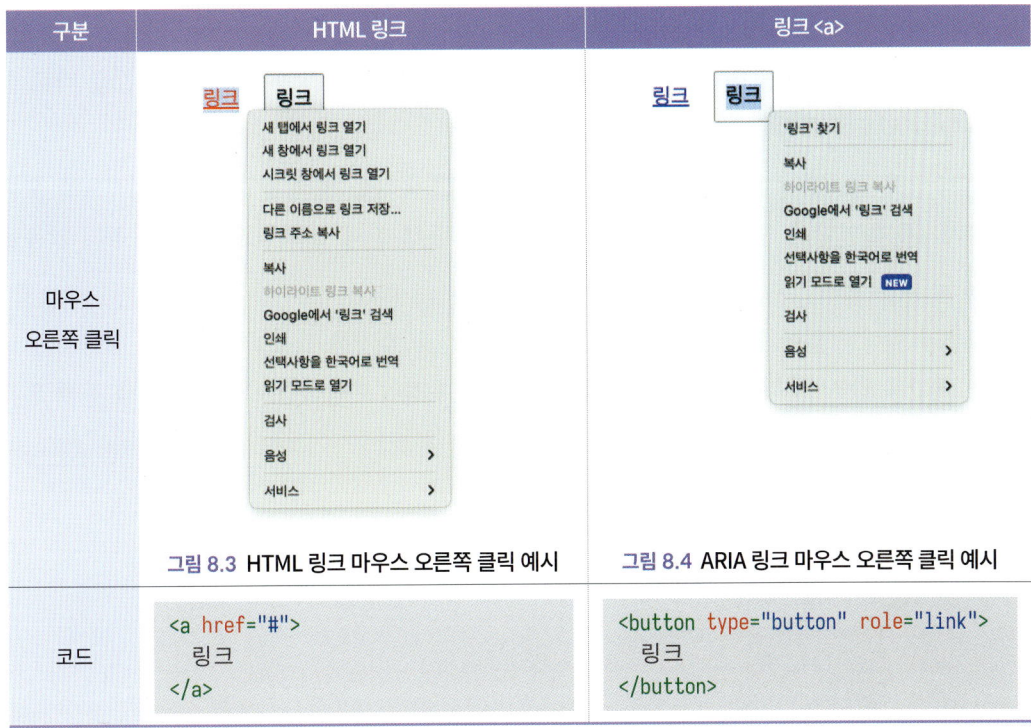

8.1.2 뭐가 틀린 거지? 😵

사용자가 입력 필드에 데이터를 입력할 때, 잘못된 데이터가 있다면 오류 메시지가 표시되어 어떤 데이터를 수정해야 하는지 알 수 있습니다. 그러나 스크린 리더 사용자는 단순히 화면에 오류 메시지가 표시되는 것만으로는 어떤 데이터를 어떻게 수정해야 하는지 알 수 없습니다.

그렇다면 오류 메시지를 어떤 식으로 표시해야 할까요?

우선 브라우저가 기본적으로 제공하는 오류 메시지는 어떤 형태로 표시되는지 살펴봅시다. 예를 들어 `required` 속성이 추가된 `<input>` 태그를 빈 값으로 제출하면 어떻게 될까요? 오류가 발생한 입력 필드로 초점이 이동하면서 어떤 오류가 발생했는지 메시지가 제공됩니다. 이러한 오류 메시지는 스크린 리더를 통해서도 안내받을 수 있습니다. 따라서 우리가 직접 만드는 오류 메시지도 이와 동일한 형태로 제공하면 됩니다.

● **오류 메시지 제공 예시**

1. 오류가 발생하면 해당 입력 필드로 초점을 이동합니다. 오류가 발생한 입력 필드값을 바로 수정할 수 있도록 초점을 이동합니다.

2. 현재 입력 필드값이 유효하지 않음을 `aria-invalid` 속성을 통해 알립니다. 시각적으로 오류 메시지를 확인할 수 없는 사용자도 스크린 리더를 통해 현재 입력 필드값이 유효하지 않음을 알 수 있습니다.

3. 오류가 발생한 입력 필드에 `aria-describedby` 속성을 추가하고, 오류 메시지를 나타내는 요소 `id`값을 참조합니다. 오류가 발생한 입력 필드로 초점이 이동하면, 스크린 리더를 통해 오류 메시지를 안내받을 수 있습니다.

```jsx
import { useEffect, useRef, useState } from "react";

function ErrorMessage() {
  const inputRef = useRef(null);
  const [isError, setIsError] = useState(false);
  const [value, setValue] = useState("");

  useEffect(() => {
    {/* 1. 오류가 발생한 입력 필드로 초점 이동 */}
    if (isError) {
      inputRef.current.focus(); ❶
    }
  }, [isError]);

  {/* 비밀번호 값이 비어 있는 경우 오류 메시지 노출 */}
  const checkIsEmpty = (event) => {
    if (value === "") {
      {/* 양식을 제출하는 기본 동작 방지 */}
      event.preventDefault();
      setIsError(true);
    } else {
      setIsError(false);
    }
  };

  return (
    <form>
      <label htmlFor="input-password">비밀번호</label>
      <input
        ref={inputRef}
        type="password"
        id="input-password"
```

```
            value={value}
            onChange={(event) => setValue(event.target.value)}
            /* 2. 입력 필드값이 유효하지 않음을 나타냄 */
            aria-invalid={isError} ❷
            /* 3. 오류 메시지 id 참조 */
            aria-describedby="error-message" ❸
        />
        {isError && <p id="error-message">비밀번호를 입력해주세요.</p>}
        <button type="submit" onClic={() => checkIsEmpty(event)}>
            제출
        </button>
    </form>
  );
}

export default ErrorMessage;
```

> **CAUTION**
>
> 오류 메시지가 양식을 제출할 때만 나타나는 것은 아닙니다. 이런 경우 오류 메시지가 나타나는 시점에 위와 같은 동작을 수행하면 됩니다. 또한 여러 입력 필드에 동시에 오류가 발생하는 경우도 있습니다. 이런 경우 에러 메시지를 동시에 표시하고, 오류가 발생한 첫 번째 입력 필드로 초점을 이동하면 됩니다.

8.1.3 목록인데 목록이 아니야? 😖

시맨틱 태그를 사용하여 목록을 나타내면 스크린 리더 사용자도 목록의 전체적인 구조를 쉽게 이해할 수 있습니다. 특히 `<ul>`과 `<ol>` 태그는 기본적으로 CSS `list-style-type` 속성값을 가지고 있어 각 항목 앞에 글머리 기호가 표시됩니다. 이는 시각적으로도 각 항목을 명확하게 구분하여 목록의 구조를 쉽게 파악할 수 있습니다. 실무에서는 대부분의 경우 디자인 시안에 맞추기 위해 `list-style-type: none` 속성을 추가하여 기본 글머리 기호 스타일을 제거합니다. 그러나 이렇게 기본 스타일을 제거하면 특정 환경(대표적으로 Safari + VoiceOver 환경)에서 해당 요소가 더 이상 '목록'으로 인식되지 않는다는 문제가 발생합니다.

그렇다면 실무에서 기본 스타일을 제거하고도 목록으로 인식되게 하는 방법은 무엇이 있을까요?

● **ARIA 역할 지정**

ARIA 역할에 대해 알고 있다면, 역할을 명시하는 것이 가장 먼저 떠오를 것입니다.

```html
<ul role="list">
  <li role="listitem">항목1</li>
  <li role="listitem">항목2</li>
  <li role="listitem">항목3</li>
</ul>
```

```css
ul {
  list-style-type: none;
}
```

이는 아주 명확한 방법으로, 실제로 스크린 리더가 해당 요소를 목록으로 인식합니다. 하지만 목록을 마크업할 때마다 역할을 지정하는 것은 비효율적으로 보입니다.

● 브라우저를 이해시키기

만약 시각적으로 글머리 기호가 없다면 우리는 각 항목을 구분하기 어려워 전체적인 목록 구조를 파악하는 데 애를 먹을 수 있습니다. 마찬가지로 브라우저 입장에서 `list-style-type: none` 속성이 추가된 요소를 목록으로 인식하지 않는 것도 어쩌면 자연스러울 수 있습니다. 따라서 이를 해결하려면 브라우저 입장에서 볼 때 각 항목에 글머리 기호가 있는 것처럼 보여주면 됩니다.

● CSS marker 가상 요소

첫 번째 방법으로는 `list-style-type: none` 속성으로 글머리 기호를 제거하지 않고, CSS `marker` 가상 요소로 글머리 기호를 숨기는 방법입니다.

```html
<ul>
  <li>항목1</li>
  <li>항목2</li>
  <li>항목3</li>
</ul>
```

```css
li:marker {
  font-size: 0;
}
```

● list-style-type 속성

`list-style-type` 속성에는 `string`값을 지정할 수 있습니다. 즉, `list-style-type: ""`처럼 글머

리 기호를 빈 문자열로 지정할 수 있습니다.

```html
<ul>
  <li>항목1</li>
  <li>항목2</li>
  <li>항목3</li>
</ul>
```

```css
ul {
  list-style-type: "";
}
```

● **CSS before 가상 요소**

마지막으로 CSS `before` 가상 요소를 사용하여 글머리 기호를 지정하는 방법도 있습니다. `before` 가상 요소의 `content` 속성값으로 빈 값이 아닌 값을 할당하면 브라우저가 이를 글머리 기호로 인식합니다.

> **NOTE** before 가상 요소를 사용해야 하는 이유
>
> `after` 가상 요소를 사용해도 `absolute` 속성을 통해 띄우면 글머리 기호처럼 나타낼 수 있지만, 브라우저는 이를 글머리 기호로 인식하지 못합니다. 그러므로 반드시 `before` 가상 요소를 사용해야 합니다.

```html
<ul>
  <li>항목1</li>
  <li>항목2</li>
  <li>항목3</li>
</ul>
```

```css
ul {
  list-style-type: none;
}

li::befor {
  /* 유니코드: Zero Width Space */
  content: "\200B";
}
```

8.1.4 안 보인다고 다 안 보이는 게 아니야! 🙈

웹페이지를 개발하다 보면 서서히 나타나거나 사라지는 애니메이션을 만들어야 할 때가 종종 있습니다. 이런 경우에는 주로 투명도 조절이 가능한 `opacity` 속성을 사용합니다. 하지만 `opacity` 속성을 통해 화면에서 사라진 요소는 여전히 스크린 리더를 통해 접근할 수 있다는 점을 고려해야 합니다.

그렇다면 화면에서 사라진 요소에 스크린 리더가 접근하지 못하도록 하는 방법은 무엇일까요?

● ARIA 속성 추가

스크린 리더와 관련된 내용이니 ARIA 속성을 사용하는 방법이 가장 먼저 떠오를 수 있습니다. `aria-hidden` 속성을 사용하면 해당 요소는 스크린 리더를 통해 접근할 수 없는 상태가 됩니다. 따라서 애니메이션을 통해 요소가 사라진 후에 `aria-hidden="true"` 속성을 추가하는 방법이 있습니다.

```
{/* 스크린 리더 🔊: 숨겨진 요소 숨겨지지 않은 요소 */}
<div>
  <span style={{ opacity: 0 }}>숨겨진 요소</span>
  <span>숨겨지지 않은 요소</span>
</div>

{/* 스크린 리더 🔊: 숨겨지지 않은 요소 */}
<div>
  <span style={{ opacity: 0 }} aria-hidden="true">숨겨진 요소</span>
  <span>숨겨지지 않은 요소</span>
</div>
```

● DOM에서 제거

애니메이션을 통해 요소가 사라진 후에 요소 자체를 DOM에서 제거하는 방법도 있습니다. 이는 의심할 여지가 없는 방법으로 요소 자체가 없기 때문에 스크린 리더는 당연히 접근할 수 없게 됩니다.

```
{/* 스크린 리더 안내 음성 🔊: 숨겨진 요소 숨겨지지 않은 요소 */}
<div>
  <span style={{ opacity: 0 }}>숨겨진 요소</span>
  <span>숨겨지지 않은 요소</span>
</div>
```

```
{/* 스크린 리더 안내 음성 🔊 : 숨겨지지 않은 요소 */}
<div>
  <span>숨겨지지 않은 요소</span>
</div>
```

● **CSS 속성 사용**

애니메이션을 통해 요소가 사라진 후에 스크린 리더가 접근할 수 없도록 만드는 CSS 속성을 사용할 수도 있습니다. `visibility: hidden` 또는 `display: none` 속성을 추가하여 스크린 리더가 요소에 접근할 수 없게 합니다.

```
{/* 스크린 리더 안내 음성 🔊 : 숨겨진 요소 숨겨지지 않은 요소 */}
<div>
  <span style={{ opacity: 0 }}>숨겨진 요소</span>
  <span>숨겨지지 않은 요소</span>
</div>

{/* 스크린 리더 안내 음성 🔊 : 숨겨지지 않은 요소 */}
<div>
  <span style={{ opacity: 0, visibility: "hidden" }}>숨겨진 요소</span>
  <span>숨겨지지 않은 요소</span>
</div>

{/* 스크린 리더 안내 음성 🔊 : 숨겨지지 않은 요소 */}
<div>
  <span style={{ opacity: 0, display: "none" }}>숨겨진 요소</span>
  <span>숨겨지지 않은 요소</span>
</div>
```

● **생각해볼 점**

상황에 따라 위의 방법 중 하나를 선택하여 요소에 접근할 수 없게 만들 수 있습니다. 그러나 화면에 표시되지 않는다고 해서 무작정 접근을 차단해야 하는지를 한 번 더 고려해봐야 합니다. 애니메이션을 볼 수 없는 사용자는 애니메이션을 통해 나타나는 요소들을 전체적으로 확인해야 할 수도 있습니다.

8.1.5 내가 생각한 이모티콘은 이게 아닌데.. 😂

이모티콘을 사용하면 텍스트만으로 전달하기 어려운 감정을 효과적으로 표현할 수 있습니다. 그

런데 이모티콘에는 각각 고유한 의미가 있다는 사실을 알고 계신가요? 사실 이모티콘은 사용하는 상황이나 받아들이는 사람에 따라 다른 의미로 해석될 수 있습니다. 그러나 스크린 리더 사용자는 항상 이모티콘의 고유한 의미를 안내받게 됩니다.

그렇다면 이모티콘을 모든 사람이 의도한 대로 받아들이게 하려면 어떻게 해야 할까요?

● 이모티콘 남용 금지

먼저, 텍스트를 대신할 정도로 이모티콘을 사용하는 것은 피해야 합니다. 같은 이모티콘이라도 운영체제나 브라우저에 따라 다르게 표시될 수 있으며, 사람마다 해석이 다를 수 있기 때문에 원하는 의미를 정확하게 전달하기 어렵습니다. 또한 이모티콘을 지나치게 많이 사용하는 것도 피해야 합니다. 스크린 리더 사용자는 이모티콘의 의미를 음성으로 안내받기 때문에 이모티콘이 반복되는 경우 반복되는 텍스트를 계속해서 안내받아 좋지 않은 사용자 경험을 초래할 수 있습니다.

● 이모티콘 사용 위치

스크린 리더는 이모티콘의 고유한 의미를 음성으로 안내하기 때문에 이모티콘이 문장 중간에 배치된다면 스크린 리더 사용자의 탐색 흐름을 방해할 수 있습니다. 그러므로 문장 마지막에 배치하는 방식 등으로 스크린 리더 사용자의 탐색을 고려해야 합니다.

● 이모티콘의 의미 확인

이모티콘이 가진 고유한 의미가 항상 사용한 의도와 일치하는 것은 아닙니다. 물론 의미에 맞는 이모티콘을 사용하는 것이 이상적이지만, 문맥에 따라 다른 의도로 사용되었다면 스크린 리더 사용자도 이를 인지할 수 있도록 대응해야 합니다.

```
{/* 스크린 리더 안내 음성 🔊 : 기쁨의 눈물을 흘리는 얼굴 */}
<span>
  😂
</span>

{/* 스크린 리더 안내 음성 🔊 : 눈물을 흘리는 얼굴, 이미지 */}
<span role="img" aria-label="눈물을 흘리는 얼굴">
  😂
</span>

{/* 스크린 리더 안내 음성 🔊 : "" */}
<span aria-hidden="true">
```

```
    😂
</span>
```

8.1.6 내가 만든 페이지는 검색 화면에 어떻게 노출될까? ••

구글 등의 사이트에서 키워드를 검색하면 나오는 결과 화면 속 각 사이트의 제목과 설명은 어떤 방식으로 노출되는 걸까요? 간단히 설명하면 검색엔진이 웹페이지의 데이터를 수집하여 해당 페이지가 어떤 콘텐츠를 제공하는지를 파악합니다. 이 정보를 기반으로 검색된 키워드와 관련된 사이트 목록이 결과 화면에 표시됩니다. 검색엔진은 시맨틱 태그를 바탕으로 웹페이지를 분석하고 자동으로 검색 결과에 노출시킵니다. 그러나 우리가 보는 웹페이지와 검색엔진이 이해하는 웹페이지의 키워드는 다를 수 있습니다. 따라서 동일한 키워드를 가진 페이지라도 검색엔진에 따라 결과가 달라질 수 있습니다. 결국 웹페이지를 잘 구성하는 것도 중요하지만, 검색엔진이 데이터를 좀 더 명확하게 수집할 수 있도록 명시해놓는다면 분명 웹페이지가 검색 결과 화면에 표시될 가능성을 높이는 데 유리할 것입니다.

이를 위해 필요한 태그가 바로 메타meta 태그입니다. 메타 태그는 HTML 문서의 `<head>` 태그 내부에 작성되어, 웹페이지를 방문하는 사용자에게는 아무런 영향도 끼치지 않습니다. 반면 검색엔진에 웹페이지가 어떤 콘텐츠를 담고 있는지를 직접 알려줄 수 있습니다.

● **주요 메타 태그**

메타 태그의 종류는 다양합니다. 그중에서 검색 결과에 가장 많은 영향을 끼치는 주요 메타 태그를 소개합니다.

1. **title**

    검색 결과 화면에 표시되는 제목으로, 핵심적인 키워드를 포함하고 가독성을 높일 수 있도록 간결하게 작성하는 것이 좋습니다.

    ```
    <head>
      <title>웹페이지 제목</title>
    </head>
    ```

2. **description**

    검색 결과 화면에 표시되는 영역으로, 제목에 포함되지 않은 키워드를 포함하여 웹페이지의 내용을 설명합니다. 적절하게 설명을 제공하면 사용자가 웹페이지를 방문할 가능성을 높일 수 있습니다.

```
<head>
  <meta name="description" content="웹페이지 설명" />
</head>
```

● **메타 태그 작성 방법**

1. 메타 태그를 작성할 때는 항상 간결하게 작성하는 것이 좋습니다. 너무 길면 결과 화면에서 잘릴 수 있으며, 가독성이 나빠져 클릭률이 감소할 수 있습니다.
2. 각 페이지마다 고유한 메타 태그를 가지는 것이 좋습니다. 페이지마다 핵심 키워드가 다르기 때문에 여러 키워드에 대한 검색 결과로 노출될 수 있습니다.
3. 메타 태그 내용을 주기적으로 점검해야 합니다. 페이지가 변경되거나 키워드에 변화가 필요한 경우 메타 태그 내용을 수정해주는 것이 좋습니다.
4. 검색엔진 필터링에 걸리지 않도록 주의해야 합니다. 특히 과도하게 반복된 키워드를 사용하지 않았는지 또는 폭력적이거나 선정적인 콘텐츠가 포함되지는 않았는지 확인하는 것이 좋습니다.

8.2 유용한 사이트 소개

웹 접근성의 중요성을 인지하고 개선하려 하지만 어떻게 시작해야 할지 막막한 경우가 많습니다. 이럴 때는 웹 접근성에 관한 다양한 자료를 찾아보는 것이 도움이 되지만, 원하는 자료를 어디서 찾아야 하는지 모를 수 있습니다. 따라서 여기서는 웹 접근성을 향상시키는 데 도움이 되는 몇 가지 유용한 사이트를 소개하고자 합니다.

8.2.1 웹 표준

● **W3C**
- 웹 표준을 개발하는 국제 기구인 W3C 공식 사이트: https://www.w3.org
- W3C 내 CSS 표준: https://www.w3.org/Style/CSS
- W3C 내 WAI 표준: https://www.w3.org/WAI

- **WHATWG**
  - HTML 표준을 개발하는 단체인 WHATWG 공식 사이트: https://whatwg.org

- **MDN**
  - 웹 기술을 문서화하는 오픈 소스 프로젝트: https://developer.mozilla.org/en-US

8.2.2 접근성 지침 및 체크리스트

- **W3C WAI**
  - 국제 표준 접근성, 가이드라인 및 관련 기술 소개: https://www.w3.org/WAI/standards-guidelines/wcag/

- **KWCAG**
  - 한국형 접근성, 가이드라인 및 관련 기술 소개: https://kioskui.or.kr/index.do?menu_id=00000976

- **널리**
  - 네이버에서 제공하는 접근성 전문 사이트: https://nuli.navercorp.com

- **사람인 접근성 가이드**
  - 사람인에서 제공하는 접근성 가이드: https://sri-fe1.notion.site/7f63c1d4dff04051b4fff1390628f99c

- **IBM Accessibility**
  - IBM에서 제공하는 접근성 전문 사이트: https://www.ibm.com/able

- **MagentaA11y**
  - T-Mobile 접근성 센터에서 제공하는 접근성 체크리스트: https://www.magentaa11y.com

- **A11Y Project**
  - 접근성 관련 정보를 문서화하는 오픈 소스 프로젝트: https://www.a11yproject.com/checklist

- **WebAIM**
  - 접근성 관련 정보를 제공하는 WebAIM 공식 사이트: https://webaim.org

8.2.3 접근성 가이드

● **ARIA APG**
- W3C에서 제공하는 UI별 제작 기법: https://www.w3.org/WAI/ARIA/apg/patterns/

● **eBay**
- eBay에서 제공하는 UI별 접근성 가이드: https://ebay.gitbook.io/mindpatterns

마치며

접근성을 만들어가야 하는 개발자에게

지금까지 웹 접근성에 대한 중요성과 이를 준수하는 방법에 대해 알아봤습니다. 하지만 여전히 웹 접근성을 중요하게 생각하지 않거나 실무에서 우선순위를 낮게 두는 경우가 많을 것입니다. 아마도 '웹 접근성이 내 개발 업무와 직접적인 연관이 없다'거나 '일정이 촉박한데 성능 최적화와 효율적인 개발이 더 중요하다'라고 생각하는 분들도 있을 겁니다. 필자 또한 과거에 '내가 편하다'라는 이유로 웹 접근성을 고려하지 않고 개발한 경험이 있기 때문에 공감할 수 있습니다.

과거의 필자는 촉박한 개발 일정 속에서 기능을 구현하기에도 바빴습니다. 무엇보다도 웹 접근성을 준수하지 않아도 기능 동작에서 에러가 발생하지 않기 때문에 별문제가 없다고 생각했습니다. 또한 웹 접근성을 준수하기 위해 이미 개발된 코드의 구조를 변경하는 작업은 매우 귀찮게만 느껴졌습니다.

하지만 개발자의 입장에서 편한 대로 만든 서비스는 결국 사용자에게 불편을 줄 수 있습니다. 처음에는 웹 접근성을 고려하지 않아도 서비스가 정상적으로 운영되는 것처럼 보였습니다. 그러나 시각장애가 있는 사용자로부터 직접 부정적인 피드백을 듣게 되면서 필자의 인식이 바뀌기 시작했습니다. 필자가 개발한 서비스는 원하는 정보를 찾기 어렵고 이용이 불편해 결국 사용을 포기했고, 반면에 경쟁사의 서비스는 스크린 리더를 통해 필요한 정보를 쉽게 찾을 수 있어 계속 이용하게 된다는 말을 듣고 큰 충격을 받았습니다. 단순히 '동작하는 서비스'를 만드는 것과 '모든 사용자가 이용할 수 있는 서비스'를 만드는 것은 완전히 다르다는 사실을 그때 깨닫게 되었습니다.

물론 사용자의 부정적인 경험이 전적으로 웹 접근성을 고려하지 않은 개발자만의 책임은 아닙니다. 하지만 결국 사용자가 직접 마주하는 화면을 만드는 것은 개발자의 역할이므로 그 책임이 결코 가볍지 않습니다. 나로 인해 누군가는 서비스를 이용하지 못할 정도의 불편함을 느끼고 있다는 것을 알게 된 순간, 웹 접근성의 준수는 더 이상 불필요한 것, 비효율적인 것, 귀찮은 것이 아니게 되었습니다. 그리고 그 '누군가'는 언제든지 내가 될 수도 있습니다. 웹 접근성을 고려한 개발은 개발 관점에서 비효율적이라는 것을 핑계 삼아 어쩌면 그냥 편하게 개발하고 싶은 것이 아니었는지 스스로 질문을 던졌습니다.

이 책을 읽고 난 후 여러분도 스스로에게 다음과 같은 질문을 던져본다면 웹 접근성을 준수해야 하는 이유를 더욱 공감할 수 있을 것입니다.

> 정말로 사용자들이 편리하게 이용할 수 있는 서비스를 개발하고 있나요? 아니면 나의 기준에 편리한 개발 방식을 선택하고 있나요?

이 책과 이 질문을 통해 개발자로서의 책임은 사용자가 불편함 없이 서비스를 이용할 수 있도록 돕는 것이며, 이는 개발자의 편의성을 우선하는 개발보다 더 큰 가치를 지닌다는 점을 깨닫는 계기가 되었으면 합니다.

진솔한 서평을 올려주세요!

이 책 또는 이미 읽은 제이펍의 책이 있다면, 장단점을 잘 보여주는 솔직한 서평을 올려주세요.
매월 최대 5건의 우수 서평을 선별하여 원하는 제이펍 도서를 1권씩 드립니다!

- **서평 이벤트 참여 방법**
  1. 제이펍 책을 읽고 자신의 블로그나 SNS, 각 인터넷 서점 리뷰란에 서평을 올린다.
  2. 서평이 작성된 URL과 함께 review@jpub.kr로 메일을 보내 응모한다.
- **서평 당선자 발표**
  매월 첫째 주 제이펍 홈페이지(www.jpub.kr)에 공지하고, 해당 당선자에게는 메일로 연락을 드립니다.
  단, 서평단에 선정되어 작성한 서평은 응모 대상에서 제외합니다.

독자 여러분의 응원과 채찍질을 받아 더 나은 책을 만들 수 있도록 도와주시기 바랍니다.

찾아보기

A

a	120
A11Y Project	516
Accordion	317
alert	235
alertdialog	236
ARIA 라이브 영역	236
ARIA 사용 규칙	233
ARIA 상탯값	232
ARIA 속성 추가	510
ARIA 속성값	232
ARIA 역할	230
ARIA 역할 지정	507
ARIA APG	516
ARIA Role	230
ARIA State and Properties	232
aria-activedescendant	282
aria-atomic	283
aria-autocomplete	284
aria-checked	286
aria-controls	288
aria-current	289
aria-describedby	293
aria-disabled	294
aria-expanded	295
aria-haspopup	297
aria-hidden	298
aria-label	300
aria-labelledby	302
aria-level	303
aria-live	304
aria-modal	305
aria-multiselectable	306
aria-orientation	307
aria-pressed	308
aria-readonly	309
aria-required	310
aria-selected	311
aria-valuemax	311
aria-valuemin	312
aria-valuenow	312
aria-valuetext	313
article	64
article vs section	66
aside	67
author	52
autocomplete	93

B

b	71
br	74
browsing context	122
button	123, 241

C

CAPTCHA	220
caption	111
Carousel	370, 379
col	118
colgroup	118
combobox	246
contents	53
CSS	55
CSS 속성 사용	511
CSS before 가상 요소	509
CSS marker 가상 요소	508

D

datetime	74
dialog	239
Dialog	409
Dialog 내부 닫기 버튼	417
div	70
dl	81
DOM 트리 뷰어	43
DOM에서 제거	510
download	123

E

eBay	516
em	72

F

fieldset	103
footer	68
form	82

G

group	244

H

header	59
heading	244
hr	75
href	121
HTML 레이아웃 구조	58
HTML 태그	55

I

i	72
IBM Accessibility	515
id, headers vs scope	116
img	245
input	83
inputmode	94
IR 기법	132

K

KWCAG	515

L

label	98
legend	103
link	242
list-style-type 속성	508
listbox	250
Loader	328

M

MagentaA11y	516
mailto	123
main	62
MDN	515
menu	254
menubar	258
MenuBar	422
menuitem	263
menuitemradio	265
Modal	409

N

nav	60
Notification	335

O

ol	77
option	253

P

p	68
placeholder	92, 217
presentation	266
Presentational Children	53

R

React 컴포넌트 만들기	315
region	267
required	103

S

section	65
select	99
SelectMenu	454
SEO	55
slider	268
Slider	470
span	69
spinbutton 역할	271
SpinButton 컴포넌트	485
step 속성	488
strong	71
switch	274

T

tab	276
Tab	346
table	108
tablist	278
tabpanel	279
target	121
tbody	111
td	113
tel	122
textarea	102
tfoot	111
th	113
thead	111
time	73

timer	281
Toggle	359
Toggle 버튼	368
Toggle 스위치	362
tr	112
TTS	204
type	83, 124

U

ul	76
ul vs ol	80

W

W3C	514
W3C WAI	515
W3C에서 권장하는 ARIA 사용 규칙	233
WAI-ARIA	228
WebAIM	516
WHATWG	515

ㄱ

가독성	56, 203
감소/증가 버튼	487
건너뛰기 링크	180
견고성	222
고령자 모드	23
고정된 참조 위치 정보	194
광과민성 발작 예방	178
광과민성 장애	178
글머리 기호	136
기본 언어 표시	203
깃허브	316
깜빡임과 번쩍임 사용 제한	178

ㄴ

난청	10
널리	515
노화로 인한 시력 저하	17
농	10
놓치기 쉬운 접근성 사례	502

ㄷ

다운 이벤트	198
다중 포인터	195
단일 포인터 입력 지원	194
닫힌 자막 vs 열린 자막	142
대본 제공	142
대체 콘텐츠	135

대체 텍스트	129
대화형 요소	120
대화형 콘텐츠	409
더보기	189
데이터 테이블	108
동작 기반 작동	201
드롭다운 메뉴	433

ㄹ

랜드마크 탐색	62
레이블	98
레이블 제공	213
레이블과 네임	199
레이아웃	58
레이아웃 테이블	108
레이어 팝업	210
로딩	329

ㅁ

멀티미디어 대체 수단	140
메타 태그	513
명도 대비 평가 도구	158
명료성	154
명시적 레이블링	99
명확한 지시 사항	151
모달이 아닌 dialog	240
목록	76
문법 준수	222
문자 단축키	172

ㅂ

반복 영역 건너뛰기	180
반복 입력 정보	220
발달장애	11
보조기술	29
복잡한 표	146
부분 Loader	332
브라우저 개발자 도구	42

ㅅ

사람인 접근성 가이드	515
사용자 요구에 따른 실행	205
상지장애	14
새 창/팝업 창	208
속성값	94
수어 제공	143
쉬운 내비게이션	180
스크린 리더	30

스토리북	316
슬라이드	371
시각장애	7
시맨틱 태그	55

ㅇ

암묵적 레이블링	98
암묵적 레이블링 vs 명시적 레이블링	99
양식	82
역할	47
예측 가능성	205
오류 메시지 제공 예시	506
오류 정정	212
옵션	458
옵션 목록 팝업	457
운용의 용이성	160
웹 애플리케이션 접근성	226
웹 접근성	3
웹 콘텐츠 접근성 지침(WCAG)	126
유니버설 디자인	4
유용한 사이트	514
음성 지시 사항	154
응답시간 조절	174
이동 제한	21
이동성 부상	21
이동성 장애	14
이름	49
이모티콘	512
이전/다음 슬라이드 이동 버튼	373
이해의 용이성	202
인디케이터	375
인식의 용이성	128
인증 과정	217
인지 기능 테스트	218
인지 제한	19
인지장애	11
일시정지/재생 버튼	372
입력 도움	212
입력 방식	194
입력장치 접근성	161

ㅈ

자동 완성	93
자동 재생 금지	156
자막 제공	141
자주 사용되는 ARIA 역할	235
장애 환경	4

장애인차별금지법	24
저시력	7
적응성	144
적절한 링크 텍스트	188
전맹	9
전체 페이지 Loader	329
접근 가능한 인증	217
접근성	2
접근성 가이드	516
접근성 트리	41, 44
정지 기능 제공	176
제목	57
제목 제공	182
조작 가능	170
중증 운동장애	14

ㅊ

찾기 쉬운 도움 정보	211
청각 제한	18
청각장애	10
체크리스트	515
초점 이동과 표시	165
초점 이동에 따른 탭 활성화	353
충분한 시간 제공	174

ㅋ

캡차	220
컨트롤	371
콘텐츠 간의 구분	159
콘텐츠의 선형 구조	149
콤보박스	456
텍스트	68
텍스트 콘텐츠의 명도 대비	157
텍스트 필드	487
트랙	471
특수 기호 사용 제한	186

ㅍ

패널	319
포인터 입력 취소	198
표	108
표의 구성	144

ㅎ

학습장애	11
한국형 웹 콘텐츠 접근성(KWCAG)	128
핸들	471
헤더	319